U0453832

马克思教育思想研究

王焕勋　主　编
孙振东　校　订

重庆大学出版社

图书在版编目(CIP)数据

马克思教育思想研究／王焕勋主编. -- 重庆：重
庆大学出版社，2025.7
（马克思主义教育思想研究丛书）
ISBN 978-7-5689-4478-6

Ⅰ.①马… Ⅱ.①王… Ⅲ.①马克思主义—教育思想
—研究 Ⅳ.①A811.67

中国国家版本馆 CIP 数据核字(2024)第 092996 号

马克思教育思想研究
MAKESI JIAOYU SIXIANG YANJIU
王焕勋 主编
孙振东 校订
特约编辑：陈 煌
责任编辑：唐启秀 版式设计：唐启秀
责任校对：王 倩 责任印制：张 策
*
重庆大学出版社出版发行
出版人：陈晓阳
社址：重庆市沙坪坝区大学城西路 21 号
邮编：401331
电话：(023) 88617190 88617185(中小学)
传真：(023) 88617186 88617166
网址：http://www.cqup.com.cn
邮箱：fxk@cqup.com.cn（营销中心）
全国新华书店经销
重庆亘鑫印务有限公司印刷
*
开本：720mm×1020mm 1/16 印张：23.5 字数：385千
2025 年 7 月第 1 版 2025 年 7 月第 1 次印刷
ISBN 978-7-5689-4478-6 定价：88.00 元

马克思主义教育思想研究丛书

编 委 会

主 编

孙振东　　杨兆山

编 委（以姓氏笔画排序）

孙振东　　杨兆山　　肖绍明　　余清臣

张宝歌　　易连云　　郑金洲　　郝文武

侯怀银　　董 标　　舒志定

序

　　马克思主义教育思想是马克思主义理论体系的重要组成部分，是社会主义教育的本质特征和鲜亮底色。在新中国孕育、发展的各个社会历史阶段，马克思主义关于教育的立场、观点和方法，一直在指导教育实践和教育理论研究。早在中国共产党成立之始，就以马克思主义教育基本主张为指导，开创并逐步形成了新民主主义教育理论和实践体系。新中国成立初期，在全面学习苏联教育理论和教育经验的过程中，更加系统地学习了马克思主义教育思想，帮助广大教育工作者逐步形成科学的教育观。

　　20世纪50年代末，马克思主义教育思想作为理论基础和指导思想，与我国社会主义教育实践紧密结合，形成了社会主义教育方针。根据社会主义革命和建设不同时期的形势和任务，我国社会主义教育方针的表述方式有所不同，但关于坚持社会主义办学方向、培养全面发展的人、教育同生产劳动相结合等马克思主义教育基本原理和精神实质始终如一。学习和研究马克思主义教育思想，是准确理解和全面贯彻党的教育方针的前提，是社会主义教育事业沿着正确方向健康发展的重要保障。

　　改革开放之初，教育学领域总结反思以往在办教育和培养人等方面的经验教训，充分认识到加强马克思主义教育思想学习和研究的必要性。一批具有马克思主义信仰和理论学养的教育学人致力于马克思主义教育思想的教学和研究工作，他们潜心研读经典、著书立说、培养学生，并在1979年成立了全国马克思主义教育思想研究会，凝聚力量，扩大影响，推进了马克思主义教育思想的学习和研究，为我国社会主义教育理论建设和教育改革发展作出了卓越贡献。20世纪90年代中期以后，国际国内政治经济形势发生很大变化，西方各种"非马"甚至"反马"思潮不同程度涌入，马克思主义教育思想的教学和研究有所削弱。

进入新时代,理论界有责任结合新情况和新需要,学习和研究马克思主义教育思想,推进教育学基本理论中国化、时代化。在马克思主义教育思想的学习和研究方面,20 世纪 80—90 年代一批教育学理论工作者活跃在马克思主义教育思想研究的舞台上,成果丰硕,影响深远。本着马克思主义教育思想研究薪火相传的初心,重庆大学出版社精心策划、组织,邀请国内部分长期从事马克思主义教育思想教学与研究的专家,参与著作的选择和整理修订,推出这套马克思主义教育思想研究里程碑意义的"旧著新版",以应学习和研究马克思主义教育思想、培养马克思主义教育思想研究人才之急需。同时,也让新一代教育学人把握马克思主义教育思想在我国发展的历史脉络,一定程度上解决教育学基础理论研究"从哪里来、向哪里去"的问题。

以马克思主义之矢射当代中国教育之的,是为"虽旧犹新"。包括人的全面发展、人的解放理论在内的马克思主义教育思想完全适用于作为意识形态的教育领域,对当今教育实践仍具有指导意义。时序上的"旧"理论之所以仍能焕发新魅力,可以解决时下新问题,是因其真理性和时代的超越性。时至今日,马克思主义关于教育的立场观点和方法仍是我们这个时代甄别形形色色教育思潮的最有效的思想武器。马克思主义教育思想的精髓在新时代仍像指南针一样帮助我们规避路径、方向性的错误。开辟中国教育学基本理论的新境界需要长期坚持马克思主义教育思想。

当前教育学基本理论所面临的一系列新问题并未脱离马克思主义经典作家曾经探索的矛盾运动规律,是为"虽新犹旧"。我们这个时代教育实践生发的或教育理论正在研究的诸多新问题,在新的历史阶段虽表现形式各异,但问题的内部结构和本质仍然没有突破经典理论的认识范畴。一些现实问题之所以没有得以很好解决,并不是理论创新不足,而恰恰是教育实践偏离了或没有很好地坚持马克思主义教育思想的基本原理,没有将马克思主义教育思想真正吸收消化并付诸实践。当下教育面临的诸多问题虽新,但病根如旧。

这套"旧著新版"保留了原著的体例结构、基本理论观点及其具有时代特色的内容,主要修改和调整有四个方面:一是增加了"校订再版前言",对所修订原著的作者情况、内容结构、思想特点、学术价值等作了适当介绍,以便读者更好地把握原著作者的学术思想脉络和理解原著文本;二是更正了原著中的个别错讹、纰漏,调整了个别明显不恰当的用语和表达方式;三是以脚注形式对原著中的一些表述或观点作必要的解释、说明;四是将原著引用的马克思主义经典著作更新为最新版本。马克思主义教育思想研究"旧著新版"旨在回溯老一辈学者马克思主义教育学中国化的探索足迹,在新的时代背景下,帮助读者完整、准确理解和掌握马克思主义教育思想的基本理论观点和精神实质,发掘其促进中国教育事业健康发展的体系性价值,推动我国马克思主义教育思想研究和中国马克思主义教育学的建设。丛书受编者水平所限,必然存在各种缺陷或不足,敬请广大读者批评指正。

丛书编委会

2023 年 5 月

校订再版前言

　　"文化大革命"以后,我国教育学的恢复重建和社会主义教育事业的改革发展,都急需马克思主义教育理论的指导,因此,全国教育科学"六五"规划确立了一批国家和教育部重点研究课题,包括教育部教育规划委员会张健研究员主持的国家重点项目"马克思恩格斯教育思想研究"、北京师范大学王焕勋教授主持的国家重点项目"马克思教育思想研究"、华东师范大学刘佛年教授主持的国家重点项目"马克思主义教育理论研究"、教育部政策研究室吴畏研究员主持的"我国社会主义教育方针的研究"。由北京师范大学王焕勋教授主编的《马克思教育思想研究》一书,是其主持的同名国家重点课题的最终研究成果,该书全面、系统、深入地论述了马克思教育思想,被认为具有较高的学术价值。

　　这部著作,是名副其实的"名家力作",课题研究和成果撰写的参与者均为业内知名的专家学者,其中,尤为值得一提的是,最年轻的劳凯声教授,如今已成长为广受认可的杰出学者。尽管劳凯声教授回忆起当年参加这项课题研究和成果撰写时谦虚地说:"这是先生晚年所做的最重要的一件事情。课题组成员包括黄济、王策三、孙喜亭、成有信、靳希斌和我。当然我是作为王焕勋先生的助手参加研究,当时我刚刚毕业不久,以我的学识、能力,不可能胜任这样重要的工作。"①实际上,当时劳凯声教授已经是师从王焕勋先生系统学习和研究了马克思主义经典著作,具有扎实的理论功底的知名学者。正是由于这样一支坚信马克思主义、具备马克思主义理论功底、治学严谨且富有学术责任心和社会责任心的研究队伍,通过通力合作与艰苦研究,才形成了这部具有重要学术价值和学术史意义的著作。当年,这部著作出版前夕,顾明远先生阅读书稿后,

---

①　何雨点:《王焕勋先生的教育研究活动与新中国教育学科的建设:访谈王焕勋先生的弟子劳凯声教授》,载《中国人民大学教育学刊》2021 年第 4 期。

中肯地评论说:"由北京师范大学王焕勋教授主编的《马克思教育思想研究》一书,是一部全面、系统、深入地论述马克思教育思想的著作。这部著作论点明确,内容丰富,资料翔实,具有较高的学术价值。……它是作为教育科学研究'六五'规划的国家重点项目,经过三年系统的研究而写成的。通过他们的研究,令人信服地认识到马克思主义的教育思想至今仍然是我国社会主义教育的理论基础。"①

本书主编王焕勋先生,河北定兴人,是我国著名的教育家和教育学家。王焕勋先生自幼聪慧过人,广泛阅读,早在小学阶段便已接触《独秀文存》、《胡适文存》及《李大钊文集》等名著,深受新思潮的影响。1929 年至 1935 年,在北大学习期间,读了马克思主义教育家杨贤江的《新教育大纲》《教育史 ABC》等书,思想开始由教育救国论转向马克思主义,并关注苏联社会主义教育,翻译了英文版《苏联的工业和教育》一书。在校期间,他积极投身于抗日民主运动。"九一八"事变后,为抗议蒋介石的不抵抗政策,毅然加入"北大同学南下示威团",奔赴南京游行示威,尽管遭受反动军警的捆绑拘禁,他依然坚贞不屈,顽强地进行抵抗。他 1935 年在北京大学毕业后,到山东蓬莱中学任教两年。"七七"事变后,他决心报效祖国,参加抗战。先在开封"中华民族解放先锋队"操办和主持的"平津流亡同学会"参加救亡活动,后到洛阳积极开展抗战宣传活动,筹建流动图书馆,传送进步书刊。因抗日宣传活动影响巨大,引起国民党当局的注意,怀疑他是共产党员,不得已,他只身投奔西安八路军办事处。经西安八路军办事处领导介绍到陕北公学学习。在陕北公学,通过深入系统的理论学习,他进一步确立并坚定了自己的无产阶级世界观和人生观。1939 年夏,党中央决定在敌后创建华北联合大学,开展国防教育,王焕勋先生紧随陕北公学的队伍,渡河翻山,巧妙绕开敌人严密控制的同蒲线,历经三个月的艰苦跋涉,终于抵达晋察冀边区,并亲身参与了敌后第一所高等学府——华北联合大学的创建工作,

① 顾明远:《马克思教育思想仍然是社会主义教育的理论基础:读〈马克思教育思想研究〉》,载《中国高等教育》1988 年第 5 期。

之后留校任教。1941 年春天,晋察冀边区办起了《教育阵地》杂志,王焕勋先生积极为之撰稿。1941 年秋到游击区帮助群众反"扫荡"。1943 年"七一"前夕,加入中国共产党。入党后不久,他离开华北联合大学,任晋察冀边区专署督学。1945 年抗战胜利后,任晋冀行署教育厅督学、秘书。这期间,尽管行政工作繁重而琐碎,但他依然挤出时间,笔耕不辍,不仅编写了贴近实际的冬学政治教材,还撰写了一系列理论与实践紧密结合的文章,为教育事业的发展贡献自己的智慧与力量。1947 年,王焕勋先生调入中共中央宣传部教育研究室工作,这个研究室是由时任中宣部副部长徐特立主持的。王焕勋先生回忆说:"和徐老生活、工作在一起,直接接受徐老的指导和教诲,获益匪浅。"这一时期,王焕勋先生参加了关于中国教育问题的研讨,并参加了中学历史教材的编写工作。北平和平解放后,王焕勋先生被调往华北大学工作。

1949 年下半年,王焕勋先生在华北大学二部教育系讲授教育学,后把所讲内容整理为《教育学初稿》一书。中华人民共和国成立后,中央决定创立中国人民大学,王焕勋先生被任命为教育学教研室主任。从 1951 年起,中国人民大学教育学教研室招收教育学研究生,并举办大学教师研修班,王焕勋先生任导师。1952 年院系调整后,人大教育学教研室转入北京师范大学,王焕勋先生仍然任教育学教研室主任和研究生及进修班的导师。在此期间,王焕勋先生引领北师大教育学教研室的师生,深入探讨了中国新民主主义教育学的建设问题。1952 年春天,王焕勋先生主持、胡克英主讲《中国新民主主义教育的性质与特征》的公开课,并组织了大型讨论会,勉励大家把注意力集中到立足中国实际,以马克思主义为指导,探讨中国的教育问题,思考如何建设有中国特色的教育学①。以往资料让我们感觉,当时学习凯洛夫主编的《教育学》等苏联教育学著作,似乎背离了老区的教育思想传统,是再一次引进外国教育学而中断了教育学自主建设的进程。实际的初衷,却是为了建设中国教育学而有意识、有考虑地引进、学

---

① 参见王道俊:《高山景行 风范永存:重温王焕勋老师的教导》,载《王焕勋教育文集》,江苏教育出版社 2011 年版,第 227 页。

习苏联教育学。苏联作为首个社会主义国家,率先倡导以马列主义为指导,开展社会主义教育理论与实践的建设。因此,为建设具有中国特色的新民主主义和社会主义教育学,学习苏联教育学成了一个理性且有针对性的选择。不应如某些人所述,将其视为盲目跟风或片面否定,进而抹黑这场学习运动。从王焕勋先生等新中国教育学的开创者的经历可以看清这一点。当时,王焕勋先生在新中国教育学科建设中作出了卓越贡献,特别是在引进凯洛夫《教育学》方面起到了奠基性作用。王焕勋先生凭借其独特的地位,作为革命老干部和党员专家的资历,以及对全国师范院校和教育学界的深远影响,享有崇高的声望。王焕勋先生乃真学者,治学严谨,读书精细,写作精炼,评价他人学术客观公正。当年他阅读凯洛夫《教育学》时,虽然已经有了中文译本,他又不熟悉俄语,但是坚持依靠翻阅词典,夜以继日地阅读俄文原版。

王焕勋先生通过自己的学习、研究和在老区工作的经验,深切认识到,中国革命必须坚持马克思主义同中国实际相结合,搞好新民主主义教育和社会主义教育也必须坚持马克思主义教育思想与中国教育实际相结合。他又经历了新中国二十多年教育理论建设和实践探索的经验和教训,更加清楚地认识到正本清源,弄清马克思主义经典作家教育思想的重要性。1985 年王焕勋先生主持全国教育科学"六五"规划国家级重点课题"马克思教育思想研究",他为该课题研究设定的核心任务,简而言之,即"正本清源"。

我国对马克思主义经典作家教育思想进行系统专门的研究起步较晚。20世纪初,马克思主义教育思想主要以间接的形式通过日本、法国、苏俄引入,也有的是我国早期马克思主义学者以马克思主义立场、观点和方法阐释教育问题形成的,如李大钊、陈独秀、恽代英、杨贤江、林砺儒等著名学者,均有根据马克思主义立场和观点对教育的本质、教育与社会的关系、农工教育、儿童或青年教育、教育教学方法、各种错误思想的批判等方面的著述或演讲。然而,这些研究均非直接源自对马克思主义经典作家教育思想的探讨。尽管中国共产党领导的各个革命历史时期,都曾有过学习和研究马克思列宁主义经典著作的各种

"研究会""读书会""演讲会""讨论会",但是,鉴于马克思主义经典作家,尤其是马克思和恩格斯,并未留下专门的教育论著,因此,对经典作家教育思想的深入研究显得尤为稀缺。就目前我所掌握的资料,尚未发现新中国成立前对马克思主义经典作家教育思想的专门研究,也尚未发现马恩列斯关于教育的语录类的书籍。新民主主义教育实践,作为具有民族性、科学性和大众性的实践,坚持以马克思主义教育思想为指导。这里的马克思主义教育思想,并非直接源自对马克思主义经典的解读,而是将马克思主义的立场、观点和方法融入教育理论与实践,其思想源头可追溯至"以俄为师"的借鉴。当然,这样说,并不是否认这一时期一部分马克思主义教育理论家对马克思主义经典著作中的教育论述有过研究。

中华人民共和国成立后,为建设中国特色的新民主主义和社会主义教育学体系,我国开启了马克思主义教育经典文献的系统译介工作。1950年在引进凯洛夫《教育学》时,同步翻译出版了苏联学者伊·加叶林等编撰的《马、恩、列、斯论学校与教育》;1953年又系统译介了格鲁兹杰夫主编的《马克思恩格斯列宁斯大林论教育》。至1958年,我国开启了自主编纂的进程,编撰完成首部本土化的《马克思恩格斯论教育》。1966—1976年,虽出现了多个版本的《马克思恩格斯列宁斯大林论教育革命》,但这些文本多带有特定历史语境的烙印。改革开放后,为适应高等师范院校教育专业开设马列教育论著课程的需要,先后出版了多部经典作家教育论述汇编,并于1979年完整翻译了苏联教育科学院编纂的两卷本《马克思恩格斯论教育》。然而,截至1985年,学术研究仍存在明显局限,主要聚焦于经典作家个别教育论断或单篇教育文献的零散探讨,尚未构建出兼具学理深度和系统架构的学术专著。更值得关注的是,由于政治运动对学术研究的周期性冲击、原始文献获取的客观限制、研究者理论素养的参差及方法论意识的薄弱,学界长期存在对马克思主义教育经典文本的误读性阐释、断章取义式征引及主观化演绎等现象,由此引发的理论争议持续发酵。这种碎片化、浅表化的研究现状,已明显滞后于社会主义教育学科体系构建和教育事业发展的双重需求。在此背景下,系统梳理马克思主义教育思想源流、廓清理论原貌的学术工程势在必行,"马克思教育思想研究"遂被列为全国教育科学"六五"规划重点攻关课题,标志着我国马克思主义教育思想研究进入了体系化建设的新阶段。

课题研究以马克思主义教育思想的传承与创新发展为学术旨归,聚焦马克思恩格斯经典教育文献的核心要义,围绕教育的本质属性与社会功能、人的全面发展和全面发展的教育问题、教育与生产劳动相结合(包括综合技术教育)三个主要问题构建研究体系。在深化上述经典问题研究的同时,创新性地拓展了四个学术维度:其一,马克思的经济思想与教育;其二,马克思关于自然科学与课程的论述;其三,马克思的道德和德育教育思想;其四,马克思关于教师劳动属性的论述。为系统把握理论演进脉络,研究特别梳理了马克思教育思想的形成与发展轨迹;为彰显理论指导实践的现实意义,增设了马克思教育思想在苏联与中国本土化实践的历史考察,以及当代社会转型期面临的挑战与回应策略。作为课题成果的《马克思教育思想研究》一书的框架结构,明显体现出上述严谨的研究规划:"前言"阐明研究马克思教育思想的时代价值,辩证审视历史研究中的经验与偏误,确立科学的研究方法论。主体部分由三编九章构成:第一编历史性考察马克思教育思想发展史,由第一章"马克思教育思想的形成和发展"构成,第三编聚焦跨时空的实践转化,由第九章"马克思教育思想的实施和当前面临的新挑战"构成;而第二编作为理论核心层,由第二章到第八章构成,除重点阐释教育的社会本质论、人的全面发展学说、教劳结合原理三大支柱外,还开创性地设立四个专题研究:经济基础与教育发展的辩证关系、自然科学课程观、道德哲学体系及其德育启示、教师劳动价值论,形成"三大支柱+四维拓展"的立体逻辑框架。

由王焕勋先生撰写的"前言",颇为学界称道。"前言"简明扼要地指出马克思教育思想在马克思理论遗产中的重要地位,视其为无产阶级革命学说不可或缺的组成部分。它强调马克思运用唯物史观这一方法论利器,对教育问题进行了深刻而根本的剖析,从而澄清了教育思想中长期存在的谬误,奠定了教育理论的科学基础。"前言"首先对马克思教育思想的内容作了简要说明。在肯定马克思教育思想内容丰富、涉及面广泛的同时,又概括指出其三方面的主要内容:其一,关于教育本质和职能问题;其二,关于人的全面发展和全面发展教育问题;其三,关于教育和生产劳动相结合问题(包括综合技术教育)。然后,"前言"对课题研究成果以"马克思教育思想研究"命名的原因作了说明,辨析了"马克思教育思想"与"马克思主义教育思想"在内容范围上的不同。进一步,"前言"以概要的形式,梳理了从20世纪初到改革开放初期马克思教育思想在我国的传播、学习和研究的情况,指出了我国对马克思教育思想研究的不足,尤为重要的是强调了与时俱进加强马克思教育思想研究的重要性和必要性。王焕勋先生认为,加强马克思教育思想研究的重要性和必要性主要表现在:第一,党的十一届三中全会后,我国教育科学研究进展迅速,取得了很大成绩。然而,对马克思教育思想的研究却相对滞后,难以满足国家建设和发展的迫切需求。第二,与马克思所处时代相比,世界面貌发生了翻天覆地的变化,新技术革命的蓬勃兴起,不仅推动了社会生产力的巨大飞跃,还深刻改变了人们的生活方式和思想观念,进而为马克思教育思想的研究提出了新的挑战和课题。第三,在应对西方思潮时,我们应立足自身需求,从本国立场出发,对马克思的教育学说进行符合实际的解读和阐释。王焕勋先生特别强调,不能低估"西方马克思主义"对教育理论研究的影响,在"西马"队伍中,既有形形色色的资产阶级研究者,也有一些治学态度比较严肃的学者。但是一般说来,这种研究是试图以资产阶级哲学来"补充"和"修正"马克思主义,并美其名曰"重新发现"和"恢复"真正的"马克思主义"。王焕勋先生呼吁,应该认真对待这股思潮:一方面,要吸取其合理的、积极的因素;但另一方面,对其关于马克思教育理论的歪曲和肢解也不能不给以严肃的批评和反驳。

在"前言"中,王焕勋先生还重点强调了学习和研究马克思教育思想的正确态度和方法论。他认为,坚持马克思主义和发展马克思主义是一个事情的两个方面,坚持是发展进程中的坚持,发展是坚持前提下的发展。无论是从坚持的立场,还是从发展的视角,精通马克思主义都是不可或缺的前提。否则,所谓的"坚持"可能导致认识僵化,所谓的"发展"则可能背离马克思主义精神。要弄通马克思主义,就必须认真学习,就要精读马克思主义经典著作原文,掌握它的精神实质。由于我国学者主要阅读中译本经典著作,王焕勋先生特别提醒,需注意译文可能存在的准确性问题,并在"前言"中转载了他发表于《百科知识》1986 年第 6 期的论文《如何理解马克思关于教育的论述——学习〈临时中央委员会就若干问题给代表的指示〉》作为这方面研究的示范。这篇论文是"前言"中最有特色的。该论文通过纠正译文中的错误,不仅直接澄清了国内外学界对马克思原著的几处误解,还树立了一个实事求是、严谨治学的典范,深受学界赞誉,极具品读和仿效的价值。

第一章"马克思教育思想的形成和发展",通过对马克思教育思想形成和发展的考察,能够使读者理解马克思教育思想的科学性、革命性和整体性。本章首先探讨了马克思教育思想产生的历史条件和理论前提。作者指出,马克思的教育思想是在马克思主义哲学、科学社会主义和政治经济学产生和发展过程中逐渐形成的。18 世纪后半期西欧资本主义关系的发展达到了一个新的转折点,生产力、阶级斗争和科学均发展到了历史上未有过的水平,工业无产阶级成为历史发展的伟大动力,这为马克思教育思想的形成提供了历史背景。随着工人阶级阶级觉悟的提高,认识到自己的历史地位和作用,无产阶级为争取自身受教育机会和权利的斗争逐渐兴起,马克思敏锐地察觉到无产阶级在教育领域的变革要求,揭示了教育的本质及其在无产阶级解放斗争中的变革作用。作者接着具体回顾了孕育并产生马克思教育思想的历史条件和理论前提。18 世纪后半期,西欧资本主义关系的发展达到新的转折点,机器的应用、水力和蒸汽力的利用成为工业革命的三大杠杆,推动了社会的巨大变革。然而,随着工业革命的完成,资本主义固有的内在矛盾也尖锐起来,工厂制度的出现使无产阶级遭受前所未有的剥削和压迫,尤其是童工问题的普遍存在,促使马克思深入研究教育问题。作者引用了马克思对童工问题的揭露,指出工厂主对童工的剥削和摧残,使工人阶级认识到教育的重要性,推动了工人阶级为争取自身子女受教育权利的斗争。作者还提到,马克思在解剖资本主义时以英国为重点,广泛收集并研究英国工厂视察员、医生、委员的报告和著作,这些资料揭示了英国工人阶级生活、劳动和受教育的真实情况。马克思和恩格斯在研究英国资本主义制度时,特别关注童工问题,揭露了工厂主对童工的残酷剥削。作者根据马克思的观点指出,尽管工厂法的教育条款在当时是微不足道的,但它们毕竟反映了工人斗争的力量,并为后来的教育改革奠定了基础。在阐述马克思教育思想的理论前提时,作者指出,教育作为一种社会现象,其研究很大程度上依赖于哲学的考察。作者分析了18世纪法国唯物主义哲学家和德国古典哲学家对教育问题的看法,特别是爱尔维修的"教育万能论",以及黑格尔的辩证法思想对马克思的影响。作者还探讨了空想社会主义者的教育思想,如圣西门、傅立叶和欧文等人对资本主义制度下人的片面发展的批判,以及他们对未来理想社会中教育形态的猜测。作者认为,虽然这些思想为马克思的教育理论提供了宝贵的启示,但也存在局限性,无法从根本上解决教育的社会制约性问题。作者进一步指出,马克思在创立唯物史观的过程中,批判了"遗传决定论"和"教育万能论"。马克思认为,个人的发展取决于社会环境和教育,但这些因素本身也受到社会历史条件的制约。作者引用了马克思在《德意志意识形态》中的论述,强调个人的发展离不开社会关系的总和,并指出教育作为一种特殊的环境对个人发展具有决定性的作用,但教育对象并不是消极受动的客体,而是具有主观能动性的人。作者还强调,马克思的教育思想是在对资本主义社会的批判中形成的,揭示了资本主义教育的阶级实质,指出只有通过社会变革,个人才能得到真正的发展。最后,作者讨论了马克思教育思想在《资本论》中的进一步发展。作者指出,《资本论》不仅揭示了资本主义生产方式的经济秘密,还从劳动变换规律、个人全面发展的社会条件、教育与社会经济发展的关系等方面,对教育问题进行了深入的经济学论证。作者认为,马克思从大工业生产中发现了未来教育的萌芽,即教育与生产劳动相结合,这不仅是提高社会生产的一种方法,也是造就全面发展的人的唯一方法。作者总结道,马克思的教育思想不仅是无产阶级的战斗武器,还是无产阶级的实践纲领和战斗旗帜,为无产阶级的解放斗争提供了理论指导。

第二章"马克思关于教育社会性质的论述"研究了四方面内容:第一,揭示马克思以唯物史观科学地说明了教育,为研究教育奠定了理论基础并提供了方法论指导,具体阐述了马克思以实践的观点科学地解决了环境和教育在人的发展中的作用,解决了教育在社会结构中的地位和作用的问题。在该部分,作者紧密联系现实,巧妙运用马克思的基本观点和方法论,对学界关于教育本质及价值的争议进行了深刻剖析,并据此提出了新颖独到的见解。第二,探讨马克思关于教育与社会生产、经济基础、政治上层建筑及其他社会意识形式的关系的思想,并以马克思的方法论探讨了教育的相对独立性与继承性问题。由于马克思未专门著书论述教育,该部分内容便主要依据马克思的社会结构理论和方法论,对教育与各类社会现象之间的关联及其相对独立性展开了详尽阐释。第三,梳理马克思恩格斯对资本主义社会教育的批判思想。在该部分,作者依据经典作家在《英国工人阶级状况》《哲学的贫困》《共产党宣言》《临时中央委员会就若干问题给代表的指示》《资本论》等著作中对资本主义教育的深刻揭露与批判,归纳出三点结论:一是历史唯物主义学说为揭示资本主义社会教育的特质奠定了理论基础;二是马克思的经济学说为了解资本主义社会教育提供了一个认识工具;三是马克思不仅对资本主义教育进行了批判,还根据无产阶级的利益提出了无产阶级在国民教育方面的要求,并以这一要求武装无产阶级,引导他们开展斗争。第四,阐述了马克思对共产主义社会教育的设想。作者按照时间顺序解读了马克思恩格斯基于对现实的批判和对未来社会的科学设想而提出的共产主义教育设想,指出了马克思恩格斯与空想社会主义在对共产主义教育设想上的根本不同点,动态考察了经典作家有关未来教育思想的逐渐丰富过程,总结出其大致内容。它包括:对一切儿童施行免费的教育;取消童工制度,把教育同物质生产结合起来;实施人的全面发展的教育;要管理全部社会生产,必须培养各类专门人才。这里值得特别注意的两点:一是作者清楚地区分了经典作家对"未来教育"在无产阶级夺取政权改造社会时期、共产主义初级阶段、共产主义高级阶段所作的不同设想;二是作者点出了经典作家思想的一个转变,即在早期仅将"人人享受平等的教育权"看作共产主义教育的基本原则,而成熟思想中不仅强调教育的平等,而且基于唯物史观立场,正确地提出了教育的社会作用及其实现条件。

第三章"马克思关于个人全面发展的理论"主要探讨了马克思关于个人全面发展的理论及其在教育学中的重要性,详细阐述了这一理论的背景、内容、意义及其在历史唯物主义框架下的发展过程。具体包括以下几方面内容:第一,清晰阐述了马克思的个人全面发展理论在马克思主义体系中并非某一学科的专属领地,而是广泛涉及哲学、经济学及科学社会主义等多个学科领域。这一理论不仅构成了教育学的核心议题,更是贯穿马克思主义体系始终的一个关键命题。第二,揭示了马克思的个人全面发展理论是基于对人的本质的科学理解而提出的,强调了人的本质是在社会关系中形成的,而非固有的抽象概念。马克思深入剖析了原始社会、奴隶社会、封建社会直至资本主义社会的演变历程,明确指出分工是导致个人片面发展的历史根源,并揭示了这一过程的必然性及其所带来的灾难性后果。尤其是在资本主义社会,大工业的发展虽然创造了生产力的高度发展,但也加剧了脑力劳动与体力劳动的分离,使工人阶级陷入更为严重的片面发展困境。第三,探讨了马克思关于个人全面发展所需条件的深刻见解。大工业的发展无疑为个人全面发展奠定了物质基础,然而,要实现这一理想状态,还必须从根本上改变资本主义的生产关系,建立社会主义制度,确保个人能够真正掌握生产力的总和,进而获得自由劳动和自由支配时间的宝贵机会。在此基础上,马克思提出了个人全面发展教育的内容,包括智育、体育和技术教育。这些教育内容旨在满足当时工人阶级子弟的教育需求,同时,它们还蕴含着深远的历史意义和鲜明的阶级特征。作者特别强调了马克思关于教育的历史唯物主义思想：教育深受社会关系的影响，因此，要实现个人的全面发展，就必须从根本上改革社会制度，使教育能够摆脱资产阶级的束缚，从而更好地适应现代社会生产和科技发展的需求。第四，探讨了个人全面发展的重要性，指出马克思的理论不仅关注劳动者智力和体力的全面发展，更强调个人的自由、充分和创造性的发展。马克思深刻指出，个人的全面发展与社会整体的全面发展之间存在一种相辅相成的关系，唯有当每个个体都能享受到自由且全面的发展机会时，社会整体方能迈向真正的解放与持续的进步之路。通过对马克思不同时期著作的分析，揭示了个人全面发展理论的发展脉络，强调了这一理论的历史唯物主义基础，即生产力和生产关系的矛盾运动决定了个人发展的方向和程度。第五，回顾了马克思个人全面发展理论在苏联和中国的传播与发展历程，指出了在不同历史时期对这一理论的理解和实践中的偏差，如教条主义和技术决定论的倾向。最终，作者发出了极具前瞻性的呼吁：面对新的历史条件，我们应当坚守马克思主义的基本原则，紧密贴合实际情况，不断深化对个人全面发展理论的探索与研究，推动其不断发展。在此过程中，既要高度重视科学技术的持续进步，也要密切关注社会制度的深刻变革，以确保个人的全面发展能够在社会主义制度的坚实基础上真正实现。

　　第四章"马克思关于教育和生产劳动相结合及综合技术教育的思想"，通过对历史渊源的追溯、具体论述的剖析、历史发展的梳理及当代理论问题的探讨，该章全面展现了马克思关于教育和生产劳动相结合及综合技术教育思想的深刻内涵，并为理解和应用这一思想奠定了坚实的理论基础，提供了宝贵的实践指导。作者着重指出，教育和生产劳动相结合不仅是现代社会发展的必然产物，还是现代教育不可或缺的基本特征，这一规律独立于任何个人或阶级的意志之外，具有客观性。通过对这一思想的深入研究，可以帮助我们更好地理解现代生产、现代科技、现代生产劳动和现代教育之间的相互关系，推动教育和生产劳动相结合的理论和实践不断发展和完善。该章的主要内容是：第一，概述了马克思关于教育和生产劳动相结合及综合技术教育思想的历史渊源，追溯了这一思想在不同历史阶段的演变和发展。作者明确指出,教育和生产劳动相结合的思想起源于文艺复兴之后资本主义的萌芽与发展阶段,这一思想在马克思、恩格斯的教育思想中占据重要地位,同时也是他们革命学说的核心议题之一。作者通过回顾原始氏族时代、古代社会、近代社会等不同历史阶段的教育和生产劳动的关系,揭示了教育从生产劳动中分离的历史过程,以及二者在现代社会中的重新结合。第二,梳理了马克思对教育和生产劳动相结合及综合技术教育的具体论述,详细介绍了马克思如何在现代大生产的背景下,将这一思想置于科学的基础之上。作者强调,马克思认为现代大生产的特性要求劳动者必须全面发展,而教育与生产劳动的结合及综合技术教育正是实现此目标的关键途径。马克思特别指出,现代工业的技术基础要求劳动者掌握多样化技能,以便灵活适应劳动市场的动态变化。因此,教育与生产劳动的结合不仅是提高社会生产效率的有效手段,还是培养全面发展人才的必经之路。此外,马克思还从教育和生产劳动相结合的合理性、具体形式等方面进行了深入分析,探讨了儿童劳动、职业技术学校、成人教育等多种形式在这一思想中的体现。第三,探索了马克思关于教育和生产劳动相结合及综合技术教育思想的历史发展,特别是在电气化时代和电子计算机时代的实践与理论进展。作者明确指出,马克思的教育与生产劳动相结合及综合技术教育思想起源于大生产时代的蒸汽机时期,并随着电气化与信息化时代的推进,得到了更为深入的发展和完善。在电气化时代,列宁继承和发展了马克思的思想,强调普通教育、综合技术教育和职业教育之间的相互关系,并提出了一系列具体的政策措施。进入信息化时代,现代教育体系中的教育与生产劳动相结合及综合技术教育,在内容和形式上均发生了显著变革。各级学校积极促进科学教育、综合技术教育与劳动教育的深度融合,进一步推动教育与生产劳动的结合向更深层次迈进,展现出多样化的实践形式。第四,探讨了当代实践所提出的关于教育和生产劳动相结合及综合技术教育的若干理论问题,分析了生产性质、科学性质、生产劳动性质和教育性质的变化对这一思想的影响。作者着重指出,随着现代社会的持续进步,教育与生产劳动相结合的本质已发生根本转变,从原先侧重与体力劳动的结合,转变为与以脑力劳动为核心的生产劳动紧密结合。作者明确提出,科学是教育与生产劳动相结合的基础,并着重强调了科学教育和综合技术教育在这一理念中的核心作用。第五,对马克思关于教育和生产劳动相结合的著名论断进行了重新解读,提出了若干新见解。作者质疑了"教育原本与生产劳动相结合,但在过去的阶级社会中两者分离,如今又需重新结合"的传统观点,并创新性地提出教育与生产劳动"二次分离"的理论。作者呼吁,在研究马克思关于教育和生产劳动相结合的思想时,要坚持马克思主义的立场、观点和方法,抓住现代社会的发展规律,解决当代实践中出现的新问题,使这一思想在新时代继续发扬光大。

第五章"马克思的经济思想与教育"的主要内容是:第一,概述马克思的经济思想与教育之间的紧密联系。强调了马克思在其整个学说中、特别是在政治经济学部分蕴含的丰富教育经济思想。这些思想不仅直接揭示了教育与经济发展之间的内在联系,还深入探讨了教育在提升社会经济价值、促进劳动力再生产及科学知识生产力再生产等方面所扮演的重要角色。作者指出,马克思的教育经济思想是构成马克思教育思想的重要组成部分,具有重要的现实意义,许多学者在研究教育与经济关系时,都从马克思的经济著作中寻找理论依据,引证其关于教育经济问题的论述。第二,梳理马克思的教育经济思想的理论来源。重点介绍了亚当·斯密和空想社会主义者欧文的教育经济思想对马克思的影响。亚当·斯密在其著作《国民财富的性质和原因的研究》(即《国富论》)中,深入探讨了教育的社会经济价值,特别是他提出的将人的经验、知识和才能视为固定资本的观点,对马克思的思想产生了极为深远的影响。马克思在此基础上,批判性地继承了许多优秀思想成果,作出了更加科学精辟的论述。欧文关于教育与生产劳动相结合的理论及其实验,同样对马克思教育经济思想的形成产生了直接影响。欧文坚信现代机器生产代表了历史的进步,并明确指出教育对大工业生产具有不可或缺的直接作用。他通过一系列具体的教育与生产劳动相结合的实验,生动展示了这种结合在推动社会发展和促进个人成长方面的巨大经济价值。第三,探索教育在社会物质生产过程中的地位与作用。作者进一步指出,依据马克思的见解,教育虽属于精神生产范畴,却与物质生产过程紧密相连。特别是在现代大工业生产背景下,教育不仅为社会物质生产提供了多层次、高水平的智力劳动者和科学知识形态的生产力,还通过显著提升劳动生产率,间接影响了社会必要劳动时间的确定。根据马克思的观点,作者较详细地分析了教育在物质生产中的特殊功能,即教育可以培养和改变人的劳动能力,提高劳动者的熟练程度和技能,从而直接或间接地影响物质生产过程。第四,探讨教育的社会经济价值及其若干理论问题。基于马克思的劳动价值学说,深入探讨了教育费用作为劳动力价值核心构成的关键角色,并着重指出复杂劳动因其蕴含的高经济价值,其培养必然伴随着高额教育费用的投入。作者进一步剖析了教育劳动对社会经济价值的创造潜力,明确指出尽管教育劳动不直接产出物质财富,但它通过培育智力资本和再生产科学知识,对社会物质财富的积累起到了间接而深远的推动作用。作者还阐明了教育投资的双重性质,即既具备生产性特征,能够为社会带来长期的经济回报,又兼具消费性,是提升个人素质和社会文明程度的重要投入。

第六章"马克思关于自然科学与课程的论述"包括五方面内容:第一,梳理恩格斯关于自然科学发展的历史过程和课程体系的形成的论述。恩格斯指出,自然科学与学校各门学科课程有着历史性的关系和联系,自然科学的产生、形成和发展推动着学校学科课程的不断完善和发展,而学校学科课程的发展和进步也给予自然科学发展以巨大的影响。恩格斯在《自然辩证法》中详细描述了近四百年来自然科学发展的历史过程,将自然科学发展分为两个大的时期:一是从 15 世纪到 18 世纪前半期,自然科学摆脱宗教神学的桎梏,逐步构建起独立的科学体系;二是从 18 世纪后半期到 19 世纪,自然科学体系基本形成,各门自然科学都有了较大发展。恩格斯还特别强调了哥白尼的"天体运行论"和康德的"星云假说"对天文学发展的巨大推动作用。第二,阐述恩格斯关于自然观发展的历史过程和课程观的确立的探索。恩格斯在《自然辩证法》中通过历史线索说明了自然科学对哲学和人们自然观的影响,指出人们的自然观经历了直观自然观、机械自然观到科学自然观的历史发展过程。直观自然观认为世界由物质构成,物质处于永恒的运动和发展状态,但它过于关注整体,忽视了局部的细节;机械自然观局限于静止、孤立的视角观察自然现象,未能充分认识到自然的整体联系和动态过程;科学自然观则冲破了机械自然观的束缚,揭示了自然界各种现象之间的内在联系。恩格斯指出,自然观的发展对课程设置者的课程观具有直接影响,认为唯有以科学自然观为指引,方能确保学校科学课程观的正确确立。第三,探讨恩格斯关于学科和课程划分的理论依据的思想。作者指出,依据马克思主义理论,学校教育中的自然科学课程与自然科学及自然观紧密相连,学科和课程的划分需随人们对自然和社会历史认知的深化而调整。恩格斯批判性地吸收了历史上学科和课程分类的杰出思想,特别是圣西门和黑格尔的卓越见解,提出了"解剖分类"原则,主张按照物质运动形式的差异及其内在次序来划分学科,从而实现客观性与发展性原则的有机结合。第四,梳理恩格斯对机会主义者的课程观的批判,特别是对杜林、巴枯宁和孔德等人课程论思想的批判。恩格斯在《反杜林论》中深刻批判了杜林的唯心主义先验论和形而上学,揭示了杜林对未来学校教育、教学理论以及教学计划、课程等机会主义教育思想的历史虚无主义和落后性。对于巴枯宁的蒙昧主义课程观,恩格斯指出其反对学校教育、鼓吹抛弃科学知识,是一种极端的无政府主义思想。而对于孔德的"全科教育"主张,恩格斯则认为这是一种愚蠢的、胡说八道的教育理念。第五,论述了马克思、恩格斯关于科学教育和科学认识的思想。马克思、恩格斯在其著作中多次强调科学教育的重要性,认为它是现代社会大工业生产的必然产物,与现代社会的发展紧密相连,是现代教育体系中不可或缺的一部分。科学教育不仅指教育内容和课程设置的科学化,还包括教育职能、培养目标和教育手段的科学化。马克思、恩格斯深入探讨了科学认识过程,涵盖了人的智力活动、两条认识路径及理论思维的核心价值。恩格斯着重指出,科学教育需以马克思主义认识论为基础，融合实证经验与辩证思维，通过理论概括实证成果，促进认识的辩证演进。

第七章"马克思的道德和道德教育思想"，由两大部分构成：一是探讨马克思关于道德问题的论述，二是研究马克思关于道德教育问题的论述。通过对马克思、恩格斯原著的深入解读，作者揭示了马克思主义在道德和道德教育领域的核心观点及其对现代社会的深远影响。在第一部分，作者指出，在《共产党宣言》中，马克思和恩格斯强调了共产主义革命不仅要彻底决裂传统的所有制关系，还要决裂由此产生的传统观念，这一点凸显了思想品德教育在革命过程中的重要性。作者详细分析了马克思、恩格斯对道德的历史性和阶级性的论述，指出道德作为社会意识形态，是一定社会物质生活条件的反映，归根结底是由经济关系决定的。在阶级社会中，不同阶级有不同的道德观念和标准，道德始终具有鲜明的阶级性。作者着重阐述了道德的继承性，指出尽管道德具有阶级性，但不同阶级间仍存在可传承的共通要素，如社会生活规范和职业道德。作者引用马克思、恩格斯的论述，揭示了道德发展中的复杂继承关系，并着重强调了批判继承的必要性。在第二部分，作者指出，马克思、恩格斯非常重视提高工人阶级的觉悟，认为共产主义革命的关键在于使工人阶级明确意识到资产阶级和无产阶级的敌对关系。作者详细分析了马克思、恩格斯关于资产阶级欺骗和麻醉工人阶级的论述，指出资产阶级通过宗教和学校等手段，试图控制工人阶级的思想，使其服从于资产阶级的统治。作者还探讨了马克思、恩格斯关于如何对工人阶级进行道德教育的论述，指出革命实践和工人阶级自身的生活条件是最有力的教育方式。作者引用马克思、恩格斯的论述，强调工人阶级应通过自身的革命实践和生活实践来提高政治觉悟和道德品质，而不是依赖资产阶级所办的学校。此外，作者还介绍了马克思、恩格斯对巴黎公社的经验总结，指出公社在废除常备军和警察后，着手摧毁精神压迫的工具，如宣布教会与国家分离，推行免费教育，提高教师待遇等措施。作者详尽地探讨了巴黎公社在道德教育领域的革新措施，并着重强调了革命实践对道德教育所起到的不可或缺的关键作用。巴黎公社虽然失败了,但其原则和精神为无产阶级革命和建设提供了宝贵的借鉴。在本章中,作者通过深入研究马克思、恩格斯的原著,揭示了马克思主义在道德和道德教育领域的核心观点。作者明确指出,马克思主义的伦理思想在与资产阶级和机会主义错误思想的斗争中逐步发展成熟,并着重强调了历史唯物主义在道德和道德教育领域的指导地位。此外,作者还深入剖析了马克思主义伦理思想在当代社会的应用前景,并着重阐述在新的历史背景下,创造性地运用马克思主义基本原理对促进社会进步所具有的深远意义。

第八章"马克思关于教师劳动属性的论述",通过对马克思相关文献的深入分析,详细阐述了教师劳动在资本主义生产关系中的定位,并进一步探讨了教师劳动在简单劳动过程中的性质,以及教师作为劳动者在社会中的角色和意义。首先,作者指出,关于教师劳动属性的研究无论在理论上还是实践中都至关重要。作者引用马克思在《剩余价值理论》中的经典论述,认为马克思是从资本主义生产的意义上来严格定义生产劳动和非生产劳动的。马克思认为,生产劳动是雇佣劳动,不仅补偿了资本家支付的工资,还创造了剩余价值。而非生产劳动则是直接同收入交换的劳动,不创造剩余价值。大多数教师的劳动并不直接参与剩余价值的创造,故而不属于生产劳动。第二,作者探讨了马克思从简单劳动过程的角度对教师劳动属性的考察。马克思认为,生产劳动本质上是人与自然间物质变换的过程,仅那些创造物质财富的劳动,才被视作生产劳动。教师的劳动不直接创造物质财富,而是提供服务,故不属于生产劳动范畴。作者指出,马克思虽认为教师劳动不创造剩余价值,但这并不否定其社会意义。马克思对教育的社会作用给予高度评价,认为教育是工人阶级成长的条件,是工人阶级夺取政权的重要手段,也是劳动力再生产的重要内容。第三,作者分析了马克思关于"总体工人"概念的论述,探讨了教师是否可以被归入"总体工人"的范畴。马克思理论认为,总体工人由片面局部工人构成,他们直接参与资本增殖,共同生产商品并创造价值。教师的劳动不直接参与资本增殖,因此不被归入总体工人的范畴。马克思从价值形成的维度深刻剖析了教师劳动的本质,明确教师的劳动价值无法转化为新产品的价值,故而教师不属于生产工人的范畴。第四,作者引用了马克思关于服务性劳动的论述,指出教师的劳动是提供服务性的劳动,这种服务与生产过程是两个有联系但各自独立的过程,教师的服务不应属于生产过程。第五,作者讨论了教师劳动的意义和教师劳动的报酬问题,指出马克思虽然没有直接论述教师劳动的报酬,但其劳动力价值的学说为分析教师劳动报酬提供了基本原则。教师的劳动属于复杂的精神劳动范畴,需凭借深厚的知识储备和专业技能,故而其报酬理应超越简单劳动者的水平。作者根据马克思的观点,强调了教师劳动在社会中的重要意义,认为教师是劳动力再生产的承担者,是各种专门人才的培养者,教师劳动的意义不容忽视。马克思高度评价了教师劳动的社会作用,认为教育是工人阶级成长的必要条件,是其夺取政权的关键手段,也是劳动力再生产的核心内容。在《资本论》中,马克思强调了教育在社会化大生产中的三个主要任务:改变一般人的本性,使其获得特定劳动部门的技能和技巧,以及成为发达和专门的劳动力。本章不仅厘清了关于教师劳动属性的理论争议,还为洞悉教师劳动的社会意义提供了宝贵视角。

第九章"马克思教育思想的实施和当前面临的新挑战",依据马克思教育思想在苏联和中国的实践历程,深入分析了其在不同历史阶段的实施状况及所遭遇的新挑战。作者全面梳理了自 1848 年《共产党宣言》发表后,马克思教育思想在实践中的演变历程与发展趋势,尤其关注了十月革命后苏联和中国在革命及建设过程中对马克思主义教育思想的具体实施。1848 年《共产党宣言》的发表,标志着马克思主义作为一种理论武器开始指导无产阶级的革命斗争。1917年十月革命胜利后,苏联成为世界上第一个无产阶级专政的国家,教育改革也随之启动。作者指出,苏联革命初期,迅速构建了新教育制度,将学校由资产阶级工具转变为无产阶级专政的基石,推行免费义务教育与综合技术教育,但亦伴随有忽视系统知识传授、过分侧重劳动教育的倾向。20 世纪 20 年代末期,这些问题尤为凸显,劳动负担过重、教学内容频繁变动,致使教育质量显著下滑。

对此,作者引用了列宁的观点,强调了系统知识学习的重要性,但同时也指出这些错误并非完全否定苏联教育改革的成就,而是需要不断总结经验,调整策略。接着,作者分析了苏联 20 世纪 30 年代到 50 年代初的教育改革。斯大林治下的苏联,过分强调系统科学知识,忽视了教育与生产劳动的结合,1936 年甚至取消了劳动课程。尽管如此,苏联这一时期的教育仍然培养了大量的科技人才,为卫国战争的胜利和第一颗人造地球卫星的发射奠定了基础。作者特别提到,苏联在这一时期也出现了对教育对象的错误认识,如对儿童学的曲解,导致了对教育学和心理学发展的负面影响。随后,作者讨论了苏联 20 世纪 50 年代末至 80 年代中期的教育改革。20 世纪 50 年代末,苏联面临着中学毕业生就业困难的问题,1958 年颁布的教育法旨在强化学校与生活的联系,以应对中学毕业生就业难题,然而,因过度增加劳动课时而未能如愿,最终宣告失败。20 世纪 60 年代初,苏联开始调整教育政策,恢复普通教育的地位,提高了教育质量。然而,教育与生产劳动相结合的问题依然存在。苏联在教育与生产劳动相结合问题上的多次尝试,凸显了其在平衡教育与生产力发展关系时的复杂考量。到了 20 世纪 80 年代,苏联再次提出了一系列教育改革措施,如延长学制、加强职业技术教育等,试图解决普通中学升学与就业的双重任务。作者认为,苏联推出的这些教育改革举措,彰显了其在马克思教育思想引领下,不懈探索符合本国实际的教育发展路径的决心。在对中国马克思主义教育思想的实施进行分析时,作者指出,马克思教育思想在中国的传播始于十月革命后。作者详细描述了中国新民主主义革命时期,党在根据地内推行的教育政策,如普及义务教育、扫除文盲、加强思想政治教育等,这些措施不仅提高了工农群众的文化水平,还为革命斗争培养了大量干部。中华人民共和国成立后,中国经历了全面学习苏联、教育革命与调整、"文化大革命",直到党的十一届三中全会后,教育才重新走上正轨,提出了"教育要面向现代化、面向世界、面向未来"的方向。作者着重指出,邓小平于 1985 年提出的教育体制改革,是中国开始灵活运用马克思教育思想,解决社会主义建设新难题的重要标志。最后,作者探讨了马克思教育思想面临的挑战,特别是在新技术革命背景下,如何重新审视教育的社会职能和人的全面发展问题。作者引用了西方未来学者对现代化的预测,认为其中某些观点值得参考,但也指出这些观点忽略了生产关系对道德和教育的决定作用,容易陷入技术决定论的误区。作者认为,面对新的形势,必须坚持马克思主义基本原理,同时结合时代要求和中国实际,创造性地发展马克思教育思想,推动社会主义教育事业的进一步发展。

本书作为我国马克思主义教育思想研究的奠基性著作,既是改革开放初期思想解放浪潮中马克思主义教育思想中国化探索的结晶,也是我国教育学界首次系统梳理马克思教育思想的开拓性成果。在学术资源匮乏、研究条件有限的背景下,作者团队以"回到原著"的治学态度,从马克思主义关于教育的社会历史性本质、人的全面发展学说、教育与生产劳动相结合理论等核心命题出发,构建起马克思教育思想的逻辑框架,为社会主义教育理论建设奠定了重要基础。尽管当时中译本文献不完整、国际学术交流受限,导致部分论述带有历史阶段的局限性,然而,这种艰难的学术探索为新时代研究马克思主义教育思想提供了宝贵的文本参考和进一步研究的基础。

当前,全球教育格局正面临人工智能技术带来的结构性变革。基于机器学习算法的个性化教育推荐机制正在重塑知识传递模式,智能化教学平台逐步改变传统教育形态,而数据要素的市场化配置进一步凸显了教育资源分配的结构性矛盾。这种现象深刻反映了技术异化语境下教育领域资本扩张与人的发展诉求之间的根本性张力。马克思关于"机器体系对劳动过程支配"及其社会影响的批判理论,在此展现出非凡的前瞻性。当算法演变为新型"规训机制"、教育数据成为独占性生产资源时,马克思教育理论中关于人的全面发展所需社会条件及教育功能的阐释,恰恰为应对技术宰制提供了理论依据——这要求我们在智能时代的教育变革中,必须辩证地把握生产力与生产关系在人的解放进程中的互动规律,坚守教育的人民性本质,将技术创新置于"实现人的自由全面发展"的社会主义教育价值坐标中,警惕工具理性对教育本真的侵蚀。20世纪90

年代后,包括中国在内的社会主义国家在西方意识形态输出和经济制裁的双重压力下,仍坚持以马克思主义教育理论为指引,着力完善普惠性教育体系,推进人的全面发展实践,捍卫了社会主义教育的基本方向。这一历史实践有力印证了马克思教育思想在时代挑战中的理论价值。针对数字资本主义催生的新型教育样态,马克思教育思想的当代价值集中体现在三个维度:其一,其唯物史观分析方法为审视技术赋能教育的双重效应提供了方法论基础,既肯定智能技术突破时空限制、促进教育公平的积极意义,也警惕技术异化可能导致的教育市场化倾向;其二,"教劳结合"的经典命题为智能时代重塑产教协同机制、培养创新型人才指明了实践路径,尤其主张技术教育应当聚焦实体经济的创新需求,有利于防止陷入虚拟经济的泡沫化陷阱;其三,人的全面发展学说为化解智能社会中个体的原子化、功能化困境确立了价值准则,强调教育必须坚持培养"全面完整的人"而非"可计量的人力资源"这一根本宗旨。这些理论精髓,正是应对算法霸权、数据异化等当代教育挑战的关键所在。

新时代深化马克思教育思想研究,亟须在前辈学者开创性工作的基础上实现三重突破:在文献研究层面,应系统整合《马克思恩格斯全集》历史考证版(MEGA2)等最新研究成果,特别是国内学界在 MEGA2 基础上取得的可喜成果,结合 21 世纪资本主义教育危机的新材料,以增强理论阐释的深度和广度。在方法论层面,需运用跨学科视野分析数字技术、全球化、生态危机等变量对教育的影响,发展具有时代特征的马克思主义教育分析范式。在实践层面,要聚焦教育优质均衡发展、人工智能教育伦理、职业教育类型化改革等重大现实课题,推动理论转化为破解"人民日益增长的优质教育需要和不平衡不充分的教育发展之间的矛盾"的政策方案。尤其需要警惕将马克思教育思想窄化为静态教条的倾向,而应将其作为动态发展的理论体系,在回应为谁培养人、培养什么人、怎样培养人的根本问题时,始终保持理论张力与实践活力。

站在教育强国建设的历史方位,重启马克思教育思想研究绝非简单的理论复归,而是关乎教育发展方向的核心工程。这要求学术界以老一辈学者的开拓精神为榜样,既扎根中国教育现代化实践经验,又批判吸收国际马克思主义教育研究新成果;既重视经典文本的深耕细作,又聚焦前沿问题的理论创新。唯有如此,才能构建起中国特色社会主义教育理论体系,为全球教育治理贡献中国智慧,在技术革命与文明转型的广阔背景下,开创马克思主义教育思想的新纪元。

本次对《马克思教育思想研究》的校订再版,旨在传承和发扬老一辈教育学者的学术遗产与治学精神,以其研究成果为基石和典范,进一步推进对马克思主义经典作家教育论述的系统研究,更精准地阐释经典作家的教育思想精髓,为当代教育改革提供理论依据。此次校订工作主要围绕两个方面展开:其一,对原版中的印刷讹误进行全面校正。由于初版采用手写稿铅字排版,存在较多文字疏漏,不少读者曾就此提出校订建议。其二,对引用的马克思主义经典文献,凡有新版权威译本的均予以更新替换。需要说明的是,本书作为学术专著而非教材,虽仍可作为马克思主义教育思想的教学参考资料,但其主要功能在于学术研究参考。因此,在校订过程中严格遵循历史性原则和文本忠实性原则,除对个别明显表述不当之处进行技术性调整外,对作者的观点和语言表述均保持原貌。期待通过本次校订再版,能够唤起更多教育研究者和实践者对马克思教育思想的学术兴趣,共同促进马克思主义教育思想中国化的理论创新与实践发展。本次校订工作得到了主要作者劳凯声先生的首肯与支持。2021年夏季,劳先生克服诸多困难,多方联系当时还健在的靳希斌先生、旅居美国的成有信先生及其他已故作者的家属,最终达成再版共识。重庆大学出版社的领导和编辑团队,特别是雷少波、张慧梓、唐启秀等同志,为本书的校订出版倾注了大量精力。西南大学教育学部博士研究生李睿同学,在核对更新经典著作引文方面做了大量细致工作。在此,谨向所有给予指导、支持和帮助的师友同人致以诚挚谢意!

孙振东

2025 年 4 月 1 日

前　言

　　恩格斯在《在马克思墓前的讲话》中说:"马克思在他所研究的每一个领域……都有独到的发现,这样的领域是很多的,而且其中任何一个领域他都不是浅尝辄止。"①在教育领域里也正是如此。马克思在教育领域里,确实是有他的独到的发现的。马克思虽没有教育专著,但在他的著作和文章中确有很多非常深刻和非常重要的关于教育的论述。这些论述在马克思的整个理论遗产中占有重要地位,是他整个无产阶级革命学说的一个有机组成部分。从马克思开始其革命理论活动的时候起,教育问题就是他予以特别注意的问题之一。马克思运用他亲手创立的辩证唯物主义和历史唯物主义的科学方法论武器,对教育问题,作了深入的、根本性的研究,从理论上解决了教育思想中的一系列的长期混乱不清、是非颠倒的问题,使教育理论成为真正的科学。列宁曾说:"马克思学说具有无限力量,就是因为它正确。它完备而严密,它给人们提供了决不同任何迷信、任何反动势力、任何为资产阶级压迫所作的辩护相妥协的完整的世界观。"②这也应当看作对马克思教育思想的评价。

　　马克思的教育思想,内容很丰富,涉及面也很广泛。概括地说,主要有以下三个方面:①关于教育本质和职能问题;②关于人的全面发展和全面发展教育问题;③关于教育和生产劳动相结合问题(包括综合技术教育)。本书主要就是围绕着这三个方面开展论述的。

　　本书为什么称为《马克思教育思想研究》呢?开始,也曾有人对此提出不同意见。我们经过反复研究、考虑,还是觉得称为《马克思教育思想研究》更合适

① 《马克思恩格斯选集》第 3 卷,人民出版社 2012 年版,第 1003 页。
② 《列宁全集》第 23 卷,人民出版社 2017 年版,第 41 页。

些。称《马克思教育思想研究》,当然也包括恩格斯的教育思想,如同"马克思主义"也包含了恩格斯的思想、学说一样。而"马克思主义教育思想"含义甚广,很难阐述周详。所以还是采取了《马克思教育思想研究》作为本书的书名。当然,在论述过程中,一方面要注意阐发马克思本人关于教育的教导,同时也兼及恩格斯、列宁和毛泽东同志的有关教育的言论。

在我国,对马克思教育理论的研究起步较晚。我们知道,马克思主义在我国的传播早在本世纪初就已经开始了,其中当然也包括马克思的一些教育理论的传播。但是由于当时反动统治阶级的禁止和迫害,还没有可能系统地研究、介绍和宣传马克思教育思想。虽在那样艰苦、恶劣的环境下,仍有少数马克思主义者致力于马克思教育理论的研究和宣传。我党早期的党员杨贤江同志就是其中的一个。

杨贤江同志写的《新教育大纲》一书,就是用马克思主义的观点来揭示教育的本质和职能的,是我国第一部以马克思主义为指导思想的教育专著。当然,现在看来,这本书也还存在着一些缺点,但在当时,确实起了"发聩振聋"的作用。我党成立后,就以马克思主义为指导,利用各种形式并通过各种渠道开展了教育宣传活动,以启发和提高工人阶级和劳动人民的政治觉悟。特别在老解放区,由于有了中国共产党领导下的新政权、新的教育,无论干部教育还是群众教育都迅速地得到发展,并旗帜鲜明地提出了以马克思主义为指导的方针政策。如在苏维埃运动时期,毛泽东同志曾提出:"苏维埃文化教育总方针……在于以共产主义的精神来教育广大的劳苦民众,在于使文化教育为革命战争与阶级斗争服务,在于使教育与劳动联系起来,在于使广大中国民众都成为享受文明幸福的人。"[1]这可以说就是马克思主义教育思想和当时中国革命的具体情况相结合的一个典范。这样就既坚持了马克思主义教育思想,也发展了马克思主义教育思想。但是严格地说,在教育理论界,系统地、广泛地研究马克思的教育

---

① 《毛泽东同志论教育工作》,人民教育出版社 1992 年版,第 8 页。

学说还是新中国成立以后才开始。这是伴随着学习苏联教育经验，逐渐开展起来的。在新中国成立初期，在这方面还是取得了一定成绩的，但是1958年以后，由于"左"的思想影响，教育理论的研究走了一些弯路，特别是在"文化大革命"中，由于"四人帮"的破坏、摧残，马克思教育理论的研究又遭受挫折，几乎迷失了方向。直到粉碎"四人帮"以后，特别是党的十一届三中全会以后，经过拨乱反正，正本清源，才端正了马克思主义教育理论研究的方向。近几年来，教育科学研究进展迅速，已出现欣欣向荣的大好局面，取得了很大成绩。但是从马克思主义教育理论研究方面来看，还是比较落后的，还远远不能适应"四化"和两个文明建设的需要。今天世界的面貌和一百多年前马克思生活的时代相比，已发生了翻天覆地的变化，一场新的技术革命在世界范围内兴起。这场新的技术革命不仅带来了社会生产力的新飞跃和人们社会生活的重大变化，而且带来了人们的思想观念和思维方式的重大变化。这种新形势的发展，又向我们提出了许多新课题，这就更增加了我们研究、学习马克思主义教育思想的紧迫感。而且学习和研究马克思主义教育理论还是国际范围的斗争需要。今天在西方有一股十分引人注目的思潮。他们按照自己的要求，从自己的立场出发，去解释马克思的学说，当然也包括马克思的教育学说。这股思潮，就是所谓"西方马克思主义"。在这支队伍中，既有形形色色的资产阶级研究者，也有一些治学态度比较严肃的学者。但一般说来，这种研究是试图以资产阶级哲学来"补充"和修正马克思主义，用他们的话来说，就是"重新发现"和"恢复"真正的"马克思主义"。我们不能低估"西方马克思主义"对教育理论研究的影响，应当认真对待。一方面，要吸取其合理的、积极的因素；但另一方面，对其关于马克思主义教育理论的歪曲和肢解也不能不给以严肃的批评和反驳。本书在这方面虽有所涉及但未作系统的评说。

　　在本书编写过程中，尽力贯彻"双百"方针，既要充分发挥集体的力量，又要切实尊重执笔人的个人意见。在初稿写出之后，我们开过一次编写小组的集体讨论会。在会上,大家各抒己见、畅所欲言,认真负责地对初稿提出意见和修改建议,并展开讨论,甚至对一些问题进行争辩。在讨论会后,仍由原执笔人,对大家的意见,经过认真考虑,分别取舍,对原稿进行修改。然后又由黄济、孙喜亭和我组成统编小组,进行统编。在统编过程中,遇到一些有争论的问题,仍尽量尊重原执笔人的意见,绝不勉强。本书就是经过这样一个过程写成的。我们觉得这样做,是更符合"双百"方针的精神,也更有利于教育理论研究的进一步开展的。

坚持马克思主义和发展马克思主义,这是一件事情的两方面,坚持是发展进程中的坚持,发展是坚持前提下的发展。二者是不可分的。不论是从坚持角度看,还是从发展角度看,都首先要求精通马克思主义,掌握它的精神实质。否则,这种坚持就会僵化我们的认识,这种发展也会导致背离马克思主义。仅就马克思的教育学说来说,不论在苏联还是在中国都有过历史的经验和教训,值得我们记取。毛泽东同志说:"对于马克思主义的理论,要能够精通它、应用它,精通的目的全在于应用。"[①]党的十二届六中全会的《决议》,在谈到认真学习马克思主义时也指出"没有认真的学习,坚持和发展就无从谈起"。但要精通马克思主义的理论,就必须认真学习,首先对马克思主义理论理解清楚、准确。所以说这是精通马克思主义理论的前提。如果理解有问题、有偏差,在进行论述或贯彻执行中,就可能出问题、出偏差,甚至失之毫厘,谬以千里。要正确理解马克思主义的理论,就要精读马克思著作原文,掌握它的精神实质。在读译著中,还有一个译文本身问题。《马克思恩格斯全集》中文版,总的说来,译文是很好的、是高水平的,但是其中也存在一些问题。如马克思关于教育的论述,在中文版中,我们就发现有一些译文不够准确、妥恰。而且有些文章,据此对马克思的原意作了不够确切的阐发和论证。几年来,已经有些同志写了一些这方面的文章,但未展开充分的探讨。在开始编写本书时,我们本来打算辟一个部分来探

---

① 《毛泽东选集》第 3 卷,人民出版社 1991 年版,第 815 页。

讨这个问题,但是由于时间紧迫,特别是由于我们的外文水平不够,未能做到。在这方面,我写了一篇短文,刊登在《百科知识》1986 年第 6 期上,现将此文转载于下。

如何理解马克思关于教育的论述
——学习《临时中央委员会就若干问题给代表的指示》

众所周知,马克思并没有专门的教育著作,他关于教育的教导是散见于许多文章中的。而在《临时中央委员会就若干问题给代表的指示》(以下简称《指示》)一文中,马克思对教育问题谈的最集中,而且从正面谈了如何理解教育的含义。可以说,正确地理解马克思这部分论述,是掌握马克思教育思想的一个关键性问题。但是直到现在,教育理论界对这一文件的理解甚至还存在着原则性的分歧。现在是到了必须解决这些分歧的时候了。本文谈谈个人的一些意见和看法。

1866 年 9 月 3 日至 8 日,国际工人协会(即第一国际)在瑞士日内瓦召开第一次代表大会,出席大会的代表共 60 人,分别代表总委员会、协会各支部,以及英、法、德和瑞士的工人团体。大会代表的组成很复杂,而且有相当一部分是蒲鲁东主义的信徒。当时马克思住在伦敦,正忙于修改《资本论》初稿,未能亲自出席大会。在开会前夕,马克思为出席大会的总委员会代表写了这个《指示》。这个《指示》,曾作为总委员会的正式报告在大会上宣读,经过热烈的讨论和激烈的争辩,基本上通过了。《指示》的第 4 条是"男女儿童和少年的劳动",有 1200 来字,内容基本上都是谈的教育问题。我们学习这一文件,不仅是学习马克思的教育原理,而且从中学习到马克思在教育问题上是如何运用辩证唯物主义和历史唯物主义的科学方法论的。

最大的分歧和问题的症结

问题还得从头说起。《指示》中关于教育的论述,我们最早是在老版(即中文 1950 年版)凯洛夫《教育学》上看到的,书中说,马克思对于教育下了一个这样的定义:我们所了解的教育,是下列的三件事:第一,智育;第二,体育,……;第三,技术教育,……。人们疑惑不解的是,为什么马克思所理解的教育没有德育? 当时个别同志认为这是马克思教育思想的一个缺点。不过多数同志对此不同意。但究竟如何认识这个问题呢? 这就有了分歧,而且是原则性的分歧,也可说是在这个问题中最大的分歧,而且迄今尚未解决。有一种说法是智育中包含了德育。这可以叫作"包含论"吧。老版的凯洛夫《教育学》基本上就是持的这种论点,直到 1957 年,凯洛夫本人还是坚持这种论点。他说:"德育是包括在智育之中的。"①在 50 年代,我讲教育学课一直也是坚持这一论点。还有一种说法是:马克思在别处讲到道德和德育问题的地方还是很多的,马克思教育思想中是有德育的。这只是从旁论证马克思重视德育,但这种"旁证论"也不能解决所要解决的问题。另外还有几种不同的说法,这里不一一赘述了。

那么这个问题究竟怎样才能解决? 问题的症结何在呢? 这个《指示》,马克思原来是用英文写的,因而想到如能找到英文原文可能有助于问题的解决。果然,看到英文原文后,恍然若有所悟,也才看到问题的症结所在了。②

还在《指示》发表的 5 年之前,即 1861 年,英国的资产阶级思想家、实证主义者斯宾塞(H. Spencer, 1820—1903)出版了他的教育名著《教育论》(*Education:Intellectual, Moral and Physical*,中译本的全称是《教育论:智育、德育和体育》)。该书完全反映了当时资产阶级的利益和要求,是一本很有代表性的教育著作。马克思当然会看到它。马克思所提教育指的三件事,是和斯宾塞的"三育"针锋相对的。两者有质的不同。马克思对教育的理解,是以无产阶级

---

① 《凯洛夫谈新编〈教育学〉的指导原则和全面发展问题》,1957 年《人民教育》3 月号。
② 参见 *The General Couneil of the First Internaional 1864—1866*, PP. 343-346, Foreign Languages Publishing House, Moscow,1963.

的立场、观点和方法来看待教育问题的,是对教育理论的独创性的新贡献,它实质上就是全面发展教育的基本原理。马克思所指教育的第一件事,在英文原文是"mental education",并不是斯宾塞所说的"intellectual education"。这是有所考虑的。"intellectual education"相当于中文的"智育",是和"德育"(moral education)相对而言的,但毕竟是两个概念,是不能互相混淆、互相代替的。从一方面说,《指示》在当时是向资产阶级斗争的纲领,只是向当时占统治地位的资产阶级争取点儿教育权,作为抗毒剂而已。在这样的文件中是不能提德育的。日内瓦代表大会开会时,蒲鲁东主义分子确曾提要在大会上讨论宗教、道德、教条等问题,都被大会否决了。但从另一方面说,《指示》又是对工人阶级进行宣传,提高工人阶级政治觉悟的好教材,而且又是关系到无产阶级的教育基本理论问题,不能不坚持原则。那么怎么办呢? 可以想见,当时马克思是仔细斟酌了的,他既不能提"moral education"(德育),又不能用"intellectual education"(智育),而用了"mental education"。"mental"的含义比"intellectual"要广得多。所以"mental education"既包括了智育,也包括了德育。这个词概括性强,而又含而不露。用起来,可以机动灵活,伸缩自如。当无产阶级向资产阶级统治者争取教育权的时候,就只能从智育着眼,而且要求于资产阶级的也只是智育当中的一点点,也就是那些没有阶级性的一点点知识。马克思曾说:"无论是小学还是中学,都不应该开设那些容许进行政党的或阶级的解释的课目。只有像自然科学、文法等等这样的课目才可以在学校里讲授。"①但是在无产阶级掌握政权以后就不同了。在十月革命后,列宁很自然地继承和发展了马克思的教育思想,他明确地提出了德育,而且着重指出:"应该使培养、教育和训练现代青年的全部事业,成为培养青年的共产主义道德的事业。"②我国到1956年生产资料所有制改造基本胜利以后,毛泽东同志又及时提出了"我们的教育方针,应该使受教

---

① 《马克思恩格斯全集》第 16 卷,人民出版社 1964 年版,第 656 页。
② 《列宁全集》第 39 卷,人民出版社 2017 年版,第 338 页。

育者在德育、智育、体育几方面都得到发展,成为有社会主义觉悟的有文化的劳动者"①。这是对马克思列宁教育思想的继承和发展。"mental education"一词,在中文上如何翻译确是一个困难的问题。译成"智育",显然是不妥当的。在苏联也有人对此持不同意见。如符·阿·罗田别尔格和姆·弗·沙巴也娃也认为马克思所提的"智育",更确切说,应是"精神教育"(Духовное воспитание)(中文《教育译报》1958年2月)。日本也曾有人把它译作"智能教育"([日本]马克思列宁主义研究所编译的《马克思恩格斯选集》11卷10期74页)。这些译法也都不够确切。还有人把它译作"心智教育",我倒觉得这样的译法和原意比较近似些,但在中文上也不太习惯。究竟怎样译更好些? 还值得再推敲。但"intellectual education"译作"智育",既已确定无疑,那么"mental education"无论如何也不能再译成"智育"了。而老版凯洛夫《教育学》在当时却偏偏把它译成了"智育",并且还强调说"马克思认为在全面发展的人的教育中,……智育占第一位"。在50年代后期,批判所谓"智育第一"所造成的混乱局面,主要就是由此造成的。这个历史教训值得记取。《国际共产主义运动史:从马克思主义诞生至十月社会主义革命胜利》②说:"马克思……主张把儿童和青少年的生产劳动与他们的德育、智育、体育、技术教育结合起来,反对资本主义损害儿童和青少年身心发展的压榨劳动。"本来《指示》中并未提"德育",而这里却忽然加上了,也未加任何说明和解释,这也是不太妥当的。

马克思所说教育的第二件事,英文原文是:"bodily education such as is given in schools of gymnastics and military exercise."关于这一段的译文有好几种,措词稍有不同,但意思基本一致:"体育,即体操学校和军事训练所教的东西。"体育虽然是古已有之,而马克思却赋予它以新质。在《指示》的第10条中有一项内

---

① 《毛泽东文集》第7卷,人民出版社1999年版,第226页。
② 《国际共产主义运动史:从马克思主义诞生至十月社会主义革命胜利》,人民出版社1978年版,第192页。

容就是："建议普遍武装人民并进行使用武器的普遍训练。"把体育和这项要求联系起来看,是具有极大的现实意义和政治意义的。后来,恩格斯更进一步明确指出:"对男性青年一代实施体育和军事的训练作为向新制度过渡的重要条件……"①今天我国的青年一代既肩负着四化建设的光荣职责,也负有保卫祖国和保卫世界和平的光荣任务。我们应该为青年一代制定出一套在九年义务教育期间进行军事训练的要求和措施来。

马克思所说的教育的第三件事是技术教育。其英文原文是"technological training"。严格地说,应译为"工艺学的训练"。这个词的含义较广,可以包括各种专业技术教育。但马克思在这里对它加了限制语,英文原文是:"Which imparts the general principles of all processes of production, and, simultaneously initiates the child and young persons in the practical use and handling of the elementary instruments of all trades."这段话的中文译文我见过的有三四种,觉得都不大确切,我认为应译作:"使儿童和年轻人了解生产的全部过程的一般原理。同时使他们初步学会实际运用一切生产部门的简单工具的方法。"有了这段解释,"技术教育"就和"综合技术教育"(polytechnic training)成了"同义语",也就是"名异而实同"的东西了。把综合技术教育作为教育的三件事之一,这也是马克思所首创,是无产阶级的教育原理,它和资产阶级的理论有质的差别。列宁对综合技术教育非常重视。1919 年,列宁在《俄共(布)党纲草案》中即提出:"对未满 16 岁的男女儿童实行免费的普遍的义务综合技术教育。"1920 年列宁在《论综合技术教育》一文中更进一步提出:"把立即向综合技术教育过渡,或者确切些说,立即采取许多马上就能做到的走向综合技术教育的步骤,规定为必须绝对执行的任务",并根据当时的情况提出综合技术教育的基本内容为:"①关于电的基本概念;②关于机械工业用电的基本概念;③关于化学工业用电的基本概念;④关于俄罗斯联邦电气化计划的基本概念;⑤参观电站、工厂、国

---

① 《马克思恩格斯全集》第 22 卷,人民出版社 1965 年版,第 436 页。

营农场不得少于1-3次;⑥知道农艺学等学科的某些原理,详细规定最基本的知识。"列宁坚决反对过早的专业化。当时有些人提出对年轻人施行单一技术教育(Монотехническое образование)以代替综合技术教育,列宁认为这是根本错误的,是不了解党纲的表现。60多年来,苏联对综合技术教育的理论探讨和实施已有了很大的发展和很多经验,值得我们借鉴。新中国成立后,在50年代中期,我国中小学实施综合技术教育(当时叫基本生产技术教育),但收效不太显著。党的十一届三中全会以来,我国在贯彻教育和生产劳动相结合的方针上有很大的发展,但主要是着眼于经济收益上(这也是对的),从教育角度着眼不够,特别是从实施"综合技术教育"的高度来看,更是不够。现在我们应根据我国的实际情况及早制定出对新生一代进行综合技术教育的具体方案了。

几个需要进一步商榷的问题

1.在《指示》的中文译文中有一句是:"最先进的工人完全了解,他们阶级的未来,从而也是人类的未来,完全取决于正在成长的工人一代的教育。"①这一段的英文原文是:"The more enlightened part of the working class fully understands that the future of the class and, therefore of mankind, altogether depends upon the formation of the rising working generation." 这里有两处中文译得不够准确。从"信、达、雅"的翻译要求说,未做到"信",明明是"工人阶级中比较先进的那部分",却译成了"最先进的工人",这不论从英文本身看,还是从上下文看,或是就当时工人阶级觉悟的具体情况看,似乎都不够妥当。还有就是"完全取决于正在成长中的工人一代的教育",这里把英文的"formation"译成了"教育"就更不妥。很显然,如果把马克思对教育理解的三件事移在"formation"之下,那就很不合适了。"异词同译"势必造成概念上的混乱。"formation"一词译法可有几种,但在这里还是译作"形成"较好。"形成"的含义较广,它可以包括"教育",

---

① 《马克思恩格斯全集》第16卷,人民出版社1964年版,第217页。

但不只是"教育"。在当时来说,如何形成工人阶级的新生一代呢? 主要不是依靠教育,因为教育权还操在资产阶级手中,主要还是要利用报刊、书籍及其他形式宣传马克思主义的理论,使群众掌握理论,成为物质力量,以推翻旧世界,为建立新世界创造条件。100 多年来国际共产主义运动的历史发展,不正是证明了马克思这一教导完全是客观真理吗? 最近,党又一再号召我们加强马列主义、毛泽东思想的学习,把教育列为发展国民经济的三大战略重点之一,到现在马克思这段教导还有其伟大的现实意义的。

2.在《指示》中还有这样一段:"The children and juvenile workers must be saved from the crushing effects of the present system, this can only be effected by coverting social reason into social force……"这段话的中文译文是:"应当使工作的儿童和少年不受现代制度破坏作用的危害。这只有通过变社会意识为社会力量的途径才能办到,……"①在这里有两处译文不够确切。"children and juvenile workers"本应译作"儿童和少年工人",而中文却译作"工作的儿童和少年"。另一处是把"social reason"译成了"社会意识",这就更有问题了。"社会意识"在英文是"social consciousness"是和"社会存在"(social existence)相对而言的。而这里把"social reason"译成"社会意识",这又是"异词同译"了。有的同志把"social reason"译作"社会理性",这也可以,我看译作"社会理智"更好一些。这是马克思在这里特用的一个词,它实质上就是指的马克思主义理论。这一段话的意思就是说,这只有使马克思主义的理论成为社会的物质力量才能办到,而在当时的条件下,无产阶级不能进行武装革命,只能采取合法斗争,使儿童和少年免受资产阶级的摧残。

3.《指示》的英文原文标题是"Tnstructions for the Delegates of the Provisional General Council the Different Questions",而中文译作"《临时中央委员会就若干

---

① 《马克思恩格斯全集》第 16 卷,人民出版社 1964 年版,第 217 页。

问题给代表的指示》"。① 这和原意不太吻合。《指示》本来是写给总委员会出席日内瓦大会全体代表的。这在好多地方的提法上都可证明。有的同志把它译作马克思《就若干问题给临时总委员会代表的指示》,这就比较确切。《全集》上所译标题是值得商榷的。

马克思主义要发展,马克思主义的教育理论也需要发展。但发展的前提是理解正确。加强这方面的研究和探讨是很必要的。

《决议》明确指出:"新时期我国马克思主义理论工作的任务,就是要从经济、政治、文化、社会各方面,研究社会主义现代化建设和全面改革的新情况、新经验、新问题,探索建设具有中国特色的社会主义的规律;同时要研究当代世界的新变化,研究当代各种思潮,批判地吸取和概括各门科学发展的最新成果。"以此来衡量本书,我们虽做了一些工作,但和《决议》中所提出的要求相距还很远。这只有待于今后的努力了。

由于时间紧迫和我们的水平所限,本书的缺点和错误在所难免。尚希广大读者惠予批评、指正!

王焕勋

1986.12

---

① 《马克思恩格斯全集》第 16 卷,人民出版社 1964 年版,第 213 页。

说　明

一、本书系中华人民共和国教育科研"六五"规划国家重点项目的研究成果。

二、本书由王焕勋教授负责主编。参加编写的有：黄济教授（第七、九章）、王策三教授（第三章）、成有信教授（第四章）、孙喜亭教授（第二、八章）、靳希斌副教授（第五、六章）、劳凯声讲师（第一章）。最后由王焕勋、黄济、孙喜亭负责修改。

三、本书由刘佛年教授、潘懋元教授、顾明远教授、胡克英研究员、郭笙研究员、张同善研究员、王道俊教授等鉴定通过，并报全国教育科学规划领导小组审核批准。

四、本书在编写过程中，承蒙各位专家和有关同志帮助，并参阅了有关同志的研究成果，在此一并致谢。由于编者水平有限，难免有缺点、错误，望大家指正。

编　者

1987 年 8 月

目　录

第一编

第二编

第一编

第一章　马克思教育思想的形成和发展

一、马克思教育思想产生的历史条件和理论前提

马克思的教育思想作为他所创立的革命学说的一个有机组成部分,是在马克思主义哲学、科学社会主义和政治经济学产生和发展的过程中逐渐形成和系统化的。毛泽东同志在谈到马克思主义哲学产生的条件时指出:"由于欧洲许多国家的社会经济情况进到了资本主义高度发展的阶段,生产力、阶级斗争和科学均发展到了历史上未有过的水平,工业无产阶级成为历史发展的最伟大的动力,因而产生了马克思主义的唯物辩证法的宇宙观。"①马克思的教育思想同样是在这样一种历史条件下诞生的。在欧洲历史上,虽然工业无产阶级很早就出现了,但是由于这个阶级长期处在受剥削、受压迫的地位,因此毫无受教育的权利可言,当然也就不会有自己的教育理论和实践。只是随着工人阶级的阶级觉悟不断提高,认识到自己的历史地位和作用之后,才出现了无产阶级为争取自身的受教育机会和权利而进行的斗争,马克思非常敏锐地察觉到无产阶级在教育领域内的变革要求,他在领导无产阶级革命运动的同时,以无产阶级革命家的战略眼光深刻地揭示了教育的本质及其在无产阶级解放斗争中的变革作用,亲身参加和领导了争取工人阶级子女受教育权利的斗争,批判和否定资产阶级教育,并科学地预测了未来教育的种种问题,从而形成了他的教育思想。

现在让我们来回顾一下孕育并产生了马克思教育思想的历史条件和理论前提。

---

① 《毛泽东选集》第 1 卷,人民出版社 1991 年版,第 300 页。

（一）马克思教育思想诞生前后的经济状况

18 世纪后半期,西欧资本主义关系的发展达到了一个新的转折点。恩格斯说:"分工,水力特别是蒸汽力的利用,机器装置的应用,这就是从上世纪中叶起工业用来摇撼世界基础的三个伟大的杠杆。"①在这一时期,欧美各先进国家先后发生了工业革命。工业革命引起了社会的巨大变革,使资本主义制度最终战胜封建主义,在历史上第一次确立为统治的社会形态。随着工业革命的完成,社会生产力得到了空前的提高。"资产阶级在它的不到一百年的阶级统治中所创造的生产力,比过去一切世代创造的全部生产力还要多,还要大。自然力的征服,机器的采用,化学在工业和农业中的应用,轮船的行驶,铁路的通行,电报的使用,整个整个大陆的开垦,河川的通航,仿佛用法术从地下呼唤出来的大量人口——过去哪一个世纪料想到在社会劳动里蕴藏有这样的生产力呢?"②生产力的发展迅速改变着人们的生产和生活方式,改变着整个世界的面貌,这些都显示了资本主义生产方式的历史进步性,为人类解放作好了物质的准备。

同时,在另一方面,随着工业革命的完成和资本主义制度的确立,资本主义固有的内在矛盾也进一步尖锐起来。工业革命是以机器为主体的工厂制度代替手工技术为基础的手工工场的革命,它既是技术的革命,又是生产关系的重大变革。以机器为主体的工厂制度的出现,使独立手工业遭到毁灭性的打击,资本主义的雇佣劳动最终确立起来,并因此形成两个彻底分裂的对立阶级:一方面是拥有一切生产资料的资本家,他们利用科技的发展,拼命攫取工人的剩余劳动,财富源源不断地流进了他们的保险柜;另一方面是丧失了一切生产资料的生产者,他们一无所有,只能受雇于资本家,忍受其剥削,成为机器的一个活的部件。资本主义生产方式的绝对规律就是生产剩余价值。资本家为了榨取最大量的剩余价值,对工人的剥削是无所不用其极的。机器大工业的发展把现代无产阶级推向了贫困和愚昧的深渊,损害着他们的身心健康。这一切正如马克思所揭示的:"在我们这个时代,每一种事物好像都包含有自己的反面。我们看到,机器具有减少人类劳动和使劳动更有成效的神奇力量,然而却引起了饥饿和过度的疲劳。财富的新源泉,由于某种奇怪的、不可思议的魔力而变成

① 《马克思恩格斯文集》第 1 卷,人民出版社 2009 年版,第 406 页。
② 《马克思恩格斯选集》第 1 卷,人民出版社 2012 年版,第 405 页。

贫困的源泉。技术的胜利，似乎是以道德的败坏为代价换来的。随着人类愈益控制自然，个人却似乎愈益成为别人的奴隶或自身的卑劣行为的奴隶。甚至科学的纯洁光辉仿佛也只能在愚昧无知的黑暗背景上闪耀。我们的一切发明和进步，似乎结果是使物质力量成为有智慧的生命，而人的生命则化为愚钝的物质力量。现代工业和科学为一方与现代贫困和衰颓为另一方的这种对抗，我们时代的生产力与社会关系之间的这种对抗，是显而易见的、不可避免的和毋庸争辩的事实。"①

在马克思所揭露的种种显而易见的、不可避免的和毋庸争辩的事实当中，尤其触目惊心的是资本家对童工的使用和惨无人道的摧残。童工问题是 19 世纪的资本主义国家普遍存在的一个极其尖锐的问题。对儿童和妇女的残酷剥削促使当时的工人阶级迅速地觉醒，对当时资本主义国家的工人运动产生了很大的影响。它直接导致了工人阶级为争取自己子女受教育权利的斗争，无产阶级自己的教育理论和实践就是在这一斗争中孕育和产生的。童工问题是促使马克思研究教育问题的动因之一。马克思和恩格斯曾详尽地研究了当时有关童工问题和学校教育问题的大量材料，特别是各种有关童工问题的官方文件、工厂视察员视察儿童劳动和教育状况的报告书。他还广泛收集了英国、德国和其他国家有关教育问题的报刊资料。马克思制定的无产阶级在教育方面的斗争纲领，就是建立在对整个社会的政治、经济以及教育的深刻研究和系统分析的基础上的。

马克思在解剖资本主义时，曾采用以英国为重点解剖对象的方法。他在《资本论》第 1 卷第 1 版的序言中这样写道："我要在本书研究的，是资本主义生产方式以及和它相适应的生产关系和交换关系。到现在为止，这种生产方式的典型地点是英国。因此，我在理论阐述上主要用英国作为例证。"②马克思曾经广泛地收集并研究了英国的工厂视察员、编写《公共卫生》报告的医生、调查女工和童工生活劳动状况的委员留下的丰富的一手材料和统计资料。这些材料反映了英国工人阶级生活、劳动和受教育方面的令人发指的真实情况，给马克思的研究提供了极其方便的条件。同马克思一样，恩格斯也曾把英国作为自己重点研究的对象。他于 1842 年到了英国的曼彻斯特，在那里他不仅研究了英

① 《马克思恩格斯选集》第 1 卷，人民出版社 2012 年版，第 776 页。
② 《马克思恩格斯选集》第 2 卷，人民出版社 2012 年版，第 82 页。

国的社会关系和政治关系,还专门考察了英国工人的生活条件和劳动条件。他常常到工厂和工人栖身的肮脏的住宅区去,还阅读了大量有关英国工人阶级状况的著作和官方的有关文件。经过认真的研究和实地的考察,他于 1845 年出版了著名的《英国工人阶级状况》一书。马克思和恩格斯在解剖英国的资本主义制度时,童工问题是他们注意的中心问题之一。马克思曾经满腔愤怒地揭露了资本主义这一惨无人道的罪行:"大工业是以希律王式的大规模掠夺儿童来庆贺自己的诞生的。"①他们在许多著作,特别是在《资本论》和《英国工人阶级状况》中,给我们留下了丰富的有关童工问题的教育史资料。下面我们就以大机器生产的发源地英国为例,看看工业革命时期童工的状况。

英国的工业革命始于 18 世纪中叶,持续了 100 年之久。这场生产过程的变革运动使英国的资本主义经济达到了令人目眩的发展高度。资本主义的工厂制度不仅使大批农民和小手工业者破产,变成产业工人,而且由于生产程序的机械化,复杂的劳动技术分解开来,这就使工厂主有可能使用"没有肌肉力或身体发育不成熟而四肢比较灵活的工人",因而大批妇女和儿童被卷入到工厂中去。正如马克思所说的:"资本主义使用机器的第一个口号是妇女劳动和儿童劳动!"②在工业革命期间,英国童工在各部门工人中占了很大的比重。1839年,英国工厂共有工人 419560 人,其中 18 岁以下的少年和儿童即达 192887 人。童工人数几乎占工人总数的一半。③ 童工的地位是低下的,遭遇是悲惨的。对童工毫无限制的剥削,在 18 世纪和 19 世纪之交达到了空前残酷的地步。马克思说:"不列颠工业像吸血鬼一样,只有靠吮吸人血,其中也有儿童的血,才能生存。"④童工的骇人听闻的状况体现在如下方面。

首先,使用童工的是纺织工业的工厂主。据 1839 年的统计,在英国工业的重要部门棉纺织业中 18 岁以下的童工就有 110424 人,占该行业工人总数42.58%。其中 13 岁以下的童工占了该行业总数的 13.1%。这是由于纱厂的工作容易学会,而且只需要很少的体力,对于某些工序来说,儿童的矮小身材及其纤细的手指恰好成为机器的最好助手。此外,由于儿童们弱小,反抗性小,容易

① 《马克思恩格斯全集》第 44 卷,人民出版社 2001 年版,第 868 页。
② 《马克思恩格斯选集》第 2 卷,人民出版社 2012 年版,第 219 页。
③ 《马克思恩格斯全集》第 2 卷,人民出版社 1957 年版,第 428 页。
④ 《马克思恩格斯选集》第 3 卷,人民出版社 2012 年版,第 8 页。

管理,工厂主能更轻易地驾驭和剥削他们,可以毫无困难地使童工处在一种成年人所不愿轻易屈从的、被动服从的状态。童工的工资非常低,是一个成年工人所挣工资的三分之一到六分之一。有时,仅仅给他们食宿作为报酬。童工们还受到学徒合同的约束,这种合同使他们要留在工厂里至少7年,直到他们成年为止。由于使用童工对工厂主来说有以上种种好处,于是迅速地扩大到各个工业部门,即使在一些不适合童工劳动的部门,例如采矿业中,童工所占的比例也日益增长。据1841年调查,英国(不包括北爱尔兰)在矿区劳动的20岁以下的青少年就达51485人,占矿工总数的26.56%①。一些煤矿主甚至招收年仅4~5岁的童工干活。

最初的童工来源大多数是孤儿院的贫穷儿童。负责养育他们的教区当局将他们出卖给工厂主,这些儿童像牲畜一样被押送到工厂去,成为资本主义大工业制度下的奴隶。此后,濒于死亡边缘的工人家庭被饥寒所迫,也不得不把自己的亲生子女送到工厂去做工,以维持家庭的生计。雇用童工得到了英国官方的认可和教会的帮助,因为他们自己也从向工厂主征收的税金或向工厂主出卖孤儿中捞到了许多好处。英国的一些郡(例如拉特兰郡)在1785年就实行了如下规定:对于6岁以上不会编织的儿童以及9岁以上不会纺麻或纺毛的儿童,均不予以任何救济。②

童工的工作日完全由资本家决定,资本家为了榨取尽可能多的剩余价值而尽量延长童工的劳动时间。一位工厂主曾经这样大言不惭地说道:"如果你允许我每天只让工人多干10分钟的话,那你一年就把1000镑放进了我的口袋。"③因此资本家毫无限制地完全耗尽童工的体力,工作日往往持续工作14~16乃至18小时之多。"大多数工厂给与四十分钟来吃主餐或仅有的一餐,其中约有二十分钟是被用来擦机器的。为了不使机器的运转停顿下来,工作往往夜以继日地、毫不间断地连续下去。"④恩格斯也曾揭露过当时的头饰业和服装业在旺季里经常通宵干活,"一直到疲惫得实在连针都拿不住的时候,她们的漫长的工作才算到了尽头。还有这样的事情:这些可怜的人一连九天都没有脱过衣

① 《马克思恩格斯全集》第2卷,人民出版社1957年版,第530页。
② 保尔·芒图:《十八世纪产业革命》,杨人楩、陈希秦、吴绪译,商务印书馆1983年版,第499页。
③ 《马克思恩格斯全集》第44卷,人民出版社2001年版,第281页。
④ 保尔·芒图:《十八世纪产业革命》,杨人楩、陈希秦、吴绪译,商务印书馆1983年版,第336页。

服,只是抽空在垫子上躺一下;给她们的食物都切成小块,好让她们尽快地吞下去"①。

工厂主为了使童工服从他们的意志,制定了残酷的纪律。他们用鞭子来驱使童工从事繁重的超出身体能够承受的劳动。"不但为了纠正学徒们的极其轻微的错误,而且还为了刺激他们劳动、为了使他们在疲劳过度时保持醒觉,都用鞭子。"②1828 年在英国激进期刊《雄狮杂志》发表的轰动一时的虐待童工的文章,披露了工厂主的骇人听闻的兽行。他们想出各种巧妙的折磨办法来对付一个名叫罗伯特·布林科的工厂学徒。他们"把布林科的两只手腕吊在一个动作着的机器上,机器的来回摆动使他不得不把腿弯下去;使他在冬天几乎光着身子劳动并且肩上背着很重的负担;锉去他的牙齿"③。

工厂主不顾儿童的身体健康,驱使他们去从事繁重的劳动。例如,由于机器的运转速度加快,一个跟着织机跑的童工,在 12 小时的劳动中,相当于走 30 英里的路程;矿区拉煤的童工,由于通道既小又低,只好绑着腰带,套着链子,拉着重载匍匐前进。一个名叫威廉·赫顿的童工曾这样叙述他的痛苦的童年:"正是在这个稀奇而可怕的工厂里我过了七年的学徒时期,我始终把这些年月当作我一生中最不幸的时期⋯⋯。尽管机器那么低,但我过矮,仍然不能够到;为了补救这种缺陷,人们便制造一双木头的高底鞋,人们把它绑在我的脚上,我就拖着这种鞋子直至我的身材长到够高时为止。可是,拘禁和劳动,比起难忍的虐待就微不足道了,现在,我身上还有虐待的痕迹。"④

童工的劳动条件也是极端恶劣的。厂房简陋,场地拥挤,机器的护栏长期失修。由于劳动保护条件极差,童工中伤残事故层出不穷。工厂的卫生条件也很差,"工厂的建筑师对于卫生和对于美观同样是不关心的。天花板很低,以期尽可能地少占空间,窗户狭小并且几乎经常关闭着。在纱厂里,那些细碎的飞花象云彩似地飘荡着并钻到肺里去,久而久之就造成最严重的病害。在纺麻厂里,人们使用湿纺法,那里,水汽渗透了空气并浸湿了衣服"⑤。由于通风条件极

---

① 《马克思恩格斯全集》第 2 卷,人民出版社 1957 年版,第 496 页。
② 保尔·芒图:《十八世纪产业革命》,杨人楩、陈希秦、吴绪译,商务印书馆 1983 年版,第 336 页。
③ 保尔·芒图:《十八世纪产业革命》,杨人楩、陈希秦、吴绪译,商务印书馆 1983 年版,第 336–337 页。
④ 保尔·芒图:《十八世纪产业革命》,杨人楩、陈希秦、吴绪译,商务印书馆 1983 年版,第 500 页。
⑤ 保尔·芒图:《十八世纪产业革命》,杨人楩、陈希秦、吴绪译,商务印书馆 1983 年版,第 337 页。

差,空气污染严重,致使工厂童工中各种职业病和流行病丛生,严重危害了儿童的身体健康。例如一种被称为"工厂热病"的传染性疾病,最初于 1784 年在曼彻斯特出现,在短时期内就在大多数工业中心流行起来并造成许多死亡。强加在发育期中的儿童身上的那种过度劳动大大损害了他们的健康并使他们的身体变形。许多人的脊柱歪斜,腹部膨胀,四肢被佝偻病弄弯或者被机器事故弄断,面容灰白而虚肿,身体发育不充分。

童工的营养状况极其不良,食品坏而不足,通常只有黑面包、燕麦粥以及变味的猪油。当时的一些激进报刊曾揭露过这样的事实:儿童们常常为了同工厂院子里所养的肥猪争抢猪槽内的食物而进行搏斗。①

童工们不仅物质生活十分低下,精神生活也极度贫乏,智力受到严重摧残。由于工厂主把未成年人变成单纯制造剩余价值的工具,因此大多数的儿童都得不到起码的教育,不会进行简单的读、写、算,有的甚至连谋生所必须的职业知识也没有获得,人为地造成了智力的荒废。正如马克思所说,这种荒废"和自然的无知完全不同,后者把智力闲置起来,并没有损坏它的发展能力、它的自然肥力本身"②。而童工的智力却由于工厂劳动的损害而畸形发展,以致成为愚蠢的白痴。除体力和智力两方面外,童工们在道德精神方面也受到严重的损害。由于工厂主和工头利用职权肆意满足自己卑鄙的兽欲,同时也由于男女童工在居住上的混杂,致使童工中精神堕落、道德腐败的现象愈益严重。

童工劳动对工人子女身心健康的大规模的摧残构成了严重的社会性问题,它使整整一代人的工人阶级子女面临被扼杀的危险。它促使工人阶级觉醒,为改变自己的命运而奋起斗争。同时,由于童工身体衰弱、智力荒废和道德堕落的状况不利于技术的发展和劳动生产率的进一步提高,不利于巩固资本主义社会的秩序,因此童工问题也引起统治阶级内部一些较有远见的政治家的忧虑和重视。1802 年到 1847 年,英国国会颁布了一系列"工厂法案",其中重要的条款几乎都涉及童工问题。这些工厂法的颁布使童工的状况多少得到一些改善,但在大多数情况下只是一纸空文。童工的处境绝不可能通过几次立法就获得根本的解决。正是基于这一点,马克思在教育方面不仅提出了资本主义条件下争取劳动人民子女受教育权的斗争纲领,而且提出了消灭资本主义制度,建立没

---

① 保尔·芒图:《十八世纪产业革命》,杨人楩、陈希秦、吴绪译,商务印书馆 1983 年版,第 337 页。
② 《马克思恩格斯全集》第 44 卷,人民出版社 2001 年版,第 460 页。

有压迫和剥削的新社会,并为未来社会的全面发展教育制定了根本的方针,这就是无产阶级在教育方面的最高斗争纲领。

(二)马克思教育思想诞生前后的教育状况

在工业革命的过程中,机器的广泛应用和生产率的迅速提高使越来越多的人投身到机器大生产的各个部门中去。而大生产对劳动者的知识、品质和个性都提出了一系列新的要求。并通过对人的上述要求严峻地冲击着当时的教育,推动着教育的变革和发展。让我们还是以英国为例,来看看工业革命前后教育的状况以及教育为适应工业革命的需要而进行的改革。

17世纪以前,在英国教育事业中起主要作用的是教会。特别是初等教育,完全是由教会控制的。教会在学校中讲授宗教教义问答以及初步的读写知识。英国争取改革教育的运动是在资产阶级革命时期开始的。当时的一些明智的政治家、思想家曾提出过普及教育和改革教育内容的要求。例如当时的大诗人和政治家约翰·弥尔顿(1608—1674)和著名的经济学家威廉·配第(1623—1687)就曾提出过建立实科中学的主张。另一位经济学家约翰·贝勒斯(1654—1725),在当时就理解到教育与生产劳动相结合的重要性,并试图建立工业学校来实现这一思想。为此马克思曾称之为"政治经济学史上一个真正非凡的人物"[1]。但是,这些人的教育主张在当时并没有能够实现,这是因为英国教会和贵族阶层还紧紧地控制着教育。英国的教会虽然也用慈善费为贫苦阶层的子女开办了"慈善日学校"(Charity Day School),但这些学校的任务主要是劝人信教。儿童在这些学校里研读圣经、熟记教义问答,同时也学习一些劳动技能,例如纺纱、缝纫、编织、园艺和耕作。据1760年的统计,在这些学校学习的儿童将近3万人。[2]

18世纪末,除上述"慈善日学校"以外,教会还设立了一种"主日学校"(Sunday School),这种学校是为在工厂做工的儿童开办的,星期日上课,全部课业并不妨碍儿童在工厂做工。"主日学校"和"慈善日学校"一样,目的在于让儿童学习宗教仪式和条文,兼带学一些读写知识。因此这种学校受到了工厂主的欢迎,在短短的时间内迅速地发展起来。下列统计数字明显地反映了这一事

---

[1]　《马克思恩格斯全集》第44卷,人民出版社2001年版,第562页注。

[2]　弗·斯·阿兰斯基等:《英国的国民教育制度》,人民教育出版社1965年版,第2页。

实:1787年"主日学校"共有学生25万人,而到1801年,仅伦敦一地就有学生156500人。①

但总的说来,在19世纪以前,在英国还没有形成资产阶级的国民教育制度和初等学校网,能够进入教会学校学习的儿童仍然是微乎其微的,大多数劳动人民的子女没有受教育的机会和可能。另一方面,面向特权阶级子弟的学校(文法学校或公学)仍然以传统的课程作为主要教学内容,排斥实用课程,例如直到1805年,英国的一些地方仍然禁止把算术、书写和现代语等课程列入文法学校的教学计划。文法学校的这种保守性使它在18世纪的英国日趋衰落。

19世纪初,随着工业革命的蓬勃发展,教育的面貌发生了深刻的变化。一些资产阶级积极筹资,推动初等学校的开办,致使小学的数量有了较大的增长。初等教育的发展同英国工人阶级的反抗和斗争有关,统治阶级害怕法国大革命的思想在英国劳动者中间传播开来,因而试图通过教育,在小学里对工人子女进行宗教教育,把驯服精神灌输到工人阶级中去,防止他们的觉醒和反抗。但根本的原因还在于产业革命带来了英国工业的发展,它要求工人必须接受一定的教育和训练,以成为机器生产的合格劳动力。这种教育的普及不但是机器工业的必要条件,同时也给资本家提供了大批有一定知识的劳动力,因而带来了巨大的经济好处。正如马克思所说的:"资本主义生产方式越是使教学方法等等面向实践,随着科学和国民教育的进步,基础教育、商业知识和语言知识等等,就会越来越迅速地、容易地、普遍地、便宜地再生产出来。由于国民教育的普及,就可以从那些以前受不到教育并且习惯于较差的生活方式的阶级中招收这种工人。而且,这种普及增加了这种工人的供给,因而加强了竞争。因此,除少数例外,随着资本主义生产的进展,这种人的劳动力会贬值。他们的劳动能力提高了,但是他们的工资下降了。只要有更多的价值和利润需要实现,资本家就会增加这种工人的人数。"②正是由于资本家阶级对增加价值和利润的这一实际需要,才使教育真正受到重视并且迅速发展起来。从19世纪起,英国国会展开了对国家办教育的争论,一些议员提出了具体的议案加以讨论。例如1806年,议员怀特布雷曾提出教区学校议案,建议国家在每一教区设立并管理学校。这是国会首次讨论关于国家介入教育的问题,但当时并未真正实行国家办教育

---

① 弗·斯·阿兰斯基等:《英国的国民教育制度》,人民教育出版社1965年版,第2页。

② 《马克思恩格斯全集》第46卷,人民出版社2003年版,第335页。

的任何实际措施。1833 年,英国国会通过了"教育补助金法案"。该法案规定国库每年拨款两万英镑作为对初等学校的建筑补助之用,这是英国建立国民教育制度的开端。

在这一时期,英国出现了两种具有重要意义的初等学校,这就是"导生制学校"(Montorial System of School)和"幼儿学校"(infant school)。这些学校促进了初等教育的普及。

"导生制学校"是由传教士兰卡斯特(1778—1838)和贝尔(1753—1832)创立的收教贫苦儿童的初等学校。因经费所限,不能多聘教师,就倡导并实行一种"导生制"的办法,即由教师先对学生中年龄大、成绩好的学生(即导生)施教,然后由他们转教其他学生,代替教师行使职责。由于这种办法能解决办学中师资严重不足的矛盾,很适合当时对贫苦儿童实行初等教育的要求,因此很快便在英国广泛传开,开展成为一种运动。兰卡斯特组织了"全英及海外学校协会",贝尔组织了"贫民教育促进协会",大大促进了英国初等学校的发展。

"幼儿学校"基本上是由工业资本家之中的慈善人士开办的。第一所"幼儿学校"是由英国伟大的空想社会主义者欧文(1771—1858)创办的。欧文当时作为一个工厂主,同情工人群众,反对残酷的剥削使得工人及其子女处于愚昧无知的状态。他对资本主义的社会制度和教育制度提出了批评,认为每个人都是环境和教育的产物,因此他主张从幼年起就应为他们创造合乎理性发展的环境。从 1800 年起,他在新拉纳克为工人子女设立了包括托儿所、幼儿园和小学在内的"幼儿学校",规定满两岁的工人子女都可以入学,接受教育。他还在自己经营的工厂中规定,10 岁以下的儿童不能当童工,应让他们进入"幼儿学校"学习文化知识。欧文的"幼儿学校"获得了良好的效果,在当时社会引起了很大反响。许多工厂主、慈善家纷纷仿效他,形成了"幼儿学校运动"。1824 年建立了英国全国性的"幼儿教育协会",这一组织持续活动了 20 年之久。

总之,19 世纪上半叶的英国教育,尤其是初等教育在工业革命的影响下有了较大的发展。但是在资本主义制度下,学校是为资本主义生产的利益服务的,因此资本家丝毫也没有放过对工人及其子女进行最残酷的剥削。资产阶级的教育政策就是要使工人阶级变成安分守己的驯服工具和生产剩余价值的简单机器。资产阶级教育是在这一前提之下面向实践,面向劳动者的,因此初等教育无论就数量还是就质量而言,都远远不能满足需要。恩格斯对当时英国教育的状况是这样总结的:"既然资产阶级在生活上只满足工人起码的需要,那我们也就不必因为它只允许工人接受符合资产阶级本身利益的那一点点教育而感到奇怪了。而这种教育实在是太少了。英国的教育设施和人口数目相比少得很不相称。工人阶级可以进的为数不多的日校,只有少数人能去就读,而且这些学校都是很差的,教师是失去工作能力的工人或者其他不堪使用的人,他们只是为了生活才来当教师,其中多数人甚至不具备最必要的基本知识,缺乏教师所应具备的道德修养,并且根本不受公众监督。"①下列数字反映了当时英国初等教育的状况:1820 年,在工业重镇兰开夏,由于工厂主普遍使用儿童劳动,致使 24 个居民中只有 1 人上学;在密多塞克斯,26 个人中只有 1 人上学;上学儿童的修业年限不超过一年半到两年。②虽然国会于 1833 年通过了教育补助金法案,但每年拨款仅 2 万英镑之微,远不能解决普及初等教育的问题。

工人阶级的悲惨的生活状况激起了这个阶级的觉醒和反抗。在马克思主义诞生以前,欧洲各国的工人阶级已经作为一支独立的政治力量登上了政治舞台。在争取自身解放的斗争中,工人阶级一直把教育领域里的斗争视为重要的、不可缺少的部分,写下了工人阶级教育发展史的光辉篇章。从 19 世纪初到马克思主义诞生的将近半个世纪的时间内,各国工人阶级与劳动群众在极其艰苦的条件下,展开了反抗资本主义压迫与争取受教育权利的斗争。在英国,这种斗争是通过争取正常工作日的斗争展开的。英国工厂中的劳动时间由于资本家追求价值和利润的贪婪本性而不断延长,大大突破了人的生理界限,残酷地摧毁了劳动者的身体和精神。工人在一昼夜中除了最必要的、非此就不能恢复体力以重新工作的几个小时休息之外,一切时间都被资本家占有,包括他们受教育的时间、发展智力的时间。自由地运用自己的体力和智力的时间都被剥夺了。经过英国工人阶级的长期斗争,同时也由于现代机器生产对劳动者受教育程度的要求,迫使资产阶级对工作日作了一定的限制。1833 年通过的工厂法限制了成年工人和童工的工作时间,规定童工的年龄不得低于 9 岁;9 岁至 13 岁的童工工作时间为 8 小时;13 岁至 18 岁的青少年工人工作时间为 12 小时。工厂法还规定了在工厂做工的未成年工人必须受一定的初等教育的条款。这一法案带给工人的利益虽然是微不足道的,但它毕竟反映了工人斗争的力量。

---

① 《马克思恩格斯文集》第 1 卷,人民出版社 2009 年版,第 423 页。

② 弗·斯·阿兰斯基等:《英国的国民教育制度》,人民教育出版社 1965 年版,第 6 页。

马克思曾经针对工厂法中的教育条款特别指出："尽管工厂法的教育条款整个说来是不足道的，但还是把初等教育宣布为劳动的强制性条件。"①1833 年工厂法颁布以后，英国工人阶级继续坚持斗争，并取得了一些新的胜利。例如，1842 年，英国政府通过一项决议，规定女工和不满 10 岁的儿童不许在地下矿井劳动；1844 年，议会通过补充法令，规定未满 13 岁的童工的工作日缩短到六个半小时，其余时间用来学习；②1847 年，议会又通过了新工厂法，规定了 13 至 18 岁的未成年工人和女工的 10 小时工作日。③

当然，实际上由于工厂主的抵制和采用各种办法来逃避法律的限制，这些法律在当时并未得到认真的实行，工人阶级子女的悲惨遭境并未得到根本改变，初等教育发展的步伐与大工业生产的发展相比，仍然是极其缓慢的。

从 19 世纪 30 年代开始的有组织的英国工人运动在历史上第一次把争取受教育权利的斗争同工人阶级争取社会改造的革命斗争联系起来，成为无产阶级争取自身解放的斗争的一个组成部分。这些斗争尽管由于遭到资产阶级的镇压而失败，但它们的历史意义是很深远的。特别是 1836 年开始的宪章运动是英国工人阶级为争取受教育权利而进行斗争的重要阶段。宪章运动提出了自己在教育方面的要求。宪章运动的领导人之一洛维特在他写的《宪章主义》一书中，详细而又具体地提出了开办各种学校的计划。他写道："在全国各地为人民遍设公共会堂或学校。这些会堂日间用作儿童学校、预备学校和中等学校。每一所都必须有两个游戏场、冷热浴室、试验室和工场，使教师和儿童可以利用试验和各种职业的因素来学习科学。""设立师范学校培养师资""设立农业和工业学校教养协会中的孤儿。"④宪章运动在 1851 年的纲领中明确提出了自己在国民教育方面的要求："每一个人都有进行脑力活动的权利，就如同有身体存在的权利一样，因此教育应该是国民的、普及的、免费的，在一定程度上是

① 《马克思恩格斯选集》第 2 卷，人民出版社 2012 年版，第 230 页。
② 关于这一法案，马克思曾经指出："在 1844 年的修正工厂法颁布以前，上学证明书由男教师或女教师在上面画一个十字来代替签字，并不是少见的现象，因为他们自己也不会写字。"(《马克思恩格斯全集》第 44 卷，人民出版社 2001 年版，第 461 页)。
③ 马克思对 10 小时工作日法律所起的效果作了肯定，指出这一法律"对于工厂工人在体力、道德和智力方面引起的非常良好的后果……已经为大家所公认"。并指出这一法律的重大意义在于"资产阶级政治经济学第一次在工人阶级政治经济学面前公开投降了"。(《马克思恩格斯选集》第 3 卷，人民出版社 2012 年版，第 8 页)。
④ 马克斯·比尔：《英国社会主义史》下卷，商务印书馆 1959 年版，第 96 页。

义务的。因此建议做到：(1)全体公民在靠国家供给经费的普通学校、专科学校和大学里免费学习，并且责成家长使自己的子弟受普通教育；(2)高等教育的授课也是免费的，但不是必修的；(3)建立技术学校来代替现存的学徒制度。"①宪章运动在教育领域内的斗争反映了工人阶级和人民群众对于教育的迫切要求。但是宪章运动的许多领导人过分强调教育对社会改造的作用，他们认为工人阶级最缺少的是教育，因而只需发展教育便可以解决一切问题。罗维特曾说过："利用实在力量的煽动对于运动是有害的。工人们所需要的不是滑膛枪，而是教育和训练。"②这种观点对当时工人阶级的斗争具有一定的消极影响。

欧洲的其他资本主义国家及美国的工人阶级同英国工人阶级一样，都把争取受教育权的斗争提到重要的位置上来。随着工人阶级的独立的政治斗争的发展而展开的工人阶级的教育斗争，由于同政治斗争的密切联系，因此无论就其深度还是广度方面来看，应该说都是空前的。马克思的教育思想就是在这一可歌可泣的斗争中孕育和诞生的。

（三）马克思教育思想的理论前提

教育是一种社会现象，对于这种社会现象的研究在很大程度上是依据对它所作的哲学考察而实现的。实际上教育学作为一门独立的学科出现以前，一直是作为哲学的一个组成部分而存在的。教育学成为独立的学科后也还一直保持着同哲学的这种天然联系，至今它仍然是在一定的哲学观的影响下继续发展的。正是出于这一原因，在马克思主义诞生以前，不仅有许多专门的教育理论家，而且有许多哲学家都曾就教育问题发表过自己的看法，留下了丰富的思想资料。例如18世纪法国唯物主义哲学家曾对教育在社会发展和人的发展中的作用予以了特别的重视。德国古典哲学家则研究了人的主观能动性等为唯物主义者所忽视的方面，并以此为前提研究了教育问题。同时，教育问题又是马克思以前的空想社会主义者极为关注的一个方面，从早期的空想社会主义者莫尔(1478—1535)一直到19世纪著名的三大空想社会主义者，都在自己的著作中详细描绘了他们所梦想的社会中的教育的情景，其中不乏天才的预见。这些预见启迪了后人，促进了工人阶级的觉悟。最后，对教育问题的重视也反映在

① 弗·斯·阿兰斯基等：《英国的国民教育制度》，人民教育出版社1965年版，第7页。
② 马克斯·比尔：《英国社会主义史》下卷，商务印书馆1959年版，第36页。

马克思之前许多资产阶级经济学家的著作中。他们曾经明确论述过教育在促进经济发展方面的作用,并在客观上揭示过资本主义社会关系对个人发展的遏制。这些论述给后人科学地认识教育的本质和职能,以及科学地解决教育与社会发展、教育与人的发展的关系问题提供了有价值的思想资料。马克思还曾注意过杰出的教育家约翰·亨利赫·裴斯泰洛齐(1746—1827)、阿·第斯多惠(1790—1866)、让·雅·卢梭(1712—1773)等人的著作。① 马克思高度珍惜他的前人的理论遗产,在创立他的革命学说的时候,曾把人类社会创造的一切,都放在理论的和实践的尺度下检验过,重新加以探讨和批判,得出了那些被资产阶级狭隘性所限制或被资产阶级偏见束缚住的人所不能得出的结论,对于教育问题,他同样依据了人类以往已经积累起来的知识基础,在哲学、科学社会主义和政治经济学的广泛领域内对其作了宏观的、因而也是根本性的研究,达到了以往教育理论所不可企及的高度,从而形成了自己的系统的教育学说。下面我们就马克思教育思想诞生前的教育理论发展状况作一简要的分析。

在马克思主义诞生以前,在欧洲教育思想的发展史上,对一系列教育问题一直存在着唯物主义的或唯心主义的不同回答。许多世纪以来,占统治地位的剥削阶级的教育思想是从对人的本质及其发展的唯心主义理解出发的。从柏拉图的天赋观念说一直到 19 世纪初期的预成论是唯心主义教育观点的代表。预成论认为天赋的或人体内部预成的因素主导人的发展,否定人的发展的社会制约性,认为教育所起的作用只在于使这种天赋的因素或预成的过程激发或表现出来。这种观点在客观上为阶级社会中的社会不平等提供了理论依据。在马克思以前的唯物主义学说中,对教育问题的研究是同反对封建主义、反对封建教育联系在一起的。他们努力为确立资本主义制度的合理性寻找根据,为资产阶级争取包括教育领导权在内的各种权利,因而反对唯心主义的教育理论,试图对遗传、环境和教育在人的发展中的作用,对教育在社会发展中的作用等一系列根本性的教育学问题作唯物主义的回答,当然由于他们理论的形而上学性质,因此这种回答是很不彻底的。教育思想史上的唯物主义和唯心主义之间的斗争,为科学地解决教育理论中的根本问题奠定了基础。马克思高度评价唯物主义学说,屡次指出自己的学说与 18 世纪的唯物主义者和 19 世纪的空想社

---

① 参见 Э·И·Мозон:《卡·马克思的学说与当代教育的理论和实践问题》,载 оветская цецагогика 1983 年第 5 期。

会主义者的学说的联系。

　　18 世纪法国的唯物主义是作为法国革命的前奏而出现的。唯物主义哲学家爱尔维修(1715—1771)尖锐地批判了作为封建支柱的宗教以及整个封建制度和封建思想,主张通过教育培养新人。马克思和恩格斯在《神圣家族》一书中对爱尔维修的唯物主义思想作了精辟的分析,指出:"爱尔维修同样也是以洛克的学说为出发点的,在他那里唯物主义获得了真正法国的性质。爱尔维修立即把唯物主义运用到社会生活方面(爱尔维修《论人》)。感性的特性和自尊、享乐和正确理解的个人利益,是全部道德的基础。人的智力的天然平等、理性的进步和工业的进步的一致、人的天然的善良和教育的万能,这就是他的体系中的几个主要因素。"①爱尔维修用唯物主义的感觉论去说明环境、教育和人的发展的关系。他认为人的天赋是平等的,人的一切观念和概念都是在感觉基础上形成的,每一个具有良好感觉器官的人,都如有同样的认识能力,都可以认识真理。人的差异是由于环境和教育造成的。他说:"一切构造得同样完善的人,都拥有获得最高观念的体力;我们在人与人之间所见到的精神上的差异,是由于他们所处的不同的环境、由于他们所受的不同的教育所致。"②"教育使我们成为我们现在这个样子。"③据此,他得出了"教育万能"的结论,并进一步得出了人人都应享有接受教育的平等权利的结论。这些思想在反对封建主义方面具有重大的进步意义。爱尔维修对学校教育提出了很有价值的意见。当时的人们对学校教育一般都持否定态度,宁愿要家庭教育,而不要公共教育。爱尔维修公开主张学校教育,主张改造学校,使学校从神学的束缚下解放出来,成为世俗的国家的学校。他主张重视理性的教育,培养没有偏见、没有任何迷信的真正无神论者,培养真正的爱国者,培养善于把个人幸福同民族幸福结合起来的人。

　　爱尔维修的教育观点以唯物主义的经验论反对唯心主义的"天赋观念"论,反映了新兴资产阶级反对封建教育的进步要求。马克思高度评价他的教育思想,尤其赞赏他把在个性形成中起决定作用的教育因素理解成"不仅是通常所

① 《马克思恩格斯文集》第 1 卷,人民出版社 2009 年版,第 333 页。
② 爱尔维修:《论精神》,引自《西方古典哲学原著选辑:十八世纪法国哲学》,商务印书馆 1963 年版,第 467-468 页。
③ 爱尔维修:《论人的理智能力和教育》,引自《西方古典哲学原著选辑:十八世纪法国哲学》,商务印书馆 1963 年版,第 541 页。

谓的教育,而且是个人的一切生活条件的总和"①的观点。他的观点的缺陷在于他分析教育现象时的片面性、局限性,在于他夸大了教育的作用,而不理解教育作为一种社会现象,本身也是客观的,受社会规律制约的,而不是个别人的主观意志支配下的活动。他的教育观点所具有的缺陷,在当时就受到一些人的批驳。例如法国著名的唯物主义思想家狄德罗(1713—1784)就曾对爱尔维修的哲学观点和教育观点进行了批评,写了《对爱尔维修〈论人〉的系统驳斥》一书。虽然狄德罗对教育作用的认识仍然是片面的,例如他认为只要通过教育启发人的理性,去认识封建社会的罪恶,就可以实现社会制度的改变,但他与爱尔维修的"教育万能论"的不同之处在于,他认为应当估计到自然素质在人的发展中的作用,教育不可能使儿童在其自然条件所不许可的方面得到发展。教育虽然是人与人之间的差异的主要根据之一,但并不是唯一根据。虽然教育的影响比一般想象的要大得多,但教育并不能创造一切。狄德罗还批评了爱尔维修的感觉论的形而上学性,强调由各种感觉得来的知识必须由理智来加工改造。为了认识周围世界,仅有感觉是不够的,必须有大脑的参与。狄德罗对公共教育的观点比爱尔维修更激进。他批评封建制度剥夺人民受教育的权利,使人民中间蕴藏着的无数天才被埋没了。他坚决要求改革法国的教育,没收教会控制的学校,由国家统一管理;学校应向所有的儿童开门,实行强迫的、免费的初等教育,并给贫苦儿童以物质上的帮助,保障他们能够入学。

　　18世纪法国唯物主义者的哲学观点和教育观点,对资产阶级革命的准备和发动起了很大的作用。但是,他们对社会历史现象的唯心主义观点使他们不可能正确地理解教育在社会发展和个人发展中的作用,不可能正确地理解环境改变和人的活动的一致性,因而导致了"教育万能"的错误结论。

　　18世纪唯物主义者的思想产生了巨大的影响,后来的19世纪空想社会主义者吸取了唯物主义者的观点,得出了不少重要的、有实际意义的结论。马克思曾这样概括18世纪法国唯物主义者和19世纪空想社会主义者之间的关系:"并不需要多么敏锐的洞察力就可以看出,唯物主义关于人性本善和人们天资平等,关于经验、习惯、教育的万能,关于外部环境对人的影响,关于工业的重大

---

① 《马克思恩格斯文集》第1卷,人民出版社2009年版,第337页。

意义,关于享乐的合理性等等学说,同共产主义和社会主义有着必然的联系。"①

以圣西门、傅立叶和欧文为代表的 19 世纪空想社会主义,在历史上起过一定的进步作用。这种进步作用主要表现在两个方面:一方面,它包含了批判的成分,抨击了资本主义社会制度,其中包括他们对资本主义制度下人的畸形的片面的发展的揭露,对资产阶级教育的否定。因此,它提供了启发工人意识的极为宝贵的材料;另一方面,它提出了关于未来社会的一些积极的理想,例如消灭城乡差别,消灭雇佣劳动制,消灭私有制度,建立和谐的社会。在这些理想中,就包含着他们对教育问题的一系列有意义的猜想。

圣西门和傅立叶的思想学说产生在 19 世纪初叶的法国。当时的法国仍然是一个经济落后的国家,工业还不够发达,资本主义生产关系的发展还不充分,无产阶级同资产阶级之间的阶级对立还没有充分暴露出来。圣西门和傅立叶同情贫穷阶级的命运,揭示了贫富之间、残暴势力与无权地位之间的冲突,号召建立一个公正合理的新社会。在教育方面,他们提出了一系列独特的主张。例如圣西门认为决定人类社会发展的主要因素是教育以及道德和科技进步,社会是随着人类理性的进步而发展的。由此可见圣西门是非常重视教育的。但是他同时又认为没有受教育的无产阶级不能领导也不能建立新社会,改造社会的任务应由"最有教育"的企业主、银行家和商人来担任。他的这些观点,显然是由他的唯心主义的历史观来决定的。

比较起来,傅立叶的教育观点更为深刻一些。傅立叶认为,人并非生来就坏,使他变坏的是环境。儿童具有成人的一切欲望的萌芽,这些欲望如获得正确的教育,就会成为一切高尚行为的源泉。但是,在资本主义制度下,不可能有这样的教育。社会的各种矛盾使教育家陷于无可奈何的处境,结果教育只是一句空话。穷人的孩子不可能像富人和特权者的孩子那样受到教育,他们不能自由选择自己的职业,不能考虑自己的天赋。傅立叶认为,只有在他所设计的新社会——法郎吉中,教育才不是一句空话,在法郎吉中,工作将成为吸引人的活动,成年人兴高采烈地进行劳动的场面会给予成长中的一代以极有益的影响,通过模仿,他们从小就养成热爱劳动的习惯。傅立叶还十分重视对年轻一代进行科学教育,主张科学教育与劳动教育并重,认为知识应该在生产劳动的过程

---

① 《马克思恩格斯文集》第 1 卷,人民出版社 2009 年版,第 334 页。

中获得,这种教育应尽可能在露天地里进行,它没有任何强制性,儿童和青少年可以完全自由地决定学习什么和跟谁学习。傅立叶在这里提出的劳动与享受同一性观点、教育与生产劳动相结合的观点以及关于科学教育的观点等都是很宝贵的思想,受到了马克思和恩格斯的极大关注,他们称赞傅立叶的教育观点"是这方面的精华,并且包含着最天才的观点"①。

欧文生活在工业革命的发源地、在社会经济的发展上比法国快了近一个世纪的英国,因此他的理论与实践有许多不同于圣西门和傅立叶的特点,比他们又进了一步。欧文首先是一个改革家,他目睹资本主义给工人阶级带来的无穷苦难,对工人阶级极表同情。他毕生提出了一系列改革社会的方案,并在苏格兰的新拉纳克和美国的印第安州进行了实验。这些实验体现了他的丰富的教育观点,有关教育方面,欧文做了如下几件事情:通过斗争通过了世界史上第一个工厂法,规定把工人的劳动时间由 13~14 个小时缩减为 10 个半小时;拆除了破棚陋室,为工人修建了住宅、街道和广场,还给每家划出一块不大的花园;在世界史上首先创办了幼儿园,使工人的子女从两岁起就接受教育;设立性格陶冶馆、工人夜校及其他学院,使工人及其子女可以就学;把酒吧间等不良聚会场所全部迁走,严禁酗酒赌博,提倡道德、文明和信仰自由。欧文所做的这一切,都是为了"使人生活在比较合乎人的尊严的环境中,特别是让成长中的一代受到精心的教育"②。

欧文不仅是一个实际的改革家,也是一个杰出的思想家,他一生写下了许多有关空想社会主义、合作运动以及教育评论、教育改革的著作。他的全部教育主张的基础是"教育万能论",即提倡教育、陶冶性格、改善人性,以此来实现他的社会政治理想。欧文认为先天组织是自然界的产物,对每个人来说,虽然存在着差异,但总的来说是大致相同的。因此,对人的性格的形成起决定性影响的是环境。他所说的环境主要是指立法和教育,他曾经说过:"只要引导人们注意采取理应能使年青一代养成最好的习惯和最公正、最有用的情感的立法措施,并格外注意那些处境不良、没有这种措施旁人就容易教他们养成最坏的习惯和最无用、最有害的情感的人——只要这样做,人性就可以改善,并且可以形

① 《马克思恩格斯全集》第 3 卷,人民出版社 1960 年版,第 607 页。
② 《马克思恩格斯选集》第 3 卷,人民出版社 2012 年版,第 786 页。

成全人类的利益和幸福所要求的性格。"①在他看来,如果能够控制社会和教育环境,那么人类特性的发展也是可以控制的,因此他主张改善人性的社会改革应当从教育做起。他还认为教育应从早期开始,因为幼儿时人的特性是可塑的,可以改变的。欧文重视教育,还表现在他重视对贫苦人民的教育。他认为对低级阶层进行教育,除了必须给以生活上的必要保障、智力上的必要启蒙外,最主要的是进行性格的陶冶。也就是要用道德感化的方法去教育劳动阶级,使他们成为合乎理性的人。

空想社会主义给马克思主义留下了重要的思想遗产。恩格斯这样评价空想社会主义:"虽然这三个人的学说含有十分虚幻和空想的性质,但他们终究是属于一切时代最伟大的智士之列的。""他们天才地预示了我们现在已经科学地证明了其正确性的无数真理。"②空想社会主义的教育思想,归结起来主要表现在如下几个方面。

第一,空想社会主义关于人是环境的产物的唯物主义学说强调环境和教育对人的发展的影响,揭示了人的发展的社会制约性,因而具有积极的历史意义。他们的唯物主义学说有力地抨击了唯心主义的遗传决定论。但这一学说忽视了人的主观能动性,把人看成是环境和教育的消极产物,而看不到人是历史活动的积极参加者,他们在革命实践的过程中改变着社会关系,同时也改变着人自身。

第二,空想社会主义看到了资本主义制度对工人及其子女的摧残所造成的片面发展,提出了人的全面发展的思想。他们从智力平等出发,坚持所有的人都有受教育权利,每个人都应当在其天赋的能力、志趣和力量所能做到的范围内,成为智、德、体、行各方面都最完善的人,从而肯定了劳动人民享受教育权利,全面发展各方面能力的合理性。空想社会主义尖锐抨击资本主义的教育制度,继承了自然主义教育家卢梭和裴斯泰洛齐的教育思想,主张与自然规律一致的学校教育制度。他们否定以书本为中心的专重文字的教学,反对学校中的体罚制度,主张以行动的自然结果作为举止的适当的奖惩。他们反对传统学校的课程设置,主张学习有用的知识,主张教育与生产劳动相结合,科学教育与劳

---

① 《欧文选集》第 1 卷,商务印书馆 2011 年版,第 145 页。
② 《马克思恩格斯选集》第 3 卷,人民出版社 2012 年版,第 37 页。

动教育并重。

第三,空想社会主义猜测在未来的理想社会,人人都将受教育,参加劳动,参加社会事务的管理,从而成为能从事多种工作的全面发展的人。他们还推测未来社会的教育形态的某些重要特征,肯定教育与生产劳动相结合的形式对于培养全面发展的新人的决定意义。他们的教育与生产劳动相结合的理论与莫尔、卢梭、裴斯泰洛齐等人的劳动教育理论相比,前者反映了大工业生产的要求,后者反映的却是手工业生产的要求。欧文及其信徒在工厂制度条件下进行了实际的社会试验,其中也包括教育实验。马克思正是从欧文的试验中看到了未来教育的幼芽正在资本主义社会的大工业基础上萌发出来。但是,他们反对任何激烈的社会变革,寄希望于教育,试图通过改善人性、传播知识和示范性的实验来实现他们的理想。这使他们关于人的全面发展的理想最终都变成了空想。

总之,由于当时的科学技术和生产力发展水平还不够发达,加上空想社会主义者的历史观的局限性,他们不可能理解教育的社会制约性。他们不了解工人阶级的历史作用,不了解阶级斗争对于社会发展的决定意义。他们梦想和平地改造资本主义社会,试图通过教育,通过普及知识和宣讲真理来消除社会矛盾。这些根本缺陷使他们的学说具有空想的性质。

马克思批判地继承了空想社会主义者思想遗产中的积极成果,把社会主义从空想变成科学。他科学地证明了,社会主义不是空想家的虚构,而是社会发展和阶级斗争的必然结果,并指出消灭资本主义和建立社会主义的任务,历史地落在无产阶级的身上。德国古典哲学是马克思主义的重要理论来源之一,它对马克思教育思想的形成也有着重要的作用。列宁曾这样说过:"马克思并没有停止在 18 世纪的唯物主义上,而是把哲学向前推进了。他用德国古典哲学的成果,特别是用黑格尔体系(它又导致了费尔巴哈的唯物主义)的成果丰富了哲学。这些成果中主要的就是辩证法,即最完备最深刻最无片面性的关于发展的学说,这种学说认为反映永恒发展的物质的人类知识是相对的。"①德国古典哲学的伟大功绩在于提出并试图回答为旧唯物主义所忽视的人的主观能动性,人同自然和社会环境的关系等一系列重要的理论问题,尤其是提出并研究了辩

① 《列宁全集》第 23 卷,人民出版社 2017 年版,第 42 页。

证法思想,为辩证唯物主义哲学创造了重要的理论前提。我们在这里不可能涉及德国古典哲学的所有代表人物,只能就黑格尔的有关思想作一些分析。

黑格尔哲学反映了处于矛盾地位的德国资产阶级的突出的软弱性。一方面,在法国大革命的影响下,德国的资产阶级要求进行资本主义改革,但力量弱小,无力行动;另一方面,它又惧怕人民的革命运动,不敢依靠人民群众。黑格尔的哲学典型地反映了这种矛盾性,它的体系是保守的,反映着德国资产阶级向贵族的妥协、屈从以及对人民、对革命的恐惧和憎恨。它的辩证法则抽象地发展了被旧唯物主义忽视了的主体的能动性方面,表现出它的革命性,间接反映了资产阶级的变革要求。黑格尔是德国古典唯心主义的集大成者。他认为必须依据精神的原因去说明世界,把自然、社会和人看成是"绝对精神"发展过程中的一个环节,从"绝对精神"推演出客观事物。他把所谓的"绝对精神"描绘成是由许多方面、环节、阶段内在联系着的发展过程,它由于自身的矛盾而不断地推移和转化。这样,他就从精神和概念的思辨之中猜测到了客观事物的辩证法,第一次全面地、有意识地阐明了辩证法的基本规律。恩格斯曾把黑格尔的思想体系说成是"一种就方法和内容来说唯心主义地倒置过来的唯物主义"①,这一评价深刻地揭示了黑格尔哲学的重要特征。

黑格尔十分博学,他曾经研究过文学、历史、数学、哲学、教育学等许多领域。他的教育观点是同他的整个思想体系密切相关的。

他在《精神现象学》中把劳动看作人的本质,把人看作自己劳动的结果。由此把劳动看作个人发展过程中的基本因素,认为人的一切都是在劳动活动中发展起来的。马克思肯定了黑格尔思想中这些合理的成分。但是黑格尔把人类社会看作绝对精神发展的一个阶段和环节,所以他同时又把人看作自我意识,用精神的原因去解释人的本质。这种对人的看法仍然是唯心主义的。黑格尔还论述了分工对人的发展的影响,他认为劳动不仅使人得到发展,同时也摧残人。劳动对个人发展的这种互相矛盾的作用明显地表现在分工上。他把技术进步和社会富裕同分工联系起来,因而认为分工是一种应予肯定的事实。同时他又指出,劳动由于分工而简单化,这种劳动要求劳动者的只是呆板的机器般的动作,因而这种劳动对劳动者来说就成为一种痛苦。此外,分工使现实的人

① 《马克思恩格斯选集》第4卷,人民出版社2012年版,第233页。

异化,使一些人成为另外一些人的简单手段,使人的劳动失去了独创精神,失去了主观能动性,因此无助于人的创造性和情感的发展。但是,黑格尔把个人发展和人类发展的这种对抗性看成是必然的、合理的现象,因而反对一切改变现存秩序的革命。他曾声称法国大革命不是真正的革命,真正的革命是精神革命。他把一切客观实在的东西都变成了绝对精神发展过程中的环节,把现实的人的异化这种具有否定意义的社会现象,变成了自我意识的异化,变成了自我意识的发展所必经的一个阶段。这样,现实的矛盾就消融于自我意识的否定之否定的过程中了。

黑格尔从他的社会伦理观出发得出了教育的目的。他认为伦理的本质并不在于个人都必须遵循人为制定出来的规则,而在于个人与社会的统一。他说:"合乎伦理——这就是说按照自己国家的风习去生活。"所以,黑格尔引用一位毕达哥拉斯主义者的格言,这位毕达哥拉斯主义者在回答"什么样的教育对自己的孩子更好些"这个问题时,答道:"如果你使他成为一个完美国家的公民就好了。"①黑格尔虽然把教育理解为一种"解放",但他所说的"解放"只是精神的"解放",其内容则是"反对举动的纯主观性,反对情欲的直接性,同样也反对感觉的主观虚无性与偏好的任性"。也就是要通过教育使人安于自己所处的地位和境遇、做一个好的国家公民。他还说:"教育就是要把特殊性加以琢磨,使它的行径合乎事物的本性"②,也就是要个人为了事物的本性而去承担牺牲。显然,这种教育观是为普鲁士国家的利益服务的。

黑格尔认为教育包括如下两方面的内容:"理论教育是在多种多样有兴趣的规定和对象上发展起来的,它不仅在于获得各种各样的观念和知识,而且在于使思想灵活敏捷,能从一个观念过渡到另一个观念,以及把握复杂的和普遍的关系等等。这是一般的理智教育,从而也是语文教育。通过劳动的实践教育首先在于使做事的需要和一般的勤劳习惯自然地产生;其次,在于限制人的活动,即一方面使其活动适应物质的性质,另一方面,而且是主要的,使能适应别人的任性;最后,在于通过这种训练而产生客观活动的习惯和普遍有效的技能的习惯。"③可以看出,他所规定的教育内容与他的教育目的是一致的。

---

① 转引自米·费·奥甫相尼科夫:《黑格尔哲学》,生活·读书·新知三联书店 1979 年版,第 50 页。
② 黑格尔:《法哲学原理》,商务印书馆 1961 年版,第 203 页。
③ 黑格尔:《法哲学原理》,商务印书馆 1961 年版,第 209 页。

黑格尔曾考察过人的心理素质,分析了个人的天赋、气质和性格。他并不否认个人具有天赋,但他认为天赋需要加以完善和教育。他说:"无论是才能或天才,由于它们首先是单纯的禀赋,它们就应当依照一般通用的方法来加以完善,只要人们不希望它们毁灭、道德败坏或退化为恶劣的标新立异的话。只有经过这样的完善,上面提到的禀赋才能确证自己存在的事实,确证自己的力量和自己的份量。"①

黑格尔也曾从心理学的角度考察年龄差别和性别。他对个人的年龄特征作了非常详细的描述,同时也显露出他的调和折中的倾向。他认为,对世界的最明智的态度就是同它调和,承认它的合理性。黑格尔在表述人的行为的主要准则时说:"如果人不想毁灭,那他就应当承认世界是独自存在着的并且基本上是完美的……世界就是神的理性的存在;不合理的偶然性的把戏仅仅笼罩着它的表面……因此成年人是完全理智地行动的,他们拒绝彻底改造世界的计划,并且力图仅仅通过与世界的直接接触去实现自己个人目的、欲望和利益。"与此相反,青年人则最关心改造世界,以改造世界为己任。正是这种追求理想的倾向使青年人具有高尚、智慧、无私的特点。黑格尔针对青年人的特点主张教育应使其沉没于现实的理性并埋头于实际生活和日常琐事之中。② 他认为纪律教育和尊重权威的教育是教育的一个主要环节。他所说的纪律的含义是"破除子女的自我意志,以清除纯粹感性的和本性的东西……如果不培养子女的服从感——这种服从感使他们产生长大成人的渴望——他们就会变得唐突孟浪,傲慢无礼"③。他坚决反对所谓的游戏教育理论,这种理论企图寓教于乐,通过游戏来传授严肃的知识。黑格尔认为这种教育易引起儿童的无礼、自作聪明、好虚荣、自负。儿童应该受到顺从和服从权威的教育,服从感会引起儿童长大成人的强烈愿望。

黑格尔的教育观点是建立在他的哲学基础上的,因此,事物的真正的关系被颠倒了。总的来说,他的教育观点是唯心的,是为他的社会政治理想服务的。但是他提出并讨论的一些问题,对教育理论的发展是有启迪意义的。他的辩证法思想则为马克思创立辩证唯物主义,并以此为工具分析教育问题奠定了理论基础。

① 《黑格尔哲学》,生活·读书·新知三联书店 1979 年版,第 233 页。
② 《黑格尔哲学》,生活·读书·新知三联书店 1979 年版,第 234 页。
③ 黑格尔:《法哲学原理》,商务印书馆 1961 年版,第 188 页。

德国古典哲学发展到 19 世纪 30—40 年代,从黑格尔学派的解体中产生了费尔巴哈的人本学的唯物主义,他的最大功绩是在康德、黑格尔唯心主义长期统治德国后重新恢复了唯物主义应有的权威。费尔巴哈与教育有关的观点,我们放在后面批判"教育万能论"时再加以讨论。我们仅在此指出,费尔巴哈在批判黑格尔哲学时,未能揭示出其中合理的因素,他在抛弃黑格尔的反动的理论体系时,把他的方法也抛弃了。只有马克思才真正批判地继承了德国古典哲学中的优秀遗产,创立了马克思主义这一真正科学的学说。

资产阶级古典政治经济学是马克思主义的又一个重要的理论来源,其中有关教育问题的合理思想因素,对马克思教育思想的形成也有很大的影响。资产阶级古典经济学家在探讨资本主义经济的发展时,对分工对社会生产力的发展以及对个人发展的影响,对普及教育问题都提出过许多重要的思想。他们站在新兴资产阶级的立场,强调资本主义分工制度对促进生产率的提高和财富的增加方面所具有的积极意义。同时他们也在一定程度上看到了分工对人的发展所造成的消极后果,看到了分工所造成的个人才干的单一性,以及个人之间在才能和智慧发展上的明显差别。亚当·斯密说:"他的呆板的、单调的生活自然损害了他的进取精神……它甚至破坏了他的身体的活力,使他除了从事他所会的那种局部工作以外,不能精力充沛地持久地使用自己的力量。因此,他在自己的专门职业中的技能是靠牺牲他的智力的、社会的和军事的品德而取得的。但是,在每一个工业的文明的社会中,这是劳动贫民即广大人民群众必然陷入的境地。"[1]他的学生 F.伊登说:"拥有独立财产的人所以能够拥有财产,几乎完全是靠别人的劳动,而不是靠他们自己的能力,他们的能力绝不比别人强。"[2]他们对分工所造成的个人片面发展所作的描绘揭穿了当时占主要地位的"天赋遗传决定论"的谎言。但是古典经济学家不理解工场手工业分工是历史地发生和发展的一种客观经济关系,是资本主义生产方式的特殊形式。他们把分工看成是从抽象的人类本性中产生出来的永恒不变的秩序和法则。亚当·斯密说过:"能够提供这些利益的分工,完全不是哪一个贤明人预见和意识到了这种分工所能发生的一般福利而发明的东西;分工是人的本性中某种倾向经常(虽然很迟缓地)发展的结果;这种倾向决不是以这种利益为目的而发生的东西,而是想

---

① 《马克思恩格斯全集》第 44 卷,人民出版社 2001 年版,第 419 页。
② 《马克思恩格斯全集》第 44 卷,人民出版社 2001 年版,第 711 页。

把某一物件同其他物件相交换的倾向,即商业的倾向。"①他们站在维护资本主义的劳动分工制度、维护资产阶级的国家政权的功利观的立场上来提倡在工人中间普及教育,希望通过国家实施国民教育,来防止由于分工而造成的人民群众身心方面的完全萎缩,防止阶级矛盾的激化,保持资本主义社会的稳定。他们还提出了教育与生产劳动相结合,以便使身心得到健康发展的主张,要求改革脱离生产劳动的旧教育制度,兴办各种劳动学校,培养资本主义生产所需要的人才。

总的来看,资产阶级古典政治经济学家虽然看到了资本主义分工制度下人的片面发展这一不合理的社会现象。但他们站在维护分工制度的立场上提倡普及教育,以防止人民群众的完全萎缩。这在当时是不可能实现的。因此,亚当·斯密的国民教育的建议遭到了许多人的反对。② 马克思吸取了上述思想中的有益的成分,他在创立自己的分工理论时,曾多次引用了亚当·斯密关于分工与个人发展之间的关系的论述,赞赏亚当·斯密对劳动分工怎样使工人的发展片面化和畸形化作了很有意义的描述。在这一基础上,马克思揭示了整个人类的发展,虽然在开始时要牺牲多数的个人,甚至靠牺牲整个阶级来实现,但历史的发展最终会克服这种对立而同每个人的发展相一致。这就给工人阶级指明了奋斗的前景。

以上是对马克思教育思想的理论前提所作的概述。历史的进一步发展要求产生全新的,足以指导无产阶级革命的思想武器。为了创立这样一种理论,必须对以往提出的一切观点都有批判地重新加以估计,吸取其中所包含的一切有价值的东西;必须研究工人阶级在实际斗争中创造的丰富经验;必须创立真正科学的世界观和方法论。马克思解决了这些问题。向无产阶级提供了革命的,照亮无产阶级斗争道路的科学理论。

---

① 卢森贝:《政治经济学史》第 1 卷,生活·读书·新知三联书店 1959 年版,第 262 页。
② 例如,马克思曾在《资本论》中引了亚当·斯密著作的法文译者、法兰西第一帝国时的参议员热·加尔涅的话,他认为,国民教育是同分工的基本规律相矛盾的,实行国民教育会"消灭我们的整个社会制度"(《马克思恩格斯全集》第 44 卷,人民出版社 2001 年版,第 419-420 页)。

二、马克思教育思想的形成与发展

马克思的思想有一个形成和发展的过程。由于马克思从年轻时代起就投身于当时尖锐的阶级斗争,真诚地站在劳动人民一边,熟悉并参加了当时的工人运动,同时也由于他本人的天赋才能方面的因素和勤奋刻苦的努力,所有这一切原因使他兼有革命家和学者的品质,具备了最终超过德国古典哲学、古典政治经济学和空想社会主义,转变原先的唯心主义和革命民主主义立场,创立马克思主义的条件。下面我们对马克思教育思想的历史形成和发展作一概要的分析。

教育的对象是人,因此关于人的理论对于教育学有着指导性的意义。教育学的基本问题就是个人的发展问题,它涉及个人发展与遗传,与包括教育在内的外部环境之间的关系,以及个人发展与社会发展的关系问题。教育学的这一基本问题是各个时代的哲学家、教育家一直争论不休的问题。但直到 18 世纪为止,教育学中占主导地位的一直是唯心主义的观点。随着工业革命的来临,随着科学技术和生产的发展,人在生产中的地位和作用以及由此而来的人的需求和能力都发生了深刻的变化。所有这一切使得人们对于过去那种对人的理解的传统看法发生了动摇。马克思关于人及其发展的学说克服了过去历代哲学在对人的理解上的种种唯心主义谬说,例如神创论、天赋观念论、遗传决定论的观点以及旧唯物主义的宿命论、机械论的观点,揭示了人的社会本质,解决了有关个人发展的种种问题,从而成为关于人的新型学说。马克思关于人的学说所具有的特点使它成为无产阶级进行斗争的一种锐利的理论武器和思想武器,对包括教育学在内的各门具体的社会科学产生了巨大的影响。

（一）马克思研究人、人的发展问题的方法，经过了一个转化和发展的过程

同整个马克思学说曾有一个产生和发展的过程一样,马克思研究人及其发展的问题,也有一个历史发展的过程,这个过程就是从历史唯心论向历史唯物论的转化和发展的过程,异化理论是这一转化和发展过程中的重要环节,是研究马克思思想转变不可忽视的一个方面。弄清这一问题之所以十分必要,这首先是因为资产阶级正利用这一问题大肆歪曲、篡改和反对马克思主义。在当代西方社会的各种哲学和教育学的文献中,资产阶级的学者们热衷于研究马克思

的早期著作,提出要重新认识马克思,用所谓的"青年马克思"去反对"成熟的马克思",这就给马克思主义者提出了捍卫马克思学说的严肃任务。此外,在国内,随着对马克思主义研究的不断深入,马克思的早期著作和思想开始引起人们的注意和研究。近年来教育理论界就异化理论等问题曾展开了有益的讨论,这种讨论无疑深化了我们对马克思教育思想的认识。同时,这场讨论也暴露了我们在马克思主义基本功方面的薄弱环节,暴露了我们对一些问题仍然存在着模糊的认识,例如:关于异化理论在马克思主义理论体系中的地位与作用,异化理论与历史唯物论的区别与联系,异化理论与马克思教育思想的关系,等等。这些问题仍有待于我们作出科学的回答。

在研究马克思从异化理论到历史唯物论的转化过程时,我们应当反对认识上的两种片面性。一种片面性否认作为方法论的异化理论与历史唯物论的根本区别,最终以马克思早期思想来取代马克思主义;另一种片面性不加区别地把马克思早期对人的问题的论证简单地归结为"费尔巴哈的人本主义",归结为"历史唯心论"。这两种片面的认识都是十分错误和有害的。我们只有坚持历史唯物主义的态度,弄清异化理论和历史唯物论之间的区别和联系,并给予恰当的评价,才能揭示马克思思想发展的历史必然性。

异化理论是马克思在其早期,也就是历史唯物论产生之前提出来的,是他当时论述人的问题的理论前提之一。在马克思的早期著作《1844年经济学哲学手稿》(简称《手稿》)中,关于人及其发展问题的论证是这样的:人的本质是自觉有意识的创造性活动即劳动,人的发展就是在这种创造性的活动中实现的。人的这种本质力量在一定条件下会同人相异化,变成同自身敌对的异己力量,这就是劳动的异化。它包括四个方面,即①劳动产品的异化、②劳动活动的异化、③人的本质的异化、④人同人之间关系的异化。劳动产品的异化是劳动者同他的生产对象及劳动产品的关系的异化,是物对人的异化。劳动活动的异化是劳动者同生产、同自己活动的关系的异化,在这里异化的不是物,而是劳动者的体力和智力。也就是说,劳动者在劳动中不能自由地发挥自己的体力和智力。以上两方面的异化导致了人的本质的异化。由于劳动不再是劳动者的自主活动,而变成一种仅是维持肉体生存的谋生手段,因此劳动者的肉体和精神都遭到摧残,以致只有在劳动之外才感到舒畅和自在,这就否定了人的本质。最后,由于上述三方面的异化劳动表现又导致了人同人相异化,这种异化直接体现为剥削统治者和奴役劳动者的对抗关系。然而,历史发展的辩证规律决定了人必然要扬弃异化,从而在新的基础上达到人性复归,重新占有人的本质,真正实现人的全面发展。只有共产主义才能实现这一目标,人才能作为一个完整的人,占有自己的全面的本质。

从马克思的这一论证可以看出,异化概念在马克思的早期著作中有两层含义。他首先把异化看作私有制社会客观存在的经济现象,通过对资本主义社会异化劳动的分析,加深了对物质生活条件的认识,看到了物质生产对于人类历史发展的决定性作用,揭露了异化劳动对人的发展的破坏性影响。虽然马克思这时对于人的问题尚未达到历史唯物主义的认识水平,但他的这种认识从一个侧面反映了他的早期思想和历史唯物主义之间的必然关系。同时,异化概念又具有方法论的意义。马克思批判了黑格尔精神异化理论的唯心主义性质,同时又肯定和改造了这一理论所含有的否定之否定的辩证法思想,赋予它新的含义和内容,赋予它批判的精神,作为他认识人类历史发展的工具。虽然马克思借助这一工具对未来的共产主义社会和共产主义新人的面貌作了最初的表述,但显而易见的是,异化理论作为方法论没有能够揭示扬弃异化,实现人的全面发展的现实条件和途径,因而还存在着很大的局限性。这是由于他当时还没有能够科学地说明共产主义代替资本主义的历史必然性,还没有完全摆脱德国古典哲学的思辨的形式和用语。因此,马克思并没有就此满足。他在《手稿》中进一步提出了问题:"人是怎样使自己的劳动外化、异化的? 这种异化又是怎样由人的发展的本质引起的?"①这说明,马克思当时已经认识到,异化理论还没有最终说明人的发展问题。要弄清这一问题,必须对其进行经济学的研究,才能找到真正科学的理论基础。随着他的研究的不断深入,作为方法论的异化概念逐渐退居次要地位。

1845 年,马克思在《关于费尔巴哈的提纲》(简称《提纲》)这一历史唯物主义创立过程中的重要文献中提出:"人的本质不是单个人所固有的抽象物。在其现实性上,它是一切社会关系的总和。"马克思把这种社会关系理解为人们的实践活动的产物,因此他又说:"全部社会生活在本质上是实践的。"②这一科学的论断是在批判和总结了以往种种有关人的本质的观点后得出的。在《提纲》

---

① 《马克思恩格斯选集》第 1 卷,人民出版社 2012 年版,第 62 页。
② 《马克思恩格斯选集》第 1 卷,人民出版社 2012 年版,第 135 页。

中马克思特别批判和总结了旧唯物主义者的观点。18世纪的法国唯物主义者虽然注意到了人与社会环境的关系，提出"人是环境的产物"的唯物主义命题，但他们从感觉论出发去说明人的本质，忽视了人的主体能动性，不理解"社会生活本质上是实践的"。费尔巴哈也是如此，他虽然反对德国古典哲学所作的唯理论的解释，但他"不满意抽象的思维而诉诸感性的直观"①。他的人本学的解释同样忽视了人的主体积极性。马克思则相反，他把人当作社会的人，把人的本质归结为人的社会性，归结为人在一定社会关系中的实践活动，这一结论是对人的本质的感觉论观点和人本学观点的巨大变革。这个结论对教育学有着重要的意义，因为对人的这一理解必然要导致这样的结论：一方面，教育作为一种特殊的环境，对个人发展具有决定性的作用；另一方面，教育对人的发展的影响并不是一个简单的刺激反应过程。也就是说，教育对象并不是消极受动的客体，而是具有主观能动作用的人。人以自己的实践活动改变客观世界，也改变自己的主观世界。教育过程也是这样，受教育者是作为主体，以自己的活动参与到教育过程中去的，教育的功效不是由教育者的单方面意愿和活动决定的，而是由教育者和受教育者的共同活动来实现的。教育的作用也不是单义的，它可以起促进的作用，也可以起中性的，甚至消极的作用。因此教育作为一种培养和造就人才的社会现象，绝不可能脱离社会发展和个人对自身发展的要求而独自存在。教育是根据一定社会发展和个人身心发展的要求，在一定的社会关系以及个人发展所规定的可能性的前提下对新生一代施加影响，传授经验，将他们塑造成社会需要的人才的一种特殊的社会活动。所以并不是教育决定社会发展，而是相反，教育必须反映社会对个人的发展的总要求；并不是教育简单地决定个人的发展，而是在受教育者的积极活动和参与下，教育才能对个人实现其决定性的影响。

1846年，马克思和恩格斯共同写作《德意志意识形态》一书，展开了对历史的唯物主义考察，完成了社会主义由空想到科学的第一个发现，创立了唯物主义历史观。至此，作为方法论的异化理论就不再是马克思分析人的问题时的方法论工具了。

《德意志意识形态》批判了对于人、人的本质、人的发展问题的种种唯心主

---

① 《马克思恩格斯选集》第1卷，人民出版社2012年版，第139页。

义谬说,在对大量经济事实进行归纳和综合的基础上论证了人的问题。马克思在这里指出了一个基本事实:个人怎样发展,发展到什么程度,不是由人们随意设计、随意规定的,而是客观社会生活条件,其中主要是物质生产条件决定的,个人只能在客观条件所提供的可能性的范围内得到发展。他还深刻分析了生产力、分工、私有制和人的发展之间的关系,把人的片面发展归结为分工和私有制,把分工和私有制归结为生产力的历史发展,把个人的解放和全面发展归结为以生产力的发展和社会状况的根本改造为前提的人民群众的革命实践,这就为科学地论证人及其发展的问题廓清了道路。马克思以历史唯物主义为工具论证了人的全面发展问题,他的论证是这样的:个人发展归根到底取决于整个社会的发展,人的发展的片面性的消灭归根到底取决于旧的社会分工的消灭。而分工只有在生产力和生产关系已经发展到这样普遍的程度,以致私有制和分工成了它们的桎梏的时候才会消灭。资本主义社会的发展已经到了这样的程度,它从客观上要求人的全面发展。这是因为资本主义的生产力和生产关系是全面的,所以只有全面发展的个人才可能占有它,才可能使生产活动真正变成自己的自由的生活活动。同时,在资本主义条件下,阶级对立已经达到了极点,只有消灭资本主义私有制度才能彻底消灭阶级对立,实现个人的全面发展。最后,私有制和分工消灭之日,也就是共产主义社会实现之时,共产主义社会将使个人全面发展的理想变为现实。

马克思对人的全面发展问题的这一论证,与他早期对这一问题的论证比较,二者有本质的区别,这是不容混淆的。但这种区别并不像西方研究马克思的某些学者所断言的那样,是什么思想的断裂,是什么自己背叛和推翻了自己。事实是,二者之间存在着不可割裂的历史必然性。恩格斯曾经说过,历史唯物主义是"在劳动发展史中找到了理解全部社会史的锁钥"①。同样地,马克思也是在劳动发展史中找到理解人的发展问题的锁钥的。从《手稿》到《德意志意识形态》的探索无可辩驳地证明了这一点。在这里看看西方一些自称为马克思主义者的人在这个问题上如何肢解马克思主义,对我们是不无益处的。英国人麦丹·萨鲁蒲(Madan Sarup)在他的《马克思主义教育》一书中,把马克思主义肢解成人道主义的马克思主义和实证主义的马克思主义。他认为:"当马克思以

---

① 《马克思恩格斯选集》第 4 卷,人民出版社 2012 年版,第 265 页。

为自然和人是复合的实体时,恩格斯则认定自然是一种外在于人的独立体,历史被看成是受不变的规律所支配的,从这种规律可以推演出社会主义的必然性。"作者认为恩格斯对马克思早期著作中的批判理论的抛弃,导致马克思主义转向实证主义,导致一种否定实践力量的庸俗的、决定论的共产主义。作者宣称要在马克思主义基础上建立一种新的教育体系,用异化理论来说明教育这一现象。由此可见,萨鲁蒲是要用异化理论来取代历史唯物主义。用抽象的人道主义来抹杀马克思学说的科学性和革命性,把马克思主义解释成资产阶级可以接受的、有利无害的理论。①

(二)马克思对"遗传决定论"和"教育万能论"的批判

马克思关于人、人的发展问题的科学学说对于马克思主义的教育学理论有着方法论的意义,它使一系列被搞得混乱不清的教育学基本问题得到了科学的说明。其中最有代表性的是马克思对"遗传决定论"和"教育万能论"的批判。

"遗传决定论"是 19 世纪上半叶资产阶级教育理论中很有影响的理论之一。"遗传决定论"对遗传、环境和教育在人的发展过程中的作用作了唯心主义的解释,把人的发展看成是超历史的、独立的过程,把遗传因素看成是对个人发展起决定作用的因素,这就为包括受教育权利不平等在内的社会不平等提供了理论依据。马克思在广泛的领域内对遗传、环境和教育因素作了深入的和根本性的研究,批判了"遗传决定论"的唯心主义的反动本质,揭示了个人发展的社会制约性、个人发展和社会发展的一致性,揭示了教育在社会发展和个人发展中的作用和意义,从而科学地回答了遗传、环境、教育与人的发展之间的关系问题。

在《德意志意识形态》一书中,马克思曾深刻地批判了德国哲学家施蒂纳关于人的发展的谬论。施蒂纳接过了黑格尔哲学中的唯心主义糟粕,宣传极端露骨的、主观唯心主义的遗传决定论。他在回答为什么一部分人是音乐家,另一部分人是诗人,再一部分人是教书匠这个问题的时候,企图用遗传和类来加以说明,把分工以及由此造成的人的生理缺陷和智力缺陷统统归于一成不变的、不受人控制的类即遗传。他说:"天生的笨人无疑地是为数最多的一类人。为

---

① 参见 Madan Sarup:《马克思主义与教育》,1978 年英文版第 8 章和第 9 章。

什么在人类中就该没有在动物的各个品种间所存在的那些差别呢?"①马克思批判了这种彻头彻尾的唯心主义观点,他指出:"甚至最平庸的唯物主义者和医学家早在自我一致的利己主义者接受了'类'、'不顺利的环境'和'推动力'所给予的'使命'而在德国公众面前初次出现以前,就已抛弃了这些幼稚的观点。"②马克思还指出,人的发展的这种缺陷是历史地产生的,同样也要通过历史的发展才能消除,甚至天然产生的类的差别,例如种族间的差别,也都能够而且必须通过历史的发展才能消除。在批判施蒂纳的同时,马克思第一次正确地解决了个人发展与遗传、环境和教育的关系问题。他指出,个人的发展决不能脱离他的前代或同时代的其他人的发展,而是受这种发展制约的:"一个人的发展取决于和他直接或间接进行交往的其他一切人的发展;彼此发生关系的个人的世世代代是相互联系的,后代的肉体的存在是由他们的前代决定的,后代继承着前代积累起来的生产力和交往形式,这就决定了他们这一代的相互关系。"③在这里,马克思特别强调社会因素在个人发展中的作用,同时他也肯定了生物遗传因素对个人发展的影响("后代的肉体存在是由他们的前代决定的")。但是马克思认为不仅人的发展决定于环境,而且遗传的改变在很大程度上也决定于一定的环境条件。他说,甚至施蒂纳所举的动物界各品种的差别一例,其结论也是错误的,因为"动物的品种可以改良,通过异种交配能够产生完全新的、更优良的品种,既可供人们的享乐也可供它们自己的自我享乐。我们的桑乔'为什么不'从这里得出适用于人的某种结论来呢?"④因此,马克思认为,任何个人的发展都不是取决于类,取决于遗传,而是取决于他所生活的社会经济条件的总和,其中主要是社会分工以及由分工决定的人们所能受到的教育:"和其他任何一个艺术家一样,拉斐尔也受到他以前的艺术所达到的技术成就、社会组织、当地的分工以及与当地有交往的世界各国的分工等条件的制约。像拉斐尔这样的个人是否能顺利地发展他的天才,这就完全取决于需要,而这种需要又取决于分工以及由分工产生的人们所受教育的条件。"⑤马克思在这里明确地指出,

---

① 《马克思恩格斯全集》第 3 卷,人民出版社 1960 年版,第 496 页。
② 《马克思恩格斯全集》第 3 卷,人民出版社 1960 年版,第 498 页。
③ 《马克思恩格斯全集》第 3 卷,人民出版社 1960 年版,第 515 页。
④ 《马克思恩格斯全集》第 3 卷,人民出版社 1960 年版,第 499 页。
⑤ 《马克思恩格斯全集》第 3 卷,人民出版社 1960 年版,第 459 页。

人的发展的差异和不平等首先是一种社会现象,创造性的、脑力的和艺术的天赋完全集中在个别人身上,而广大人民群众在这些方面的天赋受到压抑这样一种不平等的社会现象完全是由社会分工以及所受教育的条件决定的。由此马克思作出了如下的科学预言:只有共产主义社会才能消灭人的发展的这种片面性,共产主义社会将是"个人的独创的和自由的发展不再是一句空话的唯一的社会"①。

但是,马克思在批判"遗传决定论"的同时,并没有否定人的先天禀赋和它对能力差异的影响。在《德意志意识形态》中,马克思在肯定社会环境因素的决定作用的同时,曾多次提到生物遗传因素对人的发展的影响。例如,他曾经这样说过:"人们之所以有历史,是因为他们必须生产自己的生命,而且必须用一定的方式来进行:这是受他们的肉体组织制约的,人们的意识也是这样受制约的。"②可见,马克思并没有把人和自然、遗传和环境对立起来。"人类智力天然平等"是旧唯物主义者批判"遗传决定论"时的出发点,而不是马克思主义的出发点,旧唯物主义者认为刚出生的人在没有获得感觉之前,心灵是一块白板,所以人的智力天然平等,后来人的差别是由教育造成的,因此环境决定人,教育万能。旧唯物主义者之所以特别强调"智力天然平等"是企图据此来证明资产阶级与封建阶级之间的政治平等的合理性。这在当时虽然是进步的,但绝非科学的。马克思主义第一次科学地证明了一切社会不平等现象的真正原因,强调经济地位不平等是政治的、教育的以及其他一切不平等现象的根本原因。马克思强调社会平等是"个人的独创的和自由的发展"的前提条件,人的发展上的不平等是由于不合理的社会分工和教育条件造成的。因此只有通过社会变革,人才能得到真正的发展。我们有些同志往往把属于旧唯物主义者的观点强加于马克思,而没有看到,马克思批判"遗传决定论"的出发点并不是什么"智力平等",而是"社会平等",我们在这里引述列宁在 70 多年前写的一段话,当时一些人把共产主义将要消灭人们在才能和禀赋上的差别这样一种观点强加在社会主义者的头上,列宁反驳道:"社会主义者说平等,一向是指社会的平等,指社会地位的平等,决不是指个人体力和智力的平等。"③因此,我们在批判"遗传决定论"的时候,绝不应当以旧唯物主义的观点作为出发点。弄清这一点对于教育

① 《马克思恩格斯全集》第 3 卷,人民出版社 1960 年版,第 516 页。
② 《马克思恩格斯选集》第 1 卷,人民出版社 2012 年版,第 160 页。
③ 《列宁全集》第 24 卷,人民出版社 2017 年版,第 396 页。

学是很重要的,它关系到我们如何认识作为教育对象的个人。教育的实践表明,一个人的发展是在社会环境因素和生物遗传因素的复杂的相互关系中才得以实现的。当我们说人是社会的实体时,是把他看作处在一定活动领域、受一定社会关系制约的人,他的品质、才能、志趣、见识和素养都要服从社会规律;当我们说人是自然的实体时,是指人作为具有一定自然特性和能力的个体,是以其从先代继承下来的遗传素质参加到社会中去的,其生存要服从生物遗传规律。一个教师实际接触到的教育对象从来不是千人一面的,而是在各个方面都呈现出个性的多样性来。教育能否成功,在很大程度上要看教师能否在这种千差万别的基础上因材施教。

　　"教育万能论"是 18 世纪唯物主义者和 19 世纪空想社会主义者提出来的。他们反对遗传决定的唯心主义谬论,认为人的发展取决于环境与教育。他们看到了资本主义社会中的阶级对立和斗争,但他们企图超越这种阶级的对立和斗争,幻想通过教育达到改造资本主义社会的目的,并因此赋予教育以"万能"的性质。"教育万能论"的不可克服的矛盾性在于:一方面,过高地估计了教育的作用,认为教育决定个人的发展;另一方面,为了改变不合理制度,建立理想的社会,他们认为必须由一批先知先觉者来救世治乱、教育群众、改变人性。这就使他们的理论自相矛盾。马克思在肯定"人是环境和教育的产物"这一命题的唯物主义性质的同时,指出旧唯物主义的主要缺陷在于:"对对象、现实、感性,只是从客体的或者直观的形式去理解,而不是把它们当做感性的人的活动,当做实践去理解,不是从主体方面去理解。因此,和唯物主义相反,唯心主义却把能动的方面抽象地发展了,当然,唯心主义是不知道现实的、感性的活动本身的。"[1]在这里,马克思对旧唯物主义和唯心主义的观点作了公允的评价。在这一评价的后面,我们可以接触到马克思解决这一问题的崭新的方法。他超越旧唯物主义的地方就在于他揭示了遗传、环境、教育和个人发展之间的客观辩证法,即环境改变人,人也改变环境。他深刻指出:"只有改变了环境,他们才会不再是'旧人',因此他们一有机会就坚决地去改变这种环境。在革命活动中,在改造环境的同时也改变着自己。"[2]

　　马克思解决问题的这一辩证方法长期以来在我们的教育学教科书中并没

---

① 《马克思恩格斯选集》第 1 卷,人民出版社 2012 年版,第 133 页。
② 《马克思恩格斯全集》第 3 卷,人民出版社 1960 年版,第 234 页。

有得到足够的重视。苏联的教育理论界在 50 年代时曾指出对这一问题的忽视,把凯洛夫的教育学体系称作"无儿童的教育学"①。在我国,这个问题则至今未得到认真的清理,讨论的重点仍然集中在遗传和环境因素孰轻孰重、孰是孰非上,而忽视了马克思解决这一问题的崭新方法,忽视了学生个体的主观能动性,忽视了教育对人的作用是通过受教育者的能动的和复杂丰富的实践活动才得以实现的,因而就不能回答个性发展的多样性问题。

马克思解决这一问题的辩证方法使他最终克服了旧唯物主义和空想社会主义把人的发展同社会发展对立起来,把人的发展看成是可以脱离对社会的改造,而仅仅依靠教育就能实现的错误观点,突出了人不仅是一定历史条件的产物,同时也是社会历史过程的积极参与者,革命实践是社会发展和人的发展的一个主要的和起决定作用的环节。在改造自然和社会的同时,人也在抛掉自己身上的一切陈旧的东西,获得新质。因此,革命实践是人们受教育的最重要的途径,也是人们发展的最广阔的领域。这就把社会发展和个人发展问题的重心由教育移到了人民群众及其革命实践活动这方面来。

马克思对"教育万能论"的分析批判,不仅具有重大的理论意义,而且对当时工人阶级的革命斗争具有重大的实践指导意义。因为"教育万能"的观点在 19 世纪上半叶的工人运动中具有广泛的影响,并被当时的各种资产阶级和小资产阶级的社会主义流派利用来转移工人阶级的斗争目标,从而直接代表了一种反动的利益。例如 19 世纪 40 年代初期在德国"像瘟疫一样流行起来了"②的小资产阶级空想社会主义思潮——"真正的社会主义"就曾鼓吹依靠教育和"爱"的宣传来建立和谐、美妙的社会。马克思和恩格斯在《德意志意识形态》和《共产党宣言》中对这种冒牌的社会主义作了彻底的揭露和坚决的斗争。

马克思在批判"环境决定论"和"教育万能论"时,以辩证唯物主义和历史唯物主义的方法来剖析教育这一社会现象,因而不仅一般地说明了教育在社会发展和个人发展中的作用,而且进一步揭示了各个具体的历史阶段中由社会生产方式所决定的教育的专门特点,在此基础上预测了未来社会全面发展教育的根本特征。这方面的结论是在《共产党宣言》中作出的。

《共产党宣言》(简称《宣言》)第一次科学地分析了教育的社会性、阶级性,

① 《要全面而深入地研究儿童》,《苏维埃教育学》,1956 年第 8 期:卷首语。
② 《马克思恩格斯选集》第 1 卷,人民出版社 2012 年版,第 428 页。

分析了资产阶级教育的特点,揭露了教育对于资产阶级而言,只是富有财产和特权地位的标志,对于大多数人而言,则是把他们训练成机器的手段。马克思坚决地否定这种完全为资产阶级服务的教育,要求改变这种教育的性质,使它摆脱资产阶级的影响。资产阶级反对马克思所揭示的教育的社会性、阶级性,并诬蔑坚持这种观点的共产党人要消灭一切教育,要消灭人们最亲密的关系。马克思反驳道:"而你们的教育不也是由社会决定的吗? 不也是由你们进行教育时所处的那种社会关系决定的吗? 不也是由社会通过学校等等进行的直接的或间接的干涉决定的吗? 共产党人并没有发明社会对教育的作用;他们仅仅要改变这种作用的性质,要使教育摆脱统治阶级的影响。"[1]马克思还看到了大工业生产的发展客观上为教育的发展创造了前提,教育正在与生产劳动紧密地结合起来,因此认为社会教育代替家庭教育这种历史性的过渡,是一种进步的趋势。尤其是在工人子女不断地被赶进工厂,变成单纯的买卖对象和劳动工具的时候,争取实行社会教育,就更是十分必要的了。为此他尖锐地指出:"无产者的一切家庭联系越是由于大工业的发展而被破坏,他们的子女越是由于这种发展而被变成单纯的商品和劳动工具,资产阶级关于家庭和教育、关于父母和子女的亲密关系的空话就越是令人作呕。"[2]

马克思把教育问题的解决同消灭资本主义生产关系,同建立和发展新型的共产主义关系联系在一起。《宣言》明确地指出,未来共产主义社会的根本目的就是要实现"每个人的自由发展"。为了达到这一目的,《宣言》宣布了夺取政权后无产阶级政党应当采取的一系列措施,其中包括"对所有儿童实行公共的和免费的教育。取消现在这种形式的儿童的工厂劳动,把教育同物质生产结合起来,等等"[3]。这是马克思对未来社会全面发展教育的第一次科学阐述,对这种与生产劳动相结合的新教育在进行社会变革以及造就全面发展新人中的作用,他给予了高度的评价。

马克思对"遗传决定论""教育万能论"的批判和对教育本质及其职能的揭示,给了我们一个观察教育问题的科学方法论。今天,由于新的科学技术革命,教育的作用正在日益增长,于是在西方又有人拾起了"教育万能"的理论。他们夸大教育的作用,并借此来反对马克思主义,其中最有代表性的是美国社会学

---

① ② 《马克思恩格斯选集》第 1 卷,人民出版社 2012 年版,第 418 页。
③ 《马克思恩格斯选集》第 1 卷,人民出版社 2012 年版,第 422 页。

家丹尼尔·贝尔的观点。他认为："美国蓝领劳动力第一次正在接近于'经典'马克思主义关于受过较好教育的、文化上同质的劳动力形象。"[1]"当人们沿着工业化道路前进的时候——即人力日益为机器所取代——人们必然会看到产业工人自身的消蚀。实际上，到本世纪末，工厂工人在劳动力中的比例可能像今天农民的比例一样小。的确，整个蓝领工作领域都可能极大地缩小，以至这个名词在社会学上的含义将随着更适合于新的劳动力分工的新的范畴的确立而消失。我们看到，代替产业工人的是劳动力中的专业与技术阶级处于主导地位。"[2]据此他认为发达的资本主义国家正进入所谓"后工业社会"，在这样一种社会中阶级的分野正在消亡，人们在社会中的地位取决于个人的智力商数，取得权力的方式将通过社会的教育阶梯。因此，继续谈论资本主义或社会主义已经没有什么意义。[3] 这种理论的错误在于它唯心地夸大了教育的作用，把新技术革命条件下工人教育水平的提高看成是工人社会地位的提高，试图用教育来代替对资本主义制度进行革命变革。事实上，虽然机器将在很大程度上代替过去由工人承担的笨重体力劳动，人将以生产过程的监督者和调节者的身份同生产过程本身发生关系，因而教育程度将大大提高，但这种作用和地位的变化只是针对生产领域的工艺流程而言的。至于使生产者真正成为社会的主体，使社会每个成员的个性都得到全面自由的发展，这就不是单纯教育所能奏效的，而必须对资本主义社会实行革命变革。

（三）马克思教育思想的一个重要方面，是对无产阶级教育斗争纲领的制定和贯彻，以及对工人运动中的机会主义教育思想的揭露和斗争

马克思在辩证唯物主义的基础上揭示了教育的本质和职能，他既指出了教育的社会历史制约性，同时对于教育在社会变革中的作用又给予了充分的肯定。据此，他这样要求正在为争取自身解放而斗争的无产阶级政党："一方面，为了建立正确的教育制度，需要改变社会条件，另一方面，为了改变社会条件，

---

① 丹尼尔·贝尔：《后工业社会的来临——对社会预测的一项探索》，高铦等译，商务印书馆1984年版，第161页。

② 丹尼尔·贝尔：《后工业社会的来临——对社会预测的一项探索》，高铦等译，商务印书馆1984年版，第140-141页。

③ 丹尼尔·贝尔：《后工业社会的来临——对社会预测的一项探索》，高铦等译，商务印书馆1984年版，第450-455页。

又需要相应的教育制度；因此我们应该从现实情况出发。"①他着眼于他所处的那个时代的现实情况，把教育看成是无产阶级争取自身解放所不可缺少的促进因素之一。在 1864 年马克思所起草的国际工人协会成立宣言中，在谈到夺取政权的任务时，马克思深刻地揭示了教育对于无产阶级解放斗争的巨大作用，他指出："工人的一个成功因素就是他们的人数；但是只有当工人通过组织而联合起来并获得知识的指导时，人数才能起举足轻重的作用。"②

马克思始终关注着工人阶级的教育问题。为了促进工人阶级教育斗争的发展，他不仅制定了工人阶级夺取政权后在教育方面进行变革的纲领，而且有针对性地提出了资本主义社会中为争取工人阶级下一代的受教育权利和减少资本家对童工的掠夺性剥削而进行斗争的最低纲领。他还与各种各样的机会主义的空想的教育理论进行了坚决的斗争，保证了无产阶级的教育斗争沿着正确的轨道发展。

马克思十分重视普及教育的问题，他把争取普及教育的斗争看作争取劳动人民解放的总的斗争的一个重要部分，在资本主义条件下争取实现普及教育，实质上就是为工人阶级争得知识，争得受教育的权利，这是马克思把争取普及教育的斗争看作无产阶级斗争一部分的原因。他所领导的国际工人协会始终把普及教育当作自己的重要任务。国际工人协会的历次代表大会，例如 1866 年的日内瓦代表大会、1867 年的洛桑代表大会、1868 年的布鲁塞尔代表大会都曾讨论过普及教育的问题。马克思在肯定普及教育是科学技术进步和社会生产发展的必然要求的同时，也深刻地揭露了在资本主义制度下教育的不平等性和虚伪性。针对这种情况，他指出，工人阶级当时的任务首先必须使青少年儿童免受工厂主的掠夺性剥削，同时制止亲生父母迫于生计而把自己的子女当作劳动力出卖给工厂主。为此，应当利用资产阶级的国家政权来反对资产阶级对童工劳动的毫无限制的使用，迫使资产阶级通过有利于工人子女受到切实教育的法令。在 1866 年第一国际日内瓦代表大会上，马克思写了《给临时中央委员会代表的关于若干问题的指示》(简称《指示》) 一文，指出"首先必须使工作的儿童和少年免受现存制度之害。这只有通过变社会理性为社会力量才能做到，

---

① 《马克思恩格斯全集》第 16 卷，人民出版社 1964 年版，第 654 页。
② 《马克思恩格斯选集》第 3 卷，人民出版社 2012 年版，第 10 页。

而在目前条件下,除通过由国家政权施行的普遍法律外没有其他办法。工人阶级并不是通过这种法律的施行来巩固政府的权力。相反,他们是把目前被用来压迫他们的政权变为自己的武器。他们是通过共同的行动做到靠众多分散的个人努力所无法做到的事情"①。他还说:"父母或雇主令未成年人劳动而不同时使其受教育,是决不能允许的。"②针对参加大会的蒲鲁东主义者提出的反对妇女和儿童参加社会生产劳动的错误主张,马克思指出,现代工业吸引男女儿童和少年来参加社会生产是一种进步的、健康的和合乎规律的趋势,只是资本主义的剥削制度使它表现为畸形的现象。因此,应当向资本主义制度进行斗争,要限制资本家使用童工劳动,要保护儿童身心免受摧残,而不是要反对青少年参加社会生产劳动。儿童参加劳动应该加以年龄和劳动时间的限制,并且严格禁止让儿童在夜间和一切有害健康的部门劳动。马克思还把当时条件下的这种与生产劳动相结合的教育概括为智育、体育和技术培训三件事。他说:"把有报酬的生产劳动、智育、体育和综合技术培训结合起来,就会把工人阶级提高到比贵族和资产阶级高得多的水平。"③

马克思的这封指示信是根据上个世纪中叶的现实情况而写的,他在指示信中为工人阶级制定了在教育方面进行斗争的最低纲领,"我们这里只是针对社会制度所产生的各种趋势提出最必要的抵御之策,因为现在的社会制度把工人降低为积累资本的简单工具,把为贫困所迫的父母变成出卖亲生儿女的奴隶主。儿童和少年的权利必须加以维护。他们自己没有能力采取行动来保护自己。因此社会有责任代他们采取行动"④。这篇文献充分体现了马克思教育学说的革命性和斗争性,说明马克思任何时候都是从无产阶级的斗争需要出发来考虑教育问题的。100多年后的今天,资本主义世界的教育状况已经发生了显著的变化。由于教育在现代生产中的作用越来越重要,在这种情况下,资本主义国家为了提高现代化企业中劳动者的智力水平,拨出了大量经费来普及教育。但是资本主义社会教育的阶级实质并没有变,仍然和马克思当时的分析一致。资产阶级把教育置于他们的榨取最大限度的剩余价值这一总目的之下。他们把教育看成是"智力开发",把人的智能当作新的自然资源去肆意掠夺,把

---

① ② 《马克思恩格斯全集》第 21 卷,人民出版社 2003 年版,第 270 页。
③ 《马克思恩格斯全集》第 21 卷,人民出版社 2003 年版,第 271 页。
④ 《马克思恩格斯全集》第 21 卷,人民出版社 2003 年版,第 269-270 页。

教育经费看成是可以加倍回收的人力资本,把学校看成是生产劳动力的工厂。他们把资本主义特有的你死我活的竞争带到学校中来,带到青少年的学习生活中来,因此这种教育仍然是和工人阶级的利益完全对立的。对于工人阶级而言,虽然教育越来越普及,受教育的机会越来越多,但这种教育仍然是套在他们头上的枷锁。青少年力图摆脱这种教育的控制,厌学、逃学甚至自杀之风盛行于西方世界。由此可见,在资本主义国家虽然出现了普及教育的趋势,但在资本主义制度下教育的这种发展仅仅迎合了资产阶级剥削的需要,教育的阶级实质并没有改变。因此,马克思的《指示》对于我们今天分析资本主义社会的教育仍然具有方法论的意义。

马克思对工人运动内部的机会主义教育思想的批判,保证了无产阶级的教育斗争沿着正确的轨道前进。在这方面有代表性的是对蒲鲁东和拉萨尔的批判。马克思批判了他们观点的空想性及其黑格尔唯心主义的理论基础,抵制并肃清了他们对工人运动政治上的和理论上的恶劣影响。

1847年,马克思写了《哲学的贫困》一书,对法国小资产阶级改良主义者蒲鲁东的政治、经济和教育观点作了理论上的彻底批判。比·约·蒲鲁东(1809—1865)是法国小资产阶级社会主义的主要代表人物,无政府主义的创始人之一。他在《贫困的哲学》一书中,极力宣传他的小资产阶级社会主义,把抽象的、超阶级的"自由、平等、独立"看成是"人类普遍理性"的最高要求,把维护小生产私有制作为奋斗纲领,主张建立以个人所有制为基础的互助制。蒲鲁东发明的这种社会主义,反映了小生产者的矛盾和幻想,代表了小生产者的利益和要求,这个阶级随着大机器工业的出现而处于迅速破产和被抛入到无产者队伍的状况。蒲鲁东站在这个阶级的立场上,力图摆脱资本主义发展给本阶级带来的灾难,极力反对大工业的发展。他认为:"机器或工厂通过使劳动者从属于他的主人的办法屈辱他的身份,并彻底贬低他,强使他从手艺人的地位下降到小工的地位。"①由此可以看出,蒲鲁东不是把劳动者人格的丧失以及身心的畸形发展归咎于资本主义的生产关系,而是归咎于机器和工厂制度。他反对的不是资本主义剥削制度,而是科学技术的历史进步。由此出发,他主张实施一种促使劳动者多方面发展的综合劳动教育,即"建议工人不要只做别针的十二部

---

① 《马克思恩格斯选集》第1卷,人民出版社2012年版,第242页。

分中的一个部分,而要顺次做完它的所有十二部分。据说,这样工人就可得到做别针的从头到尾的全部知识"①。这种貌似进步的主张的实质在于要求社会倒退到中世纪的手工业行会制度中去。马克思批判了这种建立在小生产基础上的教育观点,指出正是工厂制度本身在消除专业和职业的痴呆,要求劳动者的全面发展:"自动工厂中分工的特点,是劳动在这里已完全丧失专业的性质。但是,当一切专门发展一旦停止,个人对普遍性的要求以及全面发展的趋势就开始显露出来。自动工厂消除着专业和职业的痴呆。"②马克思在这里首次提出了大工业生产和人的全面发展的一致性原理,这一基本原理以后在《资本论》中得到了进一步的科学论证,我们在后面还要详细讨论这个问题。

19 世纪 40 年代马克思对蒲鲁东的批判仅仅是开始。反对蒲鲁东主义的斗争在第一国际内部延续了几十年。例如在 1866 年日内瓦代表大会和 1868 年布鲁塞尔代表大会上,马克思都与之进行了针锋相对的斗争。在日内瓦代表大会上,马克思专门写了《指示》,鲜明地提出了自己的观点,这篇文献的主要内容我们在前面已作过介绍。在筹备布鲁塞尔代表大会的过程中,马克思提议总委员会讨论资本主义条件下机器的应用问题。1868 年 7 月 28 日的委员会会议上,马克思作了长篇发言,阐述了关于机器生产问题的基本观点。他指出,机器的资本主义应用会提高劳动强度,剥削童工和女工的劳动,延长工作日。但是广泛采用机器是进步的现象,它将为共产主义社会创造物质基础,使有组织的劳动成为可能。马克思提出的,随后又被代表大会接受的决议草案通过,"机器的发展为用真正社会的生产制度代替雇佣劳动制度创造着必要的物质条件"③。马克思的发言和决议草案揭露了蒲鲁东主义把小生产理想化的反动性,指出了资本主义的历史进步性以及实现共产主义的必然性。由于马克思及其拥护者的坚决斗争,终于在国际范围内击败了蒲鲁东主义。

1875 年,由于德国工人运动左派爱森纳赫派在党的统一问题上急于求成,在一系列理论原则上向拉萨尔派让步,在哥达通过了充满机会主义内容的党纲,即《哥达纲领》。这个纲领把拉萨尔的许多教条写了进去,例如"自由国家""合法手段""不折不扣的劳动所得""平等的权利"等机会主义观点,这些观点

---

① 《马克思恩格斯选集》第 1 卷,人民出版社 2012 年版,第 249-250 页。
② 《马克思恩格斯选集》第 1 卷,人民出版社 2012 年版,第 249 页。
③ 《马克思恩格斯全集》第 21 卷,人民出版社 2003 年版,第 457 页。

的实质是宣扬并崇拜合法斗争,取消无产阶级革命。在教育问题上,《哥达纲领》的起草人妄想依赖国家帮助来实现无产阶级的教育纲领和要求,并企图通过资产阶级国家来实施"普遍的和平等的国民教育"。他们还不加分析地提出"禁止童工"的口号,与马克思提出的主张完全背道而驰。为此,马克思专门撰写了《哥达纲领批判》这部闪烁着坚定的原则和科学智慧的光辉的纲领性文件,对拉萨尔机会主义进行了坚决的斗争。《哥达纲领批判》以批判的形式反对机会主义者抹杀资本主义社会教育的阶级本质,大唱"教育平等"的极端有害的论调。马克思尖锐地质问:"平等的国民教育?他们怎样理解这句话呢?是不是以为在现代社会中(而所谈到的只能是现代社会)教育对一切阶级都可以是平等的呢?或者是要求用强制的方式使上层阶级也降到国民学校这种很低的教育水平,即降到仅仅适合于雇佣工人甚至农民的经济状况的教育水平呢?"[1]马克思还坚决地否定了机会主义者提出的由国家实施国民教育的主张,他严肃地指出,"这是完全要不得的"。在国家还作为镇压人民的剥削阶级专制机器的情况下,决不能把国家指定为"人民的教育者"。马克思还批驳了他们关于禁止童工的观点,指出"这里绝对必须指出年龄界限"。他还指出:"普遍禁止儿童劳动是同大工业的存在不相容的,所以这是空洞的虔诚的愿望。实行这一措施——如果可能的话——是反动的,因为在按照不同的年龄阶段严格调节劳动时间并采取其他保护儿童的预防措施的条件下,生产劳动和教育的早期结合是改造现代社会的最强有力的手段之一。"[2]

马克思同工人运动内部的机会主义所作的斗争,从理论和实践两个方面丰富了无产阶级的教育科学,为我们留下了宝贵的思想遗产。

(四)马克思的教育思想在创立剩余价值理论的过程中得到了进一步的发展,使之成为无可辩驳的真理

1850年以后,为了无产阶级实际斗争的需要,马克思集中精力重新开始了他对政治经济学的研究。他揭破了资本主义社会的经济秘密,完成了他的第二个伟大发现,揭示了现代资本主义的生产方式和资本主义社会的特殊的运动规律,创立了剩余价值理论,写出了不朽的巨著《资本论》。列宁说过:"自从《资

---

① 《马克思恩格斯选集》第3卷,人民出版社2012年版,第375页。
② 《马克思恩格斯选集》第3卷,人民出版社2012年版,第377页。

本论》问世以来,唯物主义历史观已经不是假设,而是科学地证明了的原理。"①这段话对马克思的教育学说也是完全适用的。《资本论》虽然是经济学巨著,但马克思在其中也对有关教育的种种问题进行了精辟的经济学的证明,使其教育思想达到了一个新的高度。

那么,《资本论》是如何科学地证明和发展了马克思的教育思想的呢?我们从以下五个方面来加以归纳。

1.揭示了劳动变换规律及其对个人发展的影响

在《资本论》中,马克思把资本主义条件下的分工作为一种特殊的生产方式进行了历史的考察,从资本主义分工的产生、发展和它必然灭亡的趋势中揭示了劳动变换这一大工业生产的普遍规律。这样,就从人类劳动发展史出发科学地证明了个人必将从片面发展走向"每一个个人的全面而自由的发展②"。

早在《德意志意识形态》一书中,马克思就曾研究过分工和人的发展的关系问题。他认为,生产的分工最初只是在性别、体力、需要等等基础上自发产生的自然分工,生产工具的进步引起了生产分工的发展,于是原始的自然分工变成了不同生产个体之间的分工,分工便带上了社会性质。这种社会分工在其自身的发展进程中突出地表现为物质劳动和精神劳动的分离,它造成了不同社会阶级的对立,造成了劳动者的片面发展。在《资本论》中,马克思进一步研究了资本主义生产发展的三个阶段中分工的发展。作为这种分工制度发展的结果,生产过程被分成一个个细小的动作,劳动者被终生固定在某一个局部动作上,成为他终身的职业。由于劳动活动被分成了几部分,为了训练某种单一的活动,就要牺牲其他一切肉体和精神能力的发展,成为极端畸形发展的人。马克思认为,资本主义的分工制度在工场手工业时期达到了它的顶点,同时开始走向它的反面。大工业"使下面这一点成为生死攸关的问题:承认劳动的变换,从而承认工人尽可能多方面的发展是社会生产的普遍规律,并且使各种关系适应于这个规律的正常实现"。大工业"还使下面这一点成为生死攸关的问题:用适应于不断变动的劳动需求而可以随意支配的人,来代替那些适应于资本的不断变动的剥削需要而处于后备状态的、可供支配的、大量的贫穷工人人口;用那种把不

---

① 《列宁全集》第 1 卷,人民出版社 2013 年版,第 112 页。
② 《马克思恩格斯选集》第 2 卷,人民出版社 2012 年版,第 267 页。

同社会职能当做互相交替的活动方式的全面发展的个人,来代替只是承担一种社会局部职能的局部个人"①。这样,马克思就从资本主义内部的规律性出发,科学地揭示了人的发展的客观趋势。

2.揭示了人的全面发展的社会条件

大工业条件下的劳动变换规律是个人获得全面发展的客观前提和条件,但是在资本主义社会中它是"带着自然规律的盲目破坏作用"而为自己开辟道路的。虽然大工业本身要求人的全面发展,但这一客观要求并不意味着旧式分工的消灭和个人全面发展的实现。事实上,资本主义越成熟,旧式分工就推行得越广泛。"大工业从技术上消灭了那种使一个完整的人终生固定从事某种局部操作的工场手工业分工,而同时,大工业的资本主义形式又更可怕地再生产了这种分工。"②这是由资本主义生产的社会特点所决定的。一方面,由于机器的大规模应用,工人从总体上说在生产中起着支配生产的主体作用,"结合总体工人或社会劳动体表现为积极行动的主体,而机械自动机则表现为客体";另一方面,由于机器的资本主义应用,在资本主义的工厂制度中劳动者个体仍然是极其不自由的,"自动机本身是主体,而工人只是作为有意识的器官与自动机的无意识的器官并列,而且和后者一同从属于中心动力"③。马克思的这一分析对我们今天观察资本主义社会仍然具有方法论的意义。今天,在发达的资本主义国家,先进的科学技术的应用虽然从客观上提高了人的价值,但并没有使劳动者真正成为全面发展的人。旧的分工仍然存在,工人在现代化生产中仍然具有马克思所揭示的这种二重性。在这种情况下,作为资本主义经济制度产物的资本主义教育也同样具有二重性。在现代社会中,要提高劳动生产率,不能只靠简单的延长劳动时间或增加劳动强度,而必须依靠提高劳动者的受教育程度才能奏效。尤其是今天,知识的物化和老化都在以不可思议的速度进行着,任何一个人不仅要在青少年时期接受教育和训练,而且终身都要接受多次再教育,学习新的科学技术知识,才能保持和增强自己的劳动能力,才能符合现代生产的要求。尤其是工艺、技术和职业教育,它们既是社会生产发展的要求,又是社会生产继续发展的前提,其本身是没有阶级性的。但是,教育活动的这种生产性

① 《马克思恩格斯选集》第 2 卷,人民出版社 2012 年版,第 232 页。
② 《马克思恩格斯全集》第 44 卷,人民出版社 2001 年版,第 557 页。
③ 《马克思恩格斯全集》第 44 卷,人民出版社 2001 年版,第 483 页。

终究不同于物质生产活动,因为现代教育仍然要接受一定的观念形态,参与人类的精神生活。资产阶级总是力图否定教育的这一实质,千方百计地把资产阶级教育打扮成超阶级的和充满人性的形象,但是连西方的资产阶级学者也不得不承认,大量的事实证明不是那么回事,例如在资本主义国家的学校中所学的知识完全是以资产阶级的价值判断为标准来决定的,学校课程的意识形态性质是十分明显的。同时普遍地存在着歧视社会地位低下者的孩子,歧视女性、黑人、少数民族的现象,存在着事实上的教育不平等,[1]事实证明,只有对资本主义制度进行革命变革,创造一个"更高级的、以每一个个人的全面而自由的发展为基本原则的社会形式"[2],也就是共产主义社会,教育才能真正成为超越剥削阶级偏见的、平等的、促使个人全面发展的教育。

3.对个人全面发展的含义进行科学论证

统观马克思关于人的全面发展的思想,就不难发现,他始终坚持在劳动发展史中来考察人的发展问题。在《资本论》中,马克思坚持了这一出发点,认为没有劳动,社会和个人都不可能存在,更谈不上什么人的发展。因此,任何时候也不能把生产劳动从人的发展问题中排除出去。正是在这一意义上,他认为人类的生产劳动领域"始终是一个必然王国"[3]。马克思深刻地分析了资本主义生产方式下劳动的性质,以及个人发展在劳动中的片面性、局限性,个人能力表现的不充分、不协调。他把资本主义生产下的人的片面发展具体化为两个方面:一方面是个人体力上的片面发展,工场手工业压抑工人的多种多样的生产志趣和生产才能,人为地培植工人片面的技巧,把工人的身体变成畸形物,其结果是"个体本身也被分割开来,转化为某种局部劳动的自动的工具"[4];另一方面是个人在智力上的片面发展。生产过程中劳动者的智力因素逐渐地分离出来,"生产上的智力在一个方面扩大了它的规模,正是因为它在许多方面消失了。局部工人所失去的东西,都集中在和他们对立的资本上面了。工场手工业分工的一个产物,就是物质生产过程的智力作为他人的财产和统治工人的力量同工人相对立"[5]。由于终身从事简单的重复的操作,其结果是使工人在智力上

---

① 参见 Kevin Harris:《教师与阶级:马克思主义的分析》,1982 年英文版,第 100-127 页。
② 《马克思恩格斯选集》第 2 卷,人民出版社 2012 年版,第 267 页。
③ 《马克思恩格斯全集》第 46 卷,人民出版社 2003 年版,第 929 页。
④ 《马克思恩格斯全集》第 44 卷,人民出版社 2001 年版,第 417 页。
⑤ 《马克思恩格斯全集》第 44 卷,人民出版社 2001 年版,第 418 页。

越来越愚蠢和无知。

马克思从资本主义的劳动分工中分析了工人在生产劳动中体力和智力两个方面的片面发展，又从资本主义内部出现的新的经济条件出发，论证了"工人尽可能多方面的发展是社会生产的普遍规律"，这种多方面的发展，毫无疑义地应当看成是工人的体力和智力的发展。同时，他又揭示，机器的资本主义应用的特点是"工人为生产过程而存在，不是生产过程为工人而存在"①。因此人在劳动领域内的全面发展必须以根本改造资本主义劳动的性质为前提："这个领域内的自由只能是：社会化的人，联合起来的生产者，将合理地调节他们和自然之间的物质交换，把它置于他们的共同控制之下，而不让它作为盲目的力量来统治自己；靠消耗最小的力量，在最无愧于和最适合于他们的人类本性的条件下来进行这种物质变换。"②

但是，马克思的论证并没有到此为止。在《资本论》中，人的发展领域包括两个方面，即劳动时间和自由时间。马克思认为，劳动时间创造了人类才能的发展所必需的物质财富，而自由时间则是"使个人得到充分发展的时间"③，因而是真正的"财富的尺度"④。因此，自由时间同劳动时间一样，也是人的全面发展不可缺少的一个方面，是人的才能和志趣、道德和审美能力充分发展的又一个广阔领域，马克思因此称其为"真正的自由王国"⑤。他对自由时间作了这样的解释："自由时间——不论是闲暇时间还是从事较高级活动的时间——自然要把占有它的人变为另一主体，于是他作为这另一主体又加入直接生产过程。对于正在成长的人来说，这个直接生产过程同时就是训练，而对于头脑里具有积累起来的社会知识的成年人来说，这个过程就是[知识的]运用，实验科学，有物质创造力的和对象化中的科学。"⑥《资本论》对自由时间内人的发展问题作了严格的经济学上的论证。马克思认为自由时间的长短与劳动时间的长短有关。劳动时间的长短取决于劳动生产率的高低和劳动普遍化的程度。由于科学技术的发展，劳动生产率大幅度提高成为可能。但是在资本主义社会

① 《马克思恩格斯全集》第44卷，人民出版社2001年版，第563页。
② 《马克思恩格斯全集》第46卷，人民出版社2003年版，第928-929页。
③ 《马克思恩格斯选集》第2卷，人民出版社2012年版，第790页。
④ 《马克思恩格斯选集》第2卷，人民出版社2012年版，第787页。
⑤ 《马克思恩格斯全集》第46卷，人民出版社2003年版，第929页。
⑥ 《马克思恩格斯选集》第2卷，人民出版社2012年版，第790-791页。

里,劳动生产率的提高成为资本家攫取更多剩余劳动的手段,"现今财富的基础是盗窃他人的劳动时间"①。因此,在资本主义社会里劳动时间的缩短不能不受到资产阶级利益的限制。至于劳动普通化,更不是以一部分人剥削、占有另一部分人的劳动为基础的资本主义制度所能实现的。只有到了共产主义社会,那时"群众的剩余劳动不再是一般财富发展的条件,同样,少数人的非劳动不再是人类头脑的一般能力发展的条件。于是,以交换价值为基础的生产便会崩溃,直接的物质生产过程本身也就摆脱了贫困和对立的形式。个性得到自由发展,因此,并不是为了获得剩余劳动而缩减必要劳动时间,而是直接把社会必要劳动缩减到最低限度,那时,与此相适应,由于给所有的人腾出了时间和创造了手段,个人会在艺术、科学等等方面得到发展"②。因此,无产阶级只有取得政治上的统治,只有消灭有闲者阶级、使一切有劳动能力的人都从事生产劳动,只有进一步发展物质生产,不断丰富社会产品,劳动时间才能逐步缩短,从而个人从事自由活动的时间部分才能扩大。

此外,马克思在分析资本主义国家工人阶级为缩短工作日而斗争的问题时特别强调了文化教育的重要性。他认为工人对满足自己的精神和社会需要所必须的自由时间的需要,其范围和数量都是由工人的一般文化状况决定的,③这就深刻地揭示了教育与人的发展的密切关系。

4.揭示了教育与社会经济发展的关系

教育的社会经济制约性问题一直是马克思强调的一个中心问题,在《德意志意识形态》《共产党宣言》等文章中都曾涉及这一问题。《资本论》则特别揭示了物质生产与教育之间的关系问题。早在《德意志意识形态》中,马克思就曾强调指出,迄今为止的生产力发展历来只造成这样的社会发展,其中"一些人靠另一些人来满足自己的需要,因而一些人(少数)得到了发展的垄断权;而另一些人(多数)经常地为满足最迫切的需要而进行斗争,因而……失去了任何发展的可能性"④。马克思对19世纪出现在当时最发达的资本主义国家的实行初等义务教育的趋势予以高度重视,认为这是社会经济发展的需要决定的。他指

---

① 《马克思恩格斯选集》第2卷,人民出版社2012年版,第783页。
② 《马克思恩格斯选集》第2卷,人民出版社2012年版,第783-784页。
③ 《马克思恩格斯选集》第2卷,人民出版社2012年版,第190页。
④ 《马克思恩格斯全集》第3卷,人民出版社1960年版,第507页。

出,资产阶级之所以不得不普及教育,是因为普及教育乃是训练文化水平较高的劳动力的手段,是因为随着机器的采用,这种工人的劳动会比没有文化的工人具有更高的生产效率,因此在经济上大大有利于资产阶级的资本增殖。在《资本论》中,马克思写道:"为改变一般人的本性,使它获得一定劳动部门的技能和技巧,成为发达的和专门的劳动力,就要有一定的教育或训练,而这又得花费或多或少的商品等价物。劳动力的教育费用随着劳动力性质的复杂程度而不同。因此,这种教育费用——对于普通劳动力来说是微乎其微的——包括在生产劳动力所耗费的价值总和中。"①

资产阶级实行普及义务教育,仍然是置于它占有最大限度的剩余劳动这一总目的之下的。因此在资本主义社会对广大群众实行教育所能达到的程度,必须符合下列原则:"凡是缩短劳动力再生产所必要的时间的事情,都会扩大剩余劳动的领域。"②这就是说,教育费用对资本家而言是不可免的,但同时又必须是最低的,如果不能扩大剩余劳动的领域,那么资本家是决不会掏腰包的。马克思曾就英国国会 1834 年通过的工厂法一例揭露了资产阶级的这种利己本性。由于英国工人进行的长期而顽强的斗争,英国国会于 1834 年讨论通过了关于禁止雇佣未满 14 周岁而没有学校教育证书的童工的法令。但是资产阶级只是在符合他们自己的利益的限度内才予以遵守。马克思在《资本论》中这样写道:"工厂法关于所谓教育的条款措辞草率;由于缺少行政机构,这种义务教育大部分仍然徒有其名;工厂主反对这个教育法令,使用种种阴谋诡计回避这个法令;——这一切都明显地暴露出资本主义生产的精神。"③

5.揭示了在大工业基础上萌发出来的未来教育的幼芽

马克思曾深刻地批判了欧文等空想社会主义者所进行的各种社会试验,这些试验企图通过教育来改变社会关系和人的本性,它已被实践证明是行不通的。同时,马克思又从欧文的试验中看到了大工业生产给教育带来的根本变化,看到了未来教育的因素已经在资本主义内部生长起来,看到了这种新教育的因素对培养未来社会全面发展的个人的巨大作用。

马克思从三个方面对大工业生产下的教育问题作了深入的考察。考察了

---

① 《马克思恩格斯选集》第 2 卷,人民出版社 2012 年版,第 166 页。
② 《马克思恩格斯选集》第 2 卷,人民出版社 2012 年版,第 213 页。
③ 《马克思恩格斯全集》第 44 卷,人民出版社 2001 年版,第 460 页。

男女青少年参加现代生产劳动的可能性:"尽管在其自发的、野蛮的、资本主义的形式中,也就是在工人为生产过程而存在,不是生产过程为工人而存在的那种形式中,是造成毁灭和奴役的祸根,但在适当的条件下,必然会反过来转变成人道的发展的源泉。"①考察了由于先进科学技术的出现和综合技术教育的实施而出现的各种新型学校:"综合技术学校和农业学校是这种变革过程在大工业基础上自然发展起来的一个要素;职业学校是另一个要素,在这种学校里,工人的子女受到一些有关工艺学和各种生产工具的实际操作的教育。"②考察了当时制定的工厂法中有关使初等教育同工厂劳动结合起来的条款:"尽管工厂法的教育条款整个说来是不足道的,但还是把初等教育宣布为劳动的强制性条件。这一条款的成就第一次证明了智育和体育同体力劳动相结合的可能性。"③

通过这些考察,马克思以其敏锐的洞察力发现,未来社会全面发展的教育已经在工厂制度中萌发出来:"正如我们在罗伯特·欧文那里可以详细看到的那样,从工厂制度中萌发出了未来教育的幼芽,未来教育对所有已满一定年龄的儿童来说,就是生产劳动同智育和体育相结合,它不仅是提高社会生产的一种方法,而且是造就全面发展的人的惟一方法。"④马克思的预见,抓住了未来教育的最基本的特征,即教育与生产劳动的结合,揭示了这种新教育在社会发展和新人形成过程中的深远意义,因而为我们研究并发展社会主义教育提供了极其重要的思想资料。这一预见的正确性已经被今天无产阶级的革命实践所证实,并将继续得到验证。

以上我们对马克思教育思想的形成和发展作了一个概括,尽管是极其不全面的,但从中仍可以看到马克思思想的无比深刻性。

马克思与他的前人不同,他是在对整个社会发展过程进行科学分析的基础上解决教育问题的。在马克思之前,教育学的研究经常是在微观系统之中孤立地进行的。这种研究虽然是必要的,也产生了不朽的著作,例如夸美纽斯的《大教学论》,但是这种研究不可能从宏观角度对根本性的教育问题作出科学回答。18 世纪的法国唯物主义者试图从较广义的范围来分析教育这一客观的社会现

---

① 《马克思恩格斯全集》第 44 卷,人民出版社 2001 年版,第 563 页。
② 《马克思恩格斯选集》第 2 卷,人民出版社 2012 年版,第 232 页。
③ 《马克思恩格斯选集》第 2 卷,人民出版社 2012 年版,第 230 页。
④ 《马克思恩格斯全集》第 44 卷,人民出版社 2001 年版,第 556–557 页。

象的本质和职能,但由于他们没有解决教育和社会经济以及个人发展之间的关系问题,盲目地夸大了教育的社会作用,企图以教育来代替对社会的革命变革,因而陷入了历史唯心主义。马克思则把教育看成是一个涉及社会发展和个人发展的广泛的概念,把它放在宏观的社会历史过程中来考察。正因为如此,马克思在揭示教育的本质、职能及其发展规律,教育的社会制约性以及教育在社会生活中的作用等问题时,高屋建瓴、气势恢宏,达到了他的前人没有,也不可能达到的认识高度。

马克思不是专门的教育理论家,他的一生也从未从事过学校教育工作,但他毕生都把对教育问题的关注同对政治的关注,同创立无产阶级革命学说紧密地联系在一起。在他的著作中可以清楚地看到,他曾从哲学、科学社会主义和政治经济学的广阔领域对教育问题作了深刻的研究,在这些研究中包含了与其全部学说紧密联系着的有关改造教育的系统主张。马克思认为:"哲学家们只是用不同的方式解释世界,而问题在于改变世界。"[1]这就是马克思全部理论活动的目的所在,也是他研究教育问题的目的所在。作为一个无产阶级革命家,他并不局限于从理论上对教育问题作抽象的分析。他依据资本主义社会的根本特征来考察教育这一社会现象,因而能对资产阶级教育的阶级实质作出明确的分析,对教育在无产阶级革命斗争中的作用予以高度重视,在此基础上为无产阶级制定了教育方面进行斗争的具体的实践纲领和远大目标。马克思的教育思想同以往的种种理论比较,其根本区别就在于它不是庸俗的空洞的说教,而是无产阶级的一种战斗武器,是无产阶级的实践纲领和战斗旗帜。

---

[1] 《马克思恩格斯选集》第 1 卷,人民出版社 2012 年版,第 136 页。

第二编

第二章 马克思关于教育社会性质的论述

马克思一生的伟大贡献在于发现了人类历史的发展规律和资本主义社会特殊的运动规律。他的学说为社会科学提供了正确的理论基础和科学方法论，使得社会历史的研究有可能克服人们过去对社会现象所持的混乱和错误的见解而成为科学。教育是一种社会现象，教育科学是一门社会科学，如何观察与阐明教育这一社会现象，如何建立科学教育学的理论体系，历来是众说纷纭，即使是 18 世纪末和 19 世纪初的唯物主义者和空想社会主义者的教育学说，由于他们的历史观仍然是唯心史观，所以他们对教育的说明，也是唯心论的。马克思的辩证唯物主义哲学科学地说明了社会的发展过程，科学地说明了社会结构中诸因素的关系，因而，对教育这一社会现象中的许多关系也给予了科学的解决。尽管马克思没有教育的专门著述，然而，由于他在高层次上解决了社会发展的基本问题，因而也把教育科学推向了一个新的阶段，使教育这一社会现象得到了科学的说明。本章就马克思关于教育社会性质的考察，分四个问题进行分析。

一、马克思的历史唯物主义产生，使教育得到科学的说明，并为研究教育奠定了理论基础和提供了方法论

马克思在哲学上的重大贡献，不仅在于他实现了唯物主义和辩证法的结合，而且还在于他把这种结合发展到了社会历史的领域之内。马克思认识到旧唯物主义的不彻底性、不完备性和片面性，因此确信必须使关于社会的科学同唯物主义的基础协调起来，并在这个基础上加以改进。既然唯物主义总是用存在解释意识，而不是相反，那么要把唯物主义应用于人类社会生活，就要用社会存在来解释社会意识。马克思所创立的历史唯物主义就是运用唯物主义与辩证法探讨社会发展的一般规律的科学理论。

关于历史唯物主义的基本原理,马克思在《政治经济学批判》一书"序言"中作了周密的、经典的说明。他指出:"人们在自己生活的社会生产中发生一定的、必然的、不以他们的意志为转移的关系,即同他们的物质生产力的一定发展阶段相适应的生产关系。这些生产关系的总和构成社会的经济结构,即有法律的和政治的上层建筑竖立其上并有一定的社会意识形式与之相适应的现实基础。物质生活的生产方式制约着整个社会生活、政治生活和精神生活的过程。不是人们的意识决定人们的存在,相反,是人们的社会存在决定人们的意识。社会的物质生产力发展到一定阶段,便同它们一直在其中运动的现存生产关系或财产关系(这只是生产关系的法律用语)发生矛盾。于是这些关系便由生产力的发展形式变成生产力的桎梏。那时社会革命的时代就到来了。随着经济基础的变更,全部庞大的上层建筑也或慢或快地发生变革。在考察这些变革时,必须时刻把下面两者区别开来:一种是生产的经济条件方面所发生的物质的、可以用自然科学的精确性指明的变革,一种是人们借以意识到这个冲突并力求把它克服的那些法律的、政治的、宗教的、艺术的或哲学的,简言之,意识形态的形式。我们判断一个人不能以他对自己的看法作为根据,同样,我们判断这样一个变革时代也不能以它的意识为根据;相反,这个意识必须从物质生活的矛盾中,从社会生产力和生产关系之间的现存冲突中去解释。"①

列宁指出:在马克思以前,一切历史理论有两个主要的缺点:第一,以往一切历史理论,至多是考察了人们的历史活动的思想动机,而没有考究产生这些动机的原因,没有摸到社会关系体系发展的客观规律性,没有看出物质生产发展程度是这种关系的根源;第二,过去的历史理论恰恰没有说明人民群众的活动,只有历史唯物主义才第一次使我们能以自然史的精确性去考察群众生活的社会条件以及这些条件的变更。列宁说:"马克思以前的'社会学'和历史学,至多是积累了零星收集来的未加分析的事实,描述了历史过程的个别方面。马克思主义则指出了对各种社会经济形态的产生、发展和衰落过程进行全面而周密的研究的途径,因为它考察了所有各种矛盾的趋向的总和,把这些趋向归结为可以准确测定的、社会各阶级的生活和生产的条件,排除了选择某种'主导'思想或解释这种思想时的主观主义和武断态度,揭示了物质生产力的状况是所有

① 《马克思恩格斯选集》第2卷,人民出版社2012年版,第2-3页。

一切思想和各种不同趋向的根源。"①

只有马克思主义的历史唯物主义才真正找到了历史发展的最终根源。历史唯物主义学说的创立,使研究社会历史科学有了科学的观点和方法。使研究社会生活方面的各门学问能够成为科学,历史唯物主义是研究人类社会历史发展的最基本的过程和最一般的规律,而社会科学的各门类,则分别研究人类社会生活各个方面的过程和具体规律。因此,历史唯物主义所揭示的社会发展的基本过程和一般规律,具有普遍性,它对各门类的社会科学的研究具有指导意义,为研究各门类的社会科学提供了理论和方法论的基础。所谓理论,就是观点,即对历史的(社会的)观点;所谓方法论,即认识世界和改造世界的一般的方法的理论。方法论取决于世界观,两者是统一的。有什么样的世界观,就有什么样的方法论。方法论的前提是科学理论。历史唯物主义作为一切社会科学的理论和方法论,也就是为研究各门类的社会科学提供了一个科学的认识工具。

教育作为一种认识活动的社会现象,它的物质的客观依据何在,它的产生和发展的动力何在,一种教育学说产生和一种教育制度确立的基础何在,这正像马克思说的,不是人们的意识决定人们的存在,相反,是存在决定人们的意识;不是社会意识决定社会存在,相反,是社会存在决定了人们的社会意识。这个基本观点,给了我们一把打开认识教育这一社会现象的钥匙,利用这把钥匙,我们就可以开拓教育科学的新领域,保证教育科学研究的正确发展,使我们可能克服过去所持的混乱和错误的见解,而使教育科学真正成为科学。

马克思恩格斯并不是一开始就是唯物主义者。大家知道,在他们尚未创立马克思主义学说之前,他们在政治上曾经是革命民主主义者,世界观、社会观曾受黑格尔和费尔巴哈的影响,站在唯心史观的立场上。因而,他们的教育观也是唯心的。马克思的《青年在选择职业时的考虑》,尽管表达了马克思的职业观是以千百万人的幸福为目标的,然而其社会观乃是唯心主义的。关于教育的见解,恩格斯谈的更多更具体,他在《伍珀河谷来信》里激烈地抨击了普鲁士的教育制度,在《在爱北斐特演说》里,认为实现共产主义理论的第一个措施,就是实行普及教育。显然,这是夸大了教育的社会作用,说明恩格斯还没有从旧唯物

---

① 《列宁全集》第26卷,人民出版社2017年版,第59页。

论与空想社会主义者关于通过教育来和平地改造社会那样的妄想中解放出来。

到了 1845 年，马克思清算了费尔巴哈给自己的影响，实现了世界观的根本变革，这反映在他的笔记《关于费尔巴哈的提纲》（简称《提纲》）中。恩格斯称这一"提纲"，是"包含着新世界观的天才萌芽的第一个文献"[①]。在提纲中，马克思确立了自己的历史唯物主义的教育观，实现了关于教育认识的一次飞跃。从此，对教育的理解，才算奠定了唯物史观的基础。

《提纲》说："有一种唯物主义学说，认为人是环境和教育的产物，因而认为改变了的人是另一种环境和改变了的教育的产物，——这种学说忘记了：环境正是由人来改变的，而教育者本人一定是受教育的。因此，这种学说必然会把社会分成两部分，其中一部分凌驾于社会之上。（例如，在罗伯特·欧文那里就是如此。）环境的改变和人的活动的一致，只能被看做是并合理地理解为变革的实践。"[②]

关于人和环境与教育的关系问题，实质上涉及教育作用的两个基本问题：教育在人的发展中的作用，教育在社会发展中的作用。《提纲》科学地解决了这个长期争议的课题，特别是教育的社会作用问题。下面结合着历史的进程，分别说明《提纲》的意义。

第一，人是环境和教育的产物。

马克思所说的有一种唯物论，认为人是环境和教育的产物，这主要是指 18 世纪法国的爱尔维修（1715—1771）和空想社会主义者欧文（1771—1858）等人的看法。他们认为人是环境和教育的产物，因而改变了的人是另一种环境和改变了教育的产物。爱尔维修在他的《论人的理智能力和教育》中，认为每个人身上的精神、美德和天才都是教育的产物，而不是他机体结构的结果。他说不同的人的教育必然不同，也就是精神不等的原因，这种不等一向被归因为器官的完善程度的不等。他认为"教育是万能的"，并列举了大量事实反复证明人们精神、天才、性格，乃至体质不同的原因，都应归结于他的教育。[③] 欧文在他的《新社会观》一书中说："人类天性除掉宇宙中一切复合物中间必然发现的细微的差别外，全都是一致和全是同样的；它是无例外可以普遍塑造的，并且由于适当的

① 《马克思恩格斯选集》第 4 卷，人民出版社 2012 年版，第 219 页。

② 《马克思恩格斯选集》第 1 卷，人民出版社 2012 年版，第 138 页。

③ 张焕庭：《西方资产阶级教育论著选》，人民教育出版社 1964 年版，第 147-162 页。

训练,世界上任何一个阶级的婴儿是可以易于培养成任何其他一个阶级的成人,甚至于信仰和宣称某种行为是正确的和善良的,并为保卫它而死,而那种行为却是他们的父母被教会去信仰和宣称为错误的和邪恶的;而且要反对的也许是那些父母所曾经愿为之牺牲他们性命的东西。"①还说"整个说来,儿童们可以经过教育而养成任何一种情感和习惯""可以经过培育而养成任何一种性格"②。后来欧文还认为,只要给工人及其子女创造合乎人性发展的生活环境,就可以使他们因理性发展而摆脱贫困,并制止工人中的犯罪和不道德的现象。

马克思在《提纲》中认为这种观点是唯物主义的,是应肯定的。这种观点在反对宗教,揭露僧侣罪恶,主张教育世俗化的斗争中,是站在唯物论立场上的。特别是认为人的机体构造与气质对人的感情和性格影响不大,人身上的才能和美德,不是机体结构不同的原因,而是教育不同所致。这种主张人的天赋智慧是平等的观点是有极重要的历史意义的。正因此,当爱尔维修《论精神》一书出版后,竟遭到教皇与巴黎神学院强烈的攻击,未能免于遭到法院的判决,而当众被焚的厄运。

然而,旧唯物主义关于人是环境和教育的产物与马克思主义唯物主义关于这一问题的理解是有原则上的不同的。旧唯物论关于存在对人的发展的决定作用,是一种直观的决定论,是一种消极的受动,是被动的决定论;而马克思主义的决定论是将实践的观点纳入其中,是人们能动地作用于客观时,客观才反映到主观上来。旧唯物主义片面地夸大了教育的作用,完全抹杀了先天素质在人的发展中的作用,认为教育是万能的;马克思主义认为遗传素质为人的发展提供了生物的前提。正是这个前提提供人发展的广阔的可能性。旧唯物论者把环境主要理解为政治、法律、文化等,而这些东西在他们看来又是由人的理性决定的,由主观决定的,把教育理解为整个周围的对象、整个社会生活,是广泛含义的教育;马克思主义把环境主要理解为生产力与生产关系的统一,理解为在一定生产关系的基础上结成的一定的思想关系,也就是社会关系,即所说"市民社会"。这是马克思关于教育在人的发展作用上与旧唯物主义的原则区别。

第二,环境正是由人来改变的,教育者一定是受教育的。

马克思肯定了旧唯物主义者关于人是环境和教育的产物的这个人的发展

① 张焕庭:《西方资产阶级教育论著选》,人民教育出版社 1964 年版,第 231–232 页。
② 张焕庭:《西方资产阶级教育论著选》,人民教育出版社 1964 年版,第 231 页。

的基本的唯物的观点,而对他们(主要是空想社会主义者)由此而想改造社会的历史唯心主义的设想,给予坚决的否定。比如,爱尔维修就认为:"要是我证明了人果然只是他的教育的产物,那就毫无疑问是向各国昭示了一项重大的真理。它们将会知道,自己手里掌握着伟大和幸福的工具,要使自己幸福和强大,问题只在于改善教育的科学。"①欧文在《新社会观》"论文四"中集中地表达了他的这个观点:他认为,儿童可以经过教育而养成良好的情感和性格,而各个国民只要有了这种好的性格,就可以使世界上任何地方都没有贫困、没有罪恶、也没有惩罚,就可以使世界变成一个理想的美好的社会。因此,他认为世界各国政府有一项压倒一切的紧要任务,那就是毫不迟延地采取适当措施,使人民养成让个人和社会都得到最巩固和最丰硕的利益的情感、习惯和性格。认为应把培养国民性格当作每一个国家的最高利益所在和它的首要任务。他认为这一原理应当作为一种新的社会制度的基础,而根据这一原理建立起来的新制度必将代替一切现存制度,并将永远存在下去。他呼吁当时的不列颠政府应当立刻为劳动阶级及全体贫民安排一种空想的国家教育制度,并列了七条教育法案要求实施。他认为这七条法案是人类手中的空前强大的谋求幸福的工具。②

马克思认为:"这种学说必然会把社会分成两部分,其中一部分凌驾于社会之上。(例如在罗伯特·欧文那里就是如此。)"这就是说,高于社会之上的天才人物、立法者、统治者是天生的教育者,是环境的当然的改造者;而广大劳动人民,广大群众则是天生的被教育者、被改造者。这些人的感情、习惯、性格,则是由教育者决定的。所以,这种学说不能正确解决环境如何来改造,教育者的知识和才能又是从何而来的问题。这就是马克思说的:"这种学说忘记了:环境正是由人来改变,而教育者本人一定是受教育的。"这种通过教育而要实现根本改造社会的学说,是一种唯心主义的历史观,是空想社会主义。

马克思一方面强调了环境决定了人的发展,另一方面也强调了环境本身也是可以改变的;环境的改变并不是靠统治者的恩赐,而是要由无产阶级和广大劳动人民的劳动实践、革命实践来实现的。还强调了教育对人发展的重大作用,而且认为教育也要在革命的实践中得到改革。教育者本身并不是什么高于社会之上的先哲,教育者本人一定要在实践中学习、受教育。

---

① 张焕庭:《西方资产阶级教育论著选》,人民教育出版社 1964 年版,第 148 页。
② 张焕庭:《西方资产阶级教育论著选》,人民教育出版社 1964 年版,第 239-242 页。

第二，环境的改变和人的活动的一致，只能被看作是并合理地理解为革命的实践。

马克思认为环境的改变过程，也就是人的革命实践的活动过程。人们在改变环境的实践中，同时又改造了人们本身，在改造客观的过程中，改造了主观；在改造环境的过程中，环境也反作用于主观，使主观得到了改造。所以环境决定人的发展，是以实践为前提、为基础的。环境的改变和环境对人的决定（即人的改变）是同一过程，是对立的统一，这一思想，马克思恩格斯后来在《德意志意识形态》一书中，阐发得更加明确。他们写道："无论为了使这种共产主义意识普遍地产生还是为了实现事业本身，使人们普遍地发生变化是必需的，这种变化只有在实际运动中，在革命中才有可能实现；因此，革命之所以必需，不仅是因为没有任何其他的办法能够推翻统治阶级，而且还因为推翻统治阶级的那个阶级，只有在革命中才能抛掉自己身上的一切陈旧的肮脏东西，才能胜任重建社会的工作。"①这就是马克思以实践的观点科学地解决了环境和教育在人的发展中的作用的问题，解决了教育在社会发展中的作用的问题。从而为理解教育这一社会现象奠定了科学的理论基础，是教育学说的革命性的变革。在此之后，马克思恩格斯在他们的许多著作中，系统地完整地阐述了辩证唯物主义、历史唯物主义和科学社会主义的基本原理。特别是恩格斯在《反杜林论》《路德维希·费尔巴哈和德国古典哲学的终结》中，作了进一步的阐发，这些都为教育学说科学化提供了理论根据和科学的方法论。

以历史唯物主义为理论根据和方法论来研究教育，解决了教育上的几个基本理论问题。

（一）如何理解唯物史观中决定性原理在教育科学上的运用

存在决定意识，社会存在决定社会意识，这是马克思哲学的基本观点。研究社会现象必须坚持这一观点。马克思说："一切社会变迁和政治变革的终极原因，不应当到人们的头脑中，到人们对永恒的真理和正义的日益增进的认识中去寻找，而应当到生产方式和交换方式的变更中去寻找；不应当到有关时代的哲学中去寻找，而应当到有关时代的经济中去寻找。"②利用这一观点研究解

---

① 《马克思恩格斯选集》第 1 卷，人民出版社 2012 年版，第 171 页。
② 《马克思恩格斯选集》第 3 卷，人民出版社 2012 年版，第 654-655 页。

释教育这个社会现象,使教育科学摆脱了从人们的思想、动机、人性等来考察教育的唯心史观的束缚,为教育科学研究奠定了科学的理论基础。马克思主义的历史唯物论的产生,使教育科学的发展发生了伟大的变革,从此,才使教育科学的研究取得了重大的成果。

马克思指出,物质生活的生产方式,直接的物质的生活资料的生产,决定着整个社会生活、政治生活和精神生活。从马克思讲的"物质生活的生产方式","直接的物质的生活资料的生产"来看,它是一个具有广泛含义的概念,我们不能将这一概念仅仅从经济基础对教育的决定作用来理解,经济基础被包含于其中,但不限于经济基础,不能使我们观察教育的眼界缩小。物质生活的生产方式具有广泛的含义,所以它对教育的制约作用也具有广泛的含义。它包含着:①直接的生产资料的生产为教育活动提供了多少剩余产品,提供了多少可以用于脑力活动的自由时间,通俗地说,就是吃饭和读书的关系问题,是先吃饭后读书,吃了饭再读书的问题;②社会生产的发展的水平决定着社会职业结构与劳动力的素质,而社会职业结构、劳动力结构与劳动力的素质才决定着教育的发展与它的结构;③社会生产中的生产关系的性质对教育的社会阶级性质的决定。这是马克思教育思想的重要内容,但不能认为决定作用只此一点。

我们讲马克思主义决定性原理在教育上的运用,是从教育发展变化的最终根源上说的,也就是从物质生活资料的生产方式是历史过程的决定因素,人类社会的存在和发展归根到底是由经济原因决定的,上层建筑的变革是由经济基础的变革决定的来说的。这是历史唯物论的基本观点,这是马克思、恩格斯早期在反对唯心史观时着重阐明的问题。然而不能将决定性原理庸俗化,教条化。

马克思主义认为,经济状况,物质生活资料的生产是第一性的,是历史发展的基础,对历史发展起决定作用,精神的、政治的诸社会现象是第二性的,它的性质、变化是由物质生产、经济基础决定的。但是,精神的、政治的诸社会意识现象,一旦产生出来,就有着它自身的发展的规律和特点。它也是积极地推进社会的发展,甚至决定着历史发展的特点或特殊的形式。这种精神的、政治的诸社会现象独特运动规律对社会发展的作用是不可忽视的。

历史唯物主义并不否认人类的科学活动、教育活动在社会发展中的作用。恩格斯在 1890 年给约瑟夫·布洛赫的信中说:"根据唯物史观,历史过程中的决定性因素归根到底是现实生活的生产和再生产。无论马克思或我都从来没有肯定过比这更多的东西。如果有人在这里加以歪曲，说经济因素是唯一决定性的因素，那么他就把这个命题变成毫无内容的、抽象的、荒诞无稽的空话。"①后来他在 1894 年给瓦尔特·博尔吉乌斯的信中又说："这并不是说，只有经济状况才是原因，才是积极的，其余一切都不过是消极的结果。"②所以，正确地阐明教育对社会发展的能动作用，是教育科学的任务。

要说明教育对社会的作用，还得从自然科学对社会的作用说起。科学来源于生产实践，最终又回到生产实践中去。马克思说科学是历史发展有力的杠杆，在历史上起推动作用，是革命的力量。科学作为人们的实践活动，它是一种精神生产；科学作为人们认识世界的知识体系，它又是一种知识形态的生产力；科学转化为技术，并物化在生产资料(劳动资料、劳动对象)上，则就是直接的生产力的要素了。也就是说当自然科学应用于生产时，这种一般的社会生产力，就转变为直接的生产力了。自然科学转变为直接的生产力，主要是通过教育的作用来实现的。一方面，通过教育，自然科学被劳动者所掌握，变成劳动者的知识与技能，从而在生产中创造出物质财富；一方面，通过技术的发明创造物化在生产工具和劳动对象上，应用于生产过程，创造出巨大的生产力，这一过程，也是要由教育所培养的科学技术人员来实现的。可见，教育是将知识形态的生产力转化为直接生产力的基本途径。

从另一个角度来看，人类在长期的社会实践中，创造了两种社会财富，即物质财富和精神财富。这两种形态的社会财富得以保存，世代相传并继续发展，不是依靠生物的遗传来实现的，而是靠将这些人类认识的成果传授给新辈人的教育来实现的。教育是使社会得以延续和发展的手段，是老一辈人与新一辈人承接和延续的手段。它在社会生活中起着能动的积极作用。

由此可见，我们强调教育的独特的社会作用，认为教育具有实现物质文明建设的战略地位，是社会发展的推动力量，是说它的结果汇入社会生产过程以后所起的作用，强调教育的巨大作用，是说当教育的发展落后于社会生产各环节发展的时候，抓好教育具有关键的意义。

---

① 《马克思恩格斯选集》第 4 卷，人民出版社 2012 年版，第 604 页。
② 《马克思恩格斯选集》第 4 卷，人民出版社 2012 年版，第 649 页。

（二）关于教育的归属问题

历史唯物主义认为社会是一个整体、是一个系统,它是由一定的社会要素构成的发展变化着的系统,是一个活的整体。

组成这个社会系统的因素是十分复杂的。社会既不能离开自然界,也不能离开人,而人不仅有物质生活,还有精神生活。因而进入社会领域的自然物、人以及人的观念等,都是社会系统不可缺少的因素。社会各组成因素又包括许多因素,这些因素,又都自成系统。整个社会就是由许多具体要素或子系统构成的复杂的体系。

恩格斯在 1883 年 3 月 17 日安葬马克思发表讲话时说:"正像达尔文发现有机界的发展规律一样,马克思发现了人类历史的发展规律,即历来为繁芜丛杂的意识形态所掩盖着的一个简单事实:人们首先必须吃、喝、住、穿,然后才能从事政治、科学、艺术、宗教等等;所以,直接的物质的生活资料的生产,从而一个民族或一个时代的一定的经济发展阶段,便构成基础,人们的国家设施、法的观点、艺术以至宗教观念,就是从这个基础上发展起来的,因而,也必须由这个基础来解释,而不是像过去那样做得相反。"①

根据马克思主义对社会的唯物主义的基本观点,研究者对社会的基本结构作了不同的分法。这主要是:把社会分作物质关系(社会存在)和思想关系(社会意识)的二分法;分作生产力、生产关系(经济基础)和上层建筑的三分法;分作生产力、生产关系、政治上层建筑和观念上层建筑(思想体系、意识形态)的四分法;分作生产力、生产关系、政治制度、社会心理、思想体系的五分法。这些分法有详略的不同,但若从社会基本矛盾来看,社会的基本结构仍是生产力、生产关系、上层建筑这三个基本要素,或三个基本的社会层次。

正是社会基本要素间的矛盾,即生产关系和生产力之间的矛盾、上层建筑和经济基础之间的矛盾构成了社会发展的基本动力,推动了社会的发展。

根据历史唯物主义对社会基本结构和基本矛盾的分析,教育这个社会现象,应作如何归属呢,它是哪一个基本要素中的子系统呢? 或者说,它在社会结构(系统)中处于什么位置呢,是一种什么样的社会现象呢?

教育理论界对教育的归属问题还存在着分歧,这种分歧是由对教育的本质

---

① 《马克思恩格斯选集》第 3 卷,人民出版社 2012 年版,第 1002 页。

不同的理解引起的。同时,与在研究方法上的逻辑推理的混乱有关。现根据马克思的历史唯物主义,对当前关于教育归属问题的不同观点,分别谈些看法。

(1)认为教育就是生产力,教育经费是生产费用。教育部门是生产部门,教师是生产工人,将教育归属于生产力范畴。

(2)认为教育受经济基础决定,教育具有社会上层建筑的专门特点,认为它和政治、法、道德等一样,是社会上层的一类社会现象。将教育归属于社会上层建筑的范畴。

(3)认为教育和生产实践的物质运动一样,是推动社会发展的社会基本实践之一。将教育归属于社会基本实践活动之一,是物质运动的社会存在形式之一。

这些见解,固然各有相应的道理,而且都在力图以历史唯物主义为方法论来解剖教育这一社会现象,这是应该肯定的。然而,历史唯物主义是关于社会发展的一般规律的科学,它也是我们观察和研究社会历史的一般的方法。一般对个别的指导,只能是运用一般所提供的观点和方法去对个别作具体分析,对具体事物作出具体规定,而不是把一般作为套语,去代替具体的分析和具体的科学研究。

事实是:生产力、生产关系、上层建筑几个社会基本因素,并不能包罗万象,并不是任何的社会现象都可以划分到这里面去。假定把任何一类的社会现象都按这个分类划分,那就有许多的社会现象解释不清。斯大林在《马克思主义和语言学问题》中所阐明的观点,就冲破了这个框架的局限,批判了马尔在语言学上的形而上学的错误。他认为"语言既不能列入基础一类,也不能列入上层建筑一类""也不能列入基础和上层建筑之间的'中间'现象一类,因为这'中间'现象是不存在的"。那么语言若是可以"列入社会生产力一类,譬如说,列入生产工具一类"呢? 斯大林指出语言和生产工具之间存在着某种相似之点,那就是生产工具像语言一样,对于各个阶级表现出一种一视同仁的态度,并且同样地服务于社会各个不同的阶级。但它们的类似之处,也只是这一点。斯大林说,它们的根本差别就是生产工具生产物质资料,而语言则什么也不生产,只"生产"词而已。①

---

① 《斯大林文选》下,人民出版社1962年版,第545页。

马克思主义是从社会生存与发展的根本动力与社会发展的一般规律的角度来谈生产力、生产关系、上层建筑等范畴的，并不是以此作为划分社会生活的一切现象的归属的标准。不能以为这几个范畴，就可以把复杂的社会生活划分尽了。譬如，人口这一社会现象的归属问题，就很难说它是生产力，是经济基础，还是社会上层建筑。财政是经济基础，还是上层建筑呢，实际上它又是经济基础，又是社会上层建筑。教育这个社会现象很复杂，包括的内容范围也很广阔，在长久的历史进程中，又有诸多的演变，所以，不要将教育简单地归属于社会基本结构的那一个框架之中。还是应遵循辩证法的原则，对具体事物，作具体的分析。

教育，它的实质是使受教育者身心得到发展的过程，特别是使受教育者社会化的过程，这种活动当然受社会的制约，但不好简单地说，它是受单一的生产力或生产关系或上层建筑某种因素的制约，更不好将它简单地归属于某一领域了。可以说，教育是社会生活中一种比较复杂的社会现象，与诸社会现象具有多种的联系。

（三）关于教育的价值观问题

马克思指出："'价值'这个普遍的概念是从人们对待满足他们需要的外界物的关系中产生的。"①还说，价值这个词"表示物的对人有用或使人愉快等等的属性。"②这里讲的价值，是作为哲学范畴的意义来理解的，和马克思在经济学中所讲的凝结在商品中的一般的无差别的人类劳动是不同的。而哲学上的价值的概念与经济学上的"使用价值"即物的有用性却十分接近。价值实质是客体对主体所具有的积极的意义。我们说某种事物、现象有或没有价值，就是说它对人有无积极意义，能否满足人的某种需要。说价值的大小，也就是说它意义的大小。人们不仅认识客体的特性，还要从它们对人的生活有益还是有害的角度来进行评价。评价就是主体关于对象有无价值和有多少价值的判断。价值通过评价而被揭示和掌握。

教育价值就是教育对人和社会的发展具有的积极意义，就是它能满足人和社会的某种需要。教育存在于任何社会这一事实就说明了它具有价值。教育

---

① 《马克思恩格斯全集》第 19 卷，人民出版社 1963 年版，第 406 页。
② 《马克思恩格斯全集》第 26 卷第 3 分册，人民出版社 1974 年版，第 326 页。

的价值既取决于它本身固有的属性,又取决于人和社会的需要。教育价值具有客观性。

"教育价值"是一个复杂的研究课题,然而在教育思想的流派中,有一见解是十分明确的:认为教育的最理想的价值就是"人"的完善的发展。人是目的,不是手段;教育的价值在于"人"的培养,而不是"人力"的训练。所以,教育的目的不是培养劳动力、劳动者、建设者的。如果这样,那就是把人看作是手段,那就违背了教育理想的价值。这种观点把人的完善化看作是理想的价值,把按社会要求造就一定类型的人看作是工具价值,并将两者对立起来,这种观点自文艺复兴以后,就屡屡有人论述过。譬如,卢梭(1712—1778)曾认为,"自然人"是作为"数的单位"的存在,"社会人"是把社会作为分母,而人只不过是分子,其社会对人制约的越多,其分子的价值就越小。所以他主张,教育应保护儿童免受文明的腐蚀,并且要细心培养他的天生的自发的冲动,并认为这些冲动,永远是健康的,后来也曾有人从异化理论出发,认为根据社会要求确定教育目的,确定培养人的规格,实际上是人的自身的一种异己力量对人的控制,这样的教育目的,只有工具价值,而丧失了教育固有的价值。认为社会的经济的价值,政治的价值是与人的发展的价值相矛盾的。由此提出:"自由发展""自由教育",以摆脱社会对教育目的制约性,以实现"真正"的"人的价值"。这些观点,在剥削阶级占统治地位的社会里,对反对社会对劳动人民的摧残,反对把人降为生产剩余价值的工具,或反对帝国主义为侵略而把人训练为侵略工具等,是具有其历史意义与进步意义的。而如果把它作为一种普遍的原则观点,则是不符合马克思主义关于教育的基本原理的。历史上从来不存在什么抽象的"人的价值",也不存在着什么抽象的"教育价值"。人们评定教育价值,不是以抽象的完人的发展作为标尺的,而是以它所培养的人在社会发展中的作用作标尺的。所谓价值是人们对满足他们需要的事物所作的评价,这里说的需要,正如马克思说的:"我们的需要和享受是由社会产生的;因此,我们在衡量需要和享受时是以社会为尺度……因为我们的需要和享受具有社会性质。"①所以,人的需要,实质也是社会的需要。为满足社会需要,推动生产发展的教育,就应作出积极的评价,它就是有价值的,尽管在社会发展的一个历史阶段,教育为少数人所专

---

① 《马克思恩格斯选集》第 1 卷,人民出版社 2012 年版,第 345 页。

有,它起着加深与扩大体脑分离的作用,但从历史发展的角度来看,它也是历史的进步,因而这种教育的价值是不可否认的。在剥削阶级占统治地位的社会里是存在着社会要求与人的健康发展之间的矛盾的,然而衡量教育价值的标准,不在这种矛盾本身,而是这种矛盾在社会发展中的作用能促进社会发展的就是符合教育价值要求的,否则,就是违背教育价值要求的。教育目的的社会制约性是教育的普遍的规律,也是衡量教育价值的尺度。这是马克思主义历史地辩证地评价教育价值的基本观点。

在社会主义社会里,一般来说,社会对人的要求与人的健康的全面发展是一致的,教育价值具有统一性。因此,鼓吹个人自由发展、自我设计,反对服从社会需要、人民的需要,只强调社会为每一个人提供自由发展的条件,而不着眼个人为社会作了什么贡献,反对社会有计划按比例地培养人才,夸大个人的志趣,以图自我实现等等观点,是不符合社会主义教育基本原则的。我们不能认为讲人是手段,是推动社会发展的手段,就降低了人的价值。人民群众是历史发展的动力,这正是对人的价值的充分的肯定。社会主义的教育要培养出具有高度精神文明、具有坚实而广阔的科学知识、具有健康体魄的人,这无论是从教育对社会主义建设的社会价值来评价,还是从人的自身的全面发展的价值观来评价,都是积极的肯定的价值,也就是理想的教育价值观的实现。我们广大的教育工作者,正从事着这一光荣的事业。

总之,以历史唯物主义作为方法论,才能使我们科学地解决教育的起源、教育的历史发展的动力、教育过程的本质等一系列的根本问题,才能认识教育过程的规律性。只有唯物史观才能科学地解释教育,这是历史的结论,也是马克思对教育的最大贡献。

二、马克思关于教育与诸社会现象关系的考察

马克思虽然没有专门论述教育这一社会现象与诸社会现象之间的关系,但他在对社会发展的客观规律的考察中,却多次论及教育在社会发展中的地位与作用,论及过教育与诸社会现象间的关系。这些论述对教育理论的发展作出了贡献。

下面我们分别谈谈马克思关于教育与其他社会现象之间关系的基本观点。

（一）教育与社会生产的关系

教育与社会生产之间存在着本质的联系。为了说明它们之间的关系,首先要从马克思关于什么是社会再生产说起。社会再生产首先是物质资料的再生产。社会在一定的时期内(例如一年)所消费的生产资料,必须在实物形态上为同量的新产品所替换,社会生产才能在原来规模上重复进行。生产总是在一定的生产关系中进行,所以再生产也是生产关系的再生产。因此再生产具有不同的社会性质。在社会再生产过程中,同时也进行着劳动力的再生产。有一定生产经验与技能的劳动力的再生产是任何社会再生产的必要条件。所以社会再生产中包含着劳动力的再生产。

劳动力的生产和再生产过程,就是工人维持他本人及其家庭的物质、文化生活的过程。这个过程从劳动力的价值来说,马克思认为,包括三部分内容:一是维持工人本人正常生活状态所需要的生活资料的价值。劳动者为维持生活,必须消费一定量的生活资料,如衣、食、住等。这些生活资料的价值构成劳动力价值的重要组成部分。只有消费这些生活资料,才能使劳动者恢复劳动能力。二是维持工人家庭、子女即劳动力接替所必需的生活资料的价值。工人总有一天要丧失劳动能力,必须有人来接替,因此,在维持和再生产劳动力所必需的生活资料中应包括工人为养育其家属、子女所必需的一定量的生活资料,这些生活资料的价值也是劳动力价值的组成部分。三是劳动力的教育训练费用。随着科学技术的发展,再生产的进行,就需要有一定数量的技术工人,就要使工人能够发展自己的劳动能力,并获得一定的生产技能,需要进行一定的教育和训练,这也要耗费一定量的物质资料。因此,在劳动力的价值中,还应包括劳动力的教育和训练的费用。

十分明显,从社会再生产的整个体系来看,劳动力的再生产是社会再生产的必要条件;而从劳动力再生产来看,教育和训练又是劳动力再生产的必要条件。这就看出,教育在整个社会再生产中具有特别重要的地位。

大家知道,劳动力,就是人的劳动能力,是人们在劳动中所运用的体力和脑力的总和。马克思说:“我们把劳动力或劳动能力,理解为一个人的身体即活的人体中存在的、每当他生产某种使用价值时就运用的体力和智力的总和。”①

---

① 《马克思恩格斯选集》第2卷,人民出版社2012年版,第164页。

这里需要指出的是，把教育和训练纳入劳动力再生产之中，把它看作是劳动力再生产的必要条件，并非任何社会形态的再生产都是如此的。尽管使用手工工具的生产也需要一定的生产知识与生产技能，但这些生产知识与技能的掌握，多是在实际劳动活动中实现的。以手工工具为基础的生产劳动，社会再生产的客观基础还没有要求劳动力必须要经过特别的专门的教育和训练。

现代科学技术在生产中运用的范围越广阔，教育在社会再生产体系中的地位就越重要。在现代社会大生产过程中，脑力劳动的因素越来越多，如果还把劳动力再生产的过程，看作主要是人身的再生产，是体力的发展与恢复就不够了。必须把发展智力的因素，看作是劳动力再生产的主要任务，必须把教育和训练活动看作是社会再生产的重要条件，才能适应社会再生产，也才符合现代生产发展的必然趋势。这一道理，我们从马克思关于资本积累过程的历史论述中看得十分清楚：在资本主义生产的初期，资产阶级是用剥削小生产者、征服别的民族捕捉非洲工人以及贩卖亚洲苦力的野蛮残暴的手段来获取劳动力的。在资本主义发展中，则又由资本主义制度本身造成的人口过剩，形成产业后备军，作为劳动力的补充来源。而随着资本主义的发展，到了现代，则主要是靠现代科学技术在生产上的广泛采用及开发人的智力资源，提高劳动力的素质（特别是智力素质），来补充扩大的社会再生产而出现的劳动力的不足。把教育纳入了社会再生产的过程。

总之，从社会再生产过程来看教育与经济的关系，它的连接点，就是劳动力的再生产。把教育纳入社会再生产的重要条件，主要是现代大生产的特征。教育经济学的研究任务，就是围绕着社会再生产中的劳动力再生产的费用、效率、效益而展开的。

社会再生产的规模方式，决定着劳动力再生产的数量和质量，也决定着教育的数量与质量，社会再生产的性质，决定着劳动力在生产中的地位，进而也决定着教育的性质。这里着重谈谈马克思关于教育对社会生产发展作用的学说。

马克思指出，具有一定生产经验与技能的劳动力的再生产是实现现代社会的社会再生产的必要条件。而马克思又把劳动能力归结为一个人的体力与智力的总和。人是生产活动中的第一的最宝贵的因素。人的体力和智力是从哪里来的呢，固然是"后代的肉体存在是由他们前代决定的"，然而，一个生命体要发展成合乎一定社会的社会生产所需要的劳动力，就必须给他们必要的生活资料,以保证他们机体的正常成长。同时还必须对他们进行一定的教育和训练,使他们获得智力的发展以及运用体力于生产的技能。所以,教育和训练是劳动力生产和再生产的基本条件之一。

马克思说:"教育会生产劳动能力。"①这是马克思关于教育的一个重要的论断。我们可以从几个角度来理解它的含义。

教育会生产劳动能力,是说教育可以将一个"简单的"劳动力,加工成"发展的"和"专门的"劳动力。一般壮工、搬运工等,简单劳动的劳动者并不需要特别的训练;而钟表匠、机器工人等劳动者,必须经过学徒制或现代学校的训练和学习。训练和教育既可以改善人的体力劳动的能力,又可发挥人的智力能力。训练和教育过程,就是使劳动力技术化、专门化的过程。

教育会生产劳动能力,是说教育可以将经验手艺型的劳动力转化为科学知识型的劳动力。手工生产的技术基础是手艺,掌握一种手艺当然也要有必要的训练;机器生产的技术基础是科学技术,从事现代生产非要懂得科学原理不可。手工劳动的技术基础是保守的,现代生产的技术基础是革命的。任何科学技术在生产中的应用,都会引起生产过程的更新,从而引起"劳动的变换、职能的更动和工人的全面流动性"。要想使经验手艺型的劳动力转化成科学知识型的劳动力,就非要接受现代教育不可。

教育会生产劳动能力,是说教育可以将可能的劳动力培养成现实的劳动力。马克思说,劳动首先是人和自然之间物质交换的过程,是人调整和控制人和自然之间的物质交换过程。人为了占有自然物质,就得使他身上的自然力——臂和腿、头和手运动起来,这就是人的劳动。但一个活的生命体并不等于一个劳动力。劳动力必须具有一定的生产知识、一定的生产经验和一定的生产技能,否则就无法和自然进行物质交换。所以,知识、技能是劳动力的质的规定。人来到人间,遗传素质给他带来了巨大的潜能,要想使沉睡于自身的潜能发挥出来,就得进行教育和训练。可见,教育是使可能的劳动力变为现实的劳动力的手段。

教育会生产劳动能力,是说教育是造成脑力劳动力基本的途径。随着社会生产力的发展,社会生产中的智力因素越来越增多。现代生产的特性使一部分

---

① 《马克思恩格斯全集》第33卷,人民出版社2004年版,第249页。

人从直接劳动过程中分化出来,成为专门从事脑力劳动的劳动者,如科研人员、设计人员、工程技术人员、管理人员等。脑力劳动者的专门知识,不仅是来自直接的生产实践,更主要的是来自专门的教育和培养。随着现代生产的发展,现代高等专业学校就承担着培养脑力劳动者的职能,所以,高等教育实际是以造就脑力劳动力为主要特征的。

若从现代生产的角度考察,教育是现代生产的一个必备的前提条件。

马克思指出,"综合技术学校和农业学校""职业学校"是"在大工业基础上自然发展起来"并构成现代生产的"一个要素"。[①] 教育构成现代生产的一个必备的要素,是由现代生产的特性决定的,马克思指出,现代生产的特性就是现代科学技术在生产上的广泛采用。

马克思在《资本论》中,考察了构成生产劳动必须具备的三个简单要素。而现代生产使劳动过程中的三个要素具有了新的特质,而这些特质正说明教育是现代生产必备的条件,下面分别加以简述。

先从劳动资料看,马克思说:"生产方式的变革,在工场手工业中以劳动力为起点,在大工业中以劳动资料为起点。"[②]标志现代生产要素之一的机器的特性是什么呢? 马克思认为一切发展了的机器都是由三个部分构成的:动力系统、传导系统、工作系统。机器的发动机和传导装置都是为了使工具机运转起来,使工具机能够作用于劳动对象,以便按照人的预定目的改变劳动对象。工具机是机器的最重要的一部分。

机器,它"物化"着现代科学技术,它将人类认识客观世界的成果物化了。机器的更新、变化,必然引起整个生产过程的变化,引起工人职能的变化与流动,引起生产结构、劳动组织、企业规模的变化。这一客观状况,必然要求生产工人、工程技术人员、管理人员知识化、技术化、专业化。而达到这一要求的前提条件,则是教育。

从劳动对象看。随着社会生产的发展和科学技术的发展,劳动对象已不仅是开发的土地、海洋中捕获的鱼类、原始森林中砍伐的树木、地下矿藏中开采的矿石等天然物,也不只是经过劳动加工的原料。由于科学技术的发展,人们逐步地发现了周围自然界物体的许多新的属性,逐渐扩大了劳动对象的范围。劳

---

① 《马克思恩格斯选集》第 2 卷,人民出版社 2012 年版,第 232 页。
② 《马克思恩格斯选集》第 2 卷,人民出版社 2012 年版,第 216 页。

动对象的种类越来越多样化,并且使我们能够对天然的劳动对象加以综合利用,还将天然的劳动对象加工成人工的人造材料、合成材料、复合材料等。这些材料同样物化着人类的智慧,它是科学技术的产物。以这种材料为劳动对象的生产,其前提条件是要有文化、懂科学、懂技术。

再从人的劳动力来看。通常我们在谈到人是主要生产力的时候,只是指人依靠一定的生产经验和劳动技能使生产工具动起来,以实现物质财富的生产。这一表述当然是正确的。但从现代生产的角度来看,这个定义是不完善的,它没有反映出现代生产发展的水平。因为这里的劳动力质量只限于生产经验和劳动技能,而现代生产要求劳动者还必须具备生产技术和工艺规程方面的理论基础知识;上述定义把生产工人只限于会使生产工具动起来的人,而从现代生产要求来看,生产工人已经不限于直接使生产工具动起来的人了,它还包括工程技术人员、设计人员、科研人员以及管理人员。马克思说:"产品从个体生产者的直接产品转化为社会产品,转化为总体工人即结合劳动人员的共同产品。总体工人的各个成员较直接地或者较间接地作用于劳动对象。因此,随着劳动过程的协作性质本身的发展,生产劳动和它的承担者即生产工人的概念也就必然扩大。为了从事生产劳动,现在不一定要亲自动手;只要成为总体工人的一个器官,完成他所属的某一种职能就够了。"①这就说明,生产工人已经不只是直接使生产工具动起来的人了,而且包括了作用于产品的一切脑力劳动者。新的技术和新工艺规程的出现,生产过程科学化和劳动的智力化,表现在工程技术人员的增多,工人知识结构的变化,科学技术水平的提高等方面。一些工业较发达的国家已表明,科研、设计、工程技术人员已占国民经济部门工作人员总数的百分之三十以上,而且随着科学技术的发展,直接生产的工人明显减少,而科技人员迅速增加。大批占国民经济部门总人数三分之一以上的专业人才,从哪里来呢?十分明显,这非通过教育不可,而且非通过高等教育不可。这已是工业发展的事实了。

现代生产的客观特性要求总体工人都必须具有现代科学文化知识,具备现代技术知识与操作的基本技能。这是教育构成现代生产的必备条件的客观根据。十分明显,今天的科学成就决定着明天的生产水平与性质,而今天的教育,

---

① 《马克思恩格斯选集》第 2 卷,人民出版社 2012 年版,第 235-236 页。

又决定着明天科学发展与后天的生产水平。这个道理已经十分清楚了。

教育和社会生产的联系是客观的,物质生产中劳动力的质量高低的问题,是把教育和生产联系起来的关键环节。但教育并不是社会生产力。教育过程和社会生产过程是两个既有联系而又性质不同的过程。前者是培养人的过程,是改变人的体力与智力的形态的过程,是生产劳动力的过程;后者是创造物质财富的过程,是人在自身有用的形式上改变自然物质并占有自然物质的过程。两个过程之所以发生关系,就是因为生产发展到一定阶段后,劳动力的智力和体力规格问题,构成了两个过程相通的桥梁。从社会再生产看,这两个过程是社会再生产中生产和消费的两个环节。所以,从经济观点考察,教育是人力和物力的消费,消费了教师和学生的时间和精力,同时还消费了大量的物质财富。这一过程的全部结果集中在一点上就是发展了人的智力与体力。是变可能的劳动力为现实的劳动力,变简单劳动力为专门劳动力的过程,是将物耗费转化为"智能"的过程。因此,马克思在《哥达纲领批判》中将教育费用看作是"用来满足共同需要的部分"的费用。看作是消费基金,而不是生产费用。然而,正是由于有了这一消耗的过程,才为生产过程做了必要的准备。提供了合乎一切生产力水平所需要的劳动力。这些经过各种形式训练的劳动力,在生产过程中与劳动资料相结合作用于劳动对象时,就显示出了它的能量,智能的潜在力转化为现实的生产力,创造了价值和使用价值。所以,教育是生产过程的准备,是为智能转化为物质的准备。当这种消费的结果转化到生产过程中变为生产能力时,教育工作过程才显示出它的经济意义。

(二)教育与经济基础的关系

经济基础即社会生产关系的总和。而社会生产关系是社会关系的最基本的关系。教育与社会生产关系的关系,是教育与诸社会现象的关系中最基本的关系之一。就教育的社会阶级性质来说,是受生产关系及由生产关系而划分的阶级性质决定的。这一思想,马克思、恩格斯讲的是很明确的。他们在反驳资产阶级对共产党人的指责时写道:"你们的教育不也是由社会决定的吗?不也是由你们进行教育时所处的那种社会关系决定的吗?不也是由社会通过学校等等进行的直接的或间接的干涉决定的吗?共产党人并没有发明社会对教育的作用;他们仅仅是要改变这种作用的性质,要使教育摆脱统治阶级的影响。"①
而且还明确指出:资产阶级关于教育的观念本身是资产阶级的生产关系和所有
制的产物。② 在阶级社会里,由于生产资料私人占有,人们在生产中的关系是剥
削与被剥削的关系,反映这种关系的教育是具有鲜明的阶级性的。

生产关系对教育的制约作用,表现在以下几个主要方面:

(1)所有制关系决定着教育的支配权。哪一个阶级支配了物质生产资料,
它也就支配了精神生产资料。统治阶级通过国家政权的力量来确定教育的目
的,选择与任免管理人员及教师,控制教育经费,制定教育政策、法令,以实现对
教育的控制,使教育为巩固其经济基础服务,为本阶级的阶级利益服务。

(2)经济基础决定着人们受教育的权利。在生产资料私有制的社会中,剥
削阶级不仅占有生产资料与绝大部分的劳动成果,而且也享有受教育的特权。
被剥削阶级由于没有或很少有财产,因而也不可能有充分的受教育的权利。

(3)经济基础决定了社会意识,由此决定着向受教育者灌输什么样的思想
体系,引导受教育者养成什么样的政治、道德素质。而这些在教育体系中具有
重要的地位,影响着教育的内容、方法等。

(4)经济基础决定着一定的教育思想,也就是决定着一定的教育理论观点。

以上诸因素,或诸属性都是受经济基础制约的。否认教育与经济基础之间
存在着本质联系的观点,否认教育的许多方面依存于经济基础的观点,不是马
克思主义的态度。

值得注意的是,有一种观点认为,由于教育与现代生产的关系日益密切并
被大家重视,好像经济基础对教育的制约性就逐渐失去作用了,好像马克思关
于经济基础对社会意识和社会各项制度的制约性的观点已过时了,好像社会主
义教育与资本主义教育之间,社会性质的差别已不存在了。这种观点,是不妥
当的。

的确,社会化大生产已经把自然科学并入了生产过程,从而把教育在造就
现代各种劳动力中的作用,看作是现代生产的生死攸关的问题提出来。于是,
随着社会生产力的加速发展,出现了教育的大发展、大普及、大提高,以致高等
教育也向着群众化的方向发展,教育与生产的结合日益密切,教育类型和形式

---

① 《马克思恩格斯选集》第 1 卷,人民出版社 2012 年版,第 418 页。
② 《马克思恩格斯选集》第 1 卷,人民出版社 2012 年版,第 417 页。

多样化等等,出现了教育的"繁荣"。但是,在资本主义社会里,生产过程就是生产剩余价值的过程,作为资本化身的资产阶级,把自然科学并入生产,把科学教育作为生产合格劳动力的手段,都是受攫取剩余价值的欲望支配的。教育的发展,完全要服从剩余价值的规律。由此看,资本主义教育存在着下述一系列的矛盾。

（1）教育的飞速发展与教育无计划发展造成的高学历人才过剩现象并存；

（2）受教育程度的普遍提高与受教育权利的不平等并存。就以教育普及率很高的日本和西德而论,家庭财产状况仍是能否享受高等教育的决定因素,低收入阶层的学生占高等学校学生总数比例,仍是很低的；

（3）受教育者的人的多方面发展与人的片面畸形发展并存；

（4）教育和生产的联系日益密切与教育实用化、商品化的弊端并存；

（5）教育的经济价值被重视与教育完整的全面的价值被贬低并存。

上述这些矛盾现象的产生,都是生产力与生产关系矛盾统一对教育制约所产生的结果。所以,教育并不因为与现代生产联系紧密,而使生产关系对教育的制约作用失去它的意义。正因为如此,社会主义与资本主义教育,就其社会性质来讲,是有本质的区别的。看不到这种区别,或忽视这种区别,而将两种不同性质的教育混为一谈,是十分有害的。因而,马克思关于生产关系,这个决定社会诸关系的基本关系,对教育社会性质制约的观点,并没有过时。

（三）教育与政治的关系

教育与政治之间存在着非常紧密的关系,讲清这一关系也是教育基本理论的课题之一。

在马克思恩格斯的著作中,他们将政治看作是社会上层建筑的一部分。政治既包括政治观点,又包括与政治观点相联系的制度和设施。作为政治的上层建筑既有国家和法律等制度,又有军队、警察、法庭、监狱、政府部门等设施,以及与之相联系的一套组织。按照马克思主义将社会分作物质关系和思想关系的划分,政治上层建筑应属于思想的社会关系。生产关系是不依人的意志为转移的外在客观关系,是物质关系。政治的上层建筑是人们根据经济关系的要求,而通过人们的意识建立起来的。事物发展的过程是这样的:先是经济关系出现变化,这种变化反映到了思想上,然后在一定思想指导下建立起政治制度和国家制度。

政治、法律制度和设施与关于这种关系的意识是不同的。恩格斯将政治制度和设施称为思想的"物质的附属物"①,这种附属物,当然与纯意识形态相区别。但它又根源于经济基础,是经济关系派生的,它不过是体现人们之间思想关系的一种载体。而政治的制度和设施一旦形成,它就成为一种既定的对象和现实的力量,在很大程度上影响着人们的思想的内容和性质。一种已经建立起来的国家制度和设施,作为"客观存在",对于在该国家生活的一代人,又成为他们的外在环境,影响着他们思想意识的发展。

我们研究教育与政治之间的关系,是在上述的意义上来理解政治的上层建筑的含义的。马克思关于教育与政治之间关系的观点是要使教育摆脱作为统治阶级的资产阶级的政治的影响。在《哥达纲领批判》中更明确地说:"应当把政府和教会对学校的任何影响都同样排除掉。"②如此等等。十分清楚,马克思主张教育要摆脱资产阶级政治的影响,就是要使工人阶级及其后代免受资产阶级政治的影响,摆脱资产阶级对教育的控制,同时,使工人阶级的后代在斗争着的成人那里学到工人阶级自己的政治。所以,马克思主张教育要摆脱政治(政府)的影响,并不是说教育与政治无关,而是基于无产阶级阶级利益的一种考虑。

过去教育学在讲到马克思主义关于教育与政治的关系的时候,通常认为是政治经济决定教育,教育是政治经济的反映,教育又给予政治经济以巨大的影响和作用。这样讲,一般说是可以的,因为政治是经济的集中表现。政治在上层建筑中又占有主导地位,它给予其他上层建筑以重大的影响。

教育与社会生产、经济基础、文化、科学、道德等社会现象之间具有广泛的联系,只说教育由政治决定的,就不能概括其他社会现象对教育的制约与影响。同样,教育具有多种社会职能,只说教育从属于政治,就不能概括教育对经济、文化、科学、道德等的作用与影响。把教育的多种属性与多种职能看作一种属性、一种职能,从逻辑上来讲,就不周延、不全面,那就把教育的属性与职能看得太狭窄了。教育的社会作用是:既能促进社会生产的发展,又能巩固经济基础,既能影响政治的统治,又可推进文化的发展。它的社会作用具有广阔性,不可将教育作用,仅仅局限于与政治的关系中。

---

① 《马克思恩格斯选集》第 4 卷,人民出版社 2012 年版,第 187 页。
② 《马克思恩格斯选集》第 3 卷,人民出版社 2012 年版,第 376 页。

（四）教育与其他社会意识形式的关系

根据马克思的历史唯物主义观点，特定的观念形态的教育同特定的政治思想、法权思想、道德、文艺、哲学、宗教等社会观点的总和，构成一定社会和一定阶级的社会意识形态，通常称为思想上层建筑或观念上层建筑。

各种形式的社会意识之间是相互影响、相互作用的。不考虑到这些相互影响和作用，单纯地用社会经济条件来说明社会意识的发展变化，就不能正确地了解各种形式的社会意识的特点。例如，不了解中世纪宗教对教育的影响及控制，就不能了解欧洲教育的特点。反之，如果不了解教会的教育，也就不了解宗教势力的发展与延续。同样，文化（狭义的文化）与教育的关系，也是十分密切的。一定的文化模式，影响着每个个体性格的形成，影响着教育的模式、内容、方式等。反之，一定的教育又传递、传播和创新、发展着一定的文化。再则，教育与政治思想之间关系更加密切，不了解一定的政治思想也就不了解一定的教育的特点。如 18 世纪启蒙思想家卢梭的政治思想的中心是抨击社会不平等现象，寻求克服不平等的办法，他认为在国家出现之前的"自然状态"下，人人都是自由平等的，后来由于私有财产的产生，出现了富人与穷人，才有了不平等。人们为了保障自由和所有权，要订立"社会契约"结成国家。一旦统治阶级违背契约，成了专制暴君，人民可以推翻政府。卢梭的"契约论"是为了建立资产阶级民主共和国，为此他提出了培养自由人的目的，提出了自然教育的理论。这里，我们特别要说明，马克思所创立的科学共产主义学说，它既是未来的社会制度，也是无产阶级的意识形态，即无产阶级的政治学说。在社会主义条件下，共产主义意识形态是占统治地位的思想，它对其他的社会意识具有指导意义。同样，对教育也具有指导意义。它对社会主义教育的全部过程和全部内容都产生重大的影响。

（五）教育的相对独立性与继承性

从历史唯物主义出发，作为观念形态的教育，并不是社会存在之外的某种独立的实体，而不过是社会物质生活的反映。观念形态的教育对社会存在具有依存性。在这一前提下，我们还必须承认教育的相对独立性。所谓独立性，就是说它具有自身独特的发展规律和能动性。不了解它的相对独立性，同样也不能很好地说明教育的发展变化过程，也不能很好地说明教育在社会发展中所起的作用。

作为观念形态的教育一经产生,它就以一定的语言文字、书籍资料等物质的形式表现出来,固定下来,为人们所感知。这本身就表示了某种教育思想一经产生,就具有脱离原来思维着的个人而存在的相对的独立性。人们在认识和改造客观世界的过程中,并不是从原始的认识某一事物开始,而是以过去的认识所获得的成果为前提的。并结合着现实的材料,实现着认识的连续性和阶段性的发展。恩格斯说:"历史方面的意识形态家(历史在这里应当是政治、法律、哲学、神学,总之,一切属于社会而不是单纯属于自然界领域的简单概括)在每一科学领域中都有一定的材料,这些材料是从以前的各代人的思维中独立形成的,并且在这些世代相继的人们的头脑中经过了自己的独立的发展道路。"①又说:"每一个时代的哲学作为分工的一个特定的领域,都具有由它的先驱传给它而它便由此出发的特定的思想材料作为前提。"②教育的发展和其他意识形式的发展,同样是以先驱者们传给它的特定的现存资料为前提的。这个前提一是教育的思想资料,一是在教育过程中长期形成的特定的模式(如学制、入学年龄、教学形式、教育经验等)。这些先驱者们留下的特定的材料,尽管将根据当时社会的需要加以扬弃、改造、继承和发展,但总还是使一种特定的教育带有自己发展历程中的烙印。这就形成了同一经济类型、同一政治制度下的不同特色的教育,或者是一种教育在经济制度变革的不同时期仍然还具有许多相同的东西。

认识教育的相对的独立性,对我们理解教育的发展及教育的社会作用,具有理论意义与实践意义。

教育的发展与社会存在的发展并不完全是同步的。教育的发展依存于社会存在的发展,这是从根源上和发展的总趋势上说的,是从主导方面讲的,但并不是完全一致的,或前或后不同步的情况是经常出现的,它有时落后于经济发展趋势,以拖延社会的发展,有时又预见社会经济发展的趋势,以推动社会经济的发展。譬如,作为封建教育思想残余与资产阶级的腐朽的教育思想,尽管在私有制已被消灭的社会主义里,它已失去了它依存的基础,然而,它们起着阻碍着社会主义教育事业顺利发展的作用。与之相反,马克思主义的教育学说,它根据社会发展的客观规律,指出了教育发展的方向与趋势,它对推动社会主义

---

① 《马克思恩格斯选集》第 4 卷,人民出版社 2012 年版,第 642-643 页。
② 《马克思恩格斯选集》第 4 卷,人民出版社 2012 年版,第 612 页。

教育事业的发展具有积极的作用。这种情况的出现,表明了教育思想的相对的独立性。认识教育的发展与经济的发展并不完全是同步的,使我们可以自觉地去了解社会物质发展的趋势,不断地改革教育中那些不适宜的东西。

承认教育发展的相对的独立性,就必然承认教育发展的继承性。教育的继承性表现在:教育内容的继承。这包括科学知识,语言文字等等,凡是人类在历史进程中认识客观世界的科学成果,都将根据不同的要求,成为教育的内容。由此看,不同历史时期的教材内容是有许多同一的东西的。教育模式的继承,包括学校教育一系列的组织与制度、教学的形式等。现代学校教育的整个模式,虽然主要是反映着今天的现实的要求,但同时保留着历史上形成的许多合理的因素。教育理论与教育经验的继承,包括反映教育客观规律的一切科学认识,如教育学说、教育、教学经验等。人们在教育实践中,认识了教育的客观规律,这些规律并不受时代和阶级的局限。任何教育活动,要想取得成功,都必须遵循这些客观规律。否认教育的继承性,必然给教育实践带来巨大的损害,这已为苏联和我国的教育改革的实践所证明。

当然,我们讲教育的独立性,毕竟是相对的,唯物主义一元论的历史观是不可动摇的。唯物史观既反对抹杀社会意识相对的独立性的形而上学的机械论,又反对把这种独立性夸大为绝对的对立的历史唯心主义。

三、马克思对资本主义社会教育的批判

马克思主义是马克思和恩格斯创立的基本理论、基本观点和学说的体系。马克思用一生最大的精力对政治经济学进行了改造,完成了伟大的巨著《资本论》。《资本论》的贡献在于揭示了资本主义社会的经济运动规律,揭示了资本主义发生、发展、没落的必然过程。马克思恩格斯正是在剖析资本主义经济运动的过程和基础上,对资本主义社会进行了多方面的批判,其中包括对教育深刻的批判。

马克思说:关于对妇女劳动和儿童劳动进行资本主义剥削所造成的精神摧残,恩格斯在他所著的《英国工人阶级状况》中作了详尽的阐述。恩格斯于1842年到了英国的工业中心曼彻斯特居住,在此,他常到工人栖身的肮脏的住宅区去,亲眼看见了工人贫穷困苦的情况,同时他又阅读了能找到的一切官方文件,《英国工人阶级状况》就是他研究与观察的结果。列宁说:"这部著作是对

资本主义和资产阶级的极严厉的控诉。它给人的印象是很深的。"还说:"不论在 1845 年以前或以后,还没有一本书把工人阶级的穷苦状况描述得这么鲜明,这么真实。"①所以,我们研究马克思对资本主义教育的批判,就不能不从这部著作说起。

恩格斯在《英国工人阶级状况》中,详尽地从体格方面、智力方面、道德方面考察了工人的状况。恩格斯指出,由于资产阶级的贪婪,英国社会把工人置于这样一种境地:他们既不能保持健康,也不能活得长久;它就这样不停地一点一点地毁坏着工人的身体,过早地把他们送进坟墓。由于过早地参加劳动和劳动日的延长,儿童整日都在工厂和家里做着简单的机械操作,儿童受教育的权利被剥夺了,使儿童完全处在愚昧无知的状态。在精神方面完全受着宗教的奴役。恩格斯指出,每一个教派都把本教徒的孩子保留在自己的怀抱里,都想从别的教派那里把某些不幸的孩子的灵魂抢夺过来,都以宗教最无聊的一面(即对异教义的辩驳)去充塞孩子们的头脑,从童年起就被培养起教派的仇恨和狂热的偏见,而智力、精神和道德被忽视了。关于英国教育的情况,特别是英国工人受教育的情况,恩格斯从许多方面进行了揭露。他说,英国教育设施和人口数目比起来,少得很不相称。政府在 5500 万英镑的预算中用于国民教育的只是 4 万英镑这样一个可怜的数目。在初等教育方面尽管设有日校、夜校和主日校等形式,但工人子女进日校的人数很少,由于白天做工累了 12 小时,夜校几乎没人去,去了在上课时也是睡觉。主日校由于从一个星期日到下一个星期日相隔的时间太长了,结果在下一次上课时就将上一次课的内容全忘了。何况,主日校内根本不教学生识字,只是进行宗教教育,所以,实际对工人子女无任何的好处。就是在资产阶级为工人所设立的"技术学校"里,看来给工人教授一些普通科目和技术科目的知识,但实质是为了消除无产阶级的影响,使工人脱离无产阶级的斗争和为资产阶级增加收入,资产阶级利用这些学校来训练工业所必需的熟练工人,并使这些工人受他们的支配。恩格斯认为:"所谓义务教育也只在名义上存在,当政府在 1843 年的议会会议上要使徒有其名的义务教育生效时,工业资产阶级倾其全力来反对。"②因为工厂主既然关心的只是工人最起码的生活,"那我们也就不必因为它只允许工人接受符合资产阶级本身利益的

① 《列宁全集》第 2 卷,人民出版社 2013 年版,第 7 页。
② 《马克思恩格斯文集》第 1 卷,人民出版社 2009 年版,第 424 页。

那一点点教育而感到奇怪了。"①而且，"资产阶级又分成无数的教派；每个教派都只有在他们能够使工人同时接受这个教派所特有的教条作为抗毒素的时候，才同意工人受教育，否则，让工人受教育是危险的。"②许多的工厂主为了欺骗舆论而逃避"工厂法"的约束，往往吹嘘童工多数已经完成义务教育的要求了。而事实是许多童工并不知 2×2 等于多少，许多童工没听说过伦敦……

当然，恩格斯并不认为无产阶级只是一个受苦的阶级，他在《英国工人阶级状况》中，充分说明了正是工人阶级它所处的那种低贱的经济地位，无可遏止地推动它前进，使它去争取本身的最终的解放。所以，恩格斯在《英国工人阶级状况》中，还称道了工人自己——工会会员、宪章主义者、社会主义者，出经费创办许多学校和阅览室，以此来提高工人的知识水平和使"孩子们受到纯粹的无产阶级教育"。恩格斯明确地说，贫困教人去祈祷，而更重要的是教人去思考和行动。英国工人几乎都不会读，更不会写，但他们自己和全民族的利益是什么，他们都知道得很清楚。虽然他们不会算，可是他们对于政治经济学的概念的理解足以使他们看穿主张取消谷物税的资产者，并且驳倒他们。虽然他们完全不了解，教士们费尽心机给他们讲的天国的问题，可是他们很了解人间的即政治的和社会的问题。因为这个阶级生活条件本身，就给他们一种实际的教育，这种教育不但代替了学校里的陈词滥调，甚至把工人置于英国全民族运动的前列。

到了 1847 年，马克思在《哲学的贫困》第二章"政治经济学的形而上学"中，对资本主义工厂生产给儿童带来的严重影响进行了深刻的揭露，马克思说："工厂一出现就表现出一些绝非慈善的行为。儿童在皮鞭下面工作；他们成了买卖的对象，有人为弄到儿童而同孤儿院订立了合同。"③还说，"机器的采用加剧了社会内部的分工，简化了作坊内部工人的职能，集结了资本，使人进一步被分割。"④

1848 年 2 月，在《共产党宣言》中，马克思、恩格斯对资本主义教育的批判，达到了新的高度。它对资产阶级的教育本质作了理论的分析。它指出，作为观念形态的教育，是受社会物质生产、受社会经济基础决定的，因而不同时代的不

---

① 《马克思恩格斯文集》第 1 卷，人民出版社 2009 年版，第 423 页。
② 《马克思恩格斯文集》第 1 卷，人民出版社 2009 年版，第 425 页。
③④ 《马克思恩格斯选集》第 1 卷，人民出版社 2012 年版，第 247 页。

同社会的教育的性质是不同的,同一时代的不同社会的教育性质也是不同的,教育是随着社会物质生产和社会关系的变化而变化的。从这一唯物史观出发,马克思指出,资产阶级的教育是受资本主义生产关系决定的,资产阶级教育观念只不过是资产阶级的所有制的产物,这正像资产阶级的法只不过是被奉为法律的资产阶级的物质生活条件来决定的。在"宣言"中,马克思、恩格斯还指出,在资本主义社会里占统治地位的教育,是资产阶级的教育。一个社会里可能有三种观念形态的教育思想,但占统治地位的是统治阶级的教育学说,因为一个时代的统治思想始终都不过是统治阶级的思想。他们还指出,资产阶级的教育目的,对大多数人(即对无产阶级)来说,只不过是把他们训练成资本的工具,训练成机器。① 这就是资本主义教育的本质,也就是它的历史性和阶级性。列宁说,《共产党宣言》的篇幅不长,但价值却相当于多部巨著,它是以天才的透彻鲜明的笔调叙述了新的世界观。② 我们也可以说,《共产党宣言》中的马克思、恩格斯的教育思想,也是以透彻鲜明的笔调叙述了新的教育观,即以唯物史观批判了资本主义社会的教育,并以共产主义新社会的创造者无产阶级所负的世界历史使命,提出了改造旧教育的任务。马克思指出,资产阶级唯恐灭亡的那种教育,不过是把大多数人训练成机器的教育。这正是无产阶级要消灭的教育。它是共产党人要消灭私有制的必然结果。因为资产阶级的教育和资产阶级所有制关系一样,只不过是历史的暂时现象,而不能是永恒的自然规律和理性规律。这一思想鼓舞和推动着正在进行斗争的无产阶级。

1851 年的革命之后,马克思主要从事《资本论》的著作,而恩格斯写了许多论战性的著作。在《资本论》问世之前,马克思也在 1850 年发表的《1848 至 1850 的法兰西阶级斗争》的文章中,指出 1850 年 3 月 16 日国民议会所通过的国民教育法,是把国民教育事业全部交给了僧侣和耶稣教徒,使教育成为强制愚化人民的工具。还在 1851 年发表的《德国的革命与反革命》中揭发了梅特涅政府的愚民政策,指出:"在这里,一切信息的来源都在政府控制之下,从贫民学校、主日学校以至报纸和大学,没有事先得到许可,什么也不能说,不能教,不能印刷,不能发表。"③在 1861 年至 1863 年所写的《剩余价值理论》中曾指出过英

---

① 《马克思恩格斯选集》第 1 卷,人民出版社 2012 年版,第 417 页。
② 《列宁全集》第 26 卷,人民出版社 2017 年版,第 50 页。
③ 《马克思恩格斯选集》第 1 卷,人民出版社 2012 年版,第 576 页。

国有许多的"教育工厂",教育工厂是贩卖知识的老板,利用他们的资本交换教师的劳动能力,通过这个过程使自己发财致富。通过这些论述和分析,使我们对资本主义教育的本质,理解得更深刻了。

值得提出的是 1866 年,他给临时总委员会参加在日内瓦召开的国际第一次代表大会代表的指示。"指示"的第三部分是"工作日的限制",第四部分是"男女儿童和少年的劳动"。大家知道,机器的出现,这是缩短劳动时间的最有力的手段,然而机器的资本主义条件下的使用,它便消灭了工作日道德界限和自然界限。尽管工厂法对工作日有所规定,但资本家则不顾它的规定,而任意滥用童工和延长劳动时间,许多工厂工作时间延长到 16～18 小时,其结果是严重地摧残了童工的心身健康。所以马克思在"指示"中写道:"限制工作日是一个先决条件,没有这个条件,一切进一步谋求改善工人状况和工人解放的尝试,都将遭到失败。"①还说:限制工作日"不仅对于恢复构成每个民族骨干的工人阶级的健康和体力是必需的,而且对于保证工人能够发展智力,进行社交活动以及社会和政治活动,也是必需的。"②马克思指出:"我们建议把工作日在法律上限制为 8 小时。"还说:"这种限制是美国工人的普遍要求,代表大会的表决将使它成为全世界工人阶级的共同行动纲领。"③在"男女儿童和少年的劳动中",马克思揭露了资本主义制度,把工人降低为积累资本的简单工具,把那些被贫困压得喘不过气来的父母变成了出卖亲生儿女的奴隶主。资本主义制度下,儿童发展是畸形的。为了抵制这种残酷剥削童工的趋势,马克思指出了儿童应在 9 岁以前就开始享受小学教育。工人阶级在目前情况下,应通过法律斗争,以实施上述的要求,认为社会有责任保护儿童和少年的这种权利。马克思这一主张,鼓舞着工人阶级争取教育权的斗争。④

1867 年,马克思的主要著作《资本论》第一卷出版。在这部著作中,叙述了他的经济学观点,彻底地弄清了资本和劳动的关系,揭露了在资本主义社会,在资本主义生产方式中资本家对工人的剥削是怎样进行的。马克思在《资本论》中,正是以资本和劳动的关系为轴心揭开了资本主义社会全部的社会画面,正是以资本和劳动的关系来展示了他的教育观,特别是对资本主义教育的彻底批判。马克思的观点是彻底的,他认为:"把经济的社会形态的发展理解为一种自

①②③　《马克思恩格斯全集》第 21 卷,人民出版社 2003 年版,第 268 页。
④　《马克思恩格斯全集》第 21 卷,人民出版社 2003 年版,第 269-270 页。

然史的过程。不管个人在主观上怎样超脱各种关系,他在社会意义上总是这些关系的产物。"①马克思在《资本论》中所谈的教育和所谈的人,都是从这种关系出发的,都是经济范畴的,都是这种关系的承担者,他抛掉了人情脉脉,决不用玫瑰色来描绘这种关系。所以,他的《资本论》中教育的出发点是劳动力的买与卖,是从劳动力市场上新劳动力的补充和机器生产对专门劳动力的需求的角度来论述教育的意义的,是从资本和劳动的关系中揭示资本主义教育的本质和资本主义教育的弊端的。

在《资本论》中,马克思谈到教育,首先是从揭示资本主义机器大工业生产给工人带来的严重后果入手的。机器大工业的出现是人类征服自然的一个巨大的胜利,但是,在资本主义制度下,机器却大大加强了资本对雇佣劳动的统治。马克思写道:"机器就其本身来说缩短劳动时间,而它的资本主义应用延长工作日;因为机器本身减轻劳动,而它的资本主义应用提高劳动强度;因为机器本身是人对自然力的胜利,而它的资本主义应用使人受自然力奴役;因为机器本身增加生产者的财富,而它的资本主义应用使生产者变成需要救济的贫民,如此等等。"②机器的资本主义使用,给工人阶级直接带来的第一个后果,就是大批的妇女和儿童到工厂去做工。由于机器简化了操作过程,由于机器本身有着自己的发动机,这就使得体质较弱的劳动力、体力较少的妇女和身体还没有发育成熟的儿童参加生产成为可能。因此,随着机器的广泛采用,大批的妇女和男女儿童到工厂去做工。马克思说:"就机器使肌肉力成为多余的东西来说,机器成了一种使用没有肌肉力或身体发育不成熟而四肢比较灵活的工人的手段。因此,资本主义使用机器的第一个口号是妇女劳动和儿童劳动!"③

马克思在《资本论》中以大量的材料,揭露了在资本的奴役下,工人特别是童工受到的摧残,概括地说,这就是:智力的荒废,身体的肢解和道德的堕落。

马克思说,把未成年的人变成单纯制造剩余价值的机器,就人为地造成了智力的荒废。这是因为机器劳动极度地损害了神经系统,同时又压抑肌肉的多方面的运动,侵吞身体和精神的一切自由活动,甚至减轻劳动,也成了折磨人的手段,机器生产不是使工人摆脱劳动,而是使工人的劳动毫无内容。当然,这不

① 《马克思恩格斯选集》第 2 卷,人民出版社 2012 年版,第 84 页。
② 《马克思恩格斯全集》第 44 卷,人民出版社 2001 年版,第 508 页。
③ 《马克思恩格斯全集》第 44 卷,人民出版社 2001 年版,第 453 页。

是机器生产过程本身的罪孽,因为资本主义生产不仅是一个劳动过程,同时也是资本增殖的过程。由此,在生产过程中,使智力与体力劳动相分离,智力变成了资本支配劳动的权力,要求工人的只是一种极低级的熟练劳动,从小专门服侍一台局部的机器,变成局部机器的一部分,他的智力当然是要荒废的。

至于对身体的摧残是更为明显的。马克思分析了工厂劳动的物质条件,他说:"人为的高温,充满原料碎屑的空气,震耳欲聋的喧嚣等等,都同样地损害人的一切感官,更不用说在密集的机器中间所冒的生命危险了。"①还说:在工厂制中生产的节约,在资本家手中却"变成了对工人在劳动时的生活条件系统的掠夺,也就是对空间、空气、阳光以及对保护工人在生产过程中人身安全和健康的设备系统的掠夺,至于工人的福利设施就根本谈不上了。傅立叶称工厂为'温和的监狱'难道不对吗?"②马克思和恩格斯一样地称道了一个很普遍的乐观的自由贸易论者莫利纳里先生说的话:一个人看管机器的划一运动 15 小时,比他从事同样长时间的体力劳动还要衰老得快。

童工中道德的堕落是由于资本主义大工业导致了工人家庭的瓦解,由于资本对未成熟劳动直接或间接的剥削,由于资本对劳动的受奴役男女儿童的权利得不到保护,致使他们从小就染上酗酒、偷窃,甚至吸毒品的恶习。这当然不应由儿童负责,而是资本主义制度造成的。这个见解马克思在《资本论》中是十分明确的。

资本主义生产方式的绝对规律是生产剩余价值,或者说是赚钱。与资本积累的规律相适应的是贫困的积累。无产阶级所得的工资,只相当于维持劳动力再生产的生活资料的价值。所以,他们没有享受教育的权利。尽管工厂法中规定了教育条款,而且把初等教育看作是工厂主使用 14 岁以下童工的法定条件。但是,由于工厂主的利润原则而逃避这一法令,加之工人阶级的日益贫困,致使儿童实际不能入学学习。所以,马克思指出:"这种义务教育大部分仍然徒有其名。"③马克思认为,这一点也明显地暴露出资本主义生产的本性。

义务教育徒有其名,儿童受教育的权利被剥夺了。于是社会舆论指责这一现象是"父母对自己的年幼顺从的儿女滥用权力,任意虐待",是父母为享有"一

---

① 《马克思恩格斯全集》第 44 卷,人民出版社 2001 年版,第 490 页。
② 《马克思恩格斯全集》第 44 卷,人民出版社 2001 年版,第 491-492 页。
③ 《马克思恩格斯全集》第 44 卷,人民出版社 2001 年版,第 460 页。

点工资而把自己的孩子变成单纯机器",是父母权力的滥用而"过早地毁坏了儿童的身体",并使他们的"道德堕落、智力衰退"。马克思指出:"不是亲权的滥用造成了资本对未成熟劳动力的直接或间接的剥削,相反,正是资本主义的剥削方式通过消灭与亲权相适应的经济基础,造成了亲权的滥用。"①从工场手工业向机器大工业过渡所引起的一个变化,就是原来工人为了活命不得不出卖自己,而到机器生产时,却不得不出卖自己的妻子和儿女了。这就使工人家庭男女老少都处在资本的直接统治之下,增加了雇佣工人的数量,扩大了剥削的范围。使工人阶级的地位明显下降。总之,对资产阶级教育的批判,都是从资本对工人的奴役出发的。

关于童工受剥削和教育权被剥夺的情况,在《卡·马克思关于在资本主义制度下使用机器的后果的发言记录》中,又有进一步的揭露。他指出,劳动强度的提高和劳动时间的延长都给儿童发展造成了严重的祸害。在《卡·马克思关于现代社会中的普及教育的发言记录》中,指出了普鲁士教育制度的本质,是"专门培养优秀士兵"的教育。而在《哥达纲领批判》中,指出了资本主义社会的教育不平等的根源是由经济关系决定的。他指出,工人阶级除了自己的劳动力,没有任何其他的财产,他们不得不为占有劳动的物质条件的他人做奴隶,他们是只有得到他人允许才能劳动,因而只有得到他人的允许才能生存的人。这样的人能够去和资产阶级在教育上讲平等吗?在资本主义社会里,既不能将资产阶级的教育水平降低到一般的工人和农民的程度,更不能将无产阶级的文化落后的情况,提高到有产阶级那样的高度。可见,资本主义社会的教育是不可能平等的。

从马克思的一系列的著作对资本主义教育的批判中,我们可以概括为以下几个基本要点。

第一,马克思恩格斯的历史唯物主义学说,为揭示资本主义的社会特质奠定了理论基础。马克思从社会存在决定社会意识的原理出发,认为资本主义的教育是由资本主义生产方式决定的,是由资本主义所有制关系决定的;在资本主义社会里,占统治地位的是资产阶级的教育,教育具有阶级性;资产阶级的教育目的,一方面是培养资产阶级所需要的统治人才,另一方面是把大多数人训

---

① 《马克思恩格斯全集》第44卷,人民出版社2001年版,第563页。

练为资本的工具;资本主义教育的权利是不平等的,无产阶级受教育的权利被剥夺了。

马克思按照历史的辩证法,对资本主义教育的社会性质进行了深刻的批判,然而,这并不是对资本主义教育在历史上的作用完全否定。他认为资产阶级在历史上曾经起过革命性的作用,他指出:"资产阶级除非对生产工具,从而对生产关系,从而对全部社会关系不断地进行革命,否则就不能生存下去。反之,原封不动地保持旧的生产方式,却是过去的一切工业阶级生存的首要条件。生产的不断变革,一切社会状况不停的动荡,永远的不安定和变动,这就是资产阶级时代不同于过去一切时代的地方。"①正是追求生产剩余价值的绝对规律,促使着教育成为生产劳动力的必要条件,而使教育得到发展。资本主义的教育在教育的发展史上起过革命性的作用,这正是资本主义生产方式的结果。

同样,马克思也尊重历史的辩证法,从生产力与生产关系的矛盾出发,从生产的社会化和生产资料私人占有之间的矛盾出发,揭露了资本主义教育的弊端和它的阶级本质,目的在于使工人阶级认识到,无产阶级的历史使命在于改变这种教育的性质,在于使教育摆脱统治阶级的影响。这是历史的必然,是消灭私有制的必然结果。

第二,马克思的经济学说的伟大贡献是揭示资本主义社会的经济运动的规律。马克思从分析商品开始,周密地研究了资本主义社会的经济结构,创立了剩余价值学说。这一学说,彻底地弄清了资本和劳动的关系,揭露了在资本主义生产方式下资本家对工人的剥削是怎样进行的。马克思的经济学说为我们了解资本主义社会教育提供了一个认识工具。资本主义的机器大生产代替手工劳动以后,给工人阶级带来的第一个直接后果就是把大批的女工和童工赶进劳动力市场,这就剥夺了整个无产阶级后代享受教育的权利;再加上机器生产为资本家提高劳动强度、延长工作日提供了新的条件,这就迫使童工处于极端悲惨的境地;而机器的资本主义使用,使工人日益成为机器的附属物,结果是正在成长的儿童失去了身心正常发展的可能性。这一切的结果,都给儿童带来了深重的灾难:身体发育的畸形化,智力的荒芜和道德的堕落颓萎。马克思恩格斯对童工惊人的灾难状况的叙述,是对资本主义社会和资产阶级极严厉的控诉。

---

① 《马克思恩格斯选集》第1卷,人民出版社2012年版,第403页。

然而,马克思并不同意蒲鲁东主义者在妇女和男女儿童劳动问题上的立场。蒲鲁东主义者不是主张去争取妇女和儿童劳动条件的改善,而是主张禁止妇女和儿童参加劳动。马克思说:"我不认为,妇女和儿童参加我们的社会生产是一种坏事。"①还说"我们认为,现代工业使男女儿童和少年参加社会生产这个伟大事业,是一种进步的、健康的、合理的趋势。"②后来,马克思在批判拉萨尔主义者在《哥达纲领》中所提出的要"禁止儿童劳动"时,又指出:"普遍禁止儿童劳动是同大工业的存在不相容的,所以这是空洞的虔诚的愿望。实行这一措施——如果可能的话——是反动的。"③马克思这一原则立场,是以历史发展的必然趋势为根据的,是建立在社会物质生产发展的客观要求上,是新的一代人全面发展的客观需要。当然,马克思明确地认为它"在资本主义制度下是畸形的"。马克思正是站在无产阶级立场上,站在历史发展的必然上批判童工制度,而不是站在小资产阶级立场上,妄图使历史倒退回去,去阻止资本主义的这一弊端。马克思的立场是唯物的,是彻底的。

同样,由于资本主义大生产迫使旧家庭(父权制)的解体,这个过程是经过最可怕、最痛苦、最可恶的形式实现的。马克思认为:"由于大工业使妇女、男女少年和儿童在家庭范围以外,在社会地组织起来的生产过程中起着决定性的作用,它也就为家庭和两性关系更高级的形式创造了新的经济基础。……同样很明白,由各种年龄的男女个人组成的结合劳动人员这一事实,尽管在其自发的、野蛮的、资本主义的形式中,也就是在工人为生产过程而存在,不是生产过程为工人而存在的那种形式中,是造成毁灭和奴役的祸根,但在适当的条件下,必然会反过来转变成人道的发展的源泉。"④所以,马克思一面批判资本主义制度迫使工人家庭的解体,另一方面又指出现代资本主义的最高形式,又准备着新的家庭形式,并为妇女的地位和青年一代的教育准备着新的条件。在此原则立场上,他反对蒲鲁东主义者所倡导的妇女应回到家里去的主张。同是面对资本主义迫使工人家庭瓦解这一事实,两种主张迥然不同,一个前进,一个后退,一个革命,一个反动。

---

① 《马克思恩格斯全集》第 21 卷,人民出版社 2003 年版,第 587 页。
② 《马克思恩格斯全集》第 21 卷,人民出版社 2003 年版,第 269 页。
③ 《马克思恩格斯选集》第 3 卷,人民出版社 2012 年版,第 377 页。
④ 《马克思恩格斯全集》第 44 卷,人民出版社 2001 年版,第 563 页。

　　第三，马克思不仅对资本主义教育进行了批判，而且根据无产阶级的利益提出了无产阶级在国民教育方面的要求。并以这一要求武装无产阶级，引导他们开展斗争。这一斗争是从两个相互依存的问题着手的。一个是限制工作日，一个是争取教育权。限制工作日是一个先决条件，没有这个条件，一切进一步谋求改善工人现状和工人解放的尝试，都将遭到失败。争取教育权是一种必要的抗毒素，以它来抵制资本主义制度把工人降低为积累资本的最简单的工具。

　　马克思主张在资本主义社会制度下，利用法律来确定国民学校的经费，教员的资格、学习的科目等等，并且主张应由国家视察员监督这些法律规定的实施。当然，工人阶级要求实行这种法律，绝不是巩固政府的权力。相反，工人阶级正在把目前被用来反对他们的政权变为自己的武器。这就是马克思说的：教育可以是国家的，而不是政府的。政府可以委派视察员，视察员对教学过程本身虽然无权干预，但可监督法律的遵守与执行，正如工厂视察员应当监督工厂法的遵守一样。

　　马克思所说的争取教育权，有三个内容：①智育；②体育；③综合技术教育。以此作为抗毒剂，以抵制资本主义制度对童工的奴役和剥削。所以，他认为："无论是小学还是中学，都不应该开设那些容许进行政党或阶级的解释的课目。只有像自然科学、文法等等这样的课目才可以在学校里讲授。"[1]马克思的立场是鲜明的，从当时的情况看，要通过国家对人民实施教育是完全要不得的。如那样，就等于让工人阶级的后代去接受资产阶级的奴化教育。这是与工人阶级的利益相违背的。

四、马克思对共产主义社会教育的设想

　　列宁说："马克思丝毫不想制造乌托邦，不想凭空猜测无法知道的事情。马克思提出共产主义的问题，正像一个自然科学家已经知道某一新的生物变种是怎样产生以及朝着哪个方向演变才提出该生物变种的发展问题一样。"[2]马克思恩格斯提出的共产主义社会，是基于对现实的批判及对社会发展规律的研究，是与"空想"社会主义有本质不同的。同样，马克思对共产主义教育的设想，也

[1]　《马克思恩格斯全集》第 16 卷，人民出版社 1964 年版，第 656 页。
[2]　《列宁全集》第 31 卷，人民出版社 2017 年版，第 81 页。

是基于对现实的批判和对于未来社会的科学设想而提出的,他原则上区别于欧文在苏格兰新拉纳克工厂和在美国"新和谐公社"的试验。

空想社会主义早在 16 世纪资本的原始积累时就产生了,到了 19 世纪初,以欧文、圣西门、傅立叶为代表,形成了空想社会主义学说。欧文等人批评资本主义社会,抨击它的各种弊病,设计和宣传用来代替资本主义制度的未来"理想社会"的蓝图。但他们不能指出社会的真正出路。他们既不能阐明资本主义雇佣制度的本质,又不能揭示资本主义发展的规律,也不能找到创造新社会的社会力量。在他们的心目中,无产阶级只是一个受苦受难的阶级。所以,他们的社会主义和共产主义只是一种"空想"。这种空想的社会主义学说的出现,是由于这种学说的创始人所处的时代,资本主义经济关系还未成熟,无产阶级和资产阶级的阶级矛盾、阶级对立还未充分发展,这就决定了这种社会主义理论的不成熟。恩格斯说:"不成熟的理论,是同不成熟的资本主义生产状况、不成熟的阶级状况相适应的。解决社会问题的办法还隐藏在不发达的经济关系中,所以只能从头脑中产生出来。社会所表现出来的只是弊病,消除这些弊病是思维着的理性的任务。于是,就需要发明一套新的更完善的社会制度,并且通过宣传,可能时通过典型示范,从外面强加于社会。这种新的社会制度是一开始就注定要成为空想的,它越是制定的详尽周密,就越是要陷入纯粹的幻想。"[1]

到了 19 世纪 40 年代,资本主义经济在西欧取得了统治地位,无产阶级与资产阶级的阶级斗争日趋尖锐化。马克思恩格斯总结了无产阶级斗争的经验,批判地继承和发展了空想社会主义的思想成果,创立了科学社会主义学说,它是在批判旧世界中发现的新世界。马克思恩格斯根据他们创立的唯物史观和剩余价值理论,不像空想社会主义者那样,把社会主义看作是某个天才头脑的发现,而看作是现代资本主义社会经济运动发展的结果,是无产阶级和资产阶级斗争的必然产物。它已不再是"理想社会"的蓝图,而是研究必然产生这两个阶级及其相互斗争的那种历史的经济过程,并在由此造成的经济和政治状况中找出解决矛盾和冲突的手段。共产主义是作为资本主义社会制度的对立物出现的,是资本主义产生的那种社会力量发生作用的结果。因此,共产主义社会制度的基本特征,是以生产资料公有制为基础,消灭了人对人的剥削,国民经济

---

① 《马克思恩格斯选集》第 3 卷,人民出版社 2012 年版,第 645 页。

在计划指导下发展,生产目的是满足社会成员的物质与文化生活的需要。这个社会是从资本主义社会制度的内在矛盾中合乎逻辑地发展起来的。当然,这些特征也只是总的方向和大的轮廓,不是也不可能是完整的详尽的方案。正如马克思恩格斯在《共产党宣言》的 1872 年德文版序言所说的那样,共产主义的一般的基本原理具有普遍意义,而这些基本原理的实际运用,随时随地都要以当时的历史条件为转移的。马克思恩格斯对未来教育的设想,其基本原理具有普遍的意义。而这些原则的实现,"完全取决于人们将不得不在其中活动的那个既定的历史环境"[1]。

关于对共产主义教育的设想,早在 1845 年,恩格斯在《共产主义在德国的迅速发展》与《在爱北斐特的演说》中就认为,爱北斐特共产主义的基本原则应是"一切人都有平等的受教育的权利,都应该分享科学的成果"[2]。认为应由"国家出资对一切儿童毫无例外地实行普遍教育,这种教育对任何人都是一样,一直进行到能够作为社会的独立成员的年龄为止"[3]。这时恩格斯尽管未能站在唯物史观的立场上,来正确地评价教育的社会作用,然而,他是将人人享受平等的教育权,看作是共产主义教育的基本原则。

到了 1847 年,恩格斯在《共产主义原理》中,明确指出共产主义教育的原则是:①所有的儿童,从能够离开母亲照顾的时候起,都由国家出钱在国家设施中受教育;②把教育和生产劳动结合起来;③教育将使年轻人能够很快熟悉整个生产系统,将使他们能够根据社会需要或者他们自己的爱好,轮流从一个生产部门转到另一个生产部门,使社会全体成员得到全面发展;④由于私有制的废除和社会负责教育儿童的结果,新的家庭建立在更高形式的经济基础之上,这就消除了妻子依赖丈夫、孩子依赖父母的社会弊端。[4] 这些原则,较之恩格斯在爱北斐特演说时提出的教育要求,不仅内容广泛得多,而且它是为建立第一个共产主义政党所准备的纲领中的一部分。这些教育要求,既是消灭资本主义制度即私有制的措施,又是废除私有制后,在共产主义社会教育所应坚持的基本内容。所以,它具有行动意义和理论意义。将眼前工人斗争与未来理想社会的

---

① 《马克思恩格斯选集》第 4 卷,人民出版社 2012 年版,第 541 页。
② 《马克思恩格斯全集》第 2 卷,人民出版社 1957 年版,第 593 页。
③ 《马克思恩格斯全集》第 2 卷,人民出版社 1957 年版,第 614 页。
④ 《马克思恩格斯选集》第 1 卷,人民出版社 2012 年版,第 305-309 页。

建设统一起来了。

1848 年,马克思恩格斯所写的《共产党宣言》,是无产阶级政党的第一个科学的纲领,它标志着马克思主义世界观的形成。列宁说:"这部著作以天才的透彻而鲜明的语言描述了新的世界观,即把社会生活领域也包括在内的彻底的唯物主义、作为最全面最深刻的发展学说的辩证法以及关于阶级斗争和共产主义新社会创造者无产阶级肩负的世界历史性的革命使命的理论。"①在这个纲领性的文献中,明确地指出了在无产阶级上升为统治阶级以后,为了"变革全部生产方式"所采取的措施中,确立了教育的基本原则。这就是:①以社会教育代替家庭教育,对一切儿童实行公共的和免费的教育。②取消现在形式的儿童的工厂劳动——即童工制。③把教育同物质生产结合起来。④在共产主义社会里,每个人将获得自由的发展,这种个人自由发展是一切人自由发展的条件。② 马克思恩格斯认为,这些原则的实施,在不同国家当然会是不同的,然而,它的基本精神对所有国家都具有指导意义。在这些原则中,关于普及教育的提出,在过去只不过是一个民主要求的话,那么,在摆脱了资本主义奴役的制度后,为了使所有社会成员都得到自由发展,而普遍教育则是社会主义教育的原则了。长期以来,在我们阐发《宣言》中的教育思想时,这点,是被忽视了的。

1867 年,马克思在《资本论》第一版序言中写道:"本书的最终目的就是揭示现代社会的经济运动规律。"③这一巨著为资本主义社会必然转变为社会主义社会奠定了科学的理论基础,社会主义社会是现代社会经济运动规律的必然结果。在《资本论》中,不仅揭露了资本主义社会教育的弊端,而且在批判中预见了未来理想社会教育的前景,不仅充分地评价了空想社会主义者的教育实验,而且从中看到了新社会教育的萌芽。他认为社会主义社会的教育应是:①理论的和实践的工艺教育在工人学校中占据应有的位置。②对所有已满一定年龄的儿童,都要实施生产劳动同智育、体育结合的教育,以造就全面发展的人,以提高社会生产。马克思在《资本论》中所设想的未来社会教育的内容,完全是建立在社会生产经济规律的基础之上,因而,它的科学性已被社会实践所证明。

1871 年 3 月 18 日,英勇的巴黎工人举行了武装起义,推翻了资产阶级的统

---

① 《列宁全集》第 26 卷,人民出版社 2017 年版,第 50 页。
② 《马克思恩格斯选集》第 1 卷,人民出版社 2012 年版,第 421–422 页。
③ 《马克思恩格斯选集》第 2 卷,人民出版社 2012 年版,第 83 页。

治,建立了工人阶级的政权,这是人类历史上第一个工人阶级的政权,也是人类历史上第一个工人阶级自己的政府。马克思高度赞扬了这一伟大的创举。他说,英勇的 3 月 18 日运动是把人类从阶级社会中永远解放出来的伟大的社会革命的曙光。尽管公社没有时间去改组整个国民教育,但公社在教育上的许多重大改革,马克思在《法兰西内战》中给予充分的肯定。这就是:①教育与宗教分离。这包括一切学校教育不受宗教的控制和清除教育中的宗教的教会的因素,以完成精神上解放人民的第一步。②对全民实行免费的教育,而且决定,一切教材也由学校免费发给学生。③一切教育机关要从政府的监护下和奴役下解放出来,使教育不受政府的影响。④实行科学为所有人开放,而且要摆脱阶级偏见和政府权力所加予的桎梏。[①] 马克思在《法兰西内战》中关于教育的主张是对旧教育的革命的改造,它具有普遍的政策性的意义。这些已为十月革命后的苏维埃政权和新中国成立后的实践所证明。

　　马克思对巴黎公社的革命措施给予充分的肯定,而对德国工人运动中的右倾机会主义——拉萨尔主义者要依靠普鲁士的"国家帮助"来实现社会主义的主张,进行了坚决的斗争。这个观点马克思在他 1875 年发表的重要著作《哥达纲领批判》中讲得十分明确。马克思对拉萨尔主义者在德国工人党纲草案中提出的"通过国家来实施普遍的平等的国民教育;实施普遍的义务教育;实施免费的教育"的主张,给予否定。马克思认为这些主张是完全要不得的。他指出这些主张充满着"民主的喧嚣",浸透着拉萨尔派对于国家的"忠顺信仰"。这些主张不是无产阶级夺取政权后对旧教育的改造,而是要通过教育以维护普鲁士帝国的统治。值得重视的是,马克思在《哥达纲领批判》中科学地考察了共产主义社会发展的两个阶段,即低级阶段和高级阶段,这对理解共产主义社会的教育,具有重要的意义。在低级阶段,马克思说:"我们这里所说的是这样的共产主义社会,它不是在它自身基础上已经发展了的,恰好相反,是刚刚从资本主义社会中产生出来的,因此它在各方面,在经济、道德和精神方面都还带着它脱胎出来的那个旧社会的痕迹。"[②]所以,这一阶段,享受教育的平等的权利是不能超出它的社会的经济结构以及由经济结构所制约的社会文化发展的,教育平等的权利对不同的劳动者来说是不平等的。当然,这种不平等是在消灭阶级的差别

---

① 《马克思恩格斯选集》第 3 卷,人民出版社 2012 年版,第 99 页。
② 《马克思恩格斯选集》第 3 卷,人民出版社 2012 年版,第 363 页。

过程中暂存的。关于共产主义高级阶级，马克思说："在共产主义社会高级阶段，在迫使人们奴隶般地服从分工的情形已经消失，从而脑力劳动和体力劳动的对立也随之消失之后；在劳动已经不仅仅是谋生的手段，而且本身成了生活的第一需要之后；在随着个人的全面发展，他们的生产力也增长起来，而集体财富的一切源泉都充分涌流之后，——只有在那个时候，才能完全超出资产阶级权利的狭隘眼界，社会才能在自己的旗帜上写上：各尽所能，按需分配！"①马克思预见那时的教育：①人人可以享受较高阶段的教育，否则脑体之间对立与差别就不能消失；②社会生产为人的全面发展提供了可能与需要，教育可使人获得全面的发展。

1892年，恩格斯在《反杜林论》中，抨击了杜林随意杜撰的"未来社会中学校教育"的计划，他反对未来学校中学生去学那些容易的而勿须刻苦攻读就能取得的知识，还反对在学校课程中采用"综合科目"、单科授课、废除古典语文和现代语文的教学，以及以技术教育代替体育等混乱的主张。并从中阐发了他对学生学习系统理论，学习科学知识具有重要意义的思想。恩格斯关于课程的理论是以他的知识的广阔性以及他对知识的分类为基础的。他在《反杜林论》中所主张的广阔知识结构是一个有教养的社会主义成员所应具备的。

值得重视的一篇文章，是恩格斯在1893年写给国际社会主义大学生代表大会的信。恩格斯从无产阶级取得政权以后的未来需要出发，认为一个社会主义大学生必须掌握某一专业知识，这是社会主义建设所必需的。他说："过去的资产阶级革命向大学要求的仅仅是律师，作为培养政治家的最好的原料；而工人阶级的解放，除此之外还需要医生、工程师、化学家、农艺师及其他专门人才，因为问题在于不仅需要掌管政治机器，而且要掌管全部社会生产。"②这一见解是十分精辟和有远见的。他认为建设社会主义社会"需要的绝不是响亮的词句，而是扎实的知识"③。他寄托于大学生们在将来社会主义革命和建设中与体力劳动的无产阶级兄弟站在一起，发挥更大的作用。

从上述见解中，可以看出马克思恩格斯对未来教育的设想，大体有以下几个主要方面。

---

① 《马克思恩格斯选集》第3卷，人民出版社2012年版，第364-365页。
②③ 《马克思恩格斯选集》第4卷，人民出版社2012年版，第301页。

（一）对一切儿童实行公共的免费的教育

普及初等义务教育，是一个民主的口号，它是资本主义生产方式客观要求的产物，既是机器生产代替手工工具生产的生产力发展的产物，也是资本所要求的产物。资本主义的机器大生产、商品生产，已不同于封建主义社会的手工劳动自然经济。古老的手工式闭塞的自然经济的生产，它并不要求劳动者有文化，只要会使用拙笨的最简单的工具就够了。然而，建立在科学基础上的机器生产则必须掌握文化，否则劳动者既不能从事生产，同时也无法适应商品经济中的城镇生产。由此，普及教育，就成为资本主义生产所要求的必然趋势。于是在近代历史上，许多资本主义国家相继提出普及初等义务教育的口号。马克思曾说，实施普遍的义务教育与实施免费教育，"前者甚至存在于德国，后者就国民学校来说存在于瑞士和美国"①。所以，马克思认为《哥达纲领草案》中把实施义务教育、实施免费教育的口号，当作工人阶级斗争的纲领，只不过是对民主信仰的一种民主的喧嚣，并没有超出资产阶级的民主要求的范围。

然而为什么马克思又在《共产党宣言》中把对一切儿童实行公共的免费的教育，当作夺取政权后为改变私有制和旧社会的十项措施中一项而提出呢？这是因为：①"工厂法关于所谓教育的条款措辞草率；由于缺少行政机构，这种义务教育大部分仍然徒有其名；工厂主反对这个教育法令，使用种种阴谋诡计回避这个法令；——这一切明显地暴露出资本主义生产的精神。"②②"随着商业繁荣而来的是工厂的扩大，机器应用的增加，成年工人日益为妇女和儿童所代替，以及工作日延长。在工厂里做工的母亲和儿童越多，入学人数就越少。"③③"……资产阶级又分成无数的教派；每个教派都只有在他们能够使工人同时接受这个教派所特有的教条作为抗毒素的时候，才同意工人受教育，否则，让工人受教育是危险的。"④这三条原因都是资本主义生产方式矛盾的结果，总之，资产阶级是在追求他的获得最大的剩余价值的总原则下，又要普及教育，又不能普及；整个资产阶级要普及，个体资产阶级又不普及；又要工人有文化，又不愿让工人有文化；矛盾中的统一，统一中的矛盾，导致了马克思所处的时代，工人

---

① 《马克思恩格斯选集》第 3 卷，人民出版社 2012 年版，第 375 页。
② 《马克思恩格斯全集》第 44 卷，人民出版社 2001 年版，第 460 页。
③ 《马克思恩格斯全集》第 12 卷，人民出版社 1998 年版，第 539 页。
④ 《马克思恩格斯文集》第 1 卷，人民出版社 2009 年版，第 425 页。

阶级及其后代,处在"智力荒芜"的状态。所以,工人阶级在资本主义条件下争取教育权的斗争和夺得政权后实施普及义务教育,当作一个必要的措施和原则也是完全正确的。④马克思所主张的公共的免费的教育,是儿童从离开母亲照顾的时候起,完全由社会供给一切生活和学习费用。从这层意义上说,马克思所主张的对一切儿童实施免费的义务教育,有其特定的内涵。这一点也只有在生产资料公有制和社会产品日益丰富的情况下才能实现。这是资产阶级想不到,也是不可能有的。当然,这一要求的实施,要以一个国家的实际的生产水平、社会财富而定。它不是主观的虔诚的愿望的产物。这一点,苏联和我们都是有历史教训的。

(二)取消童工制,把教育同物质生产结合起来

社会主义公有制的原则,不容许有资本主义社会中那种普遍的童工制度。因此,无产阶级夺取政权后,应利用自己的政治统治,取消童工制度,这是毫无异议的。取消童工制,并不等于禁止儿童参加劳动。应该将教育同物质生产结合起来。马克思的这一主张,是建立在经济运动规律的客观要求之上的,它是由大工业本性决定的,是由现代生产中劳动力再生产的规律决定的,同时也是消除社会不平等的弊端所要求的。马克思说:教育同物质生产结合是改造现代社会的强有力的手段之一,是提高社会生产力的一种方法和培养一代新人的基本途径。这就将科学的社会主义的教育理想建立在物质生产的基础上。教育同物质生产结合,含义十分广阔:①马克思主义认为,现代生产要想达到现代科学技术水平所要求的高度,现代教育是它的必要的前提;而现代教育要想达到现代科学技术发展所需求的高度,现代生产又是它必要的基础。为此,无论就物质生产来说或者就教育来说,都要求将教育与物质生产结合起来。②马克思讲的教育同物质生产相结合,既包含着给劳动着的工人以教育,使他们从理论与实践的统一中掌握现代生产的原理;同时也包含着给学校的学生以参加物质生产的机会和内容,以便在参加生产劳动中巩固和扩大现代科学知识和掌握生产的技能。

当然,我们对马克思提出的"在合理的社会制度下,每个儿童从9岁起都应当像每个有劳动能力的成人那样成为生产工作者"的主张,应作具体分析,不应拘于它的字句。的确,以蒸汽机为标志的大工业代替手工具生产以后,"机器使肌肉力成为多余的东西来说,机器成了一种使用没有肌肉力或身体发育不成熟

而四肢比较灵活的工人的手段,因此,资本主义使用机器的第一个口号是妇女劳动和儿童劳动!"①童工制的出现是资本主义上升时期的一种合乎规律的必然趋势。马克思讲道,在工场手工业和手工工业中是工人利用工具,在工厂中是工人服侍机器。马克思赞同说,工厂工人的劳动实际是一种低级的熟练劳动。而现代,生产力大大地发展了,以现代科学技术装备起来的现代生产体系,是不同于蒸汽时代的旧机器的。这时的生产,客观上不是"吸引"儿童和少年去参加这个生产,成为"生产工作者",而是要求新生一代暂时"远离"直接的生产过程,而去学习构成这种生产基础的科学技术。生产设备越是现代化,这种与直接生产过程暂时分离开来的独立的学习过程就越长。这已为现代工业发展中的工程技术人员的增多为三分之一以上及一般工人文化知识已达到初高中毕业的客观事实所证明。也为许多工业较发达的国家的普通义务教育年限的普遍延长所证明。所以,现代工业吸引儿童和少年参加生产劳动是资本主义上升时期与蒸汽机工业发展相适应的一种趋势。当今,生产的客观性是要求儿童和少年暂时远离直接的生产过程,而去从事掌握现代生产基础的科学技术的独立的学习活动。同时适当地参加一定的劳动则是一个合乎规律的趋势。这就是说,实行早期结合,不可拘于年龄的具体规定,而应由生产的技术基础的要求来灵活确定。

(三)实施人的全面发展的教育

马克思根据大工业生产的本性的客观规律,根据社会主义社会人们摆脱剥削以后的社会条件,认为每个社会成员都应获得全面发展。在马克思看来,人的全面发展问题,就是"工人尽可能多方面的发展",也就是适应于生产的不断变更的需要而可以"随意支配的人员"。这种人只要能从理论与实践的统一中掌握生产原理,掌握操作的基本技能,就可以不受生产内部分工的局限,可以从一个生产部门转移到另一个生产部门。全面发展,也就是智力、体力的发展达到适应现代生产的要求,也就是在现代生产中体力劳动与脑力劳动的统一。所以,全面并不神秘,它不过是能够适应现代生产中劳动的变换和工人的流动的客观规律要求的一种新式的劳动者。

诚然,马克思和恩格斯在许多著作中预测过,进入高级阶段的共产主义社

---

① 《马克思恩格斯选集》第 2 卷,人民出版社 2012 年版,第 219 页。

会以后,人的发展要达到一个新的水平。甚至如他们在《德意志意识形态》中说的:"今日干这事,明日干那事,上午打猎,下午捕鱼,傍晚从事畜牧,晚饭后从事批判,这样就不会使我老是一个猎人、渔夫、牧人或批判者。"①这种人何日能实现? 马克思说,只有到了外部世界对个人才能的实际发展所起的作用受到个人本身驾驭的时候,才不再成为口号,成为理想。只有社会分工成为生产力发展的阻力的时候,社会分工才会消失。这个社会何时到来? 这正像列宁说的:我们正朝着这个方向走去,但要经过漫长的岁月。

(四)要管理全部社会生产,必须要培养各类的专门人才

恩格斯在 1893 年,在致国际社会主义者大学生代表大会的贺信中说得很明白:工人阶级取得统治以后,建设社会主义的社会,除了所需要的律师和各种政治人才之外,还需要各种建设专家。如医生、工程师、化学家、农艺家、教师、教授等等。这是由无产阶级专政的国家性质所要求的——它不仅要掌握政治机器,而且要管全部社会生产。关于这点,恩格斯在 1891 年致奥古斯特·倍倍尔的信中说:"为了占有和使用生产资料,我们需要有技术素养的人才,而且需要量很大",认为,只有这样工人阶级才能"把工厂和大地掌管起来,为民族造福"②。为此,由于社会生产的客观需要,社会主义就必须大力发展高等教育事业。

总之,马克思的辩证唯物主义,揭示了人类社会发展的规律,揭示了资本主义社会发展的规律。立足在历史唯物论的基础上,科学地预测了未来社会的教育的发展趋势。但预测终究是对发展趋势的估计,何况,他的设想是以生产力相当发展的资本主义社会为典型作为自己立论的出发点的。所以,不能以此当作既定的模式,将生动的现实纳入其中。马克思的著作主要不是研究社会主义建设的理论,如何建设社会主义社会的教育,这要后人来继承和发展,这要由生动的教育实践来回答。我们中国是一个大国,是一个确立了社会主义制度的国家,是一个在经济和文化上正在发展的国家,是一个实现了战略重点转移的国家。在这样的一个国家里,如何搞教育建设,不可能要求马克思给我们定出一个模式。他只给了我们观察处理教育问题的方法论,给了我们一般的原理,而这些原理的实施,则有待于我们的实践。

---

① 《马克思恩格斯选集》第 1 卷,人民出版社 2012 年版,第 165 页。
② 《马克思恩格斯文集》第 10 卷,人民出版社 2009 年版,第 621 页。

第三章　马克思关于个人全面发展的理论

马克思关于个人全面发展的理论,在马克思教育思想的专门研究中,以及在一般教育学和教育史的研究中,无论国内外,也无论过去和现在,从来都受到普遍的重视。近年来,这类研究空前活跃,提供了丰富的材料和成果,同时也提出了大量的问题和争议。这表明,人们对马克思这一理论本身的认识越来越加深,同时也表明,要真正把握这一理论的内容及其精神实质,是很不容易的。

一、作为教育学思想的个人全面发展的理论

(一)个人全面发展理论在马克思主义体系中的归属问题

有的同志指出,"我国理论界长期以来占主导地位的观点,是把人的全面发展理论局限在教育学范围谈论"①,这种情况这几年开始转变。在哲学界,加强了对马克思关于人的理论的研究,还围绕人道主义和异化问题展开了争论。

讨论中提到这样一个问题:个人全面发展理论在马克思主义体系中究竟归属于哪一部分? 一种意见认为,"人的全面发展的马克思主义学说,是一个统御着社会活动一切方面的总体性概念,是一个哲学原理"②。第二种意见,认为人的全面发展"原本是经济学上的概念"③。第三种意见认为,"马克思的个人全面发展理论,属于科学社会主义学说的范畴"。因为恩格斯在《反杜林论》中,是在第三编"社会主义"部分论述这一理论的。列宁在《卡尔·马克思》一文中,也是在"社会主义"标题下介绍马克思这一理论的。④

其实,这是并行不悖的。马克思从哲学上研究了它,也从政治经济学上研

---

①② 丁学良:《马克思的"人的全面发展观"概览》,《中国社会科学》1983 年第 3 期。

③ 胡德海:《论人的全面发展的历史必由之路》,《教育研究》1979 年第 5 期。又见孙喜亭《马克思在〈资本论〉中对人的全面发展的质的规定》,《教育研究》1981 年第 7 期。

④ 胡德海:《论人的全面发展的历史必由之路》,《教育研究》1979 年第 5 期。

究了它,还从社会主义学说研究了它。换句话说,个人全面发展理论,既是马克思主义的哲学的重要内容,也是它的经济学和科学社会主义学说的重要内容。因为这些学科领域,都是离不开人的全面发展的问题的。它不是绝对地仅仅属于某一特定学科的命题,而是多种学科共同的命题,只不过不同学科对这一具体问题研究的视角不同。

(二)个人全面发展理论是重要的教育学思想

研究的实践证明,把个人全面发展理论局限于教育学范围内谈论,这不符合马克思思想的实际,大大缩小了、降低了它的意义,应该从这个局限中解放出来,扩展视野。这几年打破了这个局限,实在是一个很大的进展。当然,这并不意味着个人全面发展理论不再是教育学思想了,相反,打破这个局限正增加了、提高了它作为教育学思想的意义,更加显示马克思这一教育学思想的科学性和革命性。

从什么意义上说,个人全面发展理论是重要的教育学思想呢? 首先,从理论来源说,它不只是批判继承了一般哲学、政治经济学、社会主义学说的历史遗产,而且也批判继承了历史上优秀的教育学遗产,特别是 18 世纪末 19 世纪初英、法等国的唯物主义者和空想社会主义者的教育思想,以及德国 18 至 19 世纪的新人文主义运动主张培养"完美的人"的思想。其中,欧文的教育实验受到了马克思的重视,并对马克思产生了很大启发,是人们所熟知的。同时,透过马克思在《资本论》等著作中对工厂法教育条款执行情况的引述和批判分析,可以看到马克思很熟悉当时资本主义社会的教育实际,特别是劳动群众的教育的情况,并进行了认真的研究。这就是说,个人全面发展理论并不是马克思在论述哲学、政治经济学和社会主义学说时捎带提出的,也并非"原本是经济学(哲学、社会主义学说)的概念"而引申到教育学或兼有教育学的意义。事实上,个人全面发展理论有它教育学自身的渊源,也是对教育实践斗争经验的总结,有它相对的独立性。其次,个人全面发展理论所要解决的问题是个人和社会或人类总体的矛盾;而教育学也正是要解决个体社会化的问题的,两者目标一致。个人的发展必然地直接同教育联系在一起。无论是从哲学角度概括:人是一切社会关系的总和,还是从政治经济学角度把人看作一定生产关系的承担者和劳动力,或者从社会主义学说把人看作一定社会、阶级的成员、份子,都离不开教育。对此,我们将在后边详细地进行引证和论述。这里只是指出,在马克思看来,没有教育就没有人的发展,更没有人的全面发展。第三,马克思对教育学的贡献主要表现在两个方面:一是提供了辩证唯物主义和历史唯物主义指导观察和解决教育学问题的方法论;二是提供了对教育学建设具有奠基石意义的一些根本原理。个人全面发展理论完整地体现了这两方面的统一。它为教育学解决了一个根本问题,即规定了社会主义的教育目的和现代教育的基本特征。教育学是从"培养"的角度去研究人的,是研究人的培养规律的。培养什么样的人是教育学的首要问题,这个问题如何解决对整个教育工作具有决定性的影响。个人全面发展作为教育目的,凝集了多少代先进人物梦寐以求的崇高理想,指导着社会主义教育的方向。同时,它是从现代社会发展的历史高度提出的,因而以个人全面发展作为教育目的,也规定了不同于古代教育的现代教育的主要特征。更加具有重大意义的是,马克思的个人全面发展理论,为社会主义教育的目的和现代教育的基本特征提供了真正科学的论证和根据。教育的对象是人,教育作为对人的培养的活动必须建立在人的发展规律的基础上。而个人全面发展理论,如上所说,它既是哲学的概念,又是经济学的概念,也是社会主义学说的概念,这恰好说明,这一理论从各个方面揭示了个人全面发展规律,为社会主义教育目的和现代教育的基本特征,提供了远远超出教育学范围的深厚的理论基础。

马克思主义在各个学科中引起革命性的变革,在教育学领域同样如此。其最集中的表现之一,就是个人全面发展理论为社会主义教育规定了明确的目的,为现代教育规定了基本的特征,并给予了真正的科学基础,是教育学的最根本的原理,并对教育学研究具有方法论的意义。我们在这里,主要地就是论述马克思的作为教育学思想的个人全面发展理论。

二、个人全面发展理论的基本内容

作为马克思教育思想研究的专著,对于个人全面发展的教育理论,应该进行忠实的、全面的介绍和论述,以便获得完整、准确的概念。但是,它涉及马克思主义哲学、政治经济学和科学共产主义学说等广泛的方面,历史文献资料浩如烟海,又与许多有争议的问题联系着,不是我们目前的水平、时间、精力和本书的形式所能完成的。为了把我们的工作建立在比较切合实际的基础上,我们给自己提出的任务是:尽力把握个人全面发展教育理论的基本的内容,只在论述它的基本内容的过程中和基础上,联系到有关方面。

(一)人的本质观

为了把握马克思关于个人全面发展理论的基本内容,首先就要了解这个理论是怎样提出来的。众所周知,马克思的个人全面发展理论是从当时大工业生产发展的实践中提出来的。这是唯物论。但是,一个理论学说的产生并不这样直接而简单,而是有它自身的思想逻辑。这样,就要了解马克思对人的问题的根本看法或总的观点,就要首先学习和领会马克思的人的本质观,因为个人全面发展理论就是在他的人的本质观的基础上发展而来的。马克思思想的真实过程是这样,历史事实是这样,逻辑上也是这样。

1.广阔的背景

马克思对人的本质获得科学的概念乃至对人的问题的整个研究,是有着广阔的复杂的背景的。

第一,马克思从青年时代就有了为人类献身的抱负。他在中学所做的文章《青年在选择职业时的考虑》,就立志选择"最能为人类福利而劳动的职业",做一个"为大多数人带来幸福的人"[①]。他并且说,为人类幸福工作和自我完善不是敌对的。人们只有为了同时代人的完善,为了人类幸福而工作,自己才能达到完善。这反映出马克思思想很早就在考虑一个重要的问题,即个人完善和人类完善的矛盾及其解决的问题。[②]

第二,在马克思开始从事革命理论活动的时候,就遇到欧洲深厚的人道主义传统和强大的德意志意识形态。他和恩格斯一起曾经指出:"德国的批判,直至它最近所作的种种努力,都没有离开过哲学的基地。"[③]费尔巴哈提出了人本主义。鲍威尔兄弟、施蒂纳等人,"起初他们还是抓住纯粹的、未加伪造的黑格尔的范畴,如'实体'和'自我意识',但是后来却用一些比较世俗的名称如'类'、'唯一者'、'人'等等,使这些范畴世俗化。"[④]1844 年 11 月 19 日恩格斯在一封给马克思的信中,曾经提到当时德国理论界充斥着喋喋不休、令人心烦的关于"人"的鼓噪。[⑤]

---

①② 《马克思恩格斯全集》第 1 卷,人民出版社 1995 年版,第 459 页。
③ 《马克思恩格斯选集》第 1 卷,人民出版社 2012 年版,第 143 页。
④ 《马克思恩格斯选集》第 1 卷,人民出版社 2012 年版,第 143-144 页。
⑤ 《马克思恩格斯全集》第 47 卷,人民出版社 2004 年版,第 330-331 页。

第三,当时,社会生产已经发展到大工业时期;阶级斗争(无产阶级同资产阶级的斗争)也已充分发展起来,其中,资本主义制度把人的片面发展推向极点,其灾难性影响充分暴露;理论科学和自然科学获得一些伟大成果;这些,使马克思主义整个体系辩证唯物主义和历史唯物主义哲学,政治经济学和科学社会主义学说,都有了产生的可能并逐渐形成起来。这也就使对人的本质取得科学的认识有了可能。

因此,马克思从一开始就对人的问题进行研究。人的问题在他的著作中,占据了很重要的地位。可以说,马克思在哲学、政治经济学和社会主义学说诸方面研究的进展和成就,都与他对人的问题的科学理解有密切的关系。

2.达到科学的理解的基本过程

整个人类,对于自身的认识,在漫长的岁月中迟迟未达到科学真理性的地步,道路十分曲折。

马克思对人的问题达到科学的理解也不是一帆风顺的。正如列宁指出的:"马克思就其当时的观点来说,还是一个黑格尔唯心主义者"。[1] 马克思在1844—1847 年离开黑格尔走向费尔巴哈,又超过费尔巴哈走向历史(和辩证)唯物主义。[2] 马克思对人的本质的认识,与整个马克思主义体系的发展和形成的进程在总体上一致,马克思对人的本质的理解,经过了三个基本阶段。

第一阶段。马克思还没有摆脱黑格尔唯心论的影响,把理性、自我意识、自由看作人的本质。从他 1839 年的《博士论文》一直到 1842 年在《莱茵报》工作期间所发表的论文,还都是这样认识的。例如:"自由确实是人的本质。"国家应该是"合乎理性的公共的存在""相互教育的自由人的联合体"[3]。

第二阶段。马克思接受了费尔巴哈人本主义的影响,认为"人是人的最高本质",[4]把人的本质理解为"类",即所有个人的共同性:有血有肉,有感觉和思维,有感情和爱,等等。他在这个阶段的特点是:一方面运用的是费尔巴哈的观点和方法,另一方面,又在实际内容上不断突破费尔巴哈的局限。

在《黑格尔法哲学批判》(1843 年 3—8 月)、《论犹太人问题》(1843 年 9—

① 《列宁全集》第 26 卷,人民出版社 2017 年版,第 48 页。
② 《列宁全集》第 55 卷,人民出版社 2017 年版,第 293 页。
③ 《马克思恩格斯全集》第 1 卷,人民出版社 1995 年版,第 167、217 页。
④ 《马克思恩格斯选集》第 1 卷,人民出版社 2012 年版,第 10 页。

10 月)和《〈黑格尔法哲学批判〉导言》(1843 年 12 月)等著作中,马克思既批判、否定了黑格尔关于理性、自由等精神是国家的、也是人的本质的唯心主义观点;同时也对费尔巴哈超越了重要的一步。费尔巴哈对人的本质的认识和规定,只是跟宗教的上帝和黑格尔的绝对精神相区别的人,实质上只是自然的人,社会、政治等都在费尔巴哈的视野之外,而马克思这个时期对人的本质的认识和规定,已迈进到社会、政治领域,注意到了人的社会性。例如说:人的本质,"不是它的胡子、它的血液、它的抽象的肉体,而是它的社会特质"①。同时,"人不是抽象的蛰居于世界之外的存在物。人就是人的世界,就是国家、社会"②。意思是说,人的本质是在人生活于其中的国家和社会中表现出来的。当然,这时马克思对"社会"和"社会特质"的理解还是笼统的。

　　1843 年,实际斗争的需要,推动着马克思的批判研究,由政治(国家和法)领域进到经济领域,在《詹姆斯·穆勒〈政治经济学原理〉一书摘要》和《1844 年经济学哲学手稿》,以及之后与恩格斯合著的《神圣家族》等著作中,马克思的整个思想世界观又有了很大进展。马克思批判、改造、吸收了古典经济学家和黑格尔关于劳动是人的本质的思想,形成了唯物主义的劳动对象化理论和劳动异化的理论,在这种理论下论述了他的新发现。所谓异化劳动,就是正常的一般的劳动的否定形式,非真正的自由自觉的劳动,实质上也就是资本主义的雇佣劳动。异化劳动和私有制互相作用,使劳动产品和工人相异化;使劳动活动和工人相异化;使人的类本质和工人相异化;使人和人相异化。③ 马克思一方面揭露:"私有制使我们变得如此愚蠢而片面。"④异化劳动使人非人化,使人"肉体受折磨、精神遭摧残"⑤。另一方面,他又正面指出,"生产是人的能动的类生活"⑥"我们的生产同样是反映我们本质的镜子"⑦,工业的历史及其创造成果"是一本打开了的关于人的本质力量的书,是感性地摆在我们面前的心理学"⑧

---

① 《马克思恩格斯全集》第 3 卷,人民出版社 2002 年版,第 29 页。
② 《马克思恩格斯全集》第 3 卷,人民出版社 2002 年版,第 199 页。
③ 《马克思恩格斯选集》第 1 卷,人民出版社 2012 年版,第 51~60 页。
④ 《马克思恩格斯全集》第 3 卷,人民出版社 2002 年版,第 303 页。
⑤ 《马克思恩格斯全集》第 3 卷,人民出版社 2002 年版,第 270 页。
⑥ 《马克思恩格斯全集》第 3 卷,人民出版社 2002 年版,第 274 页。
⑦ 《马克思恩格斯全集》第 42 卷,人民出版社 1979 年版,第 37 页。
⑧ 《马克思恩格斯全集》第 3 卷,人民出版社 2002 年版,第 306 页。

"五官感觉的形成是迄今为止全部世界历史的产物"①。马克思所说的这些话的意思大致是说：人通过劳动，能动地改造客观对象，并占有被改造了的对象（包括产品），便丰富了自己，也实现自己，证明自己的本质力量；但在私有制下，劳动产品不能归劳动者所有，劳动活动是被迫的，资本家夺去产品，与劳动者对立。这种生产劳动即异化劳动，不但不是使人占有本质，而是使人丧失本质。所以，马克思认为，共产主义就是要积极扬弃一切异化，使人重新占有自己的本质，向自身复归，而且这种占有和复归应是全面的，②"是人的一切感觉和特性的彻底解放"③。

这样，马克思关于人的本质的研究，距离最终突破费尔巴哈人本主义外壳已在咫尺之间。

第三阶段。在 1845 年写的《关于费尔巴哈的提纲》（简称《提纲》）中，马克思批判了费尔巴哈，作出了"人的本质不是单个人所固有的抽象物，在其现实性上，它是一切社会关系的总和"④的论断。这是对人的本质的科学的概括，也是对历史上先进思想关于人的本质问题探讨成果的批判总结，既是对费尔巴哈彻底划清界线的产物，也是马克思对自己过去信仰清算的结果。它实现了人类认识和马克思本人认识过程中的飞跃。恩格斯评价《提纲》是"包含着新世界观的天才萌芽的第一个文献"⑤。对于整个马克思主义是这样，对于其中的人的本质的问题也是这样。

3.基本的概念

怎样理解马克思对人的本质的这一新概括呢？他和历史上的思想家特别是费尔巴哈以及马克思本人在这之前的认识有什么区别呢？

1）人的本质的含义

关于本质的概念，当时德国古典哲学家们的理解，大都包括两个含义：一是在属性（根本或主导属性）的意义上说的，二是从起源、原因、根据等意义上说

① 《马克思恩格斯全集》第 3 卷，人民出版社 2002 年版，第 305 页。
② 《马克思恩格斯全集》第 3 卷，人民出版社 2002 年版，第 297 页。
③ 《马克思恩格斯全集》第 3 卷，人民出版社 2002 年版，第 303-304 页。
④ 《马克思恩格斯选集》第 1 卷，人民出版社 2012 年版，第 135 页。
⑤ 《马克思恩格斯选集》第 4 卷，人民出版社 2012 年版，第 219 页。

的。① 马克思讲的人的本质也兼有这两种含义:第一,指它是由什么决定的,它不是来自神,不是来自绝对精神,也不是人本身固有的,而是来自"一切社会关系的总和"。第二,它的根本属性。不是神性,不是抽象的理性,也不是自然性,而是现实性、社会性。

2)概括的出发点和方法

马克思对人的本质的新概括,已采取了跟费尔巴哈不同的出发点和方法。②正如恩格斯在写完《神圣家族》(1844 年 10 月)以后不久给马克思的信中所说:"要使我们的'人'成为某种真实的东西,我们就必须从经验主义和唯物主义出发;我们必须从个别事物中引出普遍物,而不要从本身中或者像黑格尔那样从虚无中去引申。"③费尔巴哈的人本主义哲学,正是从人本身引出人的本质,并从人的本质去说明一切。马克思虽然从来就不是完全的费尔巴哈主义者,但直到《手稿》时期为止却仍然处在矛盾中:一方面,他致力于从国家、社会、生产劳动、私有制诸方面和领域来考察人;另一方面,他总还是以人为本,认为国家社会、私有制都是人的本质的异化和表现,甚至把共产主义看作人的本质的复归。如今不同了,把人的本质理解为一切社会关系的总和,表明马克思已经不再从人"自身",而是从人所参与的客观的社会关系来规定人的本质了。与出发点的转变相联系,马克思对人的本质的抽象方法也发生了飞跃。马克思批评了费尔巴哈对人的本质的抽象方法。他批评费尔巴哈撇开历史的进程,把人从社会中孤立出来,从许多超历史、超社会的单个人中抽象出所谓的"共同性"和"类",这种所谓的人的本质,的确是"纯粹自然地联系起来的""内在的、无声的",也是单纯的静态"客体",在现实中是不存在的。这种方法是形式逻辑的方法,从认识论上讲以"只是从客体的或者直观的形式去理解"④这种形式逻辑的、直观的、从许多个体中抽象出共同性的方法,对于无生命物乃至动物是适用的。对于人,概括出某些共同性,如能劳动、有理想,有自我意识,有道德性、组织性、语言性、美感……,⑤当然是可以的和必要的,但是这样做,无论你从怎样多的人中

① 《关于人的学说的哲学探讨》,人民出版社 1982 年版,第 108 页。引:黑格尔《小逻辑》,贺麟译,商务印书馆 1980 年版,第 259、281 页。
② 胡乔木:《关于人道主义和异化问题》,人民出版社 1984 年版,第 10-12 页。
③ 《马克思恩格斯全集》第 47 卷,人民出版社 2004 年版,第 330 页。
④ 《马克思恩格斯选集》第 1 卷,人民出版社 2012 年版,第 133 页。
⑤ 北京大学哲学系:《马克思主义与人》,北京大学出版社 1983 年版,第 7-12 页。

来抽象,也无论抽出怎样多的共同性,要想概括出人的本质,总归是不够的。因为人是在一定历史、社会中活动着的、实践着的,积极能动地对客观世界和其他人发生着各种对象性关系,以上所列的共同特性正是主体的实践和"关系"的产物。人的本质不是存在于孤立的个体中的,而是存在于社会关系中的,并且是变化不居的。马克思关于资本主义条件下什么是生产劳动者和非生产劳动者的区分,就是一个例子。他说:"一个演员,哪怕是丑角,只要他被资本家(剧院老板)雇佣,他偿还给资本家的劳动,多于他以工资形式从资本家那里取得的劳动,那么,他就是生产劳动者;而一个缝补工,他来到资本家家里,给资本家缝补裤子,只为资本家创造使用价值,他就是非生产劳动者。"①这就是说,同一个人,处于不同社会关系中的同一种行为,就有不同的本质;换言之,一个人的本质是怎样的,不决定于他自身,而决定于他处于怎样的社会关系之中。这告诉我们,没有辩证的逻辑和认识论是不能把握人的本质的。马克思在《提纲》中,把批判费尔巴哈的人本主义同批判他的直观认识论联系在一起,是有深刻道理的。本来,马克思一直没有放弃从黑格尔那里批判继承辩证法,这对他能够一步步超越费尔巴哈,起了重要作用。从这个意义上可以说,与其把马克思关于人的本质是一切社会关系的总和这一论断,看成对人的本质的定义,倒不如把它看作给人们探讨人的本质提供了指导性方法。②

3)个人全面发展的提法和科学的人的本质观的关系

马克思在写作《提纲》以后,就很少使用"人的本质"的"占有""复归"等提法,紧接着在1845年秋至1846年春与恩格斯合著的《德意志意识形态》(简称《形态》)中,就明确提出了"个人全面发展"的概念。③ 这前后的变化和区别是十分明显的,而且是完全合乎逻辑的。既然人的本质不是"人本身",而是由社会关系决定的,社会关系是历史的、具体的,因而是发展的;那么,就不存在什么"本质"的"异化""丧失"和"占有""复归",不只是什么"本质力量"的展开。作为现实的人,就没有什么抽象的固定的"本质",唯一的就是:在一定社会的实践中形成,随着社会关系的发展而发展了。有的同志把全面发展看作是人的本质通过对象性活动和关系(类似某种舞台)而"外显""显现""伸展""生长"……

① 《马克思恩格斯全集》第26卷第1分册,人民出版社1972年版,第148页。
② 《关于人的学说的哲学探讨》,人民出版社1982年版,第94页。
③ 《马克思恩格斯选集》第1卷,人民出版社2012年版,第199页。

这还需要再进一步讨论。要研究、理解现实的人,就不能再从寻找某种"本质"开始,而应该进入社会历史范围,研究人的社会活动和物质生活条件等等。马克思这时已指出,"每个个人和每一代所遇到的现成的东西:生产力、资金和社会交往形式的总和,是哲学家们想象为'实体'和'人的本质'的东西的现实基础,是他们加以神化并与之斗争的东西的现实基础"①,这就是说,马克思已经判定,原来意义上的那种"人的本质",不过是"哲学家们"(按:指德国当时的思辨哲学家)想象的东西,其基础是一定的社会生产力和生产关系的总和。即使是"人的一切感觉和特性""本质力量""能动性""潜能"……,也都是来自它们的"基础",并且是"发展"的。现在的问题已不再是想象什么是"人的本质",而是切实地去研究它的"基础"了。马克思和恩格斯在《形态》中批判了施蒂纳等人从寻找"本质"开始研究共产主义的错误。他说:"在'施蒂纳'那里,'共产主义'是从寻找'本质'开始的",可是事实上,"共产主义是用实际手段来追求实际目的的最实际的运动。"马克思恩格斯认为,只是在德国,为了反对德国哲学家,才会稍微研究一下本质问题。② 马克思在人的问题上的研究过程实际上也可以这样说,也是由于处在当时德国的特殊环境才研究"本质"问题。而通过对人的本质的科学概括,反映他已经找到了新的出发点,对人的研究不再从寻找"本质"开始,研究它的"异化""丧失""占有""复归",而是从人所参与社会关系的历史活动的具体发展中来研究人及其"发展"了。

(二)分工和个人片面发展

马克思基于对人的本质新的科学的理解,系统地考察了"人的本质"的"现实基础"即"……生产力、资金和社会交往形式的总和"。首先,他考察了分工和个人片面发展的事实及其规律性。

1.分工和个人片面发展的一般关系

个人的发展是怎么一回事或个人是怎样发展的?马克思作了明确的回答:"这些个人是从事活动的,进行物质生产的,因而是在一定的物质的、不受他们任意支配的界限、前提和条件下活动着的。"③"个人怎样表现自己的生命,他们

---

① 《马克思恩格斯选集》第1卷,人民出版社2012年版,第173页。
② 《马克思恩格斯全集》第3卷,人民出版社1960年版,第236页。参见:陈先达、勒辉明《马克思早期思想研究》,北京出版社1983年版,第220页。
③ 《马克思恩格斯选集》第1卷,人民出版社2012年版,第151页。

自己就是怎样。因此,他们是什么样的,这同他们的生产是一致的——既和他们生产什么一致,又和他们怎样生产一致。因而,个人是什么样的,这取决于他们进行生产的物质条件。"①

依照马克思的意见,客观的生产、生活条件决定个人的发展,是通过分工的中介而实现的,所谓分工,就是各个人从事互相联系而又不同的活动。这是一定社会关系的具体体现,也是一定生产力的具体体现。个人的发展直接决定于分工。分工直接决定着个人"生产什么"和"怎样生产"。甚至个人间天赋的差异,各种职业的区别,如搬运夫与哲学家之间的"鸿沟",也"是分工掘成的"②。

马克思在《形态》和《资本论》等著作中,系统地对分工进行了历史的和社会的分析研究。他指出,在原始社会以后、社会主义社会以前,分工和私有制是紧密联系着的。"分工和私有制是相等的表达方式,对同一件事情,一个是就活动而言,另一个是就活动的产品而言。"③这就是说,分工不是一个抽象的概念,而是具有特定的历史和社会内容的。马克思所考察的分工不是一般的分工,乃是通常所说的旧式分工。马克思发现并大量地阐述了这样一个客观规律:分工造成个人片面发展。他和恩格斯一起指出,"就个人自身来考察个人,个人就是受分工支配的,分工使他变成片面的人,使他畸形发展,使他受到限制"④。恩格斯更明确地概括说:"人的这种畸形发展和分工齐头并进。"⑤为什么会这样呢?主要有两个原因:第一,分工使个人只活动于特定范围;第二,更重要的是由于生产力发展水平还不够高,加上私有制和剥削阶级的统治,这种活动范围的划定是强加于他的,也是不能突破的。这样,个人就受到限制,并且就要屈从。因此说:"这不决定于意识,而决定于存在;不决定于思维,而决定于生活;这决定于个人生活的经验发展和表现,这两者又决定于社会关系。如果这个人的生活条件使他只能牺牲其他一切特性而单方面地发展某一种特性,如果生活条件只提供给他发展这一种特性的材料和时间,那么这个人就不能超出单方面的、畸形的发展。任何道德说教在这里都不能有所帮助。"⑥

① 《马克思恩格斯选集》第 1 卷,人民出版社 2012 年版,第 147 页。
② 《马克思恩格斯选集》第 1 卷,人民出版社 2012 年版,第 238 页。
③ 《马克思恩格斯选集》第 1 卷,人民出版社 2012 年版,第 163 页。
④ 《马克思恩格斯全集》第 3 卷,人民出版社 1960 年版,第 514 页。
⑤ 《马克思恩格斯选集》第 3 卷,人民出版社 2012 年版,第 679 页。
⑥ 《马克思恩格斯全集》第 3 卷,人民出版社 1960 年版,第 295-296 页。

2.片面发展、脑力同体力分离的历史过程

马克思简明地勾画了分工发展的历史线索。特别值得注意的是,马克思告诉我们:"分工是从物质劳动和精神劳动分离的时候起才真正成为分工。"①这一论点具有十分重要的意义。它指明了分工的主要含义,也指明了片面发展的主要含义,还对我们后边讨论的全面发展的主要含义有重要的启示。

脑体分离和个人片面发展从开始到完成或达到顶点,经历了一个历史的过程。在原始社会,生产力低下,分工不发展,没有剩余生产品。公社成员都得参加物质生产劳动,也差不多都是从事同一的活动。对这个时期个人的发展,马克思指出:"在发展的早期阶段,单个人显得比较全面,那正是因为他还没有造成自己丰富的关系,并且还没有使这种关系作为独立于他自身之外的社会权力和社会关系同他自己相对立。"②这时,当然无所谓片面发展,也无所谓全面发展。马克思把它称为"原始的丰富",并认为"留恋那种原始的丰富,是可笑的"③。

原始社会末期,发生了脑力劳动与体力劳动的分工,亦即"从事单纯体力劳动的群众同管理劳动、经营商业和掌管国事以及后来从事艺术和科学的少数特权分子之间的大分工"④。这种分工同时也就是阶级分裂,社会分裂为奴隶主剥削阶级和被剥削阶级奴隶群众。分工为阶级分裂提供基础,阶级分裂为这种分工提供实现形式。脑体分工、阶级分裂,从而也引起城乡的分离。给个人发展带来严重后果,开始了片面发展。它立即把一部分人变为受局限的乡村动物,陷于数千年的愚昧状况,破坏了他们精神或智力发展的基础;另一方面,把一部分人变为受局限的城市动物,使他们受到各自的专门手艺的奴役,破坏了他们体力发展的基础。⑤

在个人屈从于分工的同时,个人也屈从于阶级,每个个人都是作为阶级成员而存在的。正如毛泽东同志所说:"在阶级社会中,每一个人都在一定的阶级地位中生活。"⑥阶级对于个人来说,也是独立的。每个个人可以看到自己的生活条件是早已确定了的,阶级决定他们的生活状况,同时也决定着他们的个人

---

① 《马克思恩格斯选集》第1卷,人民出版社2012年版,第162页。
②③ 《马克思恩格斯全集》第30卷,人民出版社1995年版,第112页。
④ 《马克思恩格斯选集》第3卷,人民出版社2012年版,第561页。
⑤ 《马克思恩格斯选集》第3卷,人民出版社2012年版,第679页。
⑥ 《毛泽东选集》第1卷,人民出版社1991年版,第283页。

命运。① 分工使精神活动和物质活动、享受和劳动、生产和消费由不同的个人来分担,这种情况不仅成为可能,而且成为现实。②

在这种分工条件下,个人的发展只能在对抗形式中进行,马克思和恩格斯在《形态》中说道:这个历史时期,"人们的发展只能具有这样的形式,一些人靠另一些人来满足自己的需要,因而一些人(少数)得到了发展的垄断权;而另一些人(多数)经常地为满足最迫切的需要而进行斗争,因而暂时(即在新的革命的生产力产生之前)失去了任何发展的可能性。"③他们还说道:"在这个直接处于人类社会实行自觉改造以前的历史时期,人类本身的发展实际上只是通过极大地浪费个人发展的办法来保证和实现的。"④马克思尖锐地揭露了这种对抗,反对任何掩盖或否认这种对抗的企图(如资产阶级那样)。但是,马克思恩格斯与感伤主义者不同,他们认为这是历史的必经阶段,并非绝对的坏事。马克思指出:"人类的才能的这种发展,虽然在开始时要靠牺牲多数的个人,甚至靠牺牲整个阶级,但最终会克服这种对抗,而同每个个人的发展相一致;因此,个性的比较高度的发展,只有以牺牲个人的历史过程为代价。……因为在人类,也像在动植物界一样,种族的利益总是要靠牺牲个体的利益来为自己开辟道路的,其所以会如此,是因为种族的利益同特殊个体的利益相一致,这种种族的利益同时就是这些具有特权的特殊个体的力量之所在。"⑤各个历史时代新兴阶级的优秀代表人物,就属于那种"特殊的个体"。他们的个性获得比较高度的发展,而同时代的大多数人的发展则受到压抑。但社会生产力却因此取得进步,科学、文化、技术等也因此获得繁荣。人类总体的发展也丰富了,全面了。

马克思对旧式分工造成个人片面发展的考察,并未到此为止。马克思在《资本论》中研究"相对剩余价值的生产"时,详细地考察了资本主义生产过程内部的分工。通过对生产过程内部分工系统的研究,马克思揭示出:随着分工的一步步发展,生产过程中的精神能力或智力因素,更一步步分离出去。如果说,原始社会末期和奴隶社会初期,那时的体力劳动和脑力劳动的分离,只是一

---

① 《马克思恩格斯选集》第1卷,人民出版社2012年版,第198页。
② 《马克思恩格斯选集》第1卷,人民出版社2012年版,第162–163页。
③ 《马克思恩格斯全集》第3卷,人民出版社1960年版,第507页。
④ 《马克思恩格斯全集》第46卷,人民出版社2003年版,第103页。
⑤ 《马克思恩格斯全集》第34卷,人民出版社2008年版,第127页。

般地分配于社会内部的话,那么,资本主义社会这一时期的体力劳动和脑力劳动的分离,则是深入到生产过程的内部,把体力劳动者身上剩下的一点点智力发展,最终剥夺殆尽,可以说是进一步的分离或第二次分离、彻底的分离。这个过程是怎样进行的呢?马克思概括说:"这个分离过程在简单协作中开始,在工场手工业中得到发展,在大工业中完成。"①

我们先来看怎样"在简单协作中开始"。所谓简单协作,马克思是这样说的:"许多人在同一生产过程中,或在不同的但相互联系的生产过程中,有计划地一起协同劳动,这种劳动形式叫做协作。"②简单协作的主要特点是,生产方法和技术基本上不变,依旧是小手工业者那样。但已不是单个小手工业者个别、分散地劳动,而是集体地根据同一资本的命令和计划来进行生产。这种生产形式,使生产力提高了一大步。但是,这种劳动形式在劳动者个人发展方面的影响,却发生了另一种性质的变化。按照马克思的考察,未参加协作的原来的小手工业者或小农,还是独立自由的;而现在不同了,参加了协作之后,"在劳动过程中他们已经不再属于自己了。他们一进入劳动过程,便并入资本。作为协作的人,作为一个工作机体的肢体,他们本身只不过是资本的一种特殊存在方式。"③原来的对产品的计划、设计和经营所需要的一部分脑力活动,现在不需要了。这些脑力劳动,已经统一由资本家去担任,反过来成为控制和剥削这些劳动者的工具。简单地说,协作夺去了小手工业者原有的一点独立性和一部分脑力活动。

我们再来看怎样"在工场手工业中得到发展"。手工工场不同于简单协作,在生产过程中进一步发展了分工,是一种复杂的协作。原来一个制针匠可能要依次完成 20 种操作,而现在,将近 20 个制针匠同时进行工作,每个人只从事一种操作,后来,这 20 种操作根据经验又进一步划分、孤立,并独立化为各个工人的专门职能。例如,制针手工工场的针条,要经过 72 个甚至 92 个专门的局部工人之手。④ 简言之,手工工场乃是"一个以人为器官的生产机构。"⑤工场手工业创造了社会劳动的一定组织,这样就同时发展了新的、社会的劳动生产力。

---

① 《马克思恩格斯全集》第 44 卷,人民出版社 2001 年版,第 418 页。
② 《马克思恩格斯选集》第 2 卷,人民出版社 2012 年版,第 207 页。
③ 《马克思恩格斯选集》第 2 卷,人民出版社 2012 年版,第 209 页。
④ 《马克思恩格斯全集》第 44 卷,人民出版社 2001 年版,第 392、398 页。
⑤ 《马克思恩格斯选集》第 2 卷,人民出版社 2012 年版,第 212 页。

一方面,它表现了历史进步;另一方面,它又是文明、精巧的剥削手段,尤其对于劳动者的身心发展,产生了极其严重的后果。在简单协作时期,尽管劳动者已经失去了独立性,失去了计划、设计、经营产品的发展机会,但无论如何,还从头到尾生产一个完整的产品,在这个狭小范围内,活动还是比较全面的。现在不同了,劳动者已经不再成为一个完整的人了,而是被"肢解"了。手工工场"它以自己特有的分工才从生命的根源上侵袭着个人"①"简单协作大体上没有改变个人的劳动方式,而工场手工业却使它彻底地发生了革命,从根本上侵袭了个人的劳动力。工场手工业把工人变成畸形物,它压抑工人的多种多样的生产志趣和生产才能,人为地培植工人片面的技巧,这正像在拉普拉塔各国人们为了得到牲畜的毛皮或油脂而屠宰整只牲畜一样。不仅各种特殊的局部劳动分配给不同的个体,而且个体本身也被分割开来,转化为某种局部劳动的自动的工具。"②人只是人身体的一个片段。马克思特别指出:"工场手工业分工的一个产物,就是物质生产过程的智力作为他人的财产和统治工人的力量同工人相对立。"③

最后,我们看脑体分离怎样"在大工业中完成"。所谓大工业就是使用机器代替了手工的生产,以自然力代替了人力,以自觉地应用自然科学来代替经验和技艺。为什么说脑体劳动分离到此最后完成了呢?因为在科学面前,在巨大的自然力面前,在庞大的机器体系面前,单个机器工人的局部技巧,作为微不足道的附属品,完全地消失了。在手工工场中,不管工人怎样片面、畸形,他们总还支配、使用着自己的工具,总还有一点点发挥智力的机会,有一点点熟练乃至兴趣,生产的过程和结果多多少少要依赖个人的技艺。现在这一切都不同了。过去是终身专门使用一种局部工具,现在是终身专门服侍一台局部机器。过去工人是一个活机构的肢体,现在死机构独立于工人而存在,工人被当作活的附属物并入死的机构。机器劳动极度地损害了神经系统,同时它又压抑肌肉的多方面运动,侵吞身体和精神上一切自由活动,甚至减轻劳动也成了折磨人的手段,因为机器不是使人摆脱劳动,而是使工人的劳动毫无内容。由于机器使劳动动作变得简单,使女工和童工劳动成为可能,除了造成工人家庭解体,儿童从

① 《马克思恩格斯全集》第 44 卷,人民出版社 2001 年版,第 420 页。

② 《马克思恩格斯全集》第 44 卷,人民出版社 2001 年版,第 417 页。

③ 《马克思恩格斯全集》第 44 卷,人民出版社 2001 年版,第 418 页。

小得不到照顾、大量死亡,而且未成年就人为地造成智力的荒废——这和自然的无知完全不同,后者把智力闲置起来,并没有损害它的发展能力,它的自然肥力——而这种智力荒废,却使得后来的再发展根本成为不可能。

由上可见,物质生产过程的智力,确实是一步一步地、一点一滴地从工人身上剥夺、分离出去。原来,独立的农民或手工业者还能小规模地发挥他们的知识、判断力和意志。① 从简单协作开始,他们"便并入资本"②,到了工厂手工业时期,他们已经不再是完整的个人,而只是人的一个"片段"③;最后,他们只是机器的一个活零件,完全没有任何智力因素了。至此,脑力劳动同体力劳动的分离,确实是最终完成了。

如果说,在体力劳动者这方面完全失去了智力发展的机会,极端地片面地发展;那么,"把这个阶级排斥于发展之外的另一个阶级在智力方面也有局限性。"④企业内部的分工,不断扩展到社会的各个领域;智力体力的片面发展,也推广到、反映到道德和艺术领域。"技术的胜利,似乎是以道德的败坏为代价换来的。随着人类愈益控制自然,个人却似乎愈益成为别人的奴隶或自身的卑劣行为的奴隶。"⑤"由于分工,艺术天才完全集中在个别人身上,因而广大群众的艺术天才受到压抑。"⑥"忧心忡忡的、贫穷的人对最美丽的景色都没有什么感觉;经营矿物的商人只看到矿物的商业价值,而看不到矿物的美和独特性。"⑦

以上就是马克思为我们揭示的:分工造成个人片面发展及其历史过程和大概的图景。归结起来,就是脑力劳动和体力劳动逐步地彻底地最终地分离;这一切都是自发地强加于个人的,都是与个人对立、统治和控制着个人的力量。

3.全面的趋势和绝对的矛盾

马克思指出:"每一种事物好象都包含有自己的反面。"⑧在分工造成个人片面发展的现象中,特别是体脑分离最后完成、个人片面发展达于极点的时候,马克思又向我们揭示:更高形式的个人全面发展的趋势已经出现,而且在一个

---

① 《马克思恩格斯全集》第44卷,人民出版社2001年版,第418页。
② 《马克思恩格斯选集》第2卷,人民出版社2012年版,第209页。
③ 《马克思恩格斯全集》第44卷,人民出版社2001年版,第417页。
④ 《马克思恩格斯全集》第3卷,人民出版社1960年版,第507页。
⑤ 《马克思恩格斯选集》第1卷,人民出版社2012年版,第776页。
⑥ 《马克思恩格斯全集》第3卷,人民出版社1960年版,第460页。
⑦ 《马克思恩格斯文集》第1卷,人民出版社2009年版,第192页。
⑧ 《马克思恩格斯选集》第1卷,人民出版社2012年版,第776页。

绝对的矛盾中出现。

马克思说:"自动工厂中分工的特点,是劳动在这里已完全丧失专业的性质。但是,当一切专门发展一旦停止,个人对普遍性的要求以及全面发展的趋势就开始显露出来。"①

这主要表现在以下三个方面:

(1)大工业从技术上消灭了工厂手工业的专门化。因为机器应用自然科学(力学、物理、化学)的原理和方法,代替手工工人的熟练,既快且好,过去需要几年、几十年养成的专业技能现在成为多余的了。不仅如此,大工业还由于科学的应用而把过去各种专业、专门化的壁垒、奥秘、帷幕,统统打通了,揭开了,撕掉了。因为"社会生产过程的五光十色的、似无联系的和已经固定化的形态"②,都不过是为数不多的基本科学原理的应用。只要学习和掌握一些基本生产原理,就可以很快适应"五光十色的、似无联系的"多种专业的劳动。这就是马克思讲的:专门发展一旦停止,就开始了对普遍性的要求的意思。

(2)大工业也从技术上打破了手工工场分工的凝固化。"现代工业从来不把某一生产过程的现存形式看成和当做最后的形式。"③由于采用机器、化学过程和其他方法,生产过程不断变化,不断采取新的机器,新的方法,而且变化迅速。不仅老的生产部门不断改进,而且不断开辟新的生产部门,也不断打破国内市场的限制,开辟国际市场。由于生产技术不断变革,工人的职能和劳动过程的社会结合,也不断发生变革。企业内部的变革也引起整个社会内部的分工发生变革。总之,发生一系列的、永无终结的连锁反应。这就造成工人要不断变换劳动岗位,变换劳动职能,不断地从一个生产部门投到另一个生产部门,全面流动,处于"换手艺比换衬衫还要容易"的世界中。④马克思指出,这是"大工业的本性",它要求"用那种把不同社会职能当作互相交替的活动方式的全面发展的个人,来代替只是承担一种社会局部职能的局部个人"。这是大工业"生死攸关的问题"⑤。

(3)大工业创造了一个重要的"人道的发展的源泉"。这主要指妇女和儿童

---

① 《马克思恩格斯选集》第1卷,人民出版社2012年版,第249页。
② 《马克思恩格斯选集》第2卷,人民出版社2012年版,第230页。
③ 《马克思恩格斯选集》第2卷,人民出版社2012年版,第231页。
④⑤ 《马克思恩格斯选集》第2卷,人民出版社2012年版,第232页。

参加生产劳动是一种具有世界历史意义的事件,所以马克思说:"大工业使妇女、男女少年和儿童在家庭范围以外,在社会地组织起来的生产过程中起着决定的作用,它也就为家庭和两性关系的更高级的形式创造了新的经济基础。"……"在适当条件下"必然会变成"人道的发展的源泉"①。

总之,大工业一方面完成了生产过程中脑力劳动和体力劳动的分离,也就是使劳动者片面发展走到了尽头;另一方面,大工业又预示了普遍性的趋势,创造了新的发展的源泉,提出了全面发展的要求。这也就是说,劳动者又将把脑力劳动和体力劳动重新结合起来。

但是,马克思指出一个"绝对的矛盾"。这个矛盾贯穿在一切领域、各个环节上。

例如,大工业一方面从技术上消灭了工场手工业的专门化,可是另一方面又在资本主义形式下更可怕地再生产了这种分工。马克思所提到的英国印刷工厂使用少年印刷工人,就是一个典型的例子。"新"的分工或分工的"新"基础,首先是机器和人分工并且对立,再就是把工人分成熟练的和非熟练的两种,极少数的成年工人看管机器,而大量使用的女工和童工只不过是局部机器的有意识的附件。更有甚者,在有些地方如家内劳动工厂,不是用机器代替人力,反倒用人力代替机器。

又如,大工业一方面从技术上打破手工工场分工的凝固化,要求流动和不断变换活动;另一方面,它又在资本主义形式下产生了新的凝固化。大部分儿童终身专门服侍一台局部机器。② 从最幼的时期起就被束缚于最简单的操作上,随着机器运转,天天如此,月月如此,年年如此,单调重复,直至精力耗尽,抛流街头,流浪,犯罪,死去。

又如,妇女和少年儿童参加社会生产劳动,表明他们已成为社会财富的创造者、社会生活的自主者,摆脱了对男人和家长的依赖。但是,这是在一种极其野蛮的、灭绝人性的资本主义形式下进行的。有些儿童不满 5 岁就开始劳动了,有时在 3 岁到 4 岁,就开始学编草辫,有的老板竟雇佣 2 岁到 2 岁半的儿童

① 《马克思恩格斯全集》第 44 卷,人民出版社 2001 年版,第 563 页。
② 《马克思恩格斯全集》第 44 卷,人民出版社 2001 年版,第 486 页。

干活。① "过早地毁坏他们的体力,并且使他们道德堕落,智力衰退。"②

马克思概括说:这个绝对的矛盾破坏着工人生活的一切安宁、稳定和保障,使工人面临这样的威胁:在劳动资料被夺走的同时,生活资料也不断被夺走,在他的局部职能变成过剩的同时,他本身也变成过剩的东西;这个矛盾通过工人阶级的不断牺牲、劳动力的无限度的浪费以及社会无政府状态造成的灾难而放纵地表现出来。③ 这个绝对矛盾的根源非常清楚。其直接的根源在于机器的资本主义的社会使用形式。也就是说,这个矛盾不是从机器本身产生的,而是从机器的资本主义应用产生的。"因为机器就其本身来说缩短劳动时间,而它的资本主义应用延长工作日;因为机器本身减轻劳动,而它的资本主义应用提高劳动强度;因为机器本身是人对自然力的胜利,而它的资本主义应用使人受自然力奴役;因为机器本身增加生产者的财富,而它的资本主义应用使生产者变成需要救济的贫民,如此等等"。④ 这个绝对矛盾更深刻的根源,则是机器大工业的生产力和资本主义生产关系的矛盾,是生产社会化和资本主义私有制的矛盾。

马克思说:"一种历史生产形式的矛盾的发展,是这种形式瓦解和新形式形成的唯一的历史道路。"⑤矛盾必须解决。马克思指出,必须"承认劳动的变换,从而承认工人尽可能多方面的发展是社会生产的普遍规律,并且使各种关系适应于这个规律的正常实现。"⑥这样,整个事态的发展就非常明朗了,问题也提得非常明确了。工人的全面发展就像自然规律那样,是一种历史的规律;这一规律遇到障碍未得正常实现;障碍在于"各种关系"未能与之相适应。最后结论显然是,要改造"各种关系",使之"适应"于这个规律的"正常实现"。

(三)消灭旧分工和个人全面发展

马克思一方面考察了分工和个人片面发展的规律,并预见到个人全面发展的趋势;另一方面,他对个人全面发展的规律的具体表现和具体内容,也作了多方面的考察和阐述。

---

① 《马克思恩格斯全集》第44卷,人民出版社2001年版,第538-539页。
② 《马克思恩格斯全集》第44卷,人民出版社2001年版,第563页。
③ 《马克思恩格斯选集》第2卷,人民出版社2012年版,第231页。
④ 《马克思恩格斯全集》第44卷,人民出版社2001年版,第508页。
⑤⑥ 《马克思恩格斯选集》第2卷,人民出版社2012年版,第232页。

1.个人全面发展的条件

究竟个人全面发展是在什么条件下成为必要的和可能的？这样提出问题，是马克思关于个人全面发展理论跟以往一切"全面发展"学说的重要区别之一。过去一切"全面发展"学说，几乎都是从"人的本质"或"人性"和主观善良愿望出发，而不讨论客观的物质条件。不独对人的问题如此，对整个社会的问题也是如此。列宁说，"以往的理论从来忽视居民群众的活动，只有历史唯物主义才第一次使我们能以自然科学的精确性去研究群众生活的社会条件以及这些条件的变更"①。对于个人一般的发展是这样的，对于个人全面发展更是这样，马克思精确地考察了它之所以必要、可能和必然的条件。

1）一般的或总的条件

马克思指出："生产力和社会关系——这二者是社会个人的发展的不同方面。"②这两方面是彼此交互作用而综合地影响人的，其间存在着又相适应又相矛盾的复杂情况。有时这一方面是主导的，有时另一方面是主导的。

在前边，我们已经论述了马克思对分工和个人片面发展的考察。其实分工不是别的，正是一定生产技术条件和社会条件相互作用的表现和结果，对人的发展发挥着决定性的影响。第一次社会大分工或"真实的分工"——脑力劳动和体力劳动的分工，就其生产力条件来说，就是它提供了一定的剩余生活资料和闲暇时间，才使得一小部分人脱离体力劳动成为可能。而那时的社会条件则提供了实现的形式，即社会分裂为奴隶主和奴隶两大阶级，前者剥削和压迫后者的奴隶制。近代手工简单协作、手工工场和机器大工业之所以使个人片面发展，亦即使脑力劳动和体力劳动第二次分离直到最终完成，主要是由于劳动的职能对工人身心提出不同的要求，而且是在资本主义社会形式下进行的。

马克思首先指出，个人全面发展是"大工业的本性"所要求的，换句话说，没有大工业就没有这个必要，也没有这个可能。

但是，以上只是个人全面发展的生产力条件或技术条件，而个人全面发展不只是决定于技术条件，还应该具备相应的社会条件。马克思指明了两种情况：一种是资本主义制度下的情况，一种是社会主义制度下的情况。马克思揭露资产阶级经济学家抹杀机器和机器的资本主义应用这两者的区别。因为"对

---

① 《列宁全集》第 26 卷，人民出版社 2017 年版，第 59 页。
② 《马克思恩格斯选集》第 2 卷，人民出版社 2012 年版，第 784 页。

他们说来,机器除了资本主义的利用以外不可能有别的利用。因此,在他们看来,机器使用工人和工人使用机器是一回事"①。马克思也指出:"工人要学会把机器和机器的资本主义应用区别开来,从而学会把自己的攻击从物质生产资料本身转向物质生产资料的社会使用形式,是需要时间和经验的。"②在马克思那个时代,机器当然只有一种应用即资本主义的应用,没有第二种应用。但马克思指明,除了资本主义的应用,还有社会主义的应用。

马克思论述了大工业同资本主义的结合与大工业同社会主义的结合两者对工人全面发展的不同的影响。关于资本主义的大工业对工人全面发展的影响,马克思肯定了两点:第一,资本主义大工业提供了个人全面发展的物质前提。"资产阶级在它的不到一百年的阶级统治中所创造的生产力,比过去一切世代创造的全部生产力还要多,还要大。"③它用商品交换,摧毁了一切万里长城,斩断了一切封建羁绊和血缘纽带,突破了一切地方和民族的局限,开拓了世界市场,把个人和全世界联系起来。④ 全面发展的个性之所以成为可能,"这正是以建立在交换价值基础上的生产为前提的,这种生产才在产生出个人同自己和同别人相异化的普遍性的同时,也产生出个人关系和个人能力的普遍性和全面性"。⑤ 第二,资本主义大工业伴随着灾难、牺牲,以可怕的、野蛮的歪曲的形式使个人全面发展得到一定的实现,即"带着自然规律在任何地方遇到障碍时都有的那种盲目破坏作用而为自己开辟道路"⑥。例如,一些工人被资本家解雇,失业,后来又忍受更苛刻的条件受雇于别的资本家,这毕竟在客观上实现了"更换"和"流动"。马克思在《资本论》中曾引用材料,说到一个法国工人在美国"竟能干各种职业""先后做过印刷工人、屋面工人、铸铁工人等等"。这个工人说:"因为有了适合做任何工作的经验,我觉得自己不再像一个软体动物而更像一个人了。"⑦又如,马克思指出,在资本主义工厂中,使用两种工人:一种是看管机器的,另一种是机器的附件;一种是熟练劳动者,另一种是非熟练劳动者。

---

① 《马克思恩格斯全集》第44卷,人民出版社2001年版,第508页。
② 《马克思恩格斯全集》第44卷,人民出版社2001年版,第493页。
③ 《马克思恩格斯选集》第1卷,人民出版社2012年版,第405页。
④ 《马克思恩格斯选集》第1卷,人民出版社2012年版,第402-405页。
⑤ 《马克思恩格斯全集》第30卷,人民出版社1995年版,第112页。
⑥ 《马克思恩格斯选集》第2卷,人民出版社2012年版,第231-232页。
⑦ 《马克思恩格斯选集》第2卷,人民出版社2012年版,第232页。

当然,前一种是极少数的,后一种是绝大多数的。依靠牺牲绝大多数为代价,那极少数的某些个人,毕竟获得一定的全面性。

但是,马克思更反复强调的是,大工业的资本主义应用,从根本上或从主导方面说,是妨碍个人全面发展的"正常实现"的并且恰恰是它"完成"了脑力劳动和体力劳动的"分离"即个人片面发展。他尖锐地指出了大工业本性要求个人全面发展和它的资本主义应用形式却阻碍着个人全面发展这个"绝对的矛盾"。因此,全部问题就归结为:必须改变大工业的社会使用形式,改变资本主义社会关系,建立社会主义社会关系,使大工业这个生产条件和社会主义这个社会关系结合起来,简言之,社会主义大工业才是个人全面发展的一般的或总的条件。

2)具体的条件

把"社会主义大工业"作为个人全面发展总条件的一个公式,显然还不是全部条件,也还不是具体条件。马克思也指出了个人全面发展的若干具体的条件。

<A>人自身的自然

马克思说:"全部人类历史的第一个前提无疑是有生命的个人的存在。因此,第一个需要确认的事实就是这些个人的肉体组织以及由此产生的个人对其他自然的关系。"①马克思具体指的是"生理特性"②"作为天资而存在的那种能力"。③有的场合又称为人"自身的自然"。④ 显然,没有这个前提,就谈不上什么发展。而且,所谓全面发展,也包括全面发展这些"肉体组织""生理特性"和"能力",当然,它们严格说仅仅是前提而不是发展本身。它们是"作为天资而存在的",马克思有时也称为"潜能"不是既成的能力而是有待于后天形成的能力。马克思主义是形成论者,认为预成论是不科学的。

<B>财富

恩格斯高度评价马克思揭示了历来被掩盖的一个简单的事实:人们首先必须吃、喝、住、穿,然后才能从事政治、科学、艺术、宗教等等。⑤ 不能生存,没有温

---

①② 《马克思恩格斯选集》第 1 卷,人民出版社 2012 年版,第 146 页。
③ 《马克思恩格斯全集》第 3 卷,人民出版社 1960 年版,第 347 页。
④ 《马克思恩格斯选集》第 2 卷,人民出版社 2012 年版,第 169 页。
⑤ 《马克思恩格斯选集》第 3 卷,人民出版社 2012 年版,第 1002 页。

饱,谈论什么全面发展? 这的确是最基本的条件。特别值得提到的是,马克思揭示了财富和个人全面发展之间更深刻的内在联系,即使在资本主义条件下,他说:"如果抛掉狭隘的资产阶级形式,那么,财富不就是在普遍交换中产生的个人的需要、才能、享用、生产力等等的普遍性吗? 财富不就是人对自然力——既是通常所谓的'自然'力,又是人本身的自然力——的统治的充分发展吗? 财富不就是人的创造天赋的绝对发挥吗?"①这就是说,财富既是个人全面发展的物质条件,也是人的全面发展的具体表现和充分的确证。

<C>消灭私有制,个人联合起来,全面占有生产力

分工之所以使人片面发展,主要是由于分工对个人是一种异己的力量,支配、控制、驾驭着个人,早先,这又主要由于生产力不高,而当社会发展到资本主义大工业时代,则矛盾的主要方面已经不是生产力而是资本主义生产关系。资本家占有生产资料,以致个人,特别是工人个人才仍然屈从于分工,屈从于物的力量,屈从于生产力,甚至变本加厉地片面发展,换句话说,仍然是生产力占有个人,而不是个人占有生产力。要使个人得到全面发展,必须把这个关系颠倒过来:

第一,"各个人必须占有现有的生产力总和。"②马克思说:"在迄今为止的一切占有制下,许多个人始终屈从于某种唯一的生产工具;在无产者的占有制下,许多生产工具必定归属于每一个个人。"③马克思在研究人的问题的过程中,前后曾有两个"占有"的概念。在《1844 年经济学哲学手稿》中,他提出:"共产主义是私有财产即人的自我异化的积极的扬弃,因而是通过人并且为了人而对人的本质的真正占有。""人以一种全面的方式,就是说,作为一个总体的人,占有自己的全面的本质。"④而在《德意志意识形态》中,马克思提出了另一个"占有"的概念,即对"生产力"的占有的概念。而"对生产工具一定总和的占有,也就是个人本身的才能的一定总和的发挥。"⑤换句话说,个人对生产力总和的占有,也就是个人全面发展。全面发展不是什么对"人的本质"的全面占有,而是对生产力的全面占有。第二,个人要想占有现有的生产力总和,"没有共同体,

---

① 《马克思恩格斯选集》第 2 卷,人民出版社 2012 年版,第 739 页。
②⑤ 《马克思恩格斯选集》第 1 卷,人民出版社 2012 年版,第 209 页。
③ 《马克思恩格斯选集》第 1 卷,人民出版社 2012 年版,第 210 页。
④ 《马克思恩格斯全集》第 3 卷,人民出版社 2002 年版,第 297、303 页。

这是不可能实现的。"①"占有只有通过联合才能实现,由于无产阶级本身固有的本性,这种联合又只能是普遍性的,而且占有也只有通过革命才能得到实现,在革命中,一方面迄今为止的生产方式和交往方式的权力以及社会结构的权力被打倒,另一方面无产阶级的普遍性质以及无产阶级为实现这种占有所必需的能力得到发展,同时无产阶级将抛弃它迄今的社会地位遗留给它的一切东西。"②这就是说,通过联合,通过革命,个人实现对现有生产力总和的占有,使过去支配、控制、驾驭个人的力量,重新受个人支配、控制、驾驭,使劳动生产活动成为真正自觉的自主的活动。这时的个人,已不再是隶属、屈从的某种阶级成员,而是真正集体中个人,各个个人在这种联合的集体中获得自由,消除了一切自发性,消除了个人和社会、个人和历史、个人和人类整体在发展路途中的矛盾。个人向完整的个人发展,获得全面发展其才能的手段。

<D>从事真正自由的劳动

大家都知道,恩格斯说过,他和马克思创立的新学派的主要特征,就是"在劳动发展史中找到了理解全部社会史的锁钥。"③没有劳动就没有人,没有社会,没有历史。当然,不是任何劳动都能促进个人全面发展,相反,在社会主义前的劳动,却使个人片面发展。但是,个人全面发展又无论如何离不开劳动,问题只在于劳动的性质和形式。马克思提出了共产主义制度下"真正自由的劳动"④的思想,马克思和恩格斯赋予自由劳动以多种意义,正是在这种自由劳动中,个人才获得全面发展。首先,这与前边所说个人联合起来占有生产力的总和,实质上是一个意思、一回事。因为马克思所说的自由劳动,并不是资产阶级的自由主义者或唯心主义者想象的那样随心所欲。任何社会,任何时候,人们为了生存和发展,都必须从事物质生产劳动。"这个领域内的自由只能是:社会化的人,联合起来的生产者,将合理地调节他们和自然之间的物质变换,把它置于他们的共同控制之下,而不让它作为一种盲目的力量来统治自己;靠消耗最小的力量,在最无愧于和最适合于他们的人类本性的条件下来进行这种物质变

---

① 《马克思恩格斯选集》第 1 卷,人民出版社 2012 年版,第 199 页。
② 《马克思恩格斯选集》第 1 卷,人民出版社 2012 年版,第 210 页。
③ 《马克思恩格斯选集》第 4 卷,人民出版社 2012 年版,第 265 页。
④ 《马克思恩格斯全集》第 30 卷,人民出版社 1995 年版,第 616 页。

换。"①这种自由劳动确实区别于以前的不自由的劳动，因为劳动者已能合理调节劳动过程，已能控制劳动过程。其次，马克思又特别强调了劳动的主体性。他批评亚当·斯密把劳动跟"自由和幸福"对立起来的观点，指出从事正常劳动和停止"安逸"也是人的一种需求。他还进一步指出，在剥削制度下，劳动是强制的、异化的、令人厌恶的、摧残人的，但是，在共产主义制度下情况就完全不同，物质和精神财富极大丰富，劳动已不仅具有谋生的意义，劳动的目的已由外在强加变作个人自己提出的，因而劳动被看作自我实现，主体的物化，也就是实在的自由。② 再次，马克思指出，共产主义的自由劳动是具有社会性和科学性的。这种条件下的劳动成为吸引人的劳动，"生产劳动给每一个人提供全面发展和表现自己的全部能力即体能的和智能的机会，这样，生产劳动就不再是奴役人的手段，而成了解放人的手段，因此，生产劳动就从一种负担变成一种快乐。"③"而在共产主义社会里，任何人都没有特殊的活动范围，而是都可以在任何部门内发展，社会调节着整个生产，因而使我有可能随自己的兴趣今天干这事，明天干那事，上午打猎、下午捕鱼，傍晚从事畜牧，晚饭后从事批判，这样就不会使我老是一个猎人、渔夫、牧人或批判者。"④马克思认为，对某某人用"猎人""渔夫"或"批判者"这样一些个人的一种活动来称呼他，正是表明个人对旧式分工的依赖和职业发展的局限性。因此马克思又说："在共产主义社会的组织中，完全由分工造成的艺术家屈从于地方局限性和民族局限性的现象无论如何会消失掉"，个人不会"仅仅当一个画家、雕刻家等等""没有单纯的画家，只有把绘画作为自己多种活动中的一项活动的人们。"⑤由于生产劳动过程都是建立在科学原理的基础上，借助于教育，特别是借助于工艺学教育，"将使年轻人能够很快熟悉整个生产系统，将使他们能够根据社会需要或者他们自己的爱好，轮流从一个生产部门转到另一个生产部门。"⑥这种自由流动，正是大工业本性所需要的，因而可以促进生产力的发展；同时也使个人发生普遍的交往，建立和丰富众多的社会联系，打破专门活动的局限性、职业的局限性，地方的局限

---

① 《马克思恩格斯全集》第 46 卷，人民出版社 2003 年版，第 928—929 页。
② 《马克思恩格斯全集》第 30 卷，人民出版社 1995 年版，第 615 页。
③ 《马克思恩格斯选集》第 3 卷，人民出版社 2012 年版，第 681 页。
④ 《马克思恩格斯选集》第 1 卷，人民出版社 2012 年版，第 165 页。
⑤ 《马克思恩格斯全集》第 3 卷，人民出版社 1960 年版，第 460 页。
⑥ 《马克思恩格斯选集》第 1 卷，人民出版社 2012 年版，第 308 页。

性,民族、国家的局限性,以至于"同整个世界的生产(也同精神的生产)发生实际联系,才能获得利用全球的这种全面的生产(人们的创造)的能力。"①

<E>享有充足的自由时间

马克思认为,"时间实际上是人的积极存在,它不仅是人的生命的尺度,而且是人的发展的空间。"②他又特别认为,自由时间,即劳动时间以外的时间,一般物质生产劳动所占的时间以外的时间,是人的发展的一个重要领域。他称为"真正的自由王国"③,在这个真正自由王国里,目的不是从事物质生产,维持和再生产自己的生命,即不是为谋生,而是以人类能力发展为目的。当然,马克思首先指明了,在剥削制度下,特别是在资本主义剥削制度下工人的全部时间,包括必要劳动时间和剩余劳动时间,都被资本所侵入和占领。这不仅仅是夺去了工人发展的空间,而且极尽摧残、戕害之能事,尤其是资本家竭力利用科学和自然力,拼命地缩短必要劳动时间,增加剩余劳动时间,以便榨取更多的利润,从而也更加使工人的发展受到严重损害。但是,马克思坚持了辩证的历史的观点。他指出,"资本的伟大的历史方面就是创造这种剩余劳动,即从单纯使用价值的观点,从单纯生存的观点来看的多余劳动。"④资本就违背自己的意志,成了为社会可以自由支配的时间创造条件的工具,使整个社会的劳动时间缩减到不断下降的最低限度;从而为全体[社会成员]本身的发展腾出时间。⑤ 虽然,资本把它变为剩余劳动,即为资本家创造剩余价值和利润的劳动。但是,一旦消灭了资本主义制度,工人群众占有了自己的剩余劳动(确切讲应为多余劳动)就使它成为可以自由支配的时间。⑥ 随着社会生产力的不断发展,所有的个人,不仅获得的物质财富不断增长,而且这种可以自由支配的时间也会不断增加。马克思指出:"那时,与此相适应,由于给所有的人腾出了时间和创造了手段,个人会在艺术、科学等等方面得到发展。"⑦恩格斯也曾描绘了这种前景,他说:"正是由于这种工业革命,人的劳动生产力才达到了相当高的水平,以致在人类历

① 《马克思恩格斯选集》第 1 卷,人民出版社 2012 年版,第 169 页。
② 《马克思恩格斯全集》第 37 卷,人民出版社 2019 年版,第 161 页。
③ 《马克思恩格斯全集》第 46 卷,人民出版社 2003 年版,第 929 页。
④ 《马克思恩格斯全集》第 30 卷,人民出版社 1995 年版,第 286 页。
⑤ 《马克思恩格斯选集》第 2 卷,人民出版社 2012 年版,第 786 页。
⑥ 《马克思恩格斯选集》第 2 卷,人民出版社 2012 年版,第 786-787 页。
⑦ 《马克思恩格斯选集》第 2 卷,人民出版社 2012 年版,第 784 页。

史上破天荒第一次创造了这样的可能性:在所有的人实行明智分工的条件下,不仅生产的东西可以满足全体社会成员丰裕的消费和造成充足的储备,而且使每个人都有充分的闲暇时间去获得历史上遗留下来的文化——科学、艺术、交际方式等等——中一切真正有价值的东西;并且不仅是去获得,而且还要把这一切从统治阶级的独占品变成全社会的共同财富并加以进一步发展。"①

综上所述,个人全面发展的具体条件,或者把社会主义大工业这个一般条件具体化,就是在大工业生产力的基础上,实行生产关系的变革:即消灭资本主义私有制,实现社会主义革命,建立社会主义和共产主义制度,将原来掌握在资本家手中的全部生产力转归联合起来的个人掌握;将原来的强制的雇佣劳动变为自由的劳动,将原来归资本占有的剩余劳动时间变为工人群众自己可以支配的自由时间。这样一来,个人作为联合体的一员,成为社会的主人,通过真正的自由劳动以及直接物质生产劳动以外的大量自由时间里的各种活动,他们就会日益全面发展。

2.个人全面发展与教育

我们对马克思的个人全面发展理论着重从教育学的角度进行研究,应该把教育与个人全面发展的关系问题突出地提出来。上述的一般条件和具体条件都要结合它,通过它而起作用。

1)人、社会、教育三者的关系

马克思在他的整个理论研究中,特别是在有关个人全面发展的理论研究中,科学地解决了教育史上一个长期悬而未决的矛盾和难题,就是人、社会、教育三者之间的关系。

在马克思之前,教育史上一直占统治地位的一个观点就是把教育看作历史的或社会的动力,也是实现人的全面发展的唯一途径。18世纪法国唯物主义者如爱尔维修,19世纪空想主义者如欧文及费尔巴哈等人都宣扬教育万能论。

马克思批判了教育万能论,认为人是受社会关系决定的,教育也是受社会关系决定的。② 因而教育不是万能的。教育本身在革命实践中,不断受到改造而影响人的发展。教育影响的性质和作用如何,也就决定于社会关系和革命实践,包括人(个体和集体)的对象性关系和实践。马克思对教育万能论的批判,

---

① 《马克思恩格斯选集》第3卷,人民出版社2012年版,第199页。
② 《马克思恩格斯选集》第1卷,人民出版社2012年版,第418页。

不但没有否定教育对人的发展的作用,恰恰相反,他拨正了教育在社会和人之间的地位,从而也就真正肯定了教育对人的发展的作用。马克思高度估计和重视教育对人的发展作用的论述是很多的。例如,他说:"像拉斐尔这样的个人是否能顺利地发展他的天才,这完全取决于需要,而这种需要又取决于分工以及由分工产生的人们所受教育的条件。"①马克思揭示了一条连最吝啬的资本家也逃不了的客观规律:"为改变一般人的本性,使它获得一定劳动部门的技能和技巧,成为发达的和专门的劳动力,就要有一定的教育或训练,而这又得花费或多或少的商品等价物。劳动力的教育费用随着劳动力性质的复杂程度而不同。因此,这种教育费用——对于普通劳动力来说是微乎其微的——包括在生产劳动力所耗费的价值总和中。"②马克思更把教育和工人阶级乃至全人类的解放联系起来。他说:"但是工人阶级中比较先进的那部分人则完全懂得,他们阶级的未来,因而也是人类的未来,完全取决于新一代工人的成长。"③马克思把教育直接地和个人全面发展两者联系到一起,就是人们都熟知的、他对欧文的教育实验所作的高度评价。他说:"从工厂制度中萌发出了未来教育的幼芽,未来教育对所有已满一定年龄的儿童来说,就是生产劳动同智育和体育相结合,它不仅是提高社会生产的一种方法,而且是造就全面发展的人的唯一方法。"④马克思还从另一方面提到教育对克服片面发展的作用。例如,在《给临时中央委员会代表的关于若干问题的指示》中,马克思就是把争取小学教育作为对工人及其子女身心过分受摧残的一种"抵御之策"。他说:"可能应该在 9 岁以前就开始小学教育;但我们这里只是针对社会制度所产生的各种趋势提出最必要的抵御之策,因为现在的社会制度把工人降低为积累资本的简单工具,把为贫困所迫的父母变成出卖亲生儿女的奴隶主。"⑤又如,1869 年马克思在一次总委员会会议上发言中提到:"无产阶级的决议起草人所主张的综合技术教育,旨在弥补分

① 《马克思恩格斯全集》第 3 卷,人民出版社 1960 年版,第 459 页。
② 《马克思恩格斯选集》第 2 卷,人民出版社 2012 年版,第 166 页。
③ 《马克思恩格斯全集》第 21 卷,人民出版社 2003 年版,第 270 页。这里,"成长"一词的原文为英文 "Formation",旧版译文为"教育",针对"教育"的译文,我国学者对此曾有过疑议和讨论。参见瞿葆奎、黄荣昌《关于马克思"男女青少年和儿童的劳动"辨析》,《教育研究资料丛刊》1979 年第 1 期,第 45 页。又参见王焕勋《如何理解马克思关于教育的论述》,《百科知识》1986 年第 6 期,第 7 页。
④ 《马克思恩格斯选集》第 2 卷,人民出版社 2012 年版,第 230 页。
⑤ 《马克思恩格斯全集》第 21 卷,人民出版社 2003 年版,第 269 页。

工所造成的缺陷,因为分工妨碍学徒获得本身业务中的牢固知识。"①这就是把综合技术教育作为对工人片面发展的一种"弥补"办法。

可以认为,马克思是把教育看作人的发展的重要条件的,不过,马克思超越以前先进思想家和教育家的伟大之处就在于,他还指出了这个"条件"本身又是有条件的,或者说,是有前提的。正如《提纲》中所说:"教育者本人一定是受教育的。"②也如《宣言》中所说:教育本身是受社会关系决定的。因此,没有抽象的统一的教育,只有具体的、性质不同乃至对立的教育,教育具有不同的历史性和阶级性。也因此,不是任何教育都能成为人的发展的积极因素,不是任何教育都能促进个人全面发展或克服片面发展,有时恰恰相反。例如,马克思曾对资产阶级教育进行了严厉的批判,他说过:资产阶级教育,"对绝大多数人来说不过是把人训练成机器"③。他还说过:"资产者认为道德教育就是灌输资产阶级的原则。"④恩格斯也说过:"不必因为它只允许工人接受符合资产阶级本身利益的那一点点教育而感到奇怪。"⑤因此,马克思一方面重视教育对人的发展的重要作用;另一方面,根据"社会对教育的影响"的事实和规律,提出"要使教育摆脱统治阶级(资产阶级)的影响。""消灭阶级(资产阶级和一切剥削阶级)的教育"。不仅如此,马克思还指出了:任何单纯的教育或脱离生产劳动的教育,也是做不到这一点的。大家无数次引证并熟悉的名言,就是马克思说,教育与生产劳动相结合,是培养全面发展的人的"唯一的方法"。

总之,马克思关于个人全面发展和教育的关系问题,给予了真正科学的解决。他认定:教育是个人全面发展的绝对需要的条件,但又是把教育同社会政治、经济、科学、技术等发展变革联系在一起来考察的,考察了教育这个条件的条件。在马克思看来,只有根本改造资产阶级教育,改变资产阶级对教育的影响,并适应现代科学技术发展的高度,实行和生产劳动相结合,这种教育才是人的发展的积极因素,才是促进个人全面发展的教育。

---

① 《马克思恩格斯全集》第 16 卷,人民出版社 1964 年版,第 655 页。
② 《马克思恩格斯选集》第 1 卷,人民出版社 2012 年版,第 134 页。
③ 《马克思恩格斯选集》第 1 卷,人民出版社 2012 年版,第 417 页。
④ 《马克思恩格斯全集》第 6 卷,人民出版社 1961 年版,第 648 页。
⑤ 《马克思恩格斯文集》第 1 卷,人民出版社 2009 年版,第 423 页。

2）个人全面发展教育的内容

为了促进个人全面发展，究竟需要进行哪些方面的教育，或者说，全面发展教育包括哪些内容、组成部分？关于这个问题，在多少年中，研究者理解不一，众说纷纭。争议在于：马克思是否提供了这方面的方案，怎样理解马克思的有关论述？

马克思在 1866 年就若干问题给临时总委员会出席日内瓦会议的代表的指示信中提出"我们把教育理解为以下三件事：第一：智育。第二：体育，即体育学校和军事训练所教的内容。第三：技术培训，这种培训要以生产各个过程的一般原理为内容，并同时使儿童和少年学会各种行业基本工具的实际运用与操作。对未成年劳动者应按不同类别循序渐进地施以智力、体育和技术方面的培训。"①这是我们迄今为止见到的、马克思关于教育内容问题比较集中的专门的论述。

特殊地讲：它是为当时无产阶级在资本主义条件下争取教育权的斗争所提出的纲领。作为"弥补"和"解毒剂"，克服工人阶级后代身心过分受摧残，保护他们健康成长，提出了最有针对性的最必要的措施；同时，也考虑到当时向资产阶级学校可能争得的也不过这些，事实上连这些也得不到，因而又极富有策略性。它不是给教育下定义，也没有说这就是全面发展的教育，更不是对社会主义和共产主义社会里个人全面发展教育组成部分提的什么方案。曾经有这些说法，那是不确切的。② 但是，特殊中寓有普遍。这些论述又远远不限于当时争取教育权斗争、保护工人后代过分受摧残等纲领和策略的意义，而是具有普遍的意义。它继承了教育历史遗产，增加了全新的意义和内涵，反映了当时的亦即现代社会生产和科技发展的高度和要求，因而，的确揭示了个人全面发展教育的必备内容。在共产主义社会更应占据重要地位并得到发展。

<A>智育，或精神教育③

这是多少代先进思想家、教育家们都提出了的。他们为之献身，梦想以此开发民智，把人们从无知、蒙昧、迷信中解放出来，但他们的努力收效甚微。在

---

① 《马克思恩格斯全集》第 21 卷，人民出版社 2003 年版，第 270 页。
② 凯洛夫：《教育学》，沈颖、南致善等译，人民教育出版社 1952 年版，第 43–44 页。
③ 马克思用的英文是"mental education"。参见王焕勋《如何理解马克思关于教育的论述》，《百科知识》1986 年第 6 期，第 5 页。

理论上,他们没有搞清楚智育的真正意义,甚至连科学的本质也没有搞清楚。马克思在这个问题上超越了前人。他毕生为无产阶级解放事业而斗争,其最主要的工作就是科学工作,恩格斯特别称誉他为"科学巨匠",他"发现了人类历史发展的规律"。把社会主义奠基于科学之上,用科学来启发工人阶级的觉悟,使他们认识自己的历史使命以及解放的道路和条件。他和恩格斯一起,真正解决了科学和科学教育的本质和作用问题。科学是客观世界的真实的反映,是正确有效地认识和改造世界的产物和工具。而且,"在马克思看来,科学是一种在历史上起推动作用的、革命的力量。"①马克思反复揭示并论证了:社会生产发展到大工业时代,已经不再建立于手工技艺的基础上,而是建立于科学基础上了,现代教育的基本特征就是与社会生产发生了密切联系,智育或科学教育就成为现代教育的中心内容。劳动者的片面发展主要就表现在知识和科学离开了他们并同他们对立。克服劳动者片面发展的重要措施之一就是要求科学与劳动者重新结合起来,这样,智育和科学教育也就成了个人全面发展教育的中心内容。在资本主义条件下是这样,在社会主义和共产主义条件下更是这样。此外,马克思不仅解决了智育的实质问题,而且还以辩证唯物论的认识论为智育(乃至整个教育)指明了根本的途径。马克思还说过:"再生产科学所必要的劳动时间,同最初生产科学所需的劳动时间是无法比拟的,例如学生在一小时内就能学会二项式定理。"②这精辟地揭示了:智育或教学活动是区别于"最初生产科学"活动的"再生产科学"的活动,指明了它的特殊性质和认识上的巨大优越性。这对智育的理论和实践具有重大的方法论意义。

　　<B>体育

　　这是古已有之的,当然是个人全面发展教育的内容和组成部分之一。尤其是马克思赋予了它以新的质。马克思是从关怀工人阶级、劳动人民及其后代的身体健康出发的,这是和历史上剥削阶级教育体系中的体育根本不同的一点。马克思从其教育与生产劳动相结合的总原则出发,也论述了体育和生产劳动的关系,这对于作为个人全面发展教育中的体育,科学地解决了一个至关重要的问题。一方面,恩格斯在《反杜林论》中明确地批判了杜林的以劳动代替体育、否定体育的错误论调。恩格斯指出:"关于体育,我们这位根本的变革家是什么

① 《马克思恩格斯选集》第 3 卷,人民出版社 2012 年版,第 1003 页。
② 《马克思恩格斯全集》第 26 卷第 1 分册,人民出版社 1972 年版,第 377 页。

也不愿意知道的。因此,他也只能告诉我们几句话,例如:'青年人和老年人都按照工作这个词的最严格的意义工作'。"①另一方面,马克思也驳斥了体育脱离生产劳动的主张,在《资本论》中,他引用一些工厂视察员的话说:"上层阶级和中层阶级的孩子们的片面的、不生产的和漫长的学习日,只是白白地增加教师的劳动,'同时不仅无益地并且是绝对有害地浪费着儿童的时间、健康和精力'。"②"'一个从清晨就坐在学校里的儿童,特别在暑天,不可能同一个从劳动中来的活泼愉快的儿童相比。'"③马克思引证、赞赏约翰·贝勒斯的话说:"劳动对于身体健康犹如吃饭对于生命那样必要,……劳动给生命之灯添油……"④马克思充分肯定了生产劳动对于身体健康和体育的重要意义。他预见共产主义社会条件下的自由的劳动,"本身成了生活的第一需要"⑤。无论对于"正在成长的人"或"成年人"来说,"只要劳动像在农业中那样要求实际动手和自由活动,这个过程同时就是身体锻炼。"⑥关于马克思的体育思想,还应特别提到恩格斯在晚年即 1893 年写的一篇文章《欧洲能否裁军》中所发挥的见解:体育与军事训练相结合,预防劳动对人的片面性的影响。⑦

<C>技术教育

技术教育也称综合技术教育,这可以说是马克思关于教育内容理论的新贡献。不仅教育史上是没有的,而且,跟他同时代教育家斯宾塞更形成鲜明的对比。后者没有也不可能提出综合技术教育。斯宾塞可以说是当时在资本阶级可能的限度内提出全面课程的一个代表人物。马克思之所以高出于资产阶级代表人物,就在于他运用他和恩格斯所创立的马克思主义深刻观察、分析、理解了当时社会生产的发展趋势及其对教育的要求,提出了个人全面发展的教育目标。马克思指出,由于生产力发展到大机器工业,生产过程和技术不断变革,在资本主义更可怕地再生产着旧式分工的条件下,却发生了旨在"消灭旧分工"的"变革酵母"。这种旨在消灭旧分工的变革酵母是什么呢? 马克思说:"综合技术学校和农业学校是这种变革过程在大工业基础上自然发展起来的一个要素;

---

① 《马克思恩格斯全集》第 26 卷,人民出版社 2018 年版,第 340 页。
②③ 《马克思恩格斯全集》第 44 卷,人民出版社 2001 年版,第 556 页。
④ 《马克思恩格斯全集》第 44 卷,人民出版社 2001 年版,第 562 页。
⑤ 《马克思恩格斯选集》第 3 卷,人民出版社 2012 年版,第 365 页。
⑥ 《马克思恩格斯选集》第 2 卷,人民出版社 2012 年版,第 791 页。
⑦ 《马克思恩格斯全集》第 29 卷,人民出版社 2020 年版,第 475 页。

职业学校是另一个要素,在这种学校里,工人的子女受到一些有关工艺学和各种生产工具的实际操作的教育。如果说工厂立法作为从资本那里争取来的最初的微小让步,只是把初等教育同工厂劳动结合起来,那么毫无疑问,工人阶级在不可避免地夺取政权之后,将使理论的和实践的工艺教育在工人学校中占据应有的位置。"①这就是说,马克思从当时萌芽形式中就看出了综合技术教育的发展前途及其革命作用,作出了理论的概括。马克思的综合技术教育思想所达到的历史高度,还可以通过同蒲鲁东的主张对比而显示出来。蒲鲁东主张实施一种多方面的手艺人的教育。他"建议工人不要只做别针的十二部分中的一部分,而要顺次做完它的所有十二部分。据说,这样工人就可以得到做别针的从头到尾的全部知识"②。蒲鲁东的拥护者,第一国际的成员,法国教师保尔·罗宾实验过所谓多种工艺教育的理想,在巴黎附近设立了学校,教给儿童二十种手艺——装订工、厚纸工、细木工等等。据他说,这样人将会全面发展起来。③马克思批判了这种教育思想,指出它是历史的倒退,其根源就在于不懂得大工业已经消灭了专门职业的凝固性并显示出了普遍性和全面性。因此,以综合技术教育代替手工艺教育乃是历史发展的必然趋势。关于综合技术问题,我们将另有专题研究,这里就不再详细论述。

总之,智育、体育和技术教育这三件事,马克思在 1866 年的指示中提出时,主要是作为向资产阶级学校所要求的东西,作为对付童工身心过分受摧残的"一种最必要的抗毒素"。但是,根据马克思赋予的新内容,加以丰富和发展,则正如马克思关于工艺教育所说的:"那么毫无疑问,工人阶级在不可避免地夺取政权之后"即在社会主义和共产主义学校里,将"占据应有的位置。"从这个意义上讲,它们又的确是个人全面发展教育的内容和组成部分。

马克思没有直接谈论美育,更没有明确把它列为个人全面发展教育的组成部分。我们没有必要牵强附会。因为马克思当时不仅没有也不可能论述到共产主义下个人全面发展教育内容的问题,而且作为向资产阶级学校争取的东西,美育也无从谈起。但是,从马克思整个思想包括其教育思想的基本精神和分散于各处的言论来看,马克思不仅有美育的思想,而且丰富和精辟,这毫不奇

---

① 《马克思恩格斯选集》第 2 卷,人民出版社 2012 年版,第 232 页。
② 《马克思恩格斯选集》第 1 卷,人民出版社 2012 年版,第 249-250 页。
③ 《马克思恩格斯论教育》,人民教育出版社 1958 年版,第 30 页。

怪,在他的全新的一般世界观指导下,他既提出了全新的教育观,也提出了全新的艺术观。马克思和恩格斯本身的艺术修养都是很高的。各个时代和国家的画家、雕刻家、音乐家、诗人……的名字和作品是他们著作中经常谈到的。而在好多地方(虽然分散而不那么直接和明确),还是谈到了未来共产主义社会里个人要真正实现全面发展,艺术或审美方面的教育,也"毫无疑问""占据应有的位置"。我们在上边已经引述过好些段话,例如,在生产力高度发展的共产主义社会,"由于给所有的人腾出了时间和创造了手段,个人会在艺术、科学等等方面得到发展"①,等等。此外,从恩格斯批判杜林对歌德的诗以及历史艺术遗产所抱的虚无主义态度,也可见他们是重视对未来社会新一代进行真正的美育的。

在个人全面发展教育的内容中,也包括德育。从马克思整个思想,特别是从人是"社会关系的总和"的思想出发,大家都能理解,并无争议。研究中发生怀疑和争论的一点及其原因,可能就是没有注意到马克思提出问题的方式。马克思提出德育问题的方式是不同于提出智育、体育、技术教育问题的方式的。依照我们的体会,他对德育是以否定的方式而不是以肯定的方式来提出问题的。具体说,是通过否定资产阶级学校德育来肯定共产主义道德教育的。这种现象决定了道德教育不同于智育、体育、技术教育的特点。马克思在提出向资产阶级学校要求给予工人阶级子弟的智育、体育、技术教育的同时,相反地,他拒绝、反对学校对他们进行德育。当米尔纳建议当时的资产阶级学校给学生讲授政治经济学方面的知识,马克思立即表示异议,指出"公民米尔纳的建议不值得同学校问题联系起来讨论……学校不可能给予那种教育……无论是小学还是中学,都不应该开设那些容许进行政党的或阶级的解释的科目。……容许得出相互矛盾的结论的课目应当从学校里删去。"②在《哥达纲领批判》中批判"由国家实施国民教育"的提法时,也指出"相反,应当把政府和教会对学校的任何影响都同样排除掉"③。马克思还明确指出:"资产者认为道德教育就是灌输资产阶级的原则。"④

我们可以体会到,马克思如此坚决而强烈地反对资产阶级学校对工人子弟

---

① 《马克思恩格斯选集》第 2 卷,人民出版社 2012 年版,第 784 页。
② 《马克思恩格斯全集》第 16 卷,人民出版社 1964 年版,第 655–656 页。
③ 《马克思恩格斯选集》第 3 卷,人民出版社 2012 年版,第 376 页。
④ 《马克思恩格斯全集》第 6 卷,人民出版社 1961 年版,第 648 页。

进行道德教育,这恰恰表明了马克思对无产阶级德育的极端重视和高度原则性。

马克思是怎样解决工人阶级的德育问题的呢? 第一,道德教育不同于智育、体育、综合技术教育乃至艺术教育,它的历史性和阶级性特别强。资产阶级德育正是属于"阶级教育"范畴,体现统治阶级影响最鲜明最集中,正是共产党人要摆脱其影响,要消灭它的。第二,"共产党一分钟也不忽略教育工人尽可能明确地意识到资产阶级和无产阶级的敌对的对立。"①马克思毕生工作最重要的目的和成果之一就在于此。它最充分地反映了马克思对工人阶级德育的重视。第三,工人阶级及其子女"应当在日常生活斗争中从成年人那里获得这种教育"②"共产主义意识普遍地产生……只有在实际运动中,在革命中才有可能实现",无产阶级也"只有在革命中才能抛掉自己身上的一切陈旧的肮脏东西"③。第四,马克思赞许夺得政权的巴黎公社"立刻摧毁精神压迫的工具","用启发他们智慧的教师去代替麻痹他们头脑的教士"。马克思还批判孔德派关于资产阶级有所谓"道德节制(限制)"的粉饰的说教,预言工人阶级"会将个人的'道德'从阶级束缚下解放出来"④。

综上所述,马克思并未直接地论述个人全面发展教育的内容或组成部分。但他在不同场合和条件下,分散地以不同方式提出了广泛的教育方面,就其赋予它们的全新、丰富的内涵来说,既有当时当地的特殊意义,也有着普遍的意义,特别是其发展的形态(马克思作过各种预言)的确构成个人全面发展教育的内容和组成部分。

3.个人全面发展的意义

在马克思的个人全面发展的理论中,关于个人全面发展的含义或基本特征、个人全面发展对社会历史发展的重要作用等问题,都有丰富和精辟的论述。研究者对此十分关心,理解分歧和争论也很大。我们在研究了"人的本质观""分工和个人片面发展""全面发展的条件""全面发展教育的内容"等问题之后,就来研究这个问题。这样的安排对说明问题也许有好处,因为好些内容及

---

① 《马克思恩格斯选集》第 1 卷,人民出版社 2012 年版,第 434 页。
② 《马克思恩格斯全集》第 16 卷,人民出版社 1964 年版,第 656 页。
③ 《马克思恩格斯选集》第 1 卷,人民出版社 2012 年版,第 171 页。
④ 《马克思恩格斯选集》第 3 卷,人民出版社 2012 年版,第 160 页。

其理论和方法在前边已经涉及,许多言论也引述了,可以省去许多文字。

　　研究者的理解的分歧和争议虽然很多,但又集中在"全面"这个规定性上。例如,有的研究者说:讨论马克思的人的全面发展观,首先必须弄清他对人的"全面"发展的定义,"但是困难在于,在马克思的著作里,并不能找到一个现成的关于'全面'发展的完整定义,即对'全面'发展的含义所作的既周全细致又条理分明的界说。我们只能通过马克思的有关言论来体会他对'全面'的理解,从中提取出一些基本规定来。"①这样几行文字就一连突出了四个"全面",而且一定要"体会""提取出一些基本规定来"。这是极有代表性的。我们自己也曾经抱有这种愿望,使用过这种方法。但是,马克思明确说道:"个人的全面性不是想象的或设想的全面性,而是他的现实联系和观念联系的全面性。"②马克思还批判过"哲学家们"把人理想化、陷入唯心论的重要原因,就是"公然舍弃实际条件"③。因此,要真正把握马克思关于"全面"的含义,还是应该把着眼点放到"现实关系"和"实际条件"上,而且还要掌握马克思论述"全面"问题的特点。马克思是以不同的方式,从不同的角度、层次,在不同的条件下分散地论述的。例如,他早期的论述和他成熟期的论述就不一样,既有联系和继续性,又有变化和区别。他有时是从辩证唯物主义和历史唯物主义哲学的高度上阐发的,而有时又是从政治经济学或科学社会主义的侧面去论证或揭示的,又有时直接从教育学的或培养的意义上作了论述。他有时正面提出乃至描述了全面发展的个人的生动形象,而有时则是从反面对片面发展的揭露,透过他对片面发展的揭露,反映出他对全面发展的理想。他有时讲的是限于资本主义的情况,而有时讲的是共产主义下的情况,还有时区分了共产主义两个阶段,他对历史发展,包括社会发展和人的发展,有时分成三个时期,有时又把包括资本主义在内的历史称为"史前时期",恩格斯更提到"自由王国力或最终脱离动物界"的时期。如此等等。这些特点,是由马克思的特殊情况决定的,也是唯物论辩证法的生动运用和体现。我们必须掌握这些特点,把马克思的具体的个别的提法,与当时的条件、其他原理以及他的整个思想体系联系起来,弄明个别、特殊和一般的区别和联系,不能搞"六经注我",也不能拘守个别字句而看不到精神实质。如

---

①　丁学良:《马克思的"人的全面发展观"概览》,《中国社会科学》1983 年第 3 期,第 2 页。

②　《马克思恩格斯全集》第 30 卷,人民出版社 1995 年版,第 541 页。

③　《马克思恩格斯全集》第 3 卷,人民出版社 1960 年版,第 77 页。

果掌握这些特点,那么,我们探求的"全面"性只应该是:马克思在什么主客观条件下,相对于什么,讲的哪一种意义上的全面发展,而不应该追求什么统一的、绝对的、到处适用于判断全面或片面,是或不是的答案。

根据这样的理解,关于"全面性"的问题,只能探讨马克思在最主要的关系下、在最深层次里和最广阔的视野中所给予的规定,而不能相反,不能把不同关系下、不同层次里和不同视野中所作的不同的规定,简单地机械地堆到一起。因此,我们体会,马克思对全面发展的规定,主要在于以下两个方面。

1)劳动者智力和体力全面发展

这是第一个最基本的概括。

马克思讲全面发展,主要是对应于体脑分工以后劳动者愈来愈片面发展而言的。所谓片面发展,就是劳动者智力和体力之间以及智力内部之间、体力内部之间都不同程度地陷于片面性;而所谓全面发展,就是劳动者智力和体力两方面,智力的各方面和体力的各方面都得到发展。马克思详细分析、论述了劳动者片面发展和全面发展的具体根源、条件、历史过程、内容和形式以及从中所体现出来的规律性。这在前边已经介绍过了。

这种全面发展是从无产阶级立场出发提出的最先进的主张。它反映的是劳动人民的利益,有鲜明的阶级性、革命性。文艺复兴时代出现的一些"巨人",以及历史上一切先进思想家提出的"全面而完整的人",不能不说他们也是全面发展的主张,但从本质上说,不是马克思讲的全面发展。马克思主张劳动者全面发展,与全人类每个人的全面发展并不是对立的。全人类解放必先经由工人阶级解放;在社会主义和共产主义社会里,一切社会成员都要成为劳动者。因此,主张劳动者全面发展也代表了全人类的利益和历史发展趋势,因而具有历史先进性。

这种全面发展的核心是体力劳动和脑力劳动相结合,这与智力和体力全面发展是一回事。前者就活动而言,后者就其能力或结果而言。因为全面发展的前提和主体就是生产劳动和劳动者,并且主要是体力劳动和体力劳动者。

在这个规定性上,研究者中间发生了两个重要的争议,在相当长的时间相持不下。

一个争议是,马克思主张的全面发展是否即劳动力的全面发展。肯定者说,马克思在《资本论》等许多著作中主要讲的就是这个,不容任意解释,使它抽象化、神秘化;否定者说,这是降低、缩小浅化了马克思的思想,忽视意志、情感、审美、社会关系领域的发展。

我们认为,劳动力即智力和体力的全面发展,脑力劳动和体力劳动相结合,这是马克思主张的全面发展的基础。任何感情意志领域、审美领域、社会关系领域的发展,任何兴趣、才能、道德、艺术、个性等等的发展,都不能够脱离这个基础。当然,现实中不存在与这些领域无涉的赤裸裸的抽象的劳动力。但是,马克思从劳动过程中智力和体力的分离和结合来探讨劳动者的片面发展和全面发展,这不但不妨害、而且恰恰相反,正是在深广领域探讨人的发展,追到了最深的层次,找到了决定性的东西。列宁曾经指出,马克思对历史发展的考察使用的是这样的科学方法,"就是从社会生活的各种领域中划分出经济领域,从一切社会关系中划分出生产关系,即决定其余一切关系的基本的原始的关系。""只有把社会关系归结于生产关系,把生产关系归结于生产力的水平,才能有可靠的根据把社会形态的发展看做自然的历史过程。"①马克思对人的发展的考察,可以说也使用了这种方法。如果不是这样,也就显示不出它的科学性,与历史上和现实中其他阶级的各种全面发展的主张及其历史唯心主义方法就无法划清界线了。教育与生产劳动相结合的原则,也就失去根据了。

有的研究者担心,这样来理解马克思的思想,会与原始人的全面性、中世纪手工师傅的全面性、资本主义下技术多面手……相混淆。其实,这种担心是不必要的。我们不必惊奇:马克思对于上述各种人的"全面性"是有条件地加以肯定的。例如,他说:"在发展的早期阶段,单个人显得比较全面。"②我们不能说那不是"全面",而只能说不是马克思主张的现代的全面性。对手工师傅的全面性也必须这样说。又例如,马克思说,大工业要生存和发展,必须有全面发展的个人。众所周知,资本主义大工业不仅存在,而且大大发展了。如果一方面肯定大工业在发展;另一方面又否定资本主义工人的一定的全面性,逻辑上是不能自圆其说的。原来,马克思早就指出,个人全面发展作为历史规律,在资本主义靠牺牲绝大多数人和盲目破坏为自己开辟道路的情况,不能"正常实现"。所谓不能"正常实现",那也就意味着有一定的实现。我们只能说,资本主义条件下一部分人得到某种全面发展,本质上不同于马克思主张的共产主义社会的全

① 《列宁全集》第 1 卷,人民出版社 2013 年版,第 110 页。
② 《马克思恩格斯全集》第 30 卷,人民出版社 1995 年版,第 112 页。

面发展,但是不能说,那一点儿也不是全面发展。

可以设想,如果不像马克思那样,有条件地承认原始人、手工师傅、资本主义工人有它那种种意义上的"全面性",一味地、笼统地说它们都是片面性,那么,历史就成了一堆糊涂账。没有那种"全面",哪有进一步的片面? 没有进一步的片面,哪有更进一步的全面? 马克思的全面发展理论的科学性,也就大大减色乃至化为乌有了。可是要知道,马克思对上述各种"全面性"的有条件地肯定,正是以劳动力的智力和体力的全面发展、脑力劳动和体力劳动相结合这一基本概括或标准为根据的。马克思全面发展理论的伟大之处,在于他在这个基础上矗立多层的宏伟壮丽的大厦,使一切矮小建筑物相形见绌,而不在于脱离这个基础本身去构想空中楼阁。

再一个争议是:马克思主张的全面发展是否即教育学(历史和理论)上讲的德、智、体、美、技……的全面发展。肯定者说,这是一回事,因为都是讲的全面发展。否定者说,马克思主张的全面发展是一个经济学的概念,不是教育学的概念,范围不同,可以借用,①但不是一回事。这种争议反映了研究的深入。过去我们自己在研究中就曾犯过这种毛病,将马克思从经济学、劳动力角度考察全面发展,跟教育史上历来讲的和教育方针指示的德、智、体……全面发展,直接地联系乃至简单地混合到一起。这既不能真正领会马克思的理论和方法的深刻内容和意义,又不能很好地把握党的教育方针与马克思理论的内在联系,从而更好地制定和理解教育方针。因此,将马克思特殊地从经济学领域研究并作出的全面发展的规定性和一般教育学上的规定性加以区别,克服笼统、混淆的缺点,这是近年来研究的重要进展。但是,如果由此得出结论:马克思讲的仅仅是劳动力的智力和体力的全面发展;教育学上培养目标对它只是借用关系,这并未说明全部问题,还值得进一步探讨。我们这里提出几点看法。

第一,马克思本人在许多场合直接从教育学、从"培养"的角度,论述了智、体、技术、科学、艺术等方面的发展。在道德方面更用了特殊的方式提出问题和解决问题,既非只从经济学考察问题,甚至也不只是简单联系到教育学、引伸到教育学,而是直接从教育学上作了探讨,这在前边关于个人全面发展的教育内

---

① 提出"借用"概念是有启发性的,也是有积极意义的。因为它表明既看到两种"全面发展"并非完全一回事,又觉察到两者之间有联系。于是,想以"借用"的概念来表述这种关系。参见陈桂生《全面地历史地研究马克思主义关于人的全面发展的理论》,《教育研究》1984年第8期。

容部分,已经详细地论述过了。

第二,劳动力的智力和体力的全面发展这一规定,对于一个完整的全面发展的人来说,只是核心而不是全部;只是基础而不是整个"建筑物"。正如马克思考察历史的发展那样,从全部领域中划出经济领域,又从经济关系划出生产关系,又归结为生产力……这是为了更深刻地认识完整的社会历史,而不等于说:生产力即完整的社会,或完整的社会即生产力。考察人的发展也是这样。劳动力从来不是抽象的赤裸裸的,总是一定生产关系、经济关系、社会关系中的劳动力。马克思在《资本论》中说道:"劳动力的生产"与一个国家的历史和文化水平有密切关系。"劳动力的价值规定包含着一个历史的和道德的要素。"[1]马克思在《资本论》中还明确申明,他把人作为劳动力,考察企业内部分工或生产过程中的分工对工人片面发展的影响,是作了限制的,是舍弃了其他方面的考察的。他说:"在这里,我们不去进一步论证,分工除了扩展到经济领域以外,又怎样扩展到社会的其他一切领域,怎样到处为专业化、专门化的发展,为人的细分奠定基础。"[2]大家知道,马克思在其他场合和著作中作过"进一步论证",作过"扩展",尤其是恩格斯在《反杜林论》中,甚至"扩展"到了"资产者为自己的资本和利润欲所奴役""法学家为他的僵化的法律观念所奴役"等等。[3] 由此可见,把全面发展仅仅局限于劳动力和能力范围是不够的,是不符合马克思原意的。

第三,马克思讲的全面发展对于教育学来说,不是被借用的,而是给教育上的德、智、体……全面发展以真正的科学基础、革命灵魂以及具体的历史的和阶级的内容。培养德、智、体……全面发展的人的理想,从古希腊时代就为一些思想家教育家所向往了。我国古代智、仁、勇的思想和"礼、乐"(德)"射、御"(体)"书、数"(智)的教育主张,从某种意义上讲也未尝不是表达这种理想。到了近代,无论是资产阶级还是空想社会主义者,更明确提出了这个概念。例如,斯宾塞全面地论述了智育、德育和体育,可以说是资产阶级教育家中对这一概念表

---

[1] 《马克思恩格斯选集》第 2 卷,人民出版社 2012 年版,第 165 页。又参见《学习马克思的教育思想:纪念马克思逝世一百周年文集》,人民教育出版社 1983 年版,第 99 页。

[2] 《马克思恩格斯全集》第 44 卷,人民出版社 2001 年版,第 410 页。又参见陈桂生《全面地历史地研究马克思主义关于人的全面发展的理论》,《教育研究》1984 年第 8 期。

[3] 《马克思恩格斯全集》第 26 卷,人民出版社 2014 年版,第 309 页。又参见陈桂生《全面地历史地研究马克思主义关于人的全面发展的理论》,《教育研究》1984 年第 8 期。

达得最明确最充实的一个。① 但是,他们所谓的德、智、体全面发展,只是少数剥削阶级成员的事,排斥、牺牲劳动者的发展,并且从根本上讲仍是片面的发展。欧文集一切空想社会主义者的大成,明确提出了人应当从"出生以后就使智、德、体、行的能力得到良好发展"的思想,并且将人的全面发展同消灭阶级剥削、消灭私有制、消除体力劳动与脑力劳动对立联系起来,寄希望于劳动阶级。但是,他的全面发展的主张和他的整个社会主义学说一起都是空想的。这些,都是教育学界,特别是马克思教育思想研究者所熟悉的,毋庸多去讨论了。在马克思之前,德、智、体全面发展这一教育理想,包括资产阶级的和空想社会主义的,都存在一个致命的缺陷,就是不能科学地、正确地、清楚地说明它的条件、根源、历史发展过程、具体内容和形式。既然不能说明它,也就不能真正理解它,从而也就找不到切实实现的途径。或者径直明显反映了剥削阶级性质,或者建立于抽象人性论基础上,完全寄希望于教育,宣扬教育万能。前人没有做到的,马克思做到了。马克思给了德、智、体……全面发展的教育理想以真正科学的基础,找到了它的底蕴,从最深层次(经济)说明了它。

2) 个人、自由、充分的发展

这是马克思主张的全面发展的又一基本特征。这是一个长期争议的领域,或者用资产阶级唯心主义把它抽象化了;或者对它怀有疑惧而忽视。换句话说,在全面发展的这一基本特征问题上,歧议和争议是更大的、更深的。我们在这里提出一些不成熟的看法,供进一步研究。

第一,有的同志正确指出,马克思所讲的人的全面发展,"更确切的提法,应是'个人全面发展'"②。马克思在一切场合讲到全面发展,都是指的个人,绝大多数在字面上都是明白无误的,即使有的场合字面上未见"个人"两个字,其实际的意思,也是讲的个人,所谓"个人",就是对应于"人类""一般人""社会""集体""阶级"等等而说的。如果马克思讲的全面发展不是指的个人,而是一般人,是笼统地谈论人的全面发展,那不仅不符合马克思思想和言论的实际,而且是毫无意义的。过去多年中教育学界的研究者包括我们自己在内,对此是不大明确的,今天提出这一点是又一个进步。因为人类全体的发展或一般人的发

① 斯宾塞:《教育论》,胡毅译,人民教育出版社 1962 年版。
② 陈桂生:《全面地历史地研究马克思主义关于人的全面发展的理论》,《教育研究》1984 年第 8 期。

展,随着历史发展而越来越全面丰富,这是没有疑问的。问题在于:在很长历史时期,人类全体的全面发展是靠牺牲个人发展即以个人片面发展为代价换来的。我们在前边已经引证过马克思说的好多这类的话。马克思还在一个地方说得更明确:在资本主义条件下,"……只有通过最大地损害个人的发展,才能……取得一般人的发展。"①所谓片面发展,都是指的个人;所谓旧分工造成片面发展,也都是指的个人。我们曾经引证过马克思和恩格斯在《德意志意识形态》中的话:"就个人自身来考察个人,个人就是受分工支配的,分工使他变成片面的人,使他畸形发展,使他受到限制。"②显然,他们用词是非常严格和准确的,都突出了"个人",并使用单数"他"。其实,多少代先进思想家追求人的全面发展的理想,实际上讲的是个人全面发展,只不过马克思更加自觉和明确。这一理想或问题的实质,就是追求个人全面发展和人类亦即社会全面发展相一致,解决个人和一般人的矛盾。大家都知道,费尔巴哈人本主义异化论的中心(核心、主导)问题,就是解决个体和人类的矛盾,只不过他所讲的"类"是一个抽象的东西,马克思早期思想也受到这种影响。事情被说成这样:〈a〉所有的个人有一种共同性,就是类,也就是人的本质;〈b〉对人的本质的内容尽管各人理解不同(感受、理性、意志、爱、劳动、社会……),但都是一种固定的东西,也是理想的全面的优良品质或力量;〈c〉由于种种原因,产生种种异化,人的本质即固有的理想的全面的优良品质或力量,从个体人身异化出去,个人就丧失了本质,因而迷信、无知、愚蠢、片面……;〈d〉应该通过各种办法(教育、消灭私有制……)来扬弃异化,使人重新占有人的本质即原来固有的理想的全面的优良品质或力量,也叫向社会的人的复归;〈e〉这样,许多矛盾特别是个人和人类之间的矛盾就解决了。大家也都知道,马克思后来不再从人的本质异化理论论述这个问题了。而是从历史唯物主义科学地考察和解决个人发展和人类整体发展的矛盾问题了。也就是说,从生产力和生产关系的矛盾运动,研究和指明了分工造成个人片面发展,在大工业发展起来的基础上建立共产主义生产关系,才可能使个人获得全面发展。他认为到了社会最高发展的时期,生产力获得最高发展,

---

① 《马克思恩格斯全集》第 32 卷,人民出版社 1998 年版,第 405 页。
② 《马克思恩格斯全集》第 3 卷,人民出版社 1960 年版,第 514 页。

人类的整体发展也就和个人最丰富多彩的发展相一致了。① 为什么要追求个人全面发展与社会全面发展的一致呢？因为社会正是由一个个个人组成的。"人们的社会历史始终只是他们的个体发展的历史，而不管他们是否意识到这一点"②"要不是每一个人都得到解放，社会也不能得到解放。"③"私有制只有在个人得到全面发展的条件下才能消灭，……"④"每个人的自由发展是一切人的自由发展的条件"⑤。

第二，全面发展也是自由的发展、充分的发展，并且是创造性的发展。正如上边讨论"个人"的发展一样，马克思在一切场合都是对全面发展赋予了自由、充分等特征的，只不过有时字面上没有明确说出来，而在很多情况下都是明白说到的。例如："个人的独创的和自由的发展"⑥"全部才能的自由发展"⑦每个人"都可以在任何部门内发展"⑧"不受阻碍地发展"⑨"一切天赋得到充分的发挥"⑩"自由而充分的发展"⑪"体力和智力获得充分的自由的发展和运用"⑫"每个人的全面而自由的发展"⑬等等。不这样也是不可能的。没有自由发展，哪有全面发展；没有全面发展也不会有自由发展；发展而不充分，怎能谈得上自由和全面，既然自由充分地发展，那么，个人的全面发展便必然有了独创性。这在马克思思想中都是无可争辩地合乎逻辑的。马克思在一开始考察分工造成个人片面发展就同时指出："当分工一出现之后，任何人都有自己一定的特殊的活动范围，这个范围是强加于他的，他不能超出这个范围。"⑭"个人屈从于分工、屈从于他被迫从事的某种活动。"⑮在《资本论》中，马克思在深入考察生产过程内

---

① 《马克思恩格斯全集》第 30 卷，人民出版社 1995 年版，第 540 页。又参见丁学良：《马克思的"人的全面发展观"概览》，《中国社会科学》1984 年第 3 期，第 151 页。
② 《马克思恩格斯选集》第 4 卷，人民出版社 2012 年版，第 409 页。
③ 《马克思恩格斯选集》第 3 卷，人民出版社 2012 年版，第 681 页。
④⑥ 《马克思格斯全集》第 3 卷，人民出版社 1960 年版，第 516 页。
⑤ 《马克思恩格斯选集》第 1 卷，人民出版社 2012 年版，第 422 页。
⑦ 《马克思恩格斯全集》第 3 卷，人民出版社 1960 年版，第 248 页。
⑧⑭ 《马克思恩格斯选集》第 1 卷，人民出版社 2012 年版，第 165 页。
⑨ 《马克思恩格斯全集》第 3 卷，人民出版社 1960 年版，第 458-459 页。
⑩ 《马克思恩格斯全集》第 3 卷，人民出版社 1960 年版，第 286 页。
⑪ 《马克思恩格斯选集》第 2 卷，人民出版社 2012 年版，第 738 页。
⑫ 《马克思恩格斯选集》第 3 卷，人民出版社 2012 年版，第 670 页。
⑬ 《马克思恩格斯选集》第 2 卷，人民出版社 2012 年版，第 267 页。
⑮ 《马克思恩格斯选集》第 1 卷，人民出版社 2012 年版，第 184-185 页。

部智体分离、怎样从开始到发展到完成时，更具体描绘了片面发展和发展不自由完全是一回事，说明了正是由于分工、专门化、片面性，工人不能自由地选择职业，只有掌握科学和综合技术、全面发展，才能取得自由。马克思认为在共产主义社会里个人自由联合占有生产力总和，从事自由劳动，拥有自由支配的时间，是个人全面发展的几方面重要条件，我们在前边已经引述，足够说明全面发展和自由发展不可分割的关系了。

马克思所说的全面发展指的是个人自由、充分的发展，这样明如白昼，既是事实，又合逻辑，为什么会长期受到曲解，争议很大呢？这是由于马克思关于"个人""自由""充分"等等概念，都是根据辩证唯物主义和历史唯物主义世界观批判改造过的科学的概念。关于"个人"，马克思明确指出："这里谈的是一定历史发展阶段上的个人，而决不是任何偶然的个人。"[①]"当然是处于既有的历史条件和关系范围之内的自己，而不是意识形态家们所理解的'纯粹的'个人。"[②]再说关于"自由"，马克思站在哲学高度上认为它是对客观世界必然性和规律的掌握和运用，这是大家熟知的。具体到个人自由，马克思的主要思想是，联合起来，掌握高度发展起来的生产力，使一切偶然性都受到控制和统治，这才是最根本的自由。"没有共同体，这是不可能实现的。只有在共同体中，个人才能获得全面发展其才能的手段，也就是说，只有在共同体中才可能有个人自由。"[③]至于"充分"，马克思也不是抽象地谈论的，是指在一定生产力发展和社会关系许可的范围内的充分。马克思在各种场合以不同的表达方法，指出了个人全面发展是一个历史过程，具有不同的程度层次。他和恩格斯一起在《形态》中和恩格斯在《反杜林论》中，把人的发展分为两大阶段：一是通过生产劳动，"开始把自己和动物区别开来"[④]。二是到了共产主义社会，"人在一定意义上才最终地脱离了动物界，从动物的生存条件进入真正人的生存条件"[⑤]。

在《政治经济学批判》中，马克思又分为三个阶段：第一是在以人的依赖关系为基础的最初社会形态下，"人的生产能力只是在狭小的范围内和孤立的地点上发展着。"第二是在以物的依赖为基础的人的独立性的社会形态下，"才形

---

① 《马克思恩格斯全集》第 3 卷，人民出版社 1960 年版，第 156 页。
②③ 《马克思恩格斯选集》第 1 卷，人民出版社 2012 年版，第 199 页。
④ 《马克思恩格斯选集》第 1 卷，人民出版社 2012 年版，第 146 页。
⑤ 《马克思恩格斯选集》第 3 卷，人民出版社 2012 年版，第 671 页。

成普遍的社会物质变换、全面的关系、多方面的需要以及全面的能力的体系。"第三是"建立在个人全面发展和他们共同的、社会的生产能力成为从属于他们的社会财富这一基础上的自由个性。"①第二阶段为第三阶段创造条件。马克思还说过,到了共产主义社会,"在这里,人不是在某一种规定性上再生产自己,而是生产出他的全面性;不是力求停留在某种已经变成的东西上,而是处在变易的绝对运动之中。"②马克思和恩格斯在《形态》中有一段话,可以认为是带有总结性的。他们说:"在共产主义社会中,即在个人的独创的和自由的发展不再是一句空话的唯一的社会中,这种发展正是取决于个人间的联系,而这种个人间的联系则表现在下列三个方面,即经济前提,一切人的自由发展的必要的团结一致以及在现有生产力基础上的个人共同生活方式。……至于不可避免的共产主义革命就更不用说了,因为它本身就是个人自由发展的共同条件。"③长期以来,资产阶级和唯心主义者"公然舍弃实际条件",鼓吹个人主义、自由主义并以此攻击社会主义国家不讲个人、自由、充分的发展,而我们一些同志的疑惧则在于此,担心一强调个人,就容易走向个人主义;一强调自由,就容易走向自由主义;一强调充分,就容易走向过分。其实,这种担心是不必要的;相反,只有坚持马克思主义的原则性才更有利于研究和创设实际条件,也才最终从根本上克服个人主义、自由主义和不切实际的要求。

关于个人全面发展的伟大社会历史意义,马克思恩格斯不仅具有远见卓识而且满怀深情地说过以下一些有代表性的话:代替资本主义社会的"一个更高级的"社会形式,就是"以每一个个人的全面而自由的发展为基本原则的社会形式。"④"代替那存在着阶级和阶级对立的资产阶级旧社会的,将是这样一个联合体,在那里,每个人的自由发展是一切人的自由发展的条件。"⑤"个人的全面发展,只有到了外部世界对个人才能的实际发展所起的推动作用为个人本身所驾驭的时候,才不再是理想,职责等等,这也正是共产主义者所向往的。"⑥

---

① 《马克思恩格斯全集》第 30 卷,人民出版社 1995 年版,第 107–108 页。
② 《马克思恩格斯全集》第 30 卷,人民出版社 1995 年版,第 480 页。
③ 《马克思恩格斯全集》第 3 卷,人民出版社 1960 年版,第 516 页。
④ 《马克思恩格斯选集》第 2 卷,人民出版社 2012 年版,第 267 页。
⑤ 《马克思恩格斯选集》第 1 卷,人民出版社 2012 年版,第 422 页。
⑥ 《马克思恩格斯全集》第 3 卷,人民出版社 1960 年版,第 330 页。

三、个人全面发展理论的研究中若干经验和新课题

关于马克思教育思想 100 多年来的传播和发展,特别是在苏联和我国的运用、实践和发展,我们将另有总的专门论述。这里,我们只就个人全面发展理论研究方面的若干经验和新课题,作一些讨论。

（一）在克服教条主义中发展

恩格斯说过:"我们的理论是发展着的理论,而不是必须背得烂熟并机械地加以重复的教条。"①

列宁进一步发展了马克思主义。十月革命胜利,社会制度发生根本变革,无产阶级进行巩固政权的斗争,政治和思想斗争提到首要地位,同时面临着经济建设的重要任务。据此,列宁就提出要把青年一代培养成为共产主义者。这种共产主义者的特征是:"我们的学校应当使人们在学习期间就成为铲除剥削者这一斗争的参加者""把培养、教育和训练的每一步骤,同全体劳动者反对剥削者的斗争密切联系起来""只有在与工农的共同劳动中,才能成为真正的共产主义者""养成共产主义观点""个个都是有文化的,同时又都善于劳动"。② 这是坚持马克思个人全面发展基本原理,结合具体条件运用而加以发展的光辉范例。十分突出的一点:列宁特别强调了培养共产主义道德的问题。具体的提法与马克思有所不同,但如果真正领会了马克思当年不提德育的思想的精神实质,那么也就能真正懂得列宁这样强调德育的道理,两者的基本精神完全一致。

到了 30 年代,当苏联农业集体化已经完成和全面推进社会主义建设时期,斯大林提出了"技术决定一切"和"干部决定一切"的口号。③ 突出科学文化的教育和各种专门人才的培养。这有一定的合理性,但又有片面性。在克服 20 年代学校中劳动过多的偏向时,又忽视了以致取消了劳动教育,连综合技术教育也成为仅仅讲授理论和技术知识的课程,思想政治教育也削弱了。对全面发展的这种理解,具体地系统地反映在苏联 30 年代到 40 年代编写的一些教育学

① 《马克思恩格斯选集》第 4 卷,人民出版社 2012 年版,第 588 页。
② 《列宁全集》第 39 卷,人民出版社 2017 年版,第 342-345 页。
③ 《斯大林选集》(下卷),人民出版社 1979 年版,第 275、371 页。

教科书中。①

我国教育界比较系统地了解和普及马克思关于个人全面发展的理论,正是通过建国初期全面学习苏联教育学得来的。我们在学习中发生了教条主义的缺点,机械地搬用了斯大林领导时期苏联教育学上的概念。例如,那时我国编辑出版的一些教育学教材和论著,大多正确地强调了系统科学知识和基本生产技术的教育,但是没有同时明确地提出培养劳动者,也没有提出当时历史条件下应该培养社会主义觉悟的要求。我们党为克服这种教条主义的缺点作出了很大的努力。1957年,毛泽东同志提出:"我们的教育方针,应该使受教育者在德育、智育、体育几方面都得到发展,成为有社会主义觉悟的有文化的劳动者。"②同时,继承和发扬民主革命时期的传统,提倡知识分子要接触工人农民,与工农交朋友,参加一定的生产劳动。

这种克服教条主义的努力,使马克思关于个人全面发展的理论在我国获得了新的发展。首先,按照马克思的意见,人的发展取决于实际条件和现实关系。当时,我国正处在由新民主主义过渡到社会主义的历史时期,摆在教育工作面前的最重要的任务,就是培养青年一代,抱定社会主义方向,掌握科学文化,用双手辛勤劳动去建设美好生活并发展自身。这既切合我国实际,也是合乎马克思理论的精神的。其次,马克思当年论述了全面发展,主要对象是劳动者,又主要是体力劳动者,更具体指的是工人阶级及其子女,而没有论述脱离体力劳动的那一部分成员,如工程师、科学家、教师等脑力劳动者怎样全面发展,至于社会主义制度建立以后应该怎么办,更没有论述。列宁、斯大林也没有作为一个专门问题提出来讨论。这可以说是我们面临的一个新问题。这个问题在我国更有特殊意义,两千多年的封建传统,剥削阶级鄙视体力劳动和体力劳动者的积习,在知识分子中有较深的影响。这与革命和建设的要求都是不相适应的。因此,早在30年代和40年代,我们党就提倡并实行知识分子和工农相结合,获得良好的效果。50年代,我们针对教育工作中的教条主义缺点,重申并进一步提倡知识分子接触工农,适当参加生产劳动,使他们逐步克服轻视体力劳动、脱离实际等弱点,这既是我们面临的新课题,也是对马克思理论的新发展。恩格

---

① 凯洛夫:《教育学》,沈颖、南致善等译,人民教育出版社1952年版,第40-50页。
② 《毛泽东文集》第7卷,人民出版社1999年版,第226页。

斯在《致国际社会主义者大学生代表大会》的信中,表示希望从大学生中产生出来一种脑力劳动无产阶级,同自己的从事体力劳动的工人兄弟,"在一个队伍里肩并肩"地前进。我们把这一思想具体化了。这一点,在体力劳动和脑力劳动的分工仍然存在的历史时期,具有重要的理论意义和实际意义,我国的经验值得重视、总结和进一步发展。

(二)吸取小生产者观念曲解的教训

1958 年的一段时间和"文化大革命"期间,我们又曾发生过以小生产者观念曲解个人全面发展理论的缺点。对全面发展的曲解,主要表现是,要求知识分子和工农画等号,过分强调脑力劳动者参加体力劳动,想使我国全体社会成员,人人能生产,人人能学习,变成既是劳动者又是知识分子的新人,企图在手工劳动的基础上实行体力劳动和脑力劳动的结合,把知识分子和工人农民、脑力劳动者和体力劳动者融为一种人,批判所谓的维护"两种人"的观点。同时,继续实行以阶级斗争为纲,过分强调思想政治(且不说对思想政治本身理解的问题)的要求。由于强调劳动和政治,导致严重忽视业务、文化、科学技术的要求。这就重复了 30 年代斯大林曾经评论的类似观点,他说:有些人以为消灭智力劳动与体力劳动间的对立性这一目的,可能在智力劳动者、工程师和技师文化技术水准降低到中等熟练工人水准的基础上,用稍许把智力劳动者与体力劳动者文化技术水准展平一下的方法来达到。这种想法是不对的。只有那些小资产阶级的空谈家,才能这样来想象共产主义。其实,只有在工人阶级文化水准提高到工程师、技师水准的基础上,才可消灭智力劳动与体力劳动间的对立性。[①] 斯大林这一论点是符合马克思的个人全面发展理论的。只有大工业和科学技术才能打破专门化、凝固化,实现普遍性和全面性,亦即才能消灭脑力劳动和体力劳动的差别,而在手工业和手工艺基础上是不能打破专门化、凝固化的,也实现不了普遍性和全面性。马克思当年就曾批判过蒲鲁东的综合工人的主张。指出,这从历史眼光看是后退,蒲鲁东"没有超出小资产者的理想"[②]。

---

① 《列宁主义问题》第 656 页,1950 年莫斯科中文版,这是斯大林于 1935 年讲的。1951 年,斯大林在《苏联社会主义经济问题》一书中,认为对立、差别、本质差别应加以区分,是三个不同的概念,认为他 1935 年讲的"对立"的说法是不确切的,应该说是指"本质差别"。见该书第 22 页,人民出版社,1961 年。

② 《马克思恩格斯选集》第 1 卷,人民出版社 2012 年版,第 250 页。

对全面发展的上述曲解,根源于没有看到一个基本的历史事实。我们的现实情况与马克思当年的情况不大相同。马克思面临的情况是大工业已在资本主义关系下发展起来,而我们是在社会主义关系下大工业尚未充分发展起来,大量的生产劳动还是手工劳动,在马克思那时,脑体差别或分工的消灭已有了可能性,而我们这里脑体分工还是不可避免的和必要的,否则就会降低社会生产水平。在马克思那里,体脑分离或差别是在阶级利益对立中进行的,换句话说,"分离"和"对立"是一回事,而在我们这里,由于社会主义关系的建立(甚至在社会主义关系尚未建立之前由于有党的领导)"对立"和"分离"变成了有联系的两回事。"分离"还存在,而"对立"已经消灭。这种"分离"是非对立的并且日益互相接近。对个人全面发展的上述曲解,乃是既没有看到不利条件,又没有看到有利条件,更没有看到怎样创造有利条件。由于这种曲解,给社会生产发展和人才培养带来严重的后果,因而也是对马克思个人全面发展理论的研究中的一个严重教训。粉碎"四人帮"后,党的十一届三中全会胜利召开,经过思想政治路线上拨乱反正,实现了把党的工作中心由阶级斗争为纲向经济建设的转移,对马克思个人全面发展理论的研究,也重新端正了方向,取得了进展,这就是在坚持社会主义方向,坚持教育和生产劳动相结合的基础上,重视各级各类专门人才的培养,恩格斯当年希望的脑力劳动无产阶级同自己从事体力劳动的工人兄弟在一个队伍里肩并肩地前进,这个希望经过吸取教训,排除干扰,在新的历史条件下,比较正常地实现并发展了。

(三)坚持历史唯物主义的方法,重视对人的问题的理论研究

近几年我国理论界开展了一场关于人道主义问题的讨论和争论,也涉及教育学并主要涉及个人全面发展理论。一些同志用异化理论来解释和解决个人全面发展问题,认为个人全面发展,就是人的本质经过异化而丧失,又经过对异化的积极扬弃而重新全面地占有自己的本质或使本质复归。这样理解的根据和实质,就是人本主义,从人出发来研究人,并且从人出发来研究社会,引证马克思的早期著作如《1844 年经济学哲学手稿》中的某些提法,也多少受了西方马克思主义某些观点的影响。

这种理解是缺乏积极意义的。首先,这不是从历史唯物主义继续前进,而是又往后退了。关于费尔巴哈的人本主义不必说了,就拿马克思早期著作中的观点来说,尽管它在实际内容、真实思想上已远远超越了人本主义,但毕竟还未

最终脱离人本主义的框子。从《提纲》和《形态》开始,马克思则已经明确建立唯物史观,归根结底,从生产力和生产关系的矛盾运动来解释和解决人的问题和社会历史问题。这就是说,他不再从人和人的本质出发,而是从人所从事的物质生产出发,去研究和阐述人的发展和全面发展。[①] 这是一种重大的发展和前进,而且前后的区别是明显的。我们的任务是继续前进,像列宁、斯大林、毛泽东同志以及几代马克思主义继承者在各个领域所作的那样,而不应再回到早期马克思的一些论点上去。其次,用人的本质异化观点来解释和解决个人全面发展问题,事实上既解释不了,更解决不了。人的本质到底是什么?怎么异化的?怎样积极扬弃?怎样全面复归和占有?……对于诸如此类的问题,回答不了;如果要作出回答,那就必须从这个观点向前进,进到历史唯物主义,而这正是马克思思想发展的道路和过程。重新又起用人的本质异化论论点的同志主观上以为这样可以使问题深化,揭示出人的发展的否定辩证法的规律,其实这是抽象的缺乏实际内容的"规律";如果要具体揭示其实际内容的话,那还应该像马克思后来所做的那样,去实际地具体地考察生产力和社会关系怎样综合地影响个人。在不同时期怎样片面发展,在什么社会历史条件下才能实现全面发展,如此等等;而这又是历史唯物主义的具体研究,而不是什么空洞的否定的辩证法了。第三,这种理解有可能得出这样的结论:马克思早期思想和成熟后的思想没有什么区别,马克思关于个人全面发展的理论也就是人的本质异化、扬弃、复归论了。社会主义体脑分工还存在,多数的人还是不同程度地片面发展的。这不但一时不可避免,甚至是必要的,但它和资本主义社会人的片面发展有了本质不同,已不存在阶级对立(个别环节和个别人另论)。可是,如果按照异化论的理解片面发展即异化,异化是对抗性的,这样,社会主义社会同资本主义社会的区别,也就不那么清楚了。

这种讨论和争论是有意义的。经过一个反复,我们对历史唯物主义地解释和解决个人全面发展问题的认识更深入了一步。例如对人的本质观和个人全面发展理论之间的联系问题过去是不清楚的;对于马克思的这一思想本身有一个发展过程问题,过去很少研究,对马克思早期著作和后期著作中的言论,不加分析地一律对待和引述,没有真正懂得它们的联系和区别;等等。如今通过讨

---

① 陈信泰、张武升:《马克思的人的全面发展学说的动态考察》,《教育研究》1984 年第 2 期,第 4、6 页。

论和争论,我们得到了澄清或开始研究。这种讨论和争论的意义还在于它引起了我们对人的问题的重视。例如,有的哲学工作者指出:"我国以往出版的马克思主义哲学教科书或专著中,几乎都没有专门论述个人问题的章节。尽管历史唯物主义也有一个题目讲个人在历史上的作用,但主要是讲领袖和杰出人物的作用,而没有或很少讲普通人的作用……至于个人的地位、价值、尊严、个性,就讲得更少了。"①在马克思恩格斯的哲学、政治经济学、社会主义学说的文献中,都讲到很多的关于个人全面发展和教育问题,而我们的哲学教科书、政治经济学教科书、论述科学社会主义学说的论著,都很少甚至没有讲到个人全面发展和教育问题。还值得提的一个重要情况是,苏联教育学的片面性,除了表现为前述的忽视生产劳动和削弱政治思想教育以外,也表现出"五育"并重和对学生一律要求的"平均发展",几乎完全忽视了发展学生的个性。1956 年前后,我国许多教育工作者,觉察到这种片面性,曾经提出要把全面发展和因材施教结合起来,开展了一场热烈的讨论和争论。② 由于教条主义、小生产者平均主义思想影响以及其他原因,讨论没有获得应有的积极的结果。我们在相当长的一段时期内,从培养目标到教学体制,存在着"一刀切"或"划一主义"的现象,不能说与此无关。

应该说,发现这些问题本身,就是重要的收获。更重要的是,情况已发生了变化,问题在开始解决。例如,明确地提出了要宣传和实行社会主义的人道主义。③ 有的历史唯物主义教科书,增加了许多阐述人的问题的章节和内容。④ 阐述马克思关于人的理论问题的专著也出现了。⑤ 至于这方面的论文就更多了。在教育学领域,变化和进展也是不少的。由于扩展了视野,明显地增强了研究和理解的广度和深度。过去许多未研究和解决的问题开始探讨了。例如,关于因材施教的必要性,已经没有争议了,问题在于从理论上和实践中探索怎样具体化,怎样多规格、多层次、多形式办学;对教学计划、教材分程度作出不同的要求,设置选修课,开辟"第二课堂";重视发展学生个性特长等等。这一切表明,对于马克思的个人全面发展理论,在研究和运用中又有了新的发展、新的经

① 北京大学哲学系:《马克思主义与人》,北京大学出版社 1983 年版,第 3 页。
② 《关于全面发展教育问题讨论情况简介》,《教育半月刊》1956 年第 12 期。
③ 胡乔木:《关于人道主义和异化问题》,人民出版社 1984 年版,第 35—50 页。
④ 肖前、李秀林、汪永祥:《历史唯物主义原理》,人民出版社 1983 年版。
⑤ 王锐生、景天魁:《论马克思关于人的学说》,辽宁人民出版社 1983 年版。

验。不过,要作出新的概括,形成新的论点,并能够加以系统化,这还是有待于进行艰苦努力的,还是一个新的课题。

(四)防止技术决定论的迷惑,研究现代人全面发展的特点

近几十年来,世界范围内发生了生产、科学技术的新的革命。这就提出了一个新的课题:科学技术飞速发展给人的发展带来什么影响。在这个课题面前,一方面许多人在探讨在思索,这是积极的;另一方面也有人陷于迷惑,产生两种截然相反的见解:一是技术万能论,如"工艺决定论""社会进步工艺学""技术统治论"等,①认为有了先进的技术可以解决一切问题,甚至人类能够控制行星。② "生存竞争"和"面包问题"都已经不存在了。人类将"从市场和工厂回来,走到游戏场中去"。从"劳动的人"过渡到"游戏的人。"③再一是反技术主义,认为科技发展是反人道的,是摧残人的发展的。"对于西方许多人来说,曾一度缔结美满姻缘的科学和人道主义,变成经常大吵大闹的冤家对头。"④在我国教育理论界对此并没有持极端的看法,但不同的理解仍是存在的。有的同志认为发达的资本主义国家里由于生产技术高度发展,体脑差别已经消失,除思想道德精神领域以外,人已全面发展了,而我们国家的人,由于生产技术落后,在脑力体力差别上讲还是片面发展的;另一些同志的理解与此不同,认为资本主义社会下根本说不上全面发展;我国虽然还存在体脑分工,而人已经全面发展了。

究竟怎样评价这些说法,这的确是新的问题。首先,应该看到我们确实遇到了前所未有的新情况、新变化。不仅不同于马克思当年所研究的情况,也不同于第二次世界大战前的情况。生产劳动结构发生了大变化,不仅新的生产部门空前增多,而且变动更加急剧,体力劳动者和脑力劳动者的比例也发生了大的变化,有的国家所谓"白领"工人的数量反而超过了"蓝领"工人。体力劳动

---

① 《哲学译丛》编辑部:《关于马克思主义人道主义问题的论争》(译文集),生活·读书·新知三联书店1981年版,第57—61页。
② 《哲学译丛》编辑部:《关于马克思主义人道主义问题的论争》(译文集),生活·读书·新知三联书店1981年版,第56页。
③ 《科技的发展同人的关系》,《国外社会科学》1980年第6期,此处引自王锐生、景天魁《论马克思关于人的学说》,辽宁人民出版社1983年版。
④ 《哲学译丛》编辑部:《关于马克思主义人道主义问题的论争》(译文集),生活·读书·新知三联书店1981年版,第43页。

和脑力劳动的本质差别的确已大大缩小。它们之间的"对立"和"差别"也不再是一回事,过去是脑力劳动者剥削体力劳动者,现在许多脑力劳动者与体力劳动者一起受剥削。劳动时间明显缩短了,有的国家工人每周只劳动五天。自由支配的时间则增加了。文化教育事业的发展也今非昔比,普及义务教育年限超过九年并有延长的趋势,终身教育、回归教育、成人教育发展起来,社会显示出学习化的趋势。但是,我们也看到另外一些新情况,旧的分工又以更加新的形式表现出来:一部分人从事单调的沉重的体力劳动的现象仍然存在。脑力劳动或"白领"工人中又分化为许多高低的等级。办公室或电子计算机体系代替了车间机器体系(流水线)来控制工人,使他们由机器体系的附件变为计算机体系的附件。控制劳动者的动作和牺牲他们的智力的办法为控制他们的精神和满足他们的某些需要的办法所代替;此外,由于过分专业化,还出现所谓"专家白痴""博士文盲",如此等等。

从这些变化着的新情况得出什么结论呢? 马克思关于个人全面发展的理论中个别论断可能需要再考虑,如社会内部分工和生产过程中分工的专门化不会消失,甚至愈来愈细,个人全面发展不一定表现为从一个生产部门到另一个生产部门经常流动等等。但是,它的根本原理和原则不但没有过时,而且又得到新的证明。社会制度问题不解决,单靠技术条件不仅不能解决根本问题、全部问题,而且还会走向反面。失业、犯罪、战争、凶杀、恐怖、离婚、家庭解体、环境污染、文化信息污染……不仅继续存在着贫困和身体摧残,而且更重要地造成和加深精神空虚,道德堕落,麻木不仁,玩世不恭,向往神秘主义。英、美等国,频繁出现许多青年群居的"公社",过着"中世纪"乃至"原始社会"的生活,光怪陆离,无奇不有。在这种社会条件下怎能说得到真正的全面发展呢? 不过也应看到:科学技术大发展为个人全面发展又创造了更加有利的条件,在今天发达的资本主义国家里,人的一定意义上的全面性,是应该肯定的,人数上比以前多了,性质和形式也多样了,绝对地说资本主义下完全谈不上全面发展是不准确的。更重要的是,今天和今后可以预见的将来,无论叫"后工业社会"也好,叫"第三次或第四次浪潮"也好,人类社会的确进入了一个新的时代,出现了许多新的条件。现代人的面貌将是怎样的? 应该是怎样的? 国内外都有许多著作设想、描述"未来人""现代化的人"的形象和特征。怎样对这些进行研究,作出怎样的评价,马克思主义者的答案是什么? 这的确是一个值得重视和认真研究的课题。中国的马克思主义者,如何面向现代化,面向世界,面向未来,继承和发扬马克思主义、列宁主义、毛泽东思想的光荣传统,从我国的实际出发,既不失远大目标,又立足于现实的基础,研究、制定出我国当前对各种人才的规格和要求,及其具体条件、内容、形式和实现的步骤,既据以指导我们的教育实践,又充实和丰富马克思关于个人全面发展的理论,把这一理论推向前进。这当然是哲学工作者、政治经济学工作者和科学社会主义学说工作者以及一切理论界思想界同志的共同任务,教育理论工作者更要努力。

第四章　马克思关于教育和生产劳动相结合及综合技术教育的思想

　　教育和生产劳动相结合的问题,是马克思和恩格斯一生中一直十分关注的一个重要问题,也是他们教育思想的一个重要组成部分。

　　教育和生产劳动相结合,既是一个教育问题,也是一个更广泛的社会问题;既是马克思所生活时代的一个现实问题,也是他们关于未来共产主义的一个理想问题。因而,关于教育和生产劳动相结合的思想,在他们的教育思想中,甚至在他们的整个革命学说中,就都占有极重要的地位。因此,在《共产党宣言》《给临时中央委员会代表的关于若干问题的指示》《资本论》《哥达纲领批判》和《反杜林论》等许多重要著作中,都曾多次论及这个问题。

　　我们打算从这一思想的历史渊源、马克思对它的论述、它与当代的实践以及当前提出来的若干有关理论问题几个方面,对这一问题进行一些探索,以求进一步弄清这个问题的实质。顺便也将谈及我们对历史和现实中,特别是解放以来关于教育和生产劳动相结合问题的某些理解。

一、马克思关于教育和生产劳动相结合及综合技术教育思想的历史渊源

　　教育和生产劳动相结合的思想发源于文艺复兴以后的资本主义孕育和发展时期。当然这不是偶然的,因为这个问题正是这个时代提出来的。

　　众所周知,在原始社会,教育就已经产生,但它还没有独立于生产劳动过程和社会生活过程之外成为一个独立的社会过程。当时教育过程和生产过程是融合于社会过程之中的。与私有财产和阶级出现的同时,人类思维在抽象化发展的过程中产生了一次飞跃,产生了脑力劳动从体力劳动中第一次分离,教育过程从生产劳动过程中第一次分离。随着古代文明社会的出现,古代学校教育

产生了。这就是最初出现的独立于生产劳动过程之外的教育过程。古代学校教育是古代生产和古代社会的产物。它是古代剥削者和古代统治者的教育从生产劳动过程中分离出来的结果。这就决定了这样的学校教育首先是培养古代剥削者和古代统治者的机关,同时也就决定了它为政治服务和与生产劳动相脱离的性质。

随着商品生产的进一步发展和资本主义生产方式的出现,以及阶级的分化和私有财产的集中,科学从生产劳动中分离,脑力劳动从体力劳动中第二次分离,教育过程从生产劳动过程中第二次分离,随着现代文明时代的出现,现代学校教育就孕育和产生了。现代学校教育是现代生产和现代社会的产物,它是现代劳动者的教育从生产劳动过程中分离出来的结果。这就决定了它首先是培养现代生产工作者的机关,同时也就决定了它(除了仍然要为政治服务外)为生产建设服务和与生产劳动相结合的性质。

因此,从文艺复兴到 19 世纪,即在现代生产和现代社会的孕育和发展时期,与现代学校教育孕育和发展的同时,就提出了教育和生产劳动相结合的问题,就产生了教育和生产劳动相结合的思想,这就是空想社会主义者和民主主义教育家的教育思想和他们关于教育与生产劳动相结合的思想。

早在 16 和 17 世纪关于乌托邦的描述中,就已经提出了关于现代社会主义和共产主义的许多要求,提出了关于人的全面发展和脑力劳动与体力劳动相结合的思想,提出了教育和生产劳动相结合的思想。从莫尔(1478—1535)、贝勒斯(1654—1725)、裴斯泰洛齐(1746—1827)到欧文(1771—1858)等人,都把教育和生产劳动相结合作为人的全面发展的手段提了出来。

(一)莫尔的思想

莫尔在《乌托邦》一书中描述了平等的和公有制的乌托邦社会。他所描述的乌托邦人是精神快乐和身体快乐的人,是全面发展的人。乌托邦人不但习惯于体力劳动,而且在智力探讨上也是不辞劳苦的[1]。乌托邦人每天工作六小时,"把工作后剩余的时间用在学习上"[2]。

乌托邦人非常注意儿童和青少年的教育。"凡是儿童都要学习"[3],不但

---

① 莫尔:《乌托邦》,商务印书馆 1956 年版,第 92 页。
②③ 莫尔:《乌托邦》,商务印书馆 1956 年版,第 81 页。

"注意他们的读书求知,也同样注意培养他们的品德"①。乌托邦人"从小就学习农业,部分是在学校接受理论,部分是在城市附近的田地里实习。儿童被带到田里,就仿佛被带去游戏。他们不但在田里观看,而且为了锻炼身体,也去操作。除去我所说的每个人要从事农业外,还须学一种手艺作为专门职业"②。

这样,莫尔在社会主义和共产主义思想史上和教育史上,就第一次提出了普及教育的思想,人的全面发展和脑力劳动与体力劳动相结合的思想,对全体儿童进行全面发展教育的思想和教育与生产劳动相结合的思想。莫尔的上述思想为这些思想的进一步发展提出了最早的思想资料。

(二)贝勒斯的思想

马克思在《资本论》第一卷的注释中,称赞在《关于创办一所一切有用的手工业和农业的劳动学院的建议》中提出教育和生产劳动相结合思想的贝勒斯是"政治经济学史上的一个真正的非凡人物",说他"早在17世纪末就非常清楚地懂得,必须废除现行的教育和分工,因为这种教育和分工按照相反的方向在社会的两极上造成一端肥胖,一端枯瘦"③。

17世纪的英国,由于手工业的发展、阶级的分化,许多失业贫民和男女儿童流浪街头。贝勒斯从人道主义的思想出发,为了帮助这些贫民和儿童,提出了上述建议。贝勒斯建议这所学院招收30名男女学员,兼收穷人和富人子女,不过富人子女要交学费。在上述建议中,贝勒斯高度评价了体力劳动的价值,提出了教育和生产劳动相结合的思想。他说,"不与体力劳动相结合的教学略胜于不学"④。他认为,"人需要从事体力劳动,就像他需要吃饭一样。人的生活好象是一盏灯,思想就是灯光,体力劳动好象灯油一样,没有油,灯光—思想—就会熄灭的"⑤。

贝勒斯认为,在这所学院里所进行的教育是与家庭教育根本不同的社会教育。在这种学校,对儿童将进行本族语和各种知识的教学,进行遵守纪律的教育。在这种学校里还有图书馆、研究植物的实验园以及制药的化验室。"在这

---

① 莫尔:《乌托邦》,商务印书馆1956年版,第118页。
② 莫尔:《乌托邦》,商务印书馆1956年版,第66页。
③ 《马克思恩格斯全集》第44卷,人民出版社2001年版,第562页。
④⑤ 《克鲁普斯卡娅教育文选》,人民教育出版社1959年版,第198-199页。

种学校里,年龄不同、能力不同的人可以从事各种活动,学会使用各种生产工具"①。在这种学校,学生还参加划船等体育训练。贝勒斯认为:"学校应该成为一个世界的缩影,把各种有益的生产包括进去。"②应该说:贝勒斯是提出现代教育思想的最早的思想家之一。

他的上述思想,不但得到马克思的高度评价,而且也得到欧文的高度评价。欧文认为最初奠定教育和生产劳动相结合思想的功劳应归于贝勒斯,尽管欧文自己关于教育和生产劳动相结合思想的产生是他观察事实、分析事实和加以研究的结果。克鲁普斯卡娅在著作《国民教育和民主主义》一书中,在分析教育和生产劳动相结合思想的发展历史时,对贝勒斯的这一思想曾给予很高评价。

(三)裴斯泰洛齐的思想

如果说莫尔和贝勒斯关于教育和生产劳动相结合的思想是出自他们的设想和规划的话,那么,裴斯泰洛齐和欧文的有关思想则同时还来自于他们的教育实践。因此,他俩的有关思想就具有了更大的重要性。

裴斯泰洛齐的教育活动和写作活动是在 18 世纪末叶的瑞士,当时的瑞士正处于向资本主义过渡的时期。农业破产,阶级分化,农民生活十分困难。裴斯泰洛齐出于人道主义的动机,为使人民摆脱这种处境提出并实践了自己的教育思想。他认为教育是从劳动人民中产生的,教育应该与劳动人民的要求紧密地联系在一起,教育应该全面发展儿童的劳动能力。由于劳动是人民群众生活的中心,因此,生产劳动就应该成为学校教育的中心。他主张把教育和生产劳动结合起来,还主张实施综合技术教育。③

裴斯泰洛齐在给一位奥地利贵族的一封信中曾建议成立一批能使贫苦儿童通过学习多种工业形式而受到全面劳动训练的学校,以便使儿童学会各种形式的劳动。他指出农业劳动、家庭劳动和加工工业劳动是三种主要劳动形式。裴斯泰洛齐还计划写一本《劳动入门》,在其中将指出要循序渐进地学习抛、搬、推、摇、转等各种初步劳动活动,等等。裴斯泰洛齐之所以提出这些主张,是因

---

① ② 《克鲁普斯卡娅教育文选》,人民教育出版社 1959 年版,第 199 页。

③ 这里指的是综合技术教育的萌芽。克鲁普斯卡娅在《国民教育和民主主义》中在研究了教育和生产劳动结合及综合技术教育的历史发展后提出了这样一种认识:就其本质和完备形态讲,两者都是现代大生产的要求和产物,但就其萌芽形态讲,在现代大生产产生前夜,即已提出了这种要求和这种思想。——笔者

为在资本主义发展的时代,"……这种发展破坏了旧的国民经济的形式,使社会上每个人的生存变得不安定起来,随着生产形式的变化而变化,因此很自然地就产生了这样一种思想,就是必须准备进行一般的劳动,进行各种形式的劳动,而不是准备从事某种一定的职业。一个人今天从事农业,明天他失去土地之后,就得上工厂,工厂倒闭后,他只好改做别的工作。……卢梭和裴斯泰洛齐都主张实行综合技术教育,因为受了这种教育之后就不怕劳动条件发生变化"①。

裴斯泰洛齐不但是培养劳动者的现代学校和现代教育思想的最早代表之一,而且也是培养劳动者的现代学校的最早实践家之一,尽管他的思想和他的学校还没有奠定在现代科学和现代大生产的基础之上。

（四）欧文的思想

莫尔、贝勒斯、裴斯泰洛齐,都是生活在资本主义正在产生但大机器生产还没有出现的时代,因此,他们关于教育和生产劳动相结合及综合技术教育的思想,尽管是十分宝贵的,却不能不表现出两个特点:一是具有小生产的性质,比如娜·康·克鲁普斯卡娅就曾把裴斯泰洛齐的综合技术教育思想叫作"手工业式的综合技术教育"②。与此相联系,二是对科学教育不够重视,因为当时的手工业生产对劳动者的科学技术知识还没有迫切的要求。

生活在产业革命以后 19 世纪初叶英国的欧文,在这些方面就显然比他们的前辈高明得多。这时的欧文就能从科学技术进步对劳动者的新要求的角度去看待这些问题,并在克服这些缺点的基础上提出自己关于教育和生产劳动相结合的思想。不过,他对科学教育和技术教育的地位也还没有提到马克思所提到的那个高度。

欧文的教育思想和其他空想社会主义者及民主主义教育家当然是有共同点的,这就是他们的出发点都是人道主义。他愤怒地谴责了当时资本主义对儿童的剥削和摧残。他指责说:"他们被禁锢在室内,日复一日地进行漫长而单调的例行劳动;按他们的年龄来说,他们的时间完全应当用来上学读书以及在户外进行健身运动。……在他们的一生刚开始时,他们的天性就受到了极大的摧残。他们的智力和体力都被束缚和麻痹了,得不到正常和自然的发展,同时周

---

① 《克鲁普斯卡娅教育文选》,人民教育出版社 1959 年版,第 181 页。
② 《克鲁普斯卡娅文集》(十卷集),俄文版第 4 卷,第 167 页。

围的一切又使他们的道德品质堕落并危害他人。"①欧文指责这时的资本家还不如聪明的奴隶主和懂事的农民,因为聪明的奴隶主对待他们的小奴隶和懂事的农民对待他们的小牲口都要比当时的资本家对待他们的童工好得多。为了改变这种状况,欧文强调对儿童从小就要"培养他们的体、智、德、行方面的品质,把他们教育成全面发展的人"②,并主张把教育和生产劳动结合起来。

欧文与上述几位空想社会主义者及民主主义教育家不同,他已敏锐地觉察出现代机器、科学技术和现代教育的巨大意义。就是说,他是在这个基础上提出他的教育思想的。他已看到,"科学或机械与化学力量每有增加,都直接造成财富的增加"③,并且感到科学的"增长是没有止境的,它的发展能力也将随着它的增长而扩大"④。不过,他要求不应使机器和科学方法成为奴役人的手段,而应"成为人类的高等奴隶和仆役"⑤。当时,他已经看出,"某些人的劳动比其他人的劳动的价值大得多,这主要是他们所受的教育造成的"⑥。因此,他认为,"必须拟定方法,使贫民的子女受到最有用的教育"⑦。

在他的这些论述中,我们可以看出,他已感到机器生产、科学技术和教育乃是推动现代社会前进和"迅速改造社会"的巨大力量⑧。正是基于这样的认识,他预感到未来社会脑力劳动和体力劳动结合的前景和人的全面发展的前景,从而使他的教育和生产劳动相结合的思想及综合技术教育思想建立在为大生产服务的基础上。他说:"在目前的制度下,劳动阶级各个人的脑力与体力劳动划分得十分细致。"而在合理的社会里,"却导致完全相反的做法——也就是使劳动阶级各个人的脑力与体力广泛地结合起来"⑨"不会再存在一些人应该从事的而另一些人不应该从事的职业"⑩。他预言:"知识的成就要求培养体、智、德全面发展的有理性的男男女女的时期就要来到了。"⑪他已认识到这是一个过程。这个过程"从最无知、没有理性的野蛮人的状态开

① 《欧文选集》第一卷,商务印书馆 2011 年版,第 161 页。
② 《欧文选集》第二卷,商务印书馆 2011 年版,第 136 页。
③ 《欧文选集》第一卷,商务印书馆 2011 年版,第 308 页。
④⑧ 《欧文选集》第二卷,商务印书馆 2011 年版,第 51 页。
⑤ 《欧文选集》第二卷,商务印书馆 2011 年版,第 61 页。
⑥⑦ 《欧文选集》第一卷,商务印书馆 2011 年版,第 184 页。
⑨ 《欧文选集》第一卷,商务印书馆 2011 年版,第 340 页。
⑩ 《欧文选集》第二卷,商务印书馆 2011 年版,第 34 页。
⑪ 《欧文选集》第二卷,商务印书馆 2011 年版,第 133 页。

始,直到人的加速发展的条件形成,以及人在历史上首次成为全面发展的人或有理性的生物那个时候为止"①。

正是在这种情况下,欧文提出了他的教育思想,特别是他的教育和生产劳动相结合的思想。欧文十分重视儿童的教育,这是因为在他看来,教育不但可以培养儿童的优良品德,而且还可以提高劳动者的能力和提高劳动者劳动的价值。同时他也主张儿童从事适当的体力劳动。这是因为,在他看来,"体力劳动在适当的支配下是一切财富和国家繁荣的源泉"②。基于这个思想,他从1800年起在他担任经理的新拉纳克棉纺厂里开始了他的教育实验。从1816年起,还成立了"性格形成学院",从而形成了包括为儿童和少年开办的一个完整的教育机关系统。在他的教育实验里,欧文让工人子女从小就学习跳舞、唱歌、读书、写字,培养良好的品德和进行健身体操的训练。在小学里开设了比当时英国小学更广泛的课程,如本族语、算术、地理、自然和历史,取消了宗教课,同时也十分重视劳动教育。儿童从10岁起参加工厂劳动(每天不超过6小时),白天劳动,晚上学习。欧文的实验曾取得了很大成功,培养出了一批全新的青年人。

依此,欧文还进一步提出了更广泛的设想。在他设想的新村里,使一切儿童都受到良好的教育。为此,在每个新村的中央必须设立两所学校,一所是接收2至6岁儿童的幼儿学校,一所是接收6至12岁儿童的小学。学校里必须有宽敞的运动场和游戏场。在学校里,儿童还要学习一些园艺、农业、某种手艺或生产技艺,而且还要根据年龄和体力从事生产劳动。欧文认为,儿童参加适当的生产劳动是有好处的,但必须有严格的年龄限制。他要求严格禁止10岁以下儿童受雇做工。但他认为10岁以上儿童是可以参加生产劳动的,不过要有严格的时间限制(每天不得超过6小时)。欧文之所以主张10岁以上的儿童可以参加一定的生产劳动,还因为在他看来,某些劳动技巧在这个阶段学习起来更容易,而且会学习得更好。

可见,欧文不但是马克思以前培养现代劳动者的现代教育思想的最伟大代表,而且也是培养现代劳动者的现代学校的最伟大的实践家和实验者。他为现代教育思想的发展和培养现代劳动者的现代学校的发展作出了重大贡献。

---

① 《欧文选集》第二卷,商务印书馆2011年版,第148页。
② 《欧文选集》第一卷,商务印书馆2011年版,第306页。

空想社会主义者及民主主义教育家所提出的教育和生产劳动相结合的思想是时代的产物。既有它的必然性和合理性，也有它的局限性。因为他们多数人所处的时代正是从自然经济向商品经济，从古代生产方式向现代生产方式变革的时代，是从以劳动经验和劳动技艺为基础的小生产向以科学技术为基础的大生产过渡的时代，是以培养既有一定文化知识又有一定劳动技能的新的劳动者为目标的现代学校孕育和产生的时代。这样的学校本质上就是教育和生产劳动相结合的。同时，也正是这样的学校为人走向全面发展提供了最初的条件之一。如果说，莫尔、贝勒斯和裴斯泰洛齐等人关于人的全面发展、教育和生产劳动相结合及综合教育思想，还是在变革初期的朦朦胧胧的猜测的话，那么，欧文的这些思想已经找到了现代大生产、现代科学技术和现代生产方式的现实基础，只不过他没有理解，还没有给予科学的解释。他的思想正是现实大生产基础上的思想和空想主义的混合。后来的马克思才用历史唯物主义对在现实大生产基础上产生的现代教育思想给予了科学的解释。

从对上述各家教育思想的介绍里，我们可以清楚地看出，马克思关于人的全面发展、教育和生产劳动相结合及综合技术教育的思想，显然是来自这些空想社会主义者和民主主义教育家，更多的是来自欧文的教育实验和教育思想以及对英国的社会和教育现实的观察、分析和研究。例如马克思在《资本论》里就曾直接提到："正如我们在罗伯特·欧文那里可以详细看到的那样，从工厂制度中萌发出了未来教育的幼芽。"[①]同时，我们从马克思关于儿童劳动的合理性、进步性以及关于对儿童劳动的年龄限制等问题的观点和叙述中，也可以很明显地看到这些思想的继承关系。

马克思的贡献就在于把这一思想作为时代的要求继承了下来并给予发展，并把它奠立在历史唯物主义的科学基础上。马克思和他的前辈思想的最大区别，就在于他指出了教育和生产劳动相结合是大生产的产物，它的实现是和生产力的发展及无产阶级成熟的程度相联系的，从而指出了教育和生产劳动相结合的大致方向和当时可行的某些做法。而不像空想社会主义者那样，把未来教育和生产劳动相结合的情景描绘得那样美好、那样详尽、那样具体，把教育和生产劳动相结合的实现不是寄希望于生产和社会的进步和无产阶级的斗争，而是

---

① 《马克思恩格斯全集》第 44 卷，人民出版社 2001 年版，第 556 页。

寄希望于统治者和富人的善心。除了欧文之外,其他人则把教育和生产劳动的结合看作教育和手工业劳动与手工农业劳动的结合,而不是看作和现代大生产的生产劳动的结合。

二、马克思对教育和生产劳动相结合及综合技术教育的论述

如前所述,关于教育和生产劳动相结合的问题,空想社会主义者和民主主义教育家提出过和研究过,但没有给予科学的解释。一是当时生产发展水平和社会发展水平还没有能使这一问题充分地显露出来;与此相联系,二是当时关于社会问题的认识还处于历史唯心主义的统治之下。就是说,由于时代的、阶级的和认识的局限性,他们只可能朦朦胧胧地提出这个问题。虽然进行了某些实践或某些实验,但不可能科学地解决这个问题。马克思的功绩就在于在新的大生产的历史条件下用科学的方法对这一问题进行研究,指出这个问题的性质和解决这个问题的基本方向。当然,这首先是由于时代前进了,这一问题在19世纪中后期已暴露得更加明显,有可能对这一问题提出科学的认识;其次是由于马克思正是在这个时候创立并运用了历史唯物主义的科学方法。

马克思作为共产主义理论的创始人和国际无产阶级的领袖所活动的时代,即他阐明关于教育和生产劳动相结合及综合技术教育思想的时代,正处于蒸汽机的时代和资本主义走向成熟的时代。这个时期商品生产的进一步发展,促进了机器的广泛使用和生产的进一步社会化。在这个条件下,阶级进一步分化,私有财产进一步集中,资产阶级在很多先进的资本主义国家占据了统治地位,无产阶级形成了阶级,走上了政治舞台,成为一支独立的政治力量。科学从生产中进一步分离并遵循科学发展本身的逻辑成为独立的知识体系,形成了系统的现代科学。脑力劳动从体力劳动中第二次分离并继续发展,形成了现代知识分子队伍。教育从生产劳动中第二次分离并继续发展,逐步形成了现代学校教育的完整体系。机器的使用使生产过程简单化,用较低工资雇佣的妇女和儿童也可以同样从事某些生产劳动并且更具有竞争性。这就使妇女和儿童被广泛地吸收到生产过程中来,从而使儿童过早地受到剥削并使他们的肉体和精神过早地受到摧残,等等。正是在这样的历史条件下,马克思阐述了自己关于教育和生产劳动相结合及综合技术教育思想。

（一）教育和生产劳动相结合及综合技术教育是现代大生产的要求，是培养全面发展人的方法

马克思关于教育和生产劳动相结合和综合技术教育的科学思想，更重要的是从分析研究现代生产、现代科学、现代生产劳动和现代教育的本性中得出来的，是一种科学的概括。

第一，具有革命性技术基础的现代工业，决定了现代劳动者必须是受到全面教育的全面发展的劳动者。这是教育和生产劳动相结合及综合技术教育这一要求存在的前提。

马克思说："现代工业从来不把某一生产过程的现存形式看成和当做最后的形式。因此，现代工业的技术基础是革命的，而所有以往的生产方式的技术基础本质上是保守的。现代工业通过机器、化学过程和其他方法，使工人的职能和劳动过程的社会结合不断地随着生产的技术基础发生变革。这样，它也同样不断地使社会内部的分工发生革命，不断地把大量资本和大批工人从一个生产部门投到另一个生产部门。因此，大工业的本性决定了劳动的变换、职能的更动和工人的全面流动性。……大工业……承认劳动的变换，从而承认工人尽可能多方面的发展是社会生产的普遍规律，并且使各种关系适应于这个规律的正常实现。大工业还使下面这一点成为生死攸关的问题：用适应于不断变动的劳动需求而可以随意支配的人，来代替那些适应于资本的不断变动的剥削需要而处于后备状态的、可供支配的、大量的贫穷工人人口；用那种把不同社会职能当作互相交替的活动方式的全面发展的个人，来代替只是承担一种社会局部职能的局部个人。"[①]这就是说，大工业的本性需要全面发展的工人，而全面发展的工人必须接受全面发展的教育，必须具备综合技术的素养，而工人（即使是童工）又不能脱离生产劳动去接受上述全面发展的教育及综合技术教育。因而只有把教育过程和生产劳动过程两个相互独立的过程结合起来，才能使工人（包括童工及少年儿童）受到上述全面发展的教育和综合技术教育。因此说，教育和生产劳动相结合是大工业本性所要求的，综合技术教育也是大工业的本性所要求的。

第二，现代科学揭示了现代生产过程的秘密，这就使现代生产知识成为易

---

① 《马克思恩格斯选集》第 2 卷，人民出版社 2012 年版，第 231—232 页。

于掌握的东西。现代科学乃是教育和生产劳动相结合及综合技术教育的基础。

如果说，在中世纪，一个手工工匠是在作坊的生产劳动过程中靠经验的积累学得一种专门手艺而终生从事这种专门劳动，而在工场手工业时代，一个工人也是在生产劳动过程中靠经验的积累和筋肉的熟练而学得一种简单的专门职能而终生从事这种劳动的话，那么，到了大工业时代，情况就完全不同了，越来越靠科学技术而不是靠经验和技艺来从事生产了。马克思说，大工业撕碎了各个生产部门之间的帷幕。"大工业的原则是，首先不管人的手怎样，把每一个生产过程本身分解成各个构成要素，从而创立了工艺学这门完全现代的科学。社会生产过程的五光十色的、似无联系的和已经固定化的形态，分解成为自然科学的自觉按计划的和为取得预期有用效果而系统分类的应用。工艺学揭示了为数不多的重大的基本运动形式，尽管所使用的工具多种多样，人体的一切生产活动必然在这些形式中进行，正像机器虽然异常复杂，力学仍会看出它们不过是简单机械力的不断重复一样。"①无论机器如何复杂，在当时都是由动力装置、传动装置和工作装置三个部分构成的，等等。因此，一位现代生产工作者必须靠掌握现代科学所揭示的现代生产过程的规律，才能够工作。通过教育和生产劳动相结合及综合技术教育就是要掌握现代科学的这些内容。教育和生产劳动结合就是教育过程和生产劳动过程在现代科学基础上的结合，综合技术教育则是在现代科学基础上对一般技术原理和一般技术操作的学习和掌握。

第三，现代工业所要求于生产工作者的科学知识只有在生产劳动过程之外的教育过程中才能学得。因此，现代学校就成了教育和生产劳动相结合实践的承担者、综合技术教育工作的执行者。

现代工业所要求的尽可能多方面发展的工人，必须掌握一定的现代科学文化知识和工艺学知识，但这些知识是不能像手工匠师学习手艺那样，可以在生产劳动过程中去学得，而是必须在生产劳动过程之外的教育过程中才能学得。这就是教育从生产劳动过程中的第二次分离，这就是现代学校教育即劳动者的学校教育的产生。马克思所指的根据工厂法所办起来的初等教育以及工艺学校、农业学校、职业学校和技术学校就是这样的学校。"综合技术学校和农业学校是这种变革过程在大工业基础上自然发展起来的一个要素；职业学校是另一

---

① 《马克思恩格斯选集》第2卷，人民出版社2012年版，第230-231页。

个要素。……工厂立法作为从资本那里争取来的最初的微小让步,……把初等教育同工厂劳动结合起来……。"①这样的学校既是教育从生产劳动中第二次分离的产物,同时又是和生产劳动密切结合的。因为不但这样学校的教育目的、教学内容和方法首先是为了培养生产工作者的,从而也是和生产劳动结合的,而且儿童和少年在学龄期间在校内或校外都还要从事一定的生产劳动。因为只有通过这种途径培养出来的人才更符合现代生产的要求。因此,现代学校就成为教育和生产劳动相结合实践的承担者,综合技术教育的执行者。因此,教育和生产劳动相结合及综合技术教育也就成了现代学校教育的基本特征。

这就是说,现代学校教育从社会过程来说,它是教育过程从生产劳动过程中第二次分离的结果;但是,就现代学校教育过程和现代生产劳动过程在现代社会中的相互关系来讲,两者又是密切联系和结合的。这和古代剥削者的学校教育过程和古代生产劳动过程间的相互关系是完全不同的。现代教育过程和现代生产劳动过程的这种密切联系和结合的关系就是教育和生产劳动相结合。现代社会的这两个过程的这种关系就决定了现代学校教育的目的、教学内容和方法与生产劳动密切联系和密切结合的性质。

从马克思的观点来看,在未来社会主义社会里,只有自觉地运用这样的方式,才能培养出全面发展的工人来,也只有这样全面发展的工人才能满足现代大生产的要求,才能更快更好地提高社会生产力。因此马克思说:"生产劳动同智育和体育相结合,它不仅是提高社会生产的一种方法,而且是造就全面发展的人的唯一方法。"②

(二)教育和生产劳动相结合及综合技术教育是改造资本主义和培养革命新一代的手段

马克思关于教育和生产劳动相结合的思想是他关于科学共产主义理论的一部分,是在批判资本主义和在寻求解决资本主义的矛盾——准备无产阶级革命的过程中提出来的。因此,当时资本主义社会的现实和工人阶级现实的和长远的利益就成了马克思研究和解决教育和生产劳动相结合问题的一个重要出发点。

---

① 《马克思恩格斯选集》第 2 卷,人民出版社 2012 年版,第 232 页。
② 《马克思恩格斯选集》第 2 卷,人民出版社 2012 年版,第 230 页。

从马克思的观点看来,资本主义已陷入自身不可解决的矛盾之中,只有通过无产阶级革命和建立社会主义与共产主义才能解决这个矛盾。但是资本主义制度却造成了无产阶级及其子女的愚昧无知和精神堕落,这就直接影响到工人阶级历史使命的完成和人类的未来。为了工人阶级和人类的未来,必须使工人阶级摆脱这种状态,必须使工人子女受到一定的教育。马克思说:"可能应该在9岁以前就开始小学教育;但我们这里只是针对社会制度所产生的各种趋势提出最必要的抵御之策,因为现在的社会制度把工人降低为积累资本的简单工具,把为贫困所迫的父母变成出卖亲生儿女的奴隶主。"[①]就是说,在当时条件下,工人子女要受到教育,就必须参加社会生产劳动,因为父母甚至无力去供养他们子女的生活。因此,为了年轻一代工人的健康成长,一边劳动一边学习这样一种教育和生产劳动相结合的形式在当时条件下就成了必然的和合理的事情。

正是从这个观点出发,马克思曾对英国工厂法给予肯定的评价。他说:"尽管工厂法的教育条款整个说来是不足道的,但还是把初等教育宣布为劳动的强制条件。这一条款的成就第一次证明了智育和体育同体力劳动相结合的可能性,从而也证明了体力劳动同智育和体育相结合的可能性。"[②]

也正是从这个观点出发,马克思高度评价了儿童劳动及儿童劳动和教育相结合的伟大意义。马克思说:"'禁止儿童劳动'!这里绝对必须指出年龄界限。普遍禁止儿童劳动是同大工业的存在不相容的,所以这是空洞的虔诚的愿望。实行这一措施——如果可能的话——是反动的,因为在按照不同的年龄阶段严格调节劳动时间并采取其他保护儿童的预防措施的条件下,生产劳动和教育的早期结合是改造现代社会的最强有力的手段之一。"[③]

这就是说,在马克思看来,在当时大生产已占统治地位的条件下,为了使工人子女能够生存下去并得到一定的发展,使他们参加社会生产劳动是进步的和有益的。但为了限制对工人儿童的剥削和避免造成他们的片面发展,作为一种抗毒素,必须对儿童劳动进行必要的限制。即用法律规定使他们接受初等教育乃是在"生产上"使用儿童劳动的法定条件。正是在这个意义上,马克思把教育和生产劳动相结合看作改造现代社会的最强有力的手段之一。

[①]《马克思恩格斯全集》第21卷,人民出版社2003年版,第269页。

[②]《马克思恩格斯选集》第2卷,人民出版社2012年版,第230页。

[③]《马克思恩格斯选集》第3卷,人民出版社2012年版,第377页。

（三）教育和生产劳动相结合的合理性

马克思在他的许多著作中,不但提出了在现代社会里教育和生产劳动相结合的必要性,而且还进一步论证了教育和生产劳动相结合的合理性。

马克思从在合理的社会制度下物质生产劳动是每个人的义务的观点出发,主张儿童从能从事生产劳动之日起,就应参加生产劳动。

从马克思主义的观点看来,"旧的生产方式必须彻底变革,特别是旧的分工必须消灭。代替它们的应该是这样的生产组织:在这样的组织中,一方面,任何个人都不能把自己在生产劳动这个人类生存的必要条件中所应承担的部分推给别人;另一方面,生产劳动给每一个人提供全面发展和表现自己的全部能力即体能和智能的机会,这样,生产劳动就不再是奴役人的手段,而成了解放人的手段,因此,生产劳动就从一种负担变成一种快乐"①。

这就是马克思和恩格斯对待生产劳动的基本观点和态度。正是从这个观点出发,马克思说:"我们认为,现代工业使男女儿童和少年参加社会生产这个伟大事业,是一种进步的、健康的、合理的趋势,虽然这种趋势在资本的统治下遭到了可怕的歪曲。在合理的社会制度下,每个儿童从 9 岁起都应当成为生产劳动者,就像任何身体健全的成年人一样,必须无例外地服从那普遍的自然规律,即:为了吃饭,必须劳动,不仅要用脑劳动,而且也要用双手劳动。"②

马克思在《资本论》中引用了很多材料,说明在教育和生产劳动相结合的条件下,由于脑力活动和体力活动得到了轮换,从而使儿童学习得更好。

马克思说:"工厂视察员很快从教师的证词中就发现:虽然工厂儿童上课的时间要比正规的日校学生少一半,但学到的东西一样多,而且往往更多。"③

马克思引用《童工调查委员会》的报告说:"道理很简单。那些在学校里只待半天的人总是精力充沛,几乎随时都适于并愿意学功课。半工半读的制度使得两种活动互为休息和调剂,因此,对儿童来说,这种制度比不间断地从事其中一种活动要合适得多。一个从清晨就坐在学校里的儿童,特别在暑天,不可能同一个从劳动中来的活泼愉快的儿童相比。"④

---

① 《马克思恩格斯选集》第 3 卷,人民出版社 2012 年版,第 681 页。
② 《马克思恩格斯全集》第 21 卷,人民出版社 2003 年版,第 269 页。
③ 《马克思恩格斯选集》第 2 卷,人民出版社 2012 年版,第 230 页。
④ 《马克思恩格斯全集》第 44 卷,人民出版社 2001 年版,第 556 页。

马克思接着写道:"关于这一点,从西尼耳于1863年在爱丁堡举行的社会学家大会的演说中也可以找到进一步的例证。他在这篇演说中还指出,上层阶级和中层阶级的孩子们的片面的、不生产的和漫长的学习日,只是白白地增加教师的劳动,'同时,不仅无益地并且是绝对有害地浪费着儿童的时间、健康和精力'。"①

马克思还从理论和实践相统一的观点,认为教育和生产劳动结合,有利于为更好地进行科学教育和多方面的技术训练奠定实践的基础。从事生产劳动的实践既是取得有用经验的手段,又是运用和检验理论知识的一种机会。

因此,马克思认为,儿童劳动尽管应该考虑他们的年龄条件,年龄幼小儿童的劳动甚至具有游戏的性质,但是给予他们的实际作业还是应该具有劳动的性质。对于年龄较大的少年和青年来说,给予他们的实际作业则应当是真正的生产劳动。正是从这点出发,马克思才提出"技术学校的部分开支应当靠出售学校的产品来补偿"②。具有生产性的这些劳动,对于学生取得有用的经验、运用与检验理论知识,对于儿童和青少年认识世界和改造世界都是具有重大意义的。

显然,在马克思看来,儿童和青少年参加物质生产劳动,特别是由于和无产阶级劳动者在一起,对于形成他们的无产阶级的思想意识和道德品质是具有重大意义的。

马克思把教育和生产劳动相结合、知识和劳动的结合或脑力劳动和体力劳动的结合联系了起来。马克思要求消除由于旧的分工造成的劳动和知识的分离以及工人对于机器及体现在机器中的知识的屈从。马克思认为,只有当工人掌握了现代科学知识和劳动技能,工人的生产劳动才具有现代科学知识运用的性质,知识与劳动、工人与机器之间的分离和对立才有可能消除。马克思认为,教育和生产劳动相结合是有助于消除上述这种分离的。在资本主义条件下,可以逐步消除这些分离,但不可能消除劳动对资本、生产工作者对属于资本家的机器、生产工作者对资本家的对立。这只有在消灭了资本主义的条件下才能做到。

马克思还强调指出了教育和生产劳动结合,即适度的体力劳动对儿童和青

① 《马克思恩格斯全集》第44卷,人民出版社2001年版,第556页。
② 《马克思恩格斯全集》第21卷,人民出版社2003年版,第270页。

少年生理的发展、对锻炼身体和身体健康的价值。他十分赞同贝勒斯关于人需要从事体力劳动,就像人需要吃饭一样这个提法,他甚至还赞扬了贝勒斯关于人生好像一盏明灯,思想是灯光,体力劳动是灯油,即没有体力劳动,思想的灯光就会熄灭这个更广泛的提法。

但是,马克思同样也高度评价了体育对人的生理发展的价值。我们从马克思关于教育包括体育在内以及马克思不止一次地要求把生产劳动和智育、体育、综合技术教育结合起来的言论中,可以了解到他在关于人的发展中赋予了体育以多么重大的价值!也正因为如此,恩格斯在《反杜林论》中曾批评了杜林关于体育的肤浅认识。杜林认为体育只不过是混乱状态的一个证据而已,生产劳动没有任何意义,"它只有一个教学上的用途:可以代替体育"①。

(四)教育和生产劳动相结合的形式

马克思在《资本论》和其他著作中也曾谈到教育和生产劳动相结合的形式。马克思说:"大工业又通过它的灾难本身使下面这一点成为生死攸关的问题:承认劳动的变换,从而承认工人尽可能多方面的发展是社会生产的普遍规律,并且使各种关系适应于这个规律的正常实现。……综合技术学校和农业学校是这种变革过程在大工业基础上自然发展起来的一个要素;职业学校是另一个要素,在这种学校里,工人的子女受到一些有关工艺和各种生产工具的实际操作的教育。如果说工厂法作为从资本那里争取来的最初的微小让步,只是把初等教育同工厂劳动结合起来,那么毫无疑问,工人阶级在不可避免地夺取政权之后,将使理论的和实践的工艺教育在工人学校中占据应有的位置。"②从马克思这段话和其他言论中,我们可以知道,当时马克思认为教育和生产劳动相结合有如下几种形式:

第一,和工厂劳动结合起来的初等教育。根据英国工厂法,儿童和少年工人部分时间学习文化知识,部分时间参加工厂劳动,这就是后来常常称之谓的半工半读的初等学校。

第二,各种形式的职业技术学校,包括马克思上边说的工艺学校、农业学校以及在其他地方讲的技术学校,等等。这些学校在 19 世纪虽然很少,但当时确

---

① 《马克思恩格斯选集》第 3 卷,人民出版社 2012 年版,第 710 页。
② 《马克思恩格斯选集》第 2 卷,人民出版社 2012 年版,第 232 页。

实已经出现。在这些学校,学生接受关于工艺学和各种生产工具操作的教育。马克思在《给临时中央委员会代表的关于若干问题的指示》中说,在这些学校里,"对未成年劳动者应按不同类别循序渐进地施以智力、体育和技术方面的培训。……把有报酬的生产劳动、智育、体育和综合技术培训结合起来,就会把工人阶级提高到比贵族和资产阶级高得多的水平"①。

第三,理论的和实践的工艺教育占有重要地位的未来的社会主义学校。关于这种学校讲的不多。从《资本论》《哥达纲领批判》和《给临时中央委员会代表的关于若干问题的指示》看来,马克思当时所说的未来社会主义学校,包括初等国民学校和与它相联系的技术学校。

第四,成人教育。马克思认为成人教育也是使教育和生产劳动结合起来的一个重要形式。尽管成人教育在当时还很不发达。他相信在合理的社会条件下,当把劳动分配给每一个社会成员,从而劳动生产率大大提高以后,劳动者就争得了更多的自由时间——人发展的空间——去接受教育,以满足人们对精神活动的需求。在资本主义条件下,他为使劳动人民争得更多的休息时间和精神活动的时间,支持工人阶级为限制劳动时间而斗争。因为马克思认为,限制劳动时间,使劳动者的教育——精神发展的时间和政治活动的时间确有保证,这是工人阶级解放的极重要的条件。也正是从这个观点出发,恩格斯在《英国工人阶级状况》一书中,热烈称赞了工人阶级自己办的学校和阅览室,他称赞工人阅读最新的哲学,举办关于科学、经济和文学问题的讲演,从而培养出了不少很有文化教养的工人。恩格斯说这些工人的文化素养甚至要比资产阶级高得多。同时,工人还办了自己的报纸和杂志,这种摆脱了资产阶级影响的工人阶级独立自主地创立的成人教育机关,是英国工人阶级取得的一项重大成就。

显然,马克思关于教育和生产劳动相结合的形式,是根据当时条件下的教育实践提出来的,即使是关于社会主义教育的设想,也是以当时的条件和实践为基础所做的推论。社会主义教育和生产劳动相结合的具体形式到底是怎么样的,最后只能由未来的条件和实践去回答。马克思并没有为我们划定什么框框。

---

① 《马克思恩格斯全集》第21卷,人民出版社2003年版,第270-271页。

（五）综合技术教育

从上面的叙述中，我们明显地看出，在马克思看来，综合技术教育与教育和生产劳动相结合是不能分割的。因此说，综合技术教育乃是马克思关于现代教育的一个重要有机组成部分，同时也是教育和生产劳动相结合思想的一个重要组成部分。没有了综合技术教育，现代教育就不称其为现代教育了，教育和生产劳动相结合也就不是什么马克思主义的教育和生产劳动相结合的思想。综合技术教育与教育和生产劳动相结合都是现代大生产和现代社会要求的产物，都是现代教育的组成部分或基本特征，都是造就全面发展人的重要条件。

和古代教育根本不同，马克思把教育理解为以下三件事：第一，智育。第二，体育，即体育学校和军事训练所教的内容。第三，技术培训，这种培训要以生产各个过程的一般原理为内容，并同时使儿童和少年学会各种行业基本工具的实际运用与操作。对未成年劳动者应按不同类别循序渐进地施以智力、体育和技术方面的培训。……把有报酬的生产劳动、智育、体育和综合技术教育结合起来①。

马克思认为在未来的社会主义学校里，理论的和实践的工艺教育将占有重要地位。

马克思还说，在资本主义社会里，"……综合技术教育，旨在弥补分工所造成的缺陷，因为分工妨碍学徒获得本身业务的牢固知识"②。

恩格斯在《反杜林论》中说，社会主义社会"造就全面发展的一代生产者，他们懂得整个工业生产的科学基础，而且每一个人对生产部门的整个系列从头到尾都有实际体验，所以这样的社会将创造新的生产力"③。还说："在社会主义社会中，劳动将和教育相结合，从而既使多方面的技术训练也使科学教育的实践基础得到保障。"④恩格斯认为，技术教育能够使得生产部门经营得比较合理，对儿童事先进行普通技术训练，就"使他们比较能够容易地转到其他工业部门"⑤。

从上述引文中可以看出：第一，作为现代教育及教育和生产劳动相结合组

① 《马克思恩格斯全集》第 21 卷，人民出版社 2003 年版，第 270 页。
② 《马克思恩格斯全集》第 16 卷，人民出版社 1964 年版，第 655 页。
③ 《马克思恩格斯选集》第 3 卷，人民出版社 2012 年版，第 684 页。
④ 《马克思恩格斯选集》第 3 卷，人民出版社 2012 年版，第 710 页。
⑤ 《马克思恩格斯文集》第 10 卷，人民出版社 2009 年版，第 451 页。

成部分的综合技术教育,是克服现代分工所造成的缺陷,为培养全面发展的生产工作者服务的;第二,综合技术教育的内容就是为了解生产各个过程的基本原理和使用最简单工具的能力,因为只有具备这两个方面素养的人,才能成为从一个生产部门转入另一个生产部门的全面发展的生产工作者,正是从这一点出发,马克思曾进行了反对普鲁东派关于进行多种职业教育的斗争;第三,学校要对儿童和青少年按不同年龄循序地授以智育、体育和综合技术教育的课程,使有报酬的生产劳动和智育、体育、综合技术教育结合起来。

这样做的结果,一方面,使劳动和教育结合,成为保证多方面的技术训练和科学教育的实践基础;另一方面,综合技术教育成了培养从事现代生产劳动的全面发展的生产工作者的现代教育的组成部分。没有综合技术教育,就既不会有现代教育和现代生产劳动的结合,当然也培养不出能使用现代生产工具从事现代生产劳动的生产工作者。

这样,马克思和恩格斯就揭示了现代教育的概念;揭示了综合技术教育的内容和它在现代教育中的地位;揭示了综合技术教育和科学教育、职业教育、生产劳动之间的关系;综合技术教育与教育和生产劳动相结合之间的相互关系。

三、马克思关于教育和生产劳动相结合及综合技术教育思想的历史发展

马克思逝世后的 100 多年,现代社会发生了极其深刻的变化。现代生产、现代科技和现代教育的巨大发展及社会主义国家的出现,是最重要的两个方面。和马克思在世时相比,生产、科技、劳动、教育乃至整个社会的性质都发生了重大变化。这些变化不能不引起生产、科技、劳动和教育之间相互关系的新变化,从而也就不能不引起教育和生产劳动相结合及综合技术教育这两者的实践和理论的新发展。

(一)马克思关于教育和生产劳动相结合及综合技术教育思想是在大生产时代的蒸汽机时代提出来的

众所周知,在马克思生前的蒸汽机时代,生产对一般劳动者只要求有初等教育的水平就行了。因之,在那时,主要是普及初等教育的时代。在这个时期,各个先进的资本主义国家都先后通过了普及初等义务教育的法令。正是这一

情况决定了当时教育和生产劳动相结合及综合技术教育的水平、形式和特点。

在这个阶段,教育和生产劳动相结合,首先是指初等教育和工厂劳动相结合。其次,当然也指职业技术教育和生产劳动的结合。不过,当时的职业技术学校数目很少,只是处于发展的早期阶段。再次,成人教育,则只是更个别的情况。在当时,由于儿童被生活所迫,不得不参加社会生产劳动,但同时又应该接受初等教育,所以才有初等教育半工半读的实践。正如马克思在《资本论》中所指出的,这些初等学校的水平是很可怜的。也正如恩格斯 1880 年在《致敏·卡·哥尔布诺娃》的信中所揭露的,英国和欧洲大陆的职业技术教育(技工学校)的情况十分糟糕。但毕竟它们在当时都是教育和生产劳动相结合的好形式,因而得到了马克思和恩格斯的充分肯定。正是这些形式成了教育和生产劳动相结合向前发展的良好基础。

马克思关于教育和生产劳动相结合的思想及综合技术教育的思想,正是在大生产发展的这个具体条件和背景下提出来的。这就决定了他们的这些思想既反映了大生产条件下的教育、教育和生产劳动相结合及综合技术教育发展的一般方向,同时也决定了他们所提出的某些做法和某些提法的具体性质,即这些具体做法和提法对当时具体条件的适应性,和对后来发展了的具体条件的局限性。

(二)电气化时代教育和生产劳动相结合及综合技术教育的实践和理论

从 19 世纪末叶开始的电气化大生产,要求一般劳动者要有初中的文化科学知识和使用电气化生产工具的相应技能。这就进一步推动了教育的发展,推动了教育和生产劳动相结合及综合技术教育的实践和理论的发展。在实践上,在第一次世界大战前后曾有过一次飞跃的发展;在理论上,列宁曾给予综合技术教育以重大的发展。

在这个阶段,教育、教育和生产劳动相结合及综合技术教育有以下几个重要发展:第一,各发达国家先后通过了延长普及义务教育年限的法令,一般都达到了初中阶段;第二,它们都先后通过了发展职业技术教育的法令,促进了职业技术教育的重大发展,使它在现代教育体系中占据了一个重要地位。1917 年美国通过了《史密斯—休士法》,规定联邦政府拨款补助各州举办职业技术教育,从而推动了美国职业技术学校特别是综合中学(内设职业科)的大发展。德国、法国和英国等国于大战后也通过法令举办职业技术教育,先后实行了普及义务教育后到 18 岁前的义务职业技术教育,大大推动了西欧国家职业技术教育的大发展。在二三十年代,苏联也建立了包括中专和职业技术学校在内的职业技术教育体系。

这就决定了这个阶段,教育、教育和生产劳动相结合及综合技术教育的如下几个特点:第一,由于普及义务教育年限的延长以及电气化生产的特点,儿童参加生产劳动的年龄大大后移了,已不能要求儿童从 9 岁起就成为生产工作者;第二,普及义务教育后的各种职业技术教育得到充分的发展,因而,这些学校,特别是部分时间制的这些学校就成了教育和生产劳动相结合的重要形式;第三,综合技术教育的作用在实践中进一步被提了出来,它作为普通教育和职业教育的中间环节,或它作为普通教育的一部分为职业教育奠定基础,日益显示了它的重要性。正是在这个条件下列宁进一步发展了马克思关于教育和生产劳动相结合及综合技术教育的思想。

(三)列宁对教育和生产劳动相结合及综合技术教育思想的发展

列宁在电气化时代和苏联社会主义社会的条件下,继承和发展了马克思和恩格斯创立的科学共产主义学说,同时也继承和发展了他们关于教育、教育和生产劳动相结合及综合技术教育的思想。这些思想简明地写在列宁起草的、1919 年俄共八大通过的党纲中。列宁在这个党纲中提出:"对 17 岁以下的全体男女儿童实施免费的和义务的普通和综合技术教育(即从理论上和实践上了解一切主要的生产部门)。……使教学跟社会生产劳动紧密结合起来。"①列宁在这里没有提儿童从九岁起成为生产工作者的问题。

列宁在下一段话里充分表述了他关于教育和生产劳动相结合是现代大生产的产物,是现代教育的基本特征的思想。他说:"没有年轻一代的教育和生产劳动的结合,未来社会的理想是不能想象的:无论是脱离生产劳动的教学和教育,或是没有同时进行教学和教育的生产劳动,都不能达到现代技术水平和科学知识现状所要求的高度。"②基于这个思想,他把教育和生产劳动相结合及综合技术教育都看作是人的全面发展的重要条件,看作是培养现代社会主义新人的重要条件。

---

① 《苏联普通教育法令选译》,人民教育出版社 1955 年版,第 9 页。
② 《列宁全集》第 2 卷,人民出版社 2013 年版,第 463-464 页。

因此,在列宁看来,不论是普通学校,还是职业技术学校,都应实施教育和生产劳动的结合及综合技术教育。他认为,教育和生产劳动相结合及综合技术教育应包括理解和掌握现代生产的科学基础。"懂得某些学科的最基本原理;明确指出是哪些学科",掌握广泛的社会科学知识,掌握"综合技术的见识和综合技术教育的基本(初步)知识",使学生了解生产过程的原理和生产管理知识,反对离开科学基础教育和综合技术教育搞过早专业化,坚持综合技术教育的实践性,在掌握科学基础和综合技术知识与技能的基础上,使学生掌握一定的职业技能,使学生参加一定的生产劳动等等①,从而使年轻一代成为在理论上和实践上能适应社会主义大生产和社会主义社会生活的全面发展着的新人。

列宁关于普通教育、综合技术教育和职业教育相互关系的思想,是大生产发展到电气化阶段对劳动者的普遍科学基础知识、综合技术知识(即普通技术知识)和职业技术训练内在结构的反映,是大生产和科学技术水平提高的结果,是对马克思教育思想的重要发展。列宁的这一思想,不但在当时具有重要意义,而且越到后来,其意义愈益重大,因为越到后来,随着大生产的发展,大生产的科学技术基础愈益宽厚,就愈益要求劳动者的普通科学基础知识和综合技术知识更加宽厚,就愈益要求普通科学基础知识、普通技术知识和职业训练三者间的结构更加科学和合理。因为只有在更加宽厚的普通科学基础知识和普通技术知识的基础上进行的职业技术训练,才能有更大的适应性,才能更有利于劳动的变换、职业的更动和生产工作者的全面流动,才能更加适应劳动者脑力劳动化的历史趋势,才能更有利于人的全面发展。

(四)电子计算机时代教育和生产劳动相结合及综合技术教育的实践

第二次世界大战后,世界进入了以信息机器——电子计算机为标志的新的技术革命的时代,生产和科学技术有了飞跃的发展,这就要求生产工作者要有高中甚至高中以上的文化科学技术水平,从而推动教育的新发展。在这个时期,英、法、美、苏等国相继通过了发展教育和改革教育的新法律。根据这些法律,各发达国家都在进行普及高中教育的工作,有的已经普及,并正在向短期大学或初级学院的方向普及,本科教育和研究生教育也得到了空前的大发展,并使在职教育在整个教育体系中占据了突出的地位,这就使现代教育、教育和生

---

① 《列宁全集》第 40 卷,人民出版社 2017 年版,第 228-230 页。

产劳动相结合及综合技术教育的内容和形式也发展到了一个新的阶段。

这个阶段的特点是：各级学校都在加强科学教育、综合技术教育和劳动教育，在幼儿教育中就注重智力技能和活动技能的早期教育，在各种形式的各级各类学校中，都注重加强科学教育和作为职业教育基础的综合技术教育和劳动教育，在小学和初中要进行手工劳动和简单机器劳动的教育，在高中要参加力所能及的生产劳动；加强和提高就业前的中等和高等职业教育；发展普及义务教育后的继续教育，即在职青年的各种形式的文化科学知识教育和职业技术教育，学生在各种形式的职业技术学校里，特别是在部分时间制的职业技术学校里，不但要从事劳动实习，而且还要直接参加顶班的生产劳动；终身教育、夜大学、函授教育、业余教育、开放大学、广播电视教育以及半工半读的大学等等都开始出现并得到发展，为在职的和不在职的各个年龄阶段的人们的学习创造了条件。这就使教育和生产劳动相结合向纵深方向得到发展，形式也更加多样化。

教育和生产劳动相结合是劳动者教育从生产劳动中分离出来的劳动者的学校教育和生产劳动的结合，因此，在什么地方存在劳动者的学校教育，什么地方就存在教育和生产劳动的结合，劳动者的学校教育有多少形式，教育和生产劳动的结合也就有多少形式。

（五）对教育和生产劳动相结合及综合技术教育实践发展的若干理论分析

现代教育、教育和生产劳动相结合以及综合技术教育，为什么在近百年来，特别是在近三四十年来，随着生产和科技的大发展而有如此重大的发展呢？从马克思的理论观点看来，这是不难理解的。就是说，对此，马克思在他的著作中，早就作过精辟的分析，不过这些问题当时远没有像现在这样显露得如此鲜明。

首先，马克思从生产、科技、劳动和教育的相互关系方面对这些问题进行了分析。在他看来，这是因为：

第一，现代科技是生产力。他说，现代科学是"一般社会生产力"①。他还说："生产力中也包括科学。"②

---

① 《马克思恩格斯选集》第 2 卷，人民出版社 2012 年版，第 852 页。
② 《马克思恩格斯选集》第 2 卷，人民出版社 2012 年版，第 777 页。

第二,现代生产是"科学的应用"①,现代生产设备和劳动资料是"对象化的知识力量"②。

第三,现代生产劳动是劳动者把科学引入生产过程的实践活动。

第四,现代教育是通过受教育者(生产工作者或科技工作者)使科学引入生产过程的手段和科学技术再生产的手段。

科学要变为直接的生产力,就必须通过劳动者把它引入生产过程。而劳动者要把科学引入生产过程,就必须掌握科学。而劳动者要掌握科学,就必须接受一定的教育。马克思说,现代教育的一个重要职能就是使人"获得一定劳动部门的技能和技巧,成为发达的和专门的劳动力"③。

另外,现代教育又是科学技术再生产的手段和科学技术进一步发展的基础。因为现代教育既是积累、保持、传递和创造人类一般文明的手段,同时也是积累、保持、传递和创造人类现代文明中最重要的构成部分的科学技术的手段。只有在现代教育的这些功能得到正常发挥的情况下,科学技术人才才能培养出来,科学技术才能得到进一步的发展。

这样,马克思就揭示了现代社会里的现代生产、现代科技、现代生产劳动和现代学校教育之间的这种新关系。之所以说这是一种新关系,是因为在古代小生产的社会里,小生产、古代科技、手工劳动和古代学校教育之间是不存在这种关系的。

这种新关系,从教育方面看来,包括以下三个方面:

第一,现代学校教育的存在和发展,依赖于现代生产和现代科技的存在和发展,因为后者是前者存在和发展的条件,同时后者也是前者的内容。

第二,现代生产和现代科技的存在和发展又依赖于现代学校教育的存在和发展,因为后者又是前者存在和发展的条件。因为不论是生产建设人才,还是科学技术人才,都是通过现代学校教育培养出来的;没有现代学校教育去培养这些人才,现代生产和现代科技就不能存在和发展。

第三,现代科技是现代生产劳动过程和现代学校教育过程相互联系起来的连接点。因为现代生产、现代生产劳动是现代科学技术的应用,因此,现代科技

---

① 《马克思恩格斯选集》第 2 卷,人民出版社 2012 年版,第 850 页。
② 《马克思恩格斯选集》第 2 卷,人民出版社 2012 年版,第 785 页。
③ 《马克思恩格斯选集》第 2 卷,人民出版社 2012 年版,第 166 页。

就成了现代生产、现代生产劳动的基础。而现代学校教育又是传递现代科技的载体,因而,现代科技又成了现代学校教育内容的中心。因此,教育和生产劳动相结合,就不能不体现在它们之间的这种新的关系中。因此,所谓教育和生产劳动相结合,其本质就不能不是现代教育过程和现代生产劳动过程以科技为基础并在这个基础上的密切联系和结合。

　　如前所述,马克思关于教育和生产劳动相结合及综合技术教育的思想,是从对现代大生产、现代科技和现代教育的发展及其所引起的社会内部分工的变革、劳动的变革、职能的更动和工人的全面流动性的分析中提出来的。只不过当代问题的发展比马克思所预料的要快得多、深刻得多和广泛得多。

　　马克思逝世一百多年来,特别是近三四十年来,由于大生产和科技的高速发展,在产业结构、就业结构和职业结构方面,引起了比马克思在世时规模更为广阔、内容更为深刻和速度更为迅速的变革。在经济发达的国家里,第一产业(农业、林业)的比重急剧缩小,第二产业(工矿业)的比重先逐渐增大而后停滞[①],第三产业(商业、服务业、文化教育事业等)的比重持续增长。西方学者认为教育属于信息的生产,是"第四产业",并且认为21世纪"第四产业"将是第一位的"产业"。产业结构的变化必然引起就业结构的变化。总的趋势是:第一产业部门的就业人数及比例直线下降,第二产业部门的就业人数及比例逐渐增大后停滞[②],第三产业部门的就业人数及比例持续上升,于是就引起了就业人员的流动,即人员由缩小或消失的部门向发展的部门或新产生的部门流动。与此相适应,就业结构即脑力劳动者和体力劳动者的结构和比例也发生了历史性的新的重大变化。总的趋势是:单纯体力劳动者的人数及比例直线下降,半体力劳动者的人数及比例逐渐上升后停滞,脑力劳动者的人数及比例持续上升。在发达国家脑力劳动者的人数及比例已超过或在超过体力劳动者及半体力劳动者的人数和比例,蓝领工人在变为白领工人,体力劳动者在变为脑力劳动者,劳动者在脑力劳动化(表4.1)。

---

①② 这是近几十年来发达国家发展的总趋势。进入七八十年代以来,第二产业和第二产业的就业人数及比例有下降趋势,而第三产业的就业人数及比例仍将继续增长下去。据估计,到21世纪,第二产业的比例将下降到20世纪第一产业的比例。

表 4.1　美、日两国近年来就业结构变化/%

国别	年份	第Ⅰ产业	第Ⅱ产业	第Ⅲ产业
美国	1960	8.2	34.5	57.3
	1980	2	21	77
日本	1955	41	23.5	35.5
	1970	17.4	35.2	47.4
	1977	11.9	34.8	53.3

（本表根据孙世路编著《外国成人教育》第 21 页表 6 和《光明日报》1984 年 3 月 30 日材料编制）

　　正是由于近三四十年来大生产的高速发展、科学技术的高速发展、现代生产劳动迅速发展,推动了产业结构、就业结构和职业结构的上述重大变化,于是就推动了社会内部分工的变革、劳动的变换、职能的更动和生产工作者的全面流动,特别是推动了劳动者的脑力劳动化,推动了脑力劳动和体力劳动的结合。同时也推动了城乡差别和工农差别走向消灭。生产劳动者脑力劳动化趋势的发展,要求全体生产工作者提高科学文化教育水平,不但要求生产工作者在就业前就必须有比以前越来越高的文化科学教育水平、综合技术教育水平和在这两者基础上的职业训练水平,而且要求在就业后还得不断地学习,进行不脱产的学习,甚至还要求多次重新回到学校教育中来学习。这就是说,现代大生产的本性、现代生产劳动的本性,它们对所有人的要求,都是要他们有越来越高的文化科学水平,综合技术教育水平和职业训练水平。这就要求提高文化教育水平、科学教育水平、综合技术教育水平和职业教育水平,就要求职前教育和职后教育结合起来,就要求教育和生产劳动作为一个完整的系统结合起来,这是不以任何个人和任何阶级的意志为转移的。这就进一步说明,科学教育、综合技术教育、职业教育以及与之密切联系的教育和生产劳动相结合都是现代教育的基本特征。

四、当代实践所提出的关于教育和生产劳动相结合及综合技术教育的若干理论问题

（一）生产性质、科学性质、生产劳动性质和教育性质的变化，引起了教育和生产劳动相结合性质的变化，也引起了新的理论问题

马克思逝世一百多年来，特别是近三四十年来，现代生产的发展、现代科技的发展和现代教育的发展，一方面它们的本性在发生变化，新质在增加着，一方面它们的本性在进一步显露着。而这些又在促使现代社会发生革命性的变革。

在大生产产生的时候，大生产本质上就是科学的应用。但在当时，经验的因素、技艺的因素在生产中的作用还是相当大的，就是说，现代大生产中古代小生产的某些基本特征还占有很大地位，现代大生产和古代小生产还有密切的联系。而在现在，经验和技艺的因素和作用日益缩小，科学技术的因素和作用日益增大，现代大生产的新质日益占了优势，甚至占了绝对优势，经验和技艺的因素和作用越来越小了，因而使现代大生产和古代小生产的本质差别就越来越明显了。

在现代大生产产生的时候，机器的威力之所以很大，是因为机器延长了人的双手，扩大了人手的功能，同时由于使用了自然能，从而使生产发展的可能性摆脱了有限的范围，显示了现代大生产的优越性。但是，在今天，现代信息机器——电子计算机已不限于此，已部分地代替了人脑的思维功能，成了人脑的延伸，这就使现代大生产发生了质的变化，从而使它的发展具有了无限的可能性。

在现代大生产产生的时候，科学在本质上已变成了生产力的一部分，但生产在很大程度上还是劳动密集型的，即生产对科学物化的要求还不很高。但到了今天，生产就是科学的物化，其程度大大提高了，生产越来越成了科学密集型的，科学在现代生产中的地位和作用大大加强了，可以说，科学越来越成了现代生产的基础和决定性因素了。

因而，现代生产劳动，如果在大机器生产产生之初，由于机器的采用，脑力劳动在生产劳动中已占有极其重要的地位（当然这主要表现为从体力劳动者中分离出来的脑力劳动者的脑力劳动），但是体力劳动还占有很大比重，体力劳动者在生产工作者中还占有很大比重，因此，在当时，体力劳动还是物质生产的主

要基础,体力劳动的无产阶级还是无产阶级的主力,脑力劳动的无产阶级人数和比例还相当少。而在当前,由于生产劳动中脑力劳动因素的日益增长,脑力劳动者的人数和比例日益增大,超过体力劳动者并占绝对优势的趋势已日益明显,体力劳动者正在变为脑力劳动者,劳动正在脑力劳动化,劳动者也正在脑力劳动者化。因而,我们可以说,物质生产的基础正在由体力劳动转为脑力劳动①,或者准确地说转为以脑力劳动为主的脑力劳动和体力劳动相结合的劳动,工人阶级的主力正在由体力劳动者转为脑力劳动者,或者准确地说转为以脑力劳动为主的脑力劳动和体力劳动相结合的劳动者。这就是说,在当前,生产劳动的性质已发生了根本性的变化,现代生产劳动以脑力劳动为物质生产基础的性质越来越明显了,或者说,现代生产劳动以脑力劳动为主的脑力劳动和体力劳动相结合的劳动作为物质生产的基础已越来越清楚了。相应的脑力劳动的工人阶级在现代生产和现代社会生活中的地位和作用越来越重要也越来越清楚了。

至于现代教育,那么从它随着大生产的确立而确立和成熟之日起,它本质上就是现代科学技术和现代生产工作者再生产的手段,同时也是使科学这个潜在的生产力转化为现实的生产力的中间环节。最初,现代教育的这个职能还不十分明显。但是,现在不同了。科学已明显地变成了现代生产劳动的基础。因而科学也就变成了生活的基础,同时也就变成了教育的基础,就是说,教育的质也在变,或者说,现代教育的本性也越来越显示出来了。

上述这些情况就不能不引起关于教育和生产劳动相结合性质的变化。显然,欧文以前的思想家关于教育和生产劳动相结合与马克思关于教育和生产劳动相结合的思想是有本质不同的,因为两者所说的教育和生产劳动的性质是不同的。当然,教育和生产劳动相结合的性质也就不同,马克思在现代生产、现代生产劳动和现代教育的基础上,把教育和生产劳动相结合的思想奠立在现代大生产和历史唯物主义科学的基础上了,因而使这一思想在历史上产生了一个质变。如前所述,由于近百年来特别是近三四十年来生产、科学、劳动和教育的大发展和某些质的变化或它们本性的显露,因而教育和生产劳动相结合的性质也

---

① 显然,这里是从脑力劳动和体力劳动在物质生产中的地位和作用的观点讨论脑力劳动和体力劳动何者是当前物质生产的基础问题的,而不是从认识论的观点或脑力劳动从体力劳动中分离的历史过程的观点来讨论这个问题的。

在变化,关于它的理论也在变化。

例如,我们分析了一下马克思和恩格斯关于教育和生产劳动相结合的九段名言,关于生产劳动的十个提法,其中三处是体力劳动①,三处是生产劳动②,两处是劳动③,一处是工厂劳动④,一处是物质生产⑤。就是说,其中四处,从文字上也是明确地指体力劳动的,从行文上看,总的来说,十处都是指体力劳动——生产劳动的。

如前所述,在当代,现代生产劳动在由体力劳动为主转为以脑力劳动为主的情况下,原来讲的教育和生产劳动相结合指的是和体力劳动相结合,而现在已不只是和体力劳动结合了,而同时也要和脑力劳动结合,或者说,是和以脑力劳动为主的脑力劳动和体力劳动相结合的生产劳动结合了,因而我们说,教育和生产劳动相结合的性质即使在近百年来也发生了重要变化。

因此可以说,现代社会的发展过程,同时也是现代生产的本性,现代科技的本性、现代生产劳动的本性和现代教育的本性的发展变化过程或它们的本性的显露过程。这就是说,在过去,如果现代生产的本性、现代科技的本性、现代生产劳动的本性和现代教育的本性,由于它们的发展水平不高还显露得不够,还没有被人们普遍认识清楚的话,那么,在今天,由于它们的本性已经显露得比较明显,从而它们的本性就有可能被比较普遍地认识清楚,人们就有可能进一步认清教育和生产劳动相结合的本性和综合技术教育的本性,于是就引起了关于教育和生产劳动相结合及综合技术教育认识上的矛盾。这些矛盾主要就是过去对教育和生产劳动相结合及综合技术教育的本性由于其发展水平不高还未充分显露时的认识和现在它们的本性由于它们本身的进一步发展从而使之已经显露得比较充分时的认识之间的矛盾。这些矛盾也就是当代在关于教育和生产劳动相结合及综合技术教育方面所出现的理论问题。这是这些理论问题出现的主要原因。另外的原因还有:一是马克思在他的著作中虽然早已指出了

---

① 《马克思恩格斯选集》第 2 卷,人民出版社 2012 年版,第 230 页;《马克思恩格斯全集》第 16 卷,人民出版社 1964 年版,第 655 页。

② 《马克思恩格斯选集》第 2 卷,人民出版社 2012 年版,第 230 页;《马克思恩格斯全集》第 21 卷,人民出版社 2003 年版,第 270 页;《马克思恩格斯选集》第 3 卷,人民出版社 2012 年版,第 377 页。

③ 《马克思恩格斯全集》第 21 卷,人民出版社 2003 年版,第 271 页;《马克思恩格斯选集》第 3 卷,人民出版社 2012 年版,第 710 页。

④ 《马克思恩格斯选集》第 2 卷,人民出版社 2012 年版,第 232 页。

⑤ 《马克思恩格斯选集》第 1 卷,人民出版社 2012 年版,第 422 页。

现代生产、现代科技、现代生产劳动和现代教育的本性及它们对现代社会发展的伟大意义,但当时由于他作为一位无产阶级的革命领袖的地位和由于酝酿和准备无产阶级革命的任务,他在其主要著作中则是更多地强调生产关系的变革和社会变革对社会发展的伟大意义;一是马克思作为国际无产阶级领袖和理论家在当时也没有可能对教育和生产劳动相结合的问题作出专门的论述。

因此,在无产阶级准备夺取政权和夺取政权后的最初年代,由于现代生产、现代科技和现代教育的本性限于其发展水平显露得还不够充分特别是由于当时社会革命实践需要强调生产关系变革和社会革命对社会发展的决定性意义以及由于马克思在他的主要著作中也主要强调了这一点,因而就掩盖了马克思关于现代大生产、现代科学、现代教育和它们之间的相互关系以及关于教育和生产劳动相结合本质的全面的科学的论述,于是就形成了当时人们关于教育和生产劳动相结合的认识。现在时代发展了,从夺取政权发展到进行四化建设了,特别是由于现代生产、现代科技和现代教育的本性已充分显露了,充分显露了它们的本性以及它们在一般社会发展中和在社会主义建设中的决定性作用,因而就必须按照事物的本性、按照马克思对这些问题的全面的科学论述、按照社会实践的要求重新评价过去的认识。于是就发生了矛盾、产生了新的问题,产生了关于教育和生产劳动相结合的一系列理论问题。这些理论问题包括:什么叫作教育和生产劳动相结合? 教育和生产劳动相结合的基点或基础是什么?是否学校引入劳动或学习加劳动就是教育和生产劳动相结合? 教育和生产劳动相结合是什么社会条件下的产物? 是否教育原来是同生产劳动结合的,在阶级社会里二者分离了,现在又要结合了? 是否能说教育和生产劳动相结合是社会主义教育和一切剥削阶级教育的分水岭? 如何理解教育和生产劳动相结合是提高社会生产的一种方法,是造就全面发展人的唯一方法和改造现代社会最强有力的手段之一? 教育和生产劳动相结合是不是主要是为了改造人的思想?综合技术教育的理论是否不适合中国的国情,即我国还没有实施的条件? 抑或它现在已经过时? 等等。

(二)教育和生产劳动相结合是在现代大生产条件下教育过程和生产劳动过程这两个相互独立的社会过程不可分割的联系或结合

什么叫作教育和生产劳动相结合? 马克思没有对这个问题下过定义。不过从马克思和恩格斯所直接谈的关于教育和生产劳动相结合的最著名的言论看来,其中的大部分言论,谈的主要是在当时资本主义条件下给予在工厂劳动的儿童初等教育的问题,即主要谈的是儿童的工厂劳动、体力劳动或生产劳动和初等教育相结合的问题,这是很容易理解的。因为这是被当时的现实所决定的。

在马克思和恩格斯关于教育和生产劳动相结合的著名言论中,有一小部分是谈的关于未来社会的教育和生产劳动相结合的问题。其中一段是在《资本论》里讲的,是说从欧文的实验中看到。在未来的社会主义社会,已满一定年龄的儿童的教育也要和生产劳动相结合。① 另一段是在《共产党宣言》里讲的,即:"对所有儿童实行公共的和免费的教育。取消现在这种形式的儿童的工厂劳动,把教育同物质生产结合起来,等等。"② 还有一段是恩格斯在《反杜林论》中讲的,即:"在社会主义社会中,劳动将和教育相结合,从而既使多方面的技术训练也使科学教育的实践基础得到保障。"③ 这几段的提法显然不是指前边所说的资本主义社会初等教育的半工半读的那种结合,而是要广泛得多。因为这是以"取消"资本主义社会的"这种形式的儿童工厂劳动"为前提和"从而保证多方面的技术训练和科学教育的实践基础"为目标的。

我们认为参照一下列宁起草的、1919 年俄共八大通过的党纲的提法,即参照一下列宁对马克思关于社会主义教育思想的理解,对我们理解这个问题是会有帮助的。这个党纲指出:"对 17 岁以下的全体男女儿童实施免费的和义务的普通和综合技术教育(即从理论上和实践上了解一切主要的生产部门);……使教学跟社会生产劳动紧密结合起来。"④ 看来,在社会主义社会,强调的是把教育和教学跟社会生产劳动紧密地结合起来。我们认为,这里当然包括儿童和青少年参加生产劳动的问题,但看来更重要的是要使教育和教学的目的、内容和方法都要跟社会生产劳动紧密地结合起来,事实上是要让教育过程和生产劳动过程这两个过程紧密地结合起来。这就是说,马克思、恩格斯、列宁关于社会主义社会教育和生产劳动的结合的问题,要比半工半读广泛得多、复杂得多、要求也要高得多。列宁于十月革命后关于教育问题的一系列指示也充分证明了这

① 《马克思恩格斯选集》第 2 卷,人民出版社 2012 年版,第 230 页。
② 《马克思恩格斯选集》第 1 卷,人民出版社 2012 年版,第 422 页。
③ 《马克思恩格斯选集》第 3 卷,人民出版社 2012 年版,第 710 页。
④ 《苏联普通教育法令选译》,人民教育出版社 1955 年版,第 9 页。

一点。

马克思和恩格斯关于教育和生产劳动相结合的这两类著名言论尽管有上述区别,但从理论上来说却是完全一致的。这就是,从理论上概括起来说,所谓教育和生产劳动相结合就是教育过程和生产劳动过程这两个相互独立的社会过程的紧密联系和结合。

现在的问题是,教育和生产劳动这两个相互独立的社会过程为什么要结合,为什么可以结合,是以什么为基点或在什么基础上结合呢?在古代小生产的时代,是否存在教育和生产劳动这两个相互独立的社会过程的结合?

众所周知,从人类社会存在的第一天起,就存在教育这个社会现象了。不过,那时它还不是一个独立的社会过程,它还是和生产劳动及社会生活处于混沌状态,还是融合在一起的。

是在原始社会末期,当教育从生产劳动中第一次分离出来以后,它才成为一个独立的社会过程。这是剥削者的教育从生产劳动中的分离,这次分离出来的作为独立社会过程的教育,就是古代学校教育。这时劳动者的教育并没有从生产劳动中分离出来而成为一个独立的社会过程,到这时为止,劳动者的教育和生产劳动还是处于混沌未分化的状态,是融合在一起的。

由于古代学校教育是剥削者的教育,它的基本职能是培养统治人才的,即教育是为维护古代剥削阶级的政治统治服务的,因此,在它从生产劳动中第一次分离出来的第一天起,它和生产劳动就没有直接联系,它和生产劳动就是脱离的。

当人类社会发展到现代社会,又发生了教育从生产劳动中的第二次分离,即劳动者的教育从生产劳动中的分离,这次分离的结果就是现代学校教育的产生。现代学校教育本质上是劳动者的学校教育,它的基本职能是培养生产劳动者的,因此,在它从生产劳动中第二次分离出来的第一天起,它和生产劳动就是有直接联系的,它天然地是和生产劳动联系和结合在一起的,这一点是和第一次从生产劳动中分离出来的古代学校教育是有本质不同的。

现代学校教育作为一个独立的社会过程,一方面是它从生产劳动中第二次分离的结果,从这个角度讲,即从独立的社会过程讲,它和生产劳动过程是分离的;但从另一个方面讲,即从这两个相互独立的社会过程在现代社会中的相互关系讲,两者又是密切联系的和结合的。之所以从生产劳动中分离出来,是现代生产和现代生产劳动的要求,是现代生产和现代科技发展的结果。因为只有在分离后所产生的现代学校里,才能培养出能适应现代生产的即掌握现代科学技术的生产工作者。就是说,现代学校的目的、内容、方法都是为培养现代生产工作者服务的。现代学校教育作为一个独立的社会过程只有和作为另一个独立社会过程的生产劳动过程密切联系起来和结合起来,现代生产才能进行,现代社会才能前进。所以我们认为,马克思所讲的教育和生产劳动相结合,从理论上讲,讲的就是这样的一种结合。

没有劳动者的教育从生产劳动中的第二次分离,即没有现代学校教育的产生,就不存在什么教育和生产劳动相结合的问题;没有分离,就没有结合。在原始社会,教育和生产劳动这两个社会过程还处于混沌状态,以及在古代阶级社会里,劳动人民的教育和生产劳动这两个社会过程还没有分离前的融合状态,都不能叫作教育和生产劳动相结合。教育和生产劳动相结合是指这两个社会过程分离后,作为两个相互独立的社会过程不可分割的联系和结合。因此,教育和生产劳动相结合,是现代社会的产物,是现代学校教育产生过程中和产生后的产物,而不是古已有之的。因此,说什么"教育原来是同生产劳动结合的,在过去的阶级社会里二者分离了,现在又要结合了"[1],是对马克思关于教育和生产劳动相结合思想的误解,是对上述社会历史过程缺乏分析的结果,是不理解马克思关于教育和生产劳动相结合思想的实质的一种表现。同理,说什么"教育和生产劳动相结合是社会主义教育和一切剥削阶级教育的分水岭"[2]的提法也是不正确的,是一种形式主义的循环论的观点,也是对马克思关于教育和生产劳动相结合思想的误解,也是不理解这一思想的实质的一种表现。从我们的观点看来,教育和生产劳动相结合是现代学校教育和古代学校教育的分水岭,而不是社会主义教育和一切剥削阶级教育的分水岭。我们这样说的另外一个根据,就是在马克思的著作中我们从来没有发现类似上述这样的说法。

（三）现代科学是教育和生产劳动相结合的基础

教育和生产劳动是以什么为基础或者是在什么基础上结合的呢？这是理解教育和生产劳动相结合实质的一个关键问题。这一点看错了,就会一切皆错。

当大机器生产产生以后,因为生产的本性变了,生产从以经验为基础变成

---

[1][2] 陆定一:《教育必须与生产劳动相结合》,《红旗》杂志,1958 年第 7 期。

了以科学为基础,生产过程成了物化科学过程。在现代大生产中,科学是生产力的性质越来越明显了,因而生产工作者凭生产经验就不能从事生产劳动了,而必须凭科学技术。在古代小生产的时代,一个生产工作者对生产经验的掌握如果可以通过直接参加生产劳动去获得的话,那么,在现代大生产的时代,现代生产工作者对科学技术的掌握靠直接参加生产劳动就不行了,而必须在生产劳动过程之外的教育过程中进行。就是说,掌握生产劳动所要求的科学技术的过程和生产劳动过程分离了,这是问题的一个方面。另一方面,现代社会的这两个过程又必须密切地结合起来。

什么是把这两个相互独立的社会过程结合起来的结合点或者是在什么基础上把它们结合起来的呢?这个结合点或基础正是科学而不是别的其他什么东西。这是为什么呢?因为科学作为一般社会生产力乃是一种潜在的生产力,它自己不能自动地进入生产劳动过程,必须通过现代生产工作者才能把它带入生产劳动过程。现代生产工作者怎么才能把科学带入生产劳动过程呢?教育必须先把科学授予现代生产工作者,尔后现代生产工作者才能把科学带入生产劳动过程去完成它的物化过程。这就是说,现代生产劳动过程的关键和中心是把现代科学应用于生产劳动过程,或者说,现代生产劳动过程的基础是现代科学,现代教育过程的中心和关键则是把科学传授给未来的或在职的现代生产劳动者,就是说,现代学校教育内容的中心或现代教育的基础也是科学。这样,在现代社会里,教育过程和生产劳动过程就建立在科学这个共同基础之上了,或者说,是科学把现代生产劳动过程和现代教育过程这两个相互独立的社会过程联系了起来和结合了起来的。教育和生产劳动相结合正是指教育过程和生产劳动过程以科学为基础的这种结合。

教育和生产劳动相结合的基点或基础是科学这一点决定了,贯彻教育和生产劳动相结合的原则,就必须紧紧抓住科学教育这一基本环节,把文化教育、科学教育、综合技术教育、职业教育、劳动教育,以至继续教育和终身教育,作为一个完整的体系或系统一起抓,才能收到好的效果。如果忘记了科学教育这个基本环节,乱抓一气,或抓错了基本环节,像我们过去曾经做的那样,抓劳动、抓生产、抓政治、搞"生产就是教育,劳动就是学习",搞"工厂就是学校,学校就是工厂",就是不抓科学教育,就一定不会收到好的效果。另外,抓教育和生产劳动相结合,不是作为一个完整体系去抓,只抓其一,单打其一,也不会收到良好的效果。因为这两者都是背离教育和生产劳动相结合的本质的,从而都会使我们的事业受到损失。这就是说,学校引入生产劳动尽管是教育和生产劳动相结合的一个重要方面,但它不是教育和生产劳动相结合的本质和根本内涵,这也正是我们过去搞教育和生产劳动相结合没有取得成功的重要原因。

(四)综合技术教育和教育与生产劳动相结合是不能分割的

在教育过程和生产劳动过程联系和结合的过程中,综合技术教育是一个重要因素和中间环节。我们可以把教育分为几个层次或几个相关部分:文化教育(传授读写算等一般文化知识)、科学教育(在文化教育基础上传授一般科学基础知识)、综合技术教育(在文化教育和科学教育基础上传授一般技术知识和技能)和职业教育(在上述三种教育的基础上传授专门职业知识和职业技术知识及技能),这几个相关的教育,前者都是后者的基础,后者都是建立在前者的基础之上的。显然,综合技术教育是现代教育使科学进入生产劳动过程的这一链条中的一个重要环节。因此说,综合技术教育乃是与教育和生产劳动相结合的本质相关的一个重要问题,或者说,它是教育和生产劳动相结合的一个重要方面,两者是密不可分的。

因此,离开科学教育和综合技术教育去谈教育和生产劳动相结合,就只能是小生产性的生产劳动和教育的融合,即生产即教育、劳动即学习,使教育回到生产劳动中去。反之,离开教育和生产劳动相结合去谈综合技术教育,那就只能是死的综合技术教育,而只有和生产劳动密切联系的综合技术教育才是活的综合技术教育。克鲁普斯卡娅说:"如果把综合技术教育作为专门的课程来讲授,那么这是一种死的综合技术教育,而活的综合技术教育是跟企业、跟公益工作有联系的综合技术教育。"[1]克鲁普斯卡娅还说:"没有教育和生产劳动的结合,我们就不能考虑综合技术教育。"[2]我们过去曾一方面大谈教育和生产劳动相结合,一方面又忽视科学教育和回避综合技术教育,这也是不理解马克思关于教育和生产劳动相结合及综合技术教育实质的表现。说综合技术教育在中国还没有实施的条件,即它不符合中国的国情,或者说,综合技术教育已经过时,都是不正确的,都是要回避综合技术教育。问题就在于,没有科学教育和综

---

① 《克鲁普斯卡娅教育文选》,人民教育出版社 1959 年版,第 324 页。
② 《克鲁普斯卡娅文集》(10 卷集),俄文版,第 4 卷,第 319 页。

合技术教育,就搞不好职业教育,就搞不好教育和生产劳动的结合,就培养不出现代生产工作者来。

(五)如何理解教育和生产劳动相结合是增加社会生产的一种方法、造就全面发展人的唯一方法和改造现代社会最强有力的手段之一

马克思关于教育和生产劳动相结合不仅是提高社会生产的一种方法,而且也是造就全面发展人的唯一方法,是在《资本论》中讲的,讲的是未来的教育,即社会主义和共产主义教育。因为在现代社会主义条件下,只有教育过程和生产劳动过程这两个相互独立过程在科学基础上的密切联系和结合,即既包括全日制职前教育、部分时间制在职教育和终身教育中的结合,也包括通过在普通教育、综合技术教育、职业教育和劳动教育中的结合,才能促使生产工作者脑力劳动和体力劳动本质差别的逐步缩小和走向消灭,才能推动人向全面发展的方向发展;因为不通过这些形式和途径使教育过程和生产劳动过程这两个相互独立的过程在科学基础上的结合,就不可能造就出为现代生产服务的全面发展的人来。正是在这个意义上,马克思说它是造就全面发展人的唯一方法。

现代社会的事实证明,从造就全面发展着的生产工作者的角度看来,这个提法具有一般意义,因为即使在资本主义社会里,通过教育和生产劳动的结合,也可以促进生产工作者的脑力劳动和体力劳动本质差别的缩小,但只要阶级对立存在,就不可能彻底消灭资产阶级对其他劳动者的统治和剥削,就不可能消灭人与人之间的对立,就不可能使人得到真正全面的发展,却可以培养出比较全面发展的或走向全面发展的生产工作者来。就是说,在现代社会里,不论是在社会主义社会里,还是在资本主义社会里,教育和生产劳动相结合,都可以培养出全面发展着的或走向全面发展的生产工作者来。因为只有这样的生产工作者,才能适应现代生产的要求,才能推动生产的发展,因而它就成了增加社会生产的一种方法。这就是说,现代社会的事实证明,教育和生产劳动相结合是增加社会生产的一种方法,也具有一般意义。

至于"生产劳动和教育的早期结合是改造现代社会的最强有力的手段之一",这是马克思在《哥达纲领批判》中讲的。从这句话的前后文看来,显然指的是现代资本主义社会。就是说,教育和生产劳动相结合是改造资本主义最强有力的手段之一。但这不是无条件的,是在"按照各种年龄严格调节劳动时间并采取其他保护儿童的预防措施的条件下"。根据马克思的意见,改造现代社会

是指在当时资本主义的条件下,儿童只有参加社会劳动,并依据法律参加学习,就是说,只有有了作为抗毒剂的教育和生产劳动相结合,才既能保证儿童起码的生活条件,保证他们的健康成长和适当发展,又能免除儿童的流浪和堕落。

现在看来,这句话从一定意义上看,对社会主义也是适用的。因为把教育和生产劳动结合起来,即把普通教育、科学教育、综合技术教育、职业教育、劳动教育、继续教育以及终身教育作为一个系统抓起来,那么对于人的发展,同时也会对人的思想发展,即改造存在于人们思想中的旧社会的意识也是有重要作用的。因此,进行思想教育也是我们社会主义社会实施教育和生产劳动相结合原则的一个重要目标。但不能把教育和生产劳动相结合仅仅看作在社会主义条件下改造思想的工具,更不能只从这个意义上把它看作改造现代社会的工具。

总之,通过对马克思关于教育和生产劳动相结合及综合技术教育思想的考察,使我们可以得出如下一些看法:

第一,从马克思的观点看来,教育和生产劳动相结合,是历史发展到一定阶段的产物。在原始社会,教育过程和生产劳动过程还没有分离,还处于混沌状态。这种状态当然不能叫作教育和生产劳动相结合。因为还没有分离,焉能谈结合?

到了古代阶级社会,产生了教育过程从生产劳动过程中的第一次分离。但这种分离本质上是剥削者的教育过程从生产劳动过程中的分离。因此,这次分离所产生的古代学校教育过程和生产劳动过程这两个相互独立的过程,天生就没有什么联系,当然更谈不上什么结合。至于说到这时劳动者的教育过程和生产劳动过程的关系,则和在原始氏族时代没有什么原则性的区别,这种劳动者的教育过程和生产劳动过程仍然是融合在一起的。这种状态仍然不能叫作教育和生产劳动相结合。

只有到了现代社会,特别是到了大生产产生的时候,产生了教育过程从生产劳动过程中的第二次分离。这次分离本质上是劳动者的教育过程从生产劳动过程中的分离,这次分离所产生的学校就是现代学校。现代学校的基本职能是培养现代生产工作者,它的目的、内容、方法基本上是被现代生产、现代科技和现代生产劳动的性质和要求所决定的。这就决定了现代学校教育过程和现代生产劳动过程是天然地密切地联系在一起和结合在一起的。因此说,现代劳动者的学校教育过程和现代生产劳动过程这两个相互独立的社会过程紧密联系和结合的状态,就叫作教育和生产劳动相结合。

第二,教育和生产劳动相结合,是现代社会的产物,是现代大生产、现代科学技术、现代生产劳动和现代教育相互关系的一种表现和反映。而现代大生产、现代生产劳动和现代教育跟古代小生产、古代手工生产劳动和古代学校教育之所以不同,根本地就在于科学技术在它们之中的地位和作用。现代科学是现代教育的基础,也是现代教育和现代生产劳动相结合的基础。

从这个观点看来,大多数空想社会主义者和大多数民主主义教育家关于教育和生产劳动相结合的思想,本质上是这种思想的萌芽,是对社会未来的一种天才预测。还说不上是这个问题上的科学思想。虽然他们已经意识到了科学和科学教育问题,但还没有把科学和科学教育放到一个应有的地位上。这是他们关于这个思想不成熟的基本标志之一。

他们之中的欧文则不同,他已看到科学和科学教育的作用,他已把科学和科学教育放在他关于教育和生产劳动相结合的重要地位上来,初步把科学当作他关于教育和生产劳动相结合的基础。因此,我们有理由认为,欧文是由教育和生产劳动相结合思想的萌芽阶段向科学阶段过渡的过渡性人物。

马克思则把教育和生产劳动相结合放在了科学的和唯物主义的基础上。他对科学、科学教育、综合技术教育给予了极大的重视,这是一个重要标志。因为他就是从现代生产、现代科技、现代生产劳动和现代教育的新的关系中认识教育和生产劳动关系的,而科学则是这种关系的基础。

到了当代,时代发展了,科学的作用大大超过了马克思的预料。科学是教育和生产劳动相结合的基础这一点也没有变。但这个作为教育和生产劳动相结合基础的科学的作用,却今非昔比。因此,在当前,科学、科学教育、综合技术教育,在现代教育中、在教育和生产劳动相结合的原则中的意义,大大超过了马克思的时代,这一点是我们必须注意的。

第三,马克思关于教育和生产劳动相结合的精髓,就在于他认为教育和生产劳动相结合的问题是植根于现代大生产的本性之中的,教育和生产劳动相结合就是在现代大生产条件下,教育过程和生产劳动过程这两个相互独立的社会过程的紧密联系和结合。现代科学则是两者结合的基础,综合技术教育是教育和生产劳动相结合问题的一个不可分割的组成部分。

这就是说,教育和生产劳动相结合,是大工业出现后的历史条件下的产物,是科学变为生产力的现代社会的产物，是生产劳动者的教育——现代学校教育从生产劳动中分离后的产物，是现代生产的本性、现代科技的本性、现代生产劳动的本性和现代教育的本性及它们之间新的相互关系的表现。因此，教育和生产劳动相结合，乃是人类社会发展的客观历史进程，是不以任何个人或阶级的意志为转移的客观规律，是现代教育的基本特征。

正因为如此，在马克思逝世一百多年来，教育一直是沿着马克思所指出的基本方向前进的。教育和生产劳动在初等教育中和各种职业技术教育中结合着。尽管在后来的发展过程中，教育和生产劳动相结合的内容、形式和范围，都有了新的甚至重大的发展，如小学和中学的普及，职业教育的多层次和多样化及向高程度的发展，继续教育的出现、高等教育走向大众化，终身教育的出现和迅速发展，以及特别重视科学教育，等等，却没有离开马克思所指出的基本方向。各个社会主义国家正在这个方向上自觉地为在理论上和实践上培养全面发展的劳动者和社会成员而不懈地努力。

马克思之所以有这个预见性，就是因为他抓住了现代社会的本质和发展规律，抓住了现代生产、现代科技、现代生产劳动和现代教育及其相互关系的本质。因此，我们在研究马克思关于教育和生产劳动相结合的思想时，也只有抓住马克思所指出的现代社会的发展规律，抓住现代生产、现代科技、现代生产劳动和现代教育的本质及其间客观存在的新的联系的本质，才能真正理解他关于教育和生产劳动相结合的思想。

教育和生产劳动相结合的问题，不但是社会主义教育的一个根本理论问题，而且也是科学社会主义的一个重要理论问题。因此对这个问题要像马克思那样，要站在现代社会和现代科学社会主义的高度去把握它和理解它，而不是从枝节上去把握它和理解它，马克思关于教育和生产劳动相结合思想之所以正确，之所以具有不朽的性质，之所以具有极其伟大的意义，原因就在于此。

第四，至于除此而外的其他一些具体问题，就要具体分析了。例如他关于当时初等教育的半工半读，又如关于在合理的社会制度下每个儿童从9岁起都应像有劳动能力的成年人那样成为生产工作者，以及当时马克思讲的教育和生产劳动相结合主要指的是和体力的生产劳动相结合，等等，当条件变了，这些具体建议和某些看法，今天就不一定适用了。

我们对马克思关于教育和生产劳动相结合思想的态度是：凡属于他关于这

一思想中具有普遍意义的东西,带规律性的东西,我们就要坚持;凡属当时的具体建议,现在已经过时了的,以及如前所述,在当代实践中出现的新问题,该抛弃的就要抛弃,该重新研究的要重新研究,能提出新的见解和办法的要努力提出新的见解和办法。因为任何人都有局限性,至少有时间的局限性吧! 马克思不但没有看到过电子计算机,而且甚至没有看到过电的广泛使用。马克思也没有看到在现代社会里,即使在资本主义条件下脑力劳动和体力劳动的差别、城乡差别和工农差别也正在迅速走向缩小,当然也没有看到中等教育的普及和高等教育的大发展,等等。

总之,我们在对待马克思关于教育和生产劳动相结合和综合技术教育思想的问题上,要坚持马克思主义的立场、观点和方法,坚持他思想和见解中具有普遍意义和带有规律性的东西,研究和解决当代实践中新出现的理论问题和实践问题,使马克思关于教育和生产劳动相结合及综合技术教育思想进一步发扬光大!

第五章　马克思的经济思想与教育

　　马克思学说中有着十分丰富的教育经济意义的思想,特别是他的政治经济学部分更为突出。其中劳动价值学说、社会再生产理论、生产劳动与非生产劳动理论等,都直接阐述了教育与经济发展的关系、教育的社会经济价值、教育在劳动力再生产和科学知识生产力再生产中的地位和作用等重要问题。因此,探讨和研究马克思的经济思想与教育,是研究马克思教育思想不可缺少的一部分,这是构成马克思教育思想的有机组成部分,也是马克思的一个重要教育思想。近几年来,许多同志在研究教育与经济关系方面,在探讨教育内部经济现象、问题和规律方面,到马克思的经济著作中找理论依据,引证了马克思关于教育经济问题的论述。因此,对马克思的经济思想与教育进行较为系统、深入的研究和探讨,是十分必要的,而且有着重要的现实意义。

一、马克思的教育经济思想的理论来源

　　马克思的教育经济思想是在批判地继承人类历史上一切教育经济思想资料的基础上形成和发展起来的,特别是英国古典经济学家亚当·斯密和空想社会主义者欧文的教育经济思想,对马克思的教育经济思想更具有直接影响作用,可以说是马克思教育经济思想的直接理论来源。马克思学说的创立借助了以往科学所提供的全部知识,这正如列宁所说:"凡是人类社会所创造的一切,他都有批判地重新加以探讨,任何一点也没有忽略过去。凡是人类思想所建树的一切,他都放在工人运动中检验过,重新加以探讨,加以批判,从而得出了那些被资产阶级狭隘性所限制或被资产阶级偏见束缚住的人所不能得出的结论。"①教育经济思想和理论也是如此。

---

① 《列宁全集》第39卷,人民出版社2017年版,第334页。

　　人类上古时代，就有一些思想家开始注意教育与经济的关系，孕育了教育经济思想的萌芽，产生了关于教育具有经济意义的朴素思想。我国先秦时期墨家学派墨翟就主张"要提高生产，必须施之以教"。西方古希腊哲学家柏拉图，他看到了教育对生产所起的作用，看到了生产工艺与知识的关系。他曾说，如果把算术、量积称量等方法从生产工艺中拿去，那么剩下的就只有猜想了。后来到英国产业革命时代，出现了一批古典政治经济学家。他们根据劳动价值理论，对教育的经济意义作了初步论述，其中代表人物有威廉·配第、亚当·斯密、大卫·李嘉图等人。威廉·配第在他的著作《政治算术》一书中最早运用统计资料对教育的经济意义进行数量化计算，说明教育的经济价值。上述这些思想家关于教育经济的理论观点和思想资料，都对马克思的教育经济思想的形成有很大的影响。但是马克思教育经济思想的直接理论来源，还是亚当·斯密所著的《国民财富的性质和原因的研究》，简称《国富论》(严复曾译作《原富》)，和空想社会主义者欧文关于教育与生产劳动相结合的理论和实验。

　　亚当·斯密是英国古典政治经济学理论体系的创立者和主要代表，也是当时关于教育具有社会经济价值思想最精辟的论述者。他认为通过教育，提高劳动者的劳动熟练程度，同机器、工具、工厂和土地一样，都是固定资本。他说："学习一种才能，须受教育，须进学校，须做学徒，所费不少。这样费去的资本，好像已经实现并固定在学习者的身上。这些才能，对于他个人自然是财产的一部分，对于他所属的社会，也是财产的一部分。工人增进的熟练程度，可和便利劳动、节省劳动的机器和工具同样看作是社会上的固定资本。学习的时候，固然要花一笔费用，但这种费用，可以得到偿还，兼取利润。"①还说："一种费去许多工夫和时间才学会的需要特殊技巧和熟练的职业，可以说等于一台高价机器，学会这种职业的人，在从事工作的时候，必然期望，除获得普通劳动工资外，还收回全部学费，并至少取得普通利润……熟练劳动工资和一般劳动工资之间的差异，就基于这个原则。"②根据上述论断，亚当·斯密的教育经济思想的基本观点，可概括为这样几点：第一，人的经验、知识、才能是国民财富和固定资本，

---

① 亚当·斯密：《国民财富的性质和原因的研究》上卷，郭大力、王亚南译，商务印书馆1972年版，第257-258页。
② 亚当·斯密：《国民财富的性质和原因的研究》上卷，郭大力、王亚南译，商务印书馆1972年版，第93页。

是发展社会生产力的重要因素;第二,人要获得经验、知识和才能,必须受教育,教育可以提高劳动者的文化程度、经验程度和劳动熟悉程度;第三,教育费用具有生产性和社会经济意义,而且教育费用的多少,与学习难易有关系;第四,教育费用可以增值,带来利润,而且利润大小与教育费用多少有关系;第五,先前所花学费不同,取得利润不同,因此一般劳动与熟练劳动工资应有差别。马克思对亚当·斯密上述观点极为重视,并且给予了很高的评价,从中批判地继承了许多优秀思想成果,形成自己的观点。比如亚当·斯密关于人的经验、知识和才能是社会财富这一观点,马克思就直接继承了,并且有了更加科学精辟的论述,马克思说:"财富不就是充分发展人类支配自然的能力……不就是无限地发挥人类创造的天才,全面地发挥,也就是说发挥人类一切方面的能力……。"[①]当然马克思绝不是简单地重复和简单地直接继承亚当·斯密的教育经济思想,而是运用科学的世界观和方法论,站在无产阶级立场上,继承了他的具有科学成分的部分,抛弃了他的资产阶级的庸俗的教育经济思想,在此基础上确立了马克思自己的教育经济思想和理论。

马克思的教育经济思想,主要来源于英国古典政治经济学,但伟大空想社会主义者欧文等人的教育与生产劳动相结合的思想和实践,也对马克思的教育经济思想的形成和确立,具有直接影响作用。其主要表现有两点:一是马克思直接继承了欧文主张实行机器大工业生产,认为现代机器生产是历史的进步,反对手工业式生产,主张教育与大工业生产结合,反对与手工业式的小生产结合,并且认为教育对大工业生产具有直接作用,把教育与现代大工业生产劳动结合起来,是提高社会生产的一种方法;二是马克思从欧文的具体教育与生产劳动相结合的实验中,直接看到这种结合对社会发展、对人的发展和对生产发展的社会意义及其经济价值。

二、教育具有生产性因素

关于教育劳动的属性和教育投资的性质方面的问题,集中反映在马克思的生产劳动与非生产劳动理论之中。根据马克思关于确立生产劳动与非生产劳动范畴的理论,可以说教育劳动具有生产性因素,教育投资有一部分是生产性

① 《马克思政治经济学批判大纲》第3分册,人民出版社1963年版,第105页。

投资。首先来考察关于生产劳动的范畴,这可以从以下几个方面说明。

第一,马克思从简单劳动过程的角度来考察生产劳动,即从抽象的、和它的各种历史形态相独立的、当作人类和自然之间的过程来考察,指出:"如果整个劳动过程从其结果的角度加以考察,那么劳动资料和劳动对象二者表现为生产资料,劳动本身则表现为生产劳动。"①这里的含义指物质生产劳动,是人与自然间的过程,是人以自身的活动来引起、调整和控制人与自然之间的物质变换过程,其形式是人与自然相互作用,其内容是物质变换,其结果是物质产品。所以,直接从事物质生产的劳动才是生产劳动。

第二,马克思从社会关系、社会形态来考察生产劳动。他说:"从简单劳动过程的观点得出的生产劳动的定义,对于资本主义生产过程是绝对不够的。"②因此还必须从生产关系和社会形态上来考察。从资本主义意义上来说,"只有直接生产剩余价值的劳动是生产劳动"③。也就是说,只有生产资本,生产剩余价值的劳动才是生产劳动。如果劳动力只创造自己消费的价值,不创造剩余价值的生产,不是生产劳动;反过来,无论是物质生产,或是精神生产,只要创造交换价值,就是生产劳动。马克思为了说明这个问题,还列举了许多实际例子。譬如,他说:"一个教员只有当他不仅训练孩子的头脑,而且还为校董的发财致富劳碌时,他才是生产工人。校董不把他的资本投入香肠工厂,而投入教育工厂,这并不使事情有任何改变。"④还说:"在学校中,教师对于学校老板,可以是纯粹的雇佣劳动者,这种教育工厂在英国数量很多。这些教师对学生来说虽然不是生产工人,但是对雇佣他们的老板来说却是生产工人。老板用他的资本交换教师的劳动能力,通过这个过程使自己发财。"⑤

第三,生产劳动扩大了的概念。马克思说:"劳动过程把脑力劳动和体力劳动结合在一起了。后来它们分离开来,直到处于敌对的对立状态。产品从个体生产者的直接产品转化为社会产品,转化为总体工人即结合劳动人员的共同产品。总体工人的各个成员较直接地或者间接地作用于劳动对象。因此,随着劳动过程的协作性质本身的发展,生产劳动和它的承担者即生产工人的概念也就

①② 《马克思恩格斯选集》第2卷,人民出版社2012年版,第235页。
③ 《马克思恩格斯文集》第8卷,人民出版社2009年版,第520页。
④ 《马克思恩格斯选集》第2卷,人民出版社2012年版,第236页。
⑤ 《马克思恩格斯选集》第2卷,人民出版社2012年版,第872-873页。

必然扩大。为了从事生产劳动,现在不一定亲自动手;只要成为总体工人的一个器官,完成他所属的某一种职能就够了。上面从物质生产性质本身中得出的关于生产劳动的最初的定义,对于作为整体来看的总体工人始终是正确的。但是,对于总体工人中的每一单个成员来说,它就不再适用了。"①还说:"所有以这种或那种方式参加商品生产的人,从真正的工人到(有别于资本家的)经理、工程师,都属于生产劳动者的范围。"②也就是说随着社会劳动过程本身协作性质的发展,生产劳动的概念扩大了,劳动者可以远离劳动对象。但仍然是物质生产劳动参加者,如工程师、经理、工艺师、设计师和技术员等。

根据马克思关于生产劳动概念的论述,来考察教育是否具有生产性因素,教育投资是否是生产性投资,可以得出这样几个基本观点:

第一,教育劳动是一种劳务性或服务性的劳动。这种劳务性或服务性的劳动,可以为社会提供特殊的使用价值,所谓特殊性的使用价值就是只提供活动性服务,而且这种活动直接加入生产过程,是生产上非有不可的一种劳动。这种劳动应该说具有一定的生产性。正如马克思所说:"有一些服务用于训练、保持劳动能力,使劳动能力改变形态等等,总之,使劳动能力具有专门性,或者仅仅使劳动能力保持下去,例如学校教师的服务(只要他是'产业上必要的'或有用的)、医生的服务(只要他能保护健康,保持一切价值的源泉即劳动能力本身)——购买这些服务,也就是购买提供'可以出卖的商品等等',即提供劳动能力本身来代替自己的服务,这些服务应加入劳动能力的生产费用或再生产费用。"③"服务这个词,一般来说,不过是指这种劳动所提供的特殊使用价值,就像其他一切商品也提供自己的特殊使用价值一样;但是,这种劳动的特殊使用价值在这里取得了'服务'这个特殊名称,是因为劳动不作为物,而是作为活动提供服务的,可是,这一点并不使它例如同某种机器(如钟表)有什么区别。"④因此从教育具有劳务性或服务性这一特殊使用价值角度,可以说教育劳动具有生产性因素,教育投资具有生产性投资的性质。

第二,从扩大了的生产劳动概念角度来看,教育是培养不一定要亲自动手、

---

① 《马克思恩格斯选集》第 2 卷,人民出版社 2012 年版,第 235−236 页。
② 《马克思恩格斯文集》第 8 卷,人民出版社 2009 年版,第 218 页。
③ 《马克思恩格斯文集》第 8 卷,人民出版社 2009 年版,第 229 页。
④ 《马克思恩格斯选集》第 2 卷,人民出版社 2012 年版,第 865 页。

可以远离劳动对象的生产管理人员、工程师、工艺师、设计师和技术人才。这也可以说教育具有间接的生产性质。

第三,教育劳动对物质生产过程中劳动者的劳动能力的生产和科学知识形态生产力的发展,具有直接生产性。教育这种职业的生产性,主要反映在教育能生产人的劳动能力和科学技术。

目前,我们国内教育界和经济界,对于教育劳动的性质和教育投资的性质,仍有不同的认识和看法。其中对教育劳动是否隶属于生产劳动的范畴,分为宽、中、窄三派。宽派提出"三基本说",即:教育部门基本是生产部门,教育劳动基本是生产劳动,教师基本是生产劳动者。其根据有两个,第一,依据马克思关于生产劳动扩大了的概念,把马克思所说的"总体工人"参加物质生产的命题,运用于教育领域,认为在现代生产条件下,特别是高度电气化、自动化生产条件下,生产劳动不能只限于从事物质资料的生产劳动,一切或近或远地对劳动对象发生作用的劳动都是生产劳动。认为教育也是一种产业部门,因此应该有六大生产部门,即工业、农业、交通运输业、建筑业、商业和教育业。第二,依据社会主义生产目的,教育劳动能够满足人民的物质生活和精神文化生活的需要,具有社会使用价值。窄派坚决反对宽派的观点,认为社会生产从来就是指的物质生产。"三基本说"混淆了物质生产和精神生产的界线。教育是精神生产劳动,不直接生产物质财富,因此,教育应属于非物质生产范畴,不应该说是生产劳动的范畴。中派观点是比宽派窄,比窄派宽,提出教育劳动是一个服务性的生产部门,是一种服务性或劳务性的劳动。因此教育具有一定的生产性的因素,其依据是马克思把教育当作"服务""劳务"性活动来看待的。这种"服务"和"劳务",是具有生产劳动性质的。认为生产性劳动有多种形式,所提供的也可能是物质活动形式,也可能是不以物的形式表现的活动。教育这种"劳务"既可以提供以物的形式表现,又可以提供不以物的形式表现;既可以表现为生产性,又可以表现为非生产性。

此外,与之相关联的对于教育投资的性质,国内也有各种不同的理解和看法,也都要到马克思的著作中找根据。投资分为生产性投资和消费性投资。所谓生产性投资是指用于生产部门的投资;所谓消费性投资是指用于非物质生产部门的投资,也叫非生产性投资。由于人们对教育是否属于生产部门,教育劳动是否属于生产性劳动认识不一致,因此关于对教育投资的性质认识有个历史过程和不同看法。

本世纪 50 年代人们普遍认为教育投资是一种纯消费的事业,在教育领域也不使用"投资"这个概念。从本世纪 60 年代开始,随着对教育生产性的不断认识,人们开始把经济学中常用的"投资"这一概念,引入教育领域,便产生了"教育投资"这一新提法。但是人们对教育投资的性质,仍然有不同的看法和主张。概括起来主要有这样几种意见:第一种意见,认为教育是非物质生产部门,教育劳动是非生产性的劳动,因此教育投资应是非生产性的投资,是消费性投资;第二种意见,认为教育劳动是生产上非有不可的劳动,是一种劳务性的劳动,它可以生产人的劳动能力和科学知识形态上的生产力,从这个特定意义上说,教育具有生产性质,教育投资是生产性投资;第三种意见,认为教育职能本身就具有双重性,因此教育投资既具有生产性,又具有消费性。除了上述这些较大的分歧外,还有一些不同的看法,如有人主张教育投资是消费性的生产投资;有人主张是生产性的消费投资;还有人认为教育投资以生产性为主,同时又具有消费性。从目前情况来看,坚持教育投资是"纯消费性"的观点的人不多,但把教育投资完全说成是生产性投资、没有消费性因素,也有很多人不赞成,持否定态度。大多数同志认为教育投资既有生产性,又有消费性,具有双重性比较切合实际、也比较科学。

三、教育在社会物质生产过程中的地位与作用

马克思说:"要研究精神生产和物质生产之间的联系,首先必须把这种物质生产本身不是当作一般范畴来考察,而是从一定的历史的形式来考察。例如,与资本主义生产方式相适应的精神生产,就和与中世纪生产方式相适应的精神生产不同。如果物质生产本身不从它的特殊的历史的形式来看,那就不可能理解与它相适应的精神生产的特征以及这两种生产的相互作用。从而也就不能超出庸俗的见解。"[①]教育从根本上来说,是一种精神生产过程,是一种精神财富生产和传递的活动。从马克思这段论述中,可以看到教育过程与生产过程的关系,以及教育在物质生产过程中的地位和作用。

----

① 《马克思恩格斯全集》第 26 卷第 1 分册,人民出版社 1972 年版,第 296 页。

（一）教育在物质生产过程中的地位

根据马克思的观点,物质生产本身不是固定不变的,要伴随社会历史发展进程来考察。随着工业革命的兴起和发展,社会物质生产的各种要素的构成、性质和水平都在发生着深刻的变化。教育与物质生产过程的关系及其地位也随之发生着激剧变化。要说明教育在物质生产过程中的地位,首先必须说明教育过程与物质生产过程的关系。总的来说教育过程与社会物质生产过程是两个既有区别,又有联系;既有间接关系,又有直接关系的过程。具体来讲有这样几个基本观点:

（1）教育过程与生产过程是两个不同的过程。教育过程是精神生产过程,不是物质生产过程的直接要素,但教育过程是培养人的过程,是改变和提高人的体力和智力的过程,因此又可以说它是劳动力再生产过程,是科学知识再生产的过程;物质生产过程,是直接创造物质财富的过程,是人根据自身的需要改变自然物质并占有自然物质的过程,又是智力物化的过程,科学变为技术的过程。

（2）教育过程与物质生产过程除了通过生产关系相互发生间接联系和作用外,它们之间也还有直接的联系和作用。这主要体现在两个方面,其一,教育过程可以直接为社会物质生产过程提供各种水平的智力劳动者。因为在教育过程中,人是教育的对象,而在物质生产过程中,人又是一份劳动力,是物质生产过程中的重要因素。在这一点上属于精神领域的教育,具有特别功能,它可以同物质生产过程发生直接联系和作用。其二,教育过程可以直接为社会物质生产过程提供科学知识形态的生产力,因为教育可以传递、积累和发展科学知识形态的生产力。这也是教育过程与物质生产过程具有直接联系和作用的重要原因。

（3）科学知识是教育过程与物质生产过程相互联系和作用的联结点和纽带。因为现代物质生产过程只有运用科学知识才能进行,而教育过程也只有不断地再生产科学知识,也才能存在和发展。因此科学知识就成了教育过程与物质生产过程得以正常进行的共同需要的要素,也是它们相互联系和作用的结合点。正如马克思所说:"自然因素的应用——在一定程度上自然因素并入资本的组成部分——是同科学作为生产过程的独立因素的发展相一致的,生产过程成了科学的应用,而科学反过来成了生产过程的因素即所谓职能。每一项发现都成了新的发明或生产方法的新的改进的基础。只有资本主义生产方式才第一次使自然科学为直接的生产过程服务,同时,生产的发展反过来又为从理论上征服自然提供了手段。科学获得的使命是:成为生产财富的手段,成为致富的手段。"①

(4)物化过程是教育过程与物质生产过程发生联系和作用的关键性环节。所谓物化,按照马克思所说,是指知识形态上的生产力,加上物质生产条件,就在生产过程中物化为一种"物化智力"。这种物化的智力,就是物质生产过程中的直接生产力。物化程度就是指物质生产过程技术水平和劳动力智力水平。因此可以说,教育是通过生产中的物化环节,与物质生产过程发生直接联系和作用。因为教育过程同生产中的物化程度直接相关。教育过程所获得的科学知识数量多少和质量高低,都直接影响着物质生产过程中物化的深度和广度。

从以上分析可以看出教育虽属于精神生产范畴但它在物质生产中占有十分重要的地位。教育是社会物质生产过程得以进行的前提条件,必备条件,甚至在某种程度上也可以说是决定性的条件。

(二)教育在物质生产过程中的作用

产业革命以后,在大工业生产的条件下,教育不仅是社会物质生产过程不可缺少的条件,而且教育对社会物质生产还有着重要的作用。马克思曾经说过:"劳动生产力是由多种情况决定的,其中包括:工人的平均熟练程度,科学的发展水平和它在工艺上应用的程度,生产过程的社会结合,生产资料的规模和效能,以及自然条件。"②马克思这段话主要思想是说劳动生产力发展的来源有五个方面,即来源于工人劳动熟练程度,来源于协作程度和管理水平,来源于科学在生产中应用的程度,来源于生产资料发展程度和效能发挥程度,来源于社会政治和自然条件。总之主要靠提高劳动生产率,来发展劳动生产力。因为这些因素概括起来,可分为两大类,即物质技术和劳动力质量。说发展社会生产力,主要是说提高劳动生产率,而劳动生产率提高主要看工人的教育程度、管理者的智力结构和生产技术应用推广的程度,这都同教育有着直接的关系。由此看来,教育在提高劳动生产率中起着十分重要的作用。马克思曾经列举了英国

① 《马克思恩格斯文集》第8卷,人民出版社2009年版,第356-357页。
② 《马克思恩格斯选集》第2卷,人民出版社2012年版,第100页。

统计材料指出：在纺织机械革命普遍发展的 1770 年，科学技术造成的生产率和手工劳动生产率之比是 4∶1；在英国基本上完成蒸汽机革命的 1840 年是 108∶1，七十年提高了 27 倍。这说明马克思关于提高劳动力与教育直接相关的论断是无比英明、正确的。

（三）教育对于确定社会必要劳动时间的意义

教育在物质生产中的作用，还可以从教育对确定社会必要劳动时间上来说明。马克思在对商品进行分析时，论及了教育对商品生产的作用。马克思说："形成价值实体的劳动是相同的人类劳动，是同一的人类劳动力的耗费。体现在商品世界全部价值中的社会的全部劳动力，在这里是当作一个同一的人类劳动力，虽然它是由无数单个劳动力构成的。每一个这种单个劳动力，同别一个劳动力一样，都是同一的人类劳动力，只要它具有社会平均劳动力的性质，起着这种社会平均劳动力的作用，从而在商品的生产上只使用平均必要劳动时间或社会必要劳动时间。社会必要劳动时间是在现有的社会正常的生产条件下，在社会平均的劳动熟练程度和劳动强度下制造某种使用价值所需要的劳动时间。"①他还说："只是社会必要劳动量，或生产使用价值的社会必要劳动时间，决定该使用价值的价值量。"②马克思在这里比较详细地讲述了人类劳动力的支出和劳动时间，指出了决定劳动支出和劳动时间的各种因素。说明了平均必要劳动时间，或社会必要劳动时间，是确定商品价值的重要尺度。而平均必要劳动时间，可以说在很大程度上是由劳动平均熟练程度决定的。其主要原因是，社会必要劳动时间以及与其相关的商品的价值，是由两个因素决定的，一是客观因素，即社会一般生产条件；二是主观因素，即从事生产的人的劳动熟练程度、技巧和速度等。这就是马克思所说的："劳动的物质因素是否具有正常性质并不取决于工人，而是取决于资本家。再一个条件，就是劳动力本身的正常性质。劳动力在它被使用的专业中，必须具有该专业占统治地位的平均的熟练程度、技巧和速度。"③马克思这里说的"熟练""技巧"和"速度"，是确定社会必要劳动时间的重要因素，而教育正是训练和培养劳动力熟练程度、生产技能和速度的重要手段，因此教育在确定社会必要劳动时间上有着重要意义。

---

① 《马克思恩格斯选集》第 2 卷，人民出版社 2012 年版，第 99 页。
② 《马克思恩格斯选集》第 2 卷，人民出版社 2012 年版，第 99-100 页。
③ 《马克思恩格斯全集》第 44 卷，人民出版社 2001 年版，第 228 页。

　　教育对于确定社会必要劳动时间的意义，开始是从劳动力所活动的产业部门中反映出来的，后来又通过职业学校反映出来。一句话，是通过职业教育和训练表现出来的。产业部门或职业学校，通过教育和训练向劳动者或学生介绍各种职业部门所需要的专门理论知识和操作技能技巧，提高他们的劳动平均熟练程度、生产技巧和生产速度，从而缩短社会必要劳动时间。因此一般认为在职培训和职业教育，对于社会必要劳动时间的影响，更具有直接意义，并且也比较容易看到效果。

　　普通学校教育对于确定社会必要劳动时间具有间接意义。判断普通学校教育对于确定社会必要劳动时间的意义，必须从它与职业教育的关系上去考察。因为各种不同的产业或职业部门是在社会分工的基础上形成的。现代生产部门要运用各种自然科学知识，如果说工业革命的初期，要求劳动者掌握一定基本科学知识，那么随着社会进步和生产发展，对劳动者不仅要求一般科学文化知识，要求普通教育必须扩展内容和延长义务教育年限，否则就不能适应职业部门的要求。因为职业部门的专门技术是建立在基础教育之上的，劳动力在产业部门的劳动熟练程度、平均技能技巧和速度，却是以普通教育为基础的。普通教育虽然不像职业教育那样对于确定社会必要劳动时间具有直接意义，但它是这种直接意义的基础，是先决条件，具有间接意义。

　　马克思具体论述了资本主义社会条件下教育对于确定社会必要劳动时间的意义。资本主义社会内在的矛盾和对立，也反映到教育对于确定社会必要劳动时间的意义上。一方面，资本主义社会把一切都变成了商品，资本家所关心的是购买廉价的劳动力。劳动力这种商品的价值越低，那么它的价格即工资也就越低。因此资本家就千方百计减少劳动力的教育训练费用，或者不对劳动力进行必要的普通教育和职业训练。另一方面，对劳动力进行普通教育和职业训练，又可以提高劳动力的平均劳动熟练、技巧和速度的程度，从而缩短必要劳动时间，增加剩余劳动时间，增加利润——剩余价值。所以如果对劳动力进行必要的普通教育和职业训练，可以使资本增殖，资本家也是同意的。但是这种增加教育费用，开办职业技术学校，只有当它能增加剩余价值时，能获得高额利润的情况下，才是有可能。这说明资产阶级在确定使工人受教育，进行职业技术培训时，所关心的不是要提高劳动力价格总额，而是这种总额与增加剩余价值的总额之间的比例。这正如恩格斯在《暴力在历史中的作用》一文，就资产阶级对普及教育态度时说到,资产阶级在实行普及教育时,要用去相当的物质费用,但是它会计算着要以不断增加的利润来加倍补偿这些损失。也就是说,如果购买劳动力这种商品所支出的购买价格的提高部分,比之由于对劳动力进行教育和培训而增加的剩余价值的总额低得多,这时资本家才去对劳动力进行教育和培训,因为这是符合资本家的利益的。所以资本家也看到了,教育与劳动力平均熟练、技巧和速度之间,以及劳动力的价值与教育费用之间是有经济关系的。办教育、对劳动力进行职业技术训练,可以缩短必要劳动时间,增加剩余劳动时间,可以增加利润,带来更多的剩余价值。

四、教育是劳动力再生产的重要手段

马克思的社会再生产理论,是说明教育具有一定的劳动力再生产职能的主要理论依据。马克思说:"社会生产过程既是人类生活的物质生存条件的生产过程,又是一个在特殊的、历史的和经济的生产关系中进行的过程,是生产和再生产着这些生产关系本身,因而生产和再生产着这个过程的承担者、他们的物质生存条件和他们的互相关系即他们的一定的经济的社会形式的过程。"①马克思的这一基本原理告诉我们,社会再生产是物质资料的再生产,同时也是劳动力的再生产。只有当物质资料再生产与劳动力再生产,在整个生产过程中数量上比例协调,质量上相互适应时,社会再生产才能得以实现。因此劳动力再生产是社会物质资料再生产的必要条件。所谓劳动力再生产,一是指恢复、保持现有劳动力,二是延续和培养新的劳动力。培养和训练新的劳动力必须通过教育才能实现,因此教育是劳动力再生产的手段。教育对劳动力再生产主要作用表现如下:

(一)教育可以再生产人的劳动能力

马克思说:"教育会生产劳动能力"②,"工人阶级的再生产,同时也包括技能的世代传授和积累。"③这些科学论断概括说明了教育是劳动力再生产的重要手段。那么,什么是人的劳动能力?教育又是如何促进人的劳动能力发展的

---

① 《马克思恩格斯文集》第 7 卷,人民出版社 2009 年版,第 927 页。
② 《马克思恩格斯全集》第 33 卷,人民出版社 2004 年版,第 249 页。
③ 《马克思恩格斯全集》第 44 卷,人民出版社 2001 年版,第 662 页。

呢？马克思在《资本论》中指出："我们把劳动力或劳动能力，理解为一个人的身体即活的人体中存在的、每当他生产某种使用价值时就运用的体力和智力的总和。"①具体来说劳动力含义及其特征可以从一些方面来考察。人的劳动能力的含义：其一，从一般意义上来说。劳动能力是指人征服自然或客观世界的能力，是人对劳动的能力，是人的体力和智力的总和。其二，马克思说："整个'商品'世界可以分为两大部分：第一，劳动能力；第二，不同于劳动能力本身的商品。"②这是从资本主义意义上来考察的，是说劳动力也是商品。它是属于工人自己的商品，是资本家购买的对象。在资本主义世界里，劳动力这个商品同其他物的商品相对立。资本家主要依靠工人劳动能力创造的剩余价值进行剥削的，主要是依靠提高相对劳动生产率获得利润的。其三，从现代意义上来说，发展人的劳动能力，提高人的劳动能力，主要是指开发人的智力，提高人的科学知识和生产技术水平。以上是说人的劳动能力的含义。从这一含义中又可得出劳动能力有这样几个特征：一是它是人的活的劳动力，并且存在于人的活体中，是同劳动者本身分不开的；二是它只有在一定产业部门中，在劳动中，在生产某种使用价值时才能发挥出来；三是它除了生产自身的价值以外，还能创造新的价值。也就是说劳动能力可以使劳动能力本身的价值和它所创造的价值之间有差额，别的商品不具备这一特征。这正如马克思所说的："劳动能力所以是生产的，是由于它的价值和它的价值增殖之间有差别。"③教育可以使人的劳动能力充分发挥出来，使其特征充分显示出来，发展起来，这是因为人的劳动能力生产、发展和提高主要是在后天社会实践活动中实现的，是通过教育和训练获得的。因为教育与人的劳动能力发展之间，有着内在的必然联系，教育对于人的劳动能力的发展和提高，有着直接的影响和作用。

（二）教育可以改变人的劳动能力的性质和形态

马克思在《资本论》中指出："为改变一般人的本性，使它获得一定劳动部门的技能和技巧，成为发达的和专门的劳动力，就要有一定的教育或训练。"④人的劳动能力的性质，也称质量和素质，主要是指提高体力劳动力的智力水平，把一

---

① 《马克思恩格斯选集》第 2 卷，人民出版社 2012 年版，第 164 页。
② 《马克思恩格斯文集》第 8 卷，人民出版社 2009 年版，第 229 页。
③ 《马克思恩格斯选集》第 2 卷，人民出版社 2012 年版，第 852 页。
④ 《马克思恩格斯选集》第 2 卷，人民出版社 2012 年版，第 166 页。

个非熟练的劳动力提高成为一个熟练劳动力。而体力劳动力的智力水平主要是指体力劳动力的教育程度和生产技术水平,其中教育程度和教育水平又是主要的。所以可以得出结论说,通过教育可以把非熟练劳动力,培养训练为熟练劳动力,改变人的劳动能力性质,提高人的劳动能力质量。人的劳动能力形态,主要是指劳动力所从事的劳动,是以体力形态为主,还是以脑力形态为主。也可以说是从事简单劳动,还是从事复杂劳动;是从事一般性劳动,还是从事专门性劳动。马克思指出,教育作为一种服务形式,它可以"使劳动能力改变形态""使劳动能力具有专门性"①。教育可以把一个简单的劳动力、一般性质的劳动力,加工训练为一个复杂的和专门的劳动力,即科学家、工程师、设计师、技术人员等。因为通过教育可以把以体力劳动经验和劳动技能为特征的劳动力,改变培养成以科学知识形态为特征的劳动力,增加物质生产过程中的脑力劳动的成分,使劳动力从只有简单劳动形态的能力,发展改变为具有复杂劳动形态的能力。复杂的和专门的劳动力,他们的科学知识和专门技术,虽然有一部分也来自直接的社会生活和生产实践,但绝大部分是来自专门的教育和训练。随着时代的发展,教育在这方面的作用就越显著。

五、教育是科学知识形态生产力再生产的重要途径

马克思说:"生产力中也包括科学"②,生产力的发展也"归结为脑力劳动特别是自然科学的发展"③。还说,资本主义大生产在于"整个生产过程不是从属于工人的直接技巧,而是表现为科学在工艺上的应用。""资本是以生产力的一定的现有的历史发展为前提的——在这些生产力中也包括科学"④。还说:"自然界没有造出任何机器,没有造出机车、铁路、电报、自动走锭精纺机等等。它们是人的产业劳动的产物,是转化为人的意志驾驭自然界的器官或者说在自然界实现人的意志的器官的自然物质。它们是人的手创造出来的人脑的器官;是对象化的知识力量。固定资本的发展表明,一般社会知识,已经在多么大的程度上变成了直接的生产力,从而社会生活过程的条件本身在多么大的程度上受

---

① 《马克思恩格斯文集》第 8 卷,人民出版社 2009 年版,第 229 页。
②④ 《马克思恩格斯选集》第 2 卷,人民出版社 2012 年版,第 776—777 页。
③ 《马克思恩格斯选集》第 2 卷,人民出版社 2012 年版,第 453 页。

到一般智力的控制并按照这种智力得到改造。"①马克思这些精辟的论述,集中说明了在机器大工业生产条件下,自然科学本身就是社会生产力,是一种一般社会生产力,科学知识形态的生产力,也可称是一种潜在的生产力。因为,马克思认为生产力的表现形态是多种多样的,有"有用的具体的劳动生产力",也有"一般社会生产力";有物质形态的生产力,也有知识形态的生产力;有由劳动者的社会结合而生产的生产力,也有个人生产力。科学则属于知识形态的生产力。这种生产力在应用于现实生产过程以前,既不是特定的劳动资料,也不是劳动者的生产经验和技能,而是潜在的间接的生产力。只有当它应用于现实生产过程,渗透到生产力诸要素中,才能转化为直接的物质生产力。因此这种生产力一般都有渗透性,潜在性和馈赠性。现代化生产过程是驱使自然力为生产服务并为人类需要服务的科学过程。随着时代的前进,随着新兴科学技术领域的不断开发和应用,马克思的这一伟大观点,将愈来愈显得重要。有人认为"新的技术革命时代,劳动技能主要不是靠体力,是以知识和智力为基础","知识的生产力已成为决定性生产力、竞争力、经济成就的关键因素"。还有的学者认为,未来社会将是"高级知识社会""智力社会""信息社会"。在这样的社会里物质生产主要依靠科学技术,依靠知识形态的生产力来发展生产。这一方面将进一步证明马克思关于科学知识是生产力的论断是无比正确的;另一方面也说明了教育将是适应和实现这一发展趋势的重要途径,是科学知识形态生产力再生产的重要手段。其主要体现在以下几个方面:

第一,教育具有传递、积累、发展和再生产科学的社会功能。恩格斯曾指出:科学的发展是"与前一代人遗留的知识量成比例地发展。"②马克思也说过:"每一项发现都成了新的发明或生产方法的新的改进的基础。"③马克思、恩格斯这些论断说明了科学的发展具有很大的继承性。传递、积累和借鉴前人科学成果,是科学本身发展和再生产的前提条件。因为无论社会科学或自然科学,都不是某一个历史时代的产物,而是人类社会整个历史发展过程的结晶,是一个不断传递、积累、发展和再生产的历史过程。而教育在这一过程中起着十分重要的作用。教育一方面要加强基础学科教学,使人类先前所积累起来的基本

①　《马克思恩格斯选集》第2卷,人民出版社2012年版,第784-785页。
②　《马克思恩格斯选集》第1卷,人民出版社2012年版,第44页。
③　《马克思恩格斯文集》第8卷,人民出版社2009年版,第356页。

科学知识,得以世代相传,继承下去,传递下去,为新的科学发明打下基础。另一方面教育还要不断发展科学,再生产新的科学,创造和开拓新的科学领域。例如,据有关材料介绍,美国 70% 的科学研究单位和课题设在名牌大学里。美国许多新的科研成果是在高等院校取得的。以美国旧金山南部的"硅谷"为例,这里有一群半导体公司,专门从事生产先进的集成电路微型硅片、电脑和软件,在全世界半导体市场贸易额中,"硅谷"约占五分之一。所以出现这种局面,其重要原因,就是凭借斯坦福大学及研究院的科研力量,其中有些就是学院科研人员创办的,并且获得了许多新的科研成果。

第二,教育具有使科学转化为生产技术的中介作用。马克思在《资本论》第 1 卷第 13 章中,在论述机器和大工业发展历史过程中论述了由于产业革命而创立了许多职业技术学校和工艺学这门科学。职业技术学校和工艺学,是使科学变技术,变为直接生产力和现实生产力的重要途径。通过职业技术教育和工艺学,可以使手工工具转化为机器,完善生产工具,发展生产工具,改进生产技术,提高社会生产力。这正如马克思和恩格斯曾经说过,劳动生产力不仅取决于劳动者的技巧,而且也取决于他的工具完善程度。"教育将使年轻人能够很快熟悉整个生产系统"[①]。现实中许多情况都说明了这一问题。例如,从国外引进一批新的机器设备和技术,国内技术力量受到限制,不会使用新机器,不懂新技术。这样实际上科学还没有实现转化为生产技术,转化为生产的一般条件,没有形成为直接生产力。在这种情况下,由一些专家和技术人员创办一个短期技术教育培训班,使许多人很快地学会使用和推广,使已有的先进生产工具和先进技术投入生产过程,就可以直接提高劳动生产力。目前我国把科学转化为生产技术,仍是一个薄弱环节。一般较为发达国家,技术进步在整个国民经济增长率中占 40%~60%。而我国技术进步在国民经济增长中的作用,据有关方面估计还不到 10%。其根本原因,是我国科学研究成果转化为技术,转化为直接生产力的效率太差。要想改变这种局面,很重要的一个条件,就是加强教育事业的发展,重视教育在科学变为生产技术中的重要作用。特别是各种职业技术教育,更要有个大的发展。

第三,教育是科学知识再生产的有效形式。马克思说:"对脑力劳动的产

---

① 《马克思恩格斯选集》第 1 卷,人民出版社 2012 年版,第 308 页。

物——科学——的估价,总是比它的价值低得多,因为再生产科学所必要的劳动时间,同最初生产科学所需要的劳动时间是无法相比的,例如学生在一小时内就能学会二项式定理。"①因为教育是把人类长期所积累的科学知识,经过有目的的选择、提炼、加工、概括后进行传递的,同时在传递过程中,又有科学的讲授、传递方法和手段,因此效率比较高。所以说教育是科学知识传递和再生产的有效形式。通过教育可以大大缩短科学知识再生产的必要劳动时间。目前世界各国特别重视发展高等教育,因为高等专业技术教育是再生产科学知识的重要阵地,它起着发展科学、推广技术、推动生产力发展的重要作用。高等教育机构内有许多科研单位和科研条件,它本身就是传递科学知识的场所,具有较好的图书资料和实验设备,具有一支既能从事教学,又能从事科学研究并且承担国家重大科研项目的师资队伍,同时高等教育机构内系科专业和学科门类比较全,学术和科研空气也很浓厚,再加之科研与教学可以相互促进,因此十分有利于科学研究和创造发明。把高校办成教学、科研中心,是符合教育规律的,也是有利于科学发展的。

当代,科学技术迅猛发展,产生了一系列新兴的科学技术,如微电子技术、生物工程、激光、光纤技术、空间技术、海洋技术等,并且正在逐步形成一个新兴的科技群体。这些新的科学技术的产生,都是同教育密不可分的,有的就是在大学里产生的。同时这些新的科技群体有的已经运用于物质生产过程,已经形成了生产技术,形成了直接生产力;有的可能在今后几年或几十年内,也将运用于物质生产领域。新的科学技术之所以能够较快地应用于物质生产过程,教育在中间起着十分重要的作用。这些新的情况,马克思并没有预见到,也不可能论及得那样具体,但马克思关于教育在科学知识再生产中的作用,以及在科学变为生产技术中的作用等,这些基本原理是永恒的,是具有普遍理论意义的。

六、教育的社会经济价值

马克思的劳动价值学说中,包括许多关于教育的社会经济价值思想和观点。他在论述劳动价值规律时,也涉及教育领域的一些经济现象和经济规律。其中关于教育费用是劳动力价值构成部分的观点;关于教育在形成复杂劳动力

① 《马克思恩格斯全集》第 26 卷第 1 分册,人民出版社 1972 年版,第 377 页。

较高经济价值的作用的论述;关于教育对社会物质和经济增长的价值的思想,
更为突出。

（一）教育费是劳动力价值的构成部分

马克思说:"劳动力的教育费用随着劳动力性质的复杂程度而不同。因此,
这种教育费用——对于普通劳动力来说是微乎其微的——包括在生产劳动力
所耗费的价值总和中。"①马克思还说,劳动力价值包括三项:①成长维持生活的
费用;②养育子女生活需要费用;③此外还需要花费一定数量的价值,使工人能
发展自己的劳动力和获得一定的技能。②这说明劳动力总价值是由三部分构成
的,即劳动力本人所必须的生活资料费用、劳动力子女所必须的生活资料费用、
劳动力所受教育和训练的费用。教育和训练费用,是劳动力价值总和的重要组
成部分。就是说劳动力除了依靠消费生活资料维持和延续其再生产之外,还要
依靠生产消费,依靠教育费用,训练费用和学习费用,形成自己的生产技能。马
克思曾说:"任何时候,在消费品中,除了以商品形式存在的消费品以外,还包括
一定量的以服务形式存在的消费品。因此,消费品的总额,任何时候都比不存
在可消费的服务的时候要大。其次,价值也大了,因为它等于维持这些服务的
商品的价值和这些服务本身的价值。"③把教育看作一种服务形式,对于教育费
用也应该采取相应的态度。"要知道,在这里就像每次商品和商品相交换一样,
是等价物换等价物。"④随着时代的发展和科学技术的进步,教育费用在劳动力
总价值中的地位,将愈来愈重要,愈来愈在提高。资本主义初期,在运用蒸汽机
时代,劳动力具有初等教育程度,就能基本上满足生产的需要;到了电气时代,
劳动力的教育费用,就需要增加,必须达到中等教育程度,才能满足生产的需
求;进入以电子计算机为代表的新的时代,对劳动力的教育程度提出了更高的
要求,要求花费更多的教育费、训练费和学习费,培养高中和大专教育程度的劳
动力,才能满足生产的需要。从此可以看出一个趋势,随着科学技术的发展和
在生产中的广泛应用,劳动力总价值中的三个构成因素的比例结构,将发生深
刻变化,教育和训练费用在其中将占有较大的比重。衡量劳动力的价值,主要

---

① 《马克思恩格斯选集》第 2 卷,人民出版社 2012 年版,第 166 页。
② 《马克思恩格斯选集》第 2 卷,人民出版社 2012 年版,第 47 页。
③ 《马克思恩格斯文集》第 8 卷,人民出版社 2009 年版,第 230 页。
④ 《马克思恩格斯文集》第 8 卷,人民出版社 2009 年版,第 230-231 页。

看教育和训练费用所占的比重大小。

（二）复杂劳动具有较高的经济价值

复杂劳动是相对于简单劳动而言的。根据马克思的劳动价值学说,生产商品的劳动有简单劳动和复杂劳动之分。所谓简单劳动,是指一般的人类劳动,是简单劳动力的耗费,"它是每个没有任何专长的普通人的机体平均具有的简单劳动力的耗费。简单平均劳动本身虽然在不同的国家和不同的文化时代具有不同的性质,但在一定的社会里是一定的。"①所谓复杂劳动,则是需要经过一定的专门的教育和训练,使劳动者具有一定的劳动技能和知识的劳动。正如马克思所说:"比较复杂的劳动只是自乘的或不如说多倍的简单劳动,因此,少量的复杂劳动等于多量的简单劳动。"②一般来说,劳动者在生产中所运用的生产规模越大,效能越高,它的劳动复杂程度就越大。具体来说,劳动复杂程度是由具体劳动性质决定的,是由生产活动的目的、劳动对象、劳动手段以及劳动结果所决定的。具体劳动性质不同,要求从事不同性质劳动的劳动者的教育和训练程度也不同。因此,劳动者的劳动复杂程度与他的教育训练程度是密切相关的,是一种正比例关系。马克思指出:"比社会平均劳动较高级、较复杂的劳动,是这样一种劳动力的表现,这种劳动力比普通劳动力需要较高的教育费用,它的生产要花费较多的劳动时间,因此它具有较高的价值。既然这种劳动力的价值较高,它也就表现为较高级的劳动,也就在同样长的时间内对象化为较多的价值。"③这充分说明,劳动力的劳动复杂程度与它的教育费用、所花费的时间以及它自身价值和所创造的价值等,都是成正比例关系的。

由于复杂劳动是由教育和训练形成的,所以复杂劳动必然需要较高的教育费用。培养劳动力的费用,是随着劳动力的复杂程度不同而不同的。马克思说:"因为总体工人的各种职能有的比较简单,有的比较复杂,有的比较低级,有的比较高级,所以他的器官,即各个劳动力,需要极不相同的教育程度,从而具有极不相同的价值。"④有学识的劳动力一般要比普通工人的劳动力贵得多。这是因为训练有学识劳动者要耗费较多的时间和金钱,所以有学识的劳动力必然有较高的价格。这说明复杂劳动"包括着需要耗费或多或少的辛劳、时间和金

①②　《马克思恩格斯选集》第 2 卷,人民出版社 2012 年版,第 104 页。
③　《马克思恩格斯文集》第 5 卷,人民出版社 2009 年版,第 230 页。
④　《马克思恩格斯选集》第 2 卷,人民出版社 2012 年版,第 213 页。

钱去获得的技巧和知识的运用",所以"一小时复合劳动的产品同一小时简单劳动的产品相比,是一种价值高出两倍或三倍的商品"。①

由于复杂劳动力比简单劳动力需要较高的教育费用,具有较高的价值,因此也必须相应地付较高的工资报酬。复杂劳动力的工资报酬应该是简单劳动力工资报酬的多倍或自乘。正如恩格斯说:"现在怎样解决关于对复合劳动支付较高工资的全部重要问题呢?在私人生产者的社会里,培养熟练的劳动者的费用是由私人或其家庭负担的,所以熟练的劳动力的较高的价格也首先归私人所有:熟练的奴隶卖得贵些,熟练的雇佣工人得到较高的工资。在按社会主义原则组织起来的社会里,这种费用是由社会来负担的,所以复合劳动的成果,即所创造的比较大的价值也归社会所有。工人本身没有任何额外的要求。"②随着社会生产发展和科学技术进步,复杂劳动的社会经济价值将愈来愈高,费用也愈来愈大,因此复杂劳动者的工资报酬,也应相应地增加。目前人们普遍认为,由于科学技术的迅猛发展及其在物质生产中的广泛应用,使得生产过程中的简单劳动因素,即体力劳动因素在日益减少,复杂劳动因素,即脑力劳动因素,在日益增加,出现了复杂劳动因素愈来愈重要,社会物质劳动过程智力化、科学化和复杂化的趋势。据统计,现代生产在机械化的初级阶段,简单劳动,即体力劳动,与复杂劳动,即脑力劳动消耗之比为 9:1;在中等机械化程度时,两者之比为 6:4;在全自动化的情况下,两者之比为 1:9。据我国 1979 年抽样调查,两千万名职工中有 80% 还没有达到初中以上文化程度,其中文盲、半文盲占 7.8%,工程技术人员只占 2.8%。这些实例和数字说明,我国还必须大力培养复杂劳动力,充实物质生产部门复杂劳动力的人数,增加复杂劳动力与简单劳动力之间比重,扩大复杂劳动力的成分。同时还必须进一步提高对复杂劳动力具有较高价值的认识,逐步增加复杂劳动力的工资报酬,实现马克思所说的复杂劳动力,应该有较高的工资报酬。在社会主义条件下,劳动力的工资报酬,应按多劳多得的原则分配。劳动力报酬所以有差别,是由许多原因形成的,主要是因为复杂程度不同,是因为先前所花费的教育费不同造成的。就是说劳动力受教育的时间越长,投入的教育费用越多,他的劳动复杂程度就越高,为社会创造的价值就越多,社会给他的报酬,即工资待遇,就应该越多。这完全符合马克思的价值理

---

① 《马克思恩格斯文集》第 9 卷,人民出版社 2009 年版,第 206 页。
② 《马克思恩格斯选集》第 3 卷,人民出版社 2012 年版,第 582 页。

论学说的。

（三）教育劳动将影响社会价值的形成

说教育劳动能够创造社会经济价值,主要是指教育劳动成果,即培养智力劳动力、熟练劳动力和再生产科学,与物质生产资料结合,才能创造出物质财富。也有人把它分为直接社会价值,即再生产新的劳动力和科学;最终社会价值,即新的社会物质财富。这是一种间接的社会经济价值。这也说明教育劳动不会直接创造社会物质财富,它必须通过培养训练劳动力和再生产科学来实现。其中特别是培养和训练劳动力更为突出。因为集中到一点上说,劳动力,即人的劳动能力是创造社会物质财富的源泉和力量。马克思在论述资本主义条件下劳动力作用时说:"这个商品具有一种独特的特性:它是创造价值的力量,是价值的源泉,并且——在适当使用的时候——是比自己具有的价值更多的价值的源泉。"[1]这充分说明劳动力,而且只有劳动力才是社会物质财富的创造力。但是劳动力能创造新价值,绝不是自然形成的,也不是一个自然过程,它是与劳动力的教育程度密切相关的。劳动力创造的社会物质财富多少,在一般情况下,是与劳动力的教育程度成正比例的。加强对劳动力的教育和训练,延长劳动力的教育年限,提高劳动力的教育程度。那么劳动力就会再生产出更多的新的价值,社会物质财富就会不断增加,经济就会不断增长。

马克思关于教育将影响经济价值形成的思想,在当时只是从理论上进行了科学阐述、得出了科学结论,还没有对这一理论进一步从数量方面加以论证,没有使教育的经济价值定量化和数量化。但是马克思对教育具有经济价值的定性分析,为其定量分析奠定了理论基础。特别是马克思的劳动价值学说、复杂劳动与简单劳动理论,以及按劳分配的原则等,都为从数量上研究确立计算教育的社会经济价值,提供了理论依据。例如计算教育经济价值的劳动简化比方法,就是根据马克思说的:"比社会平均劳动较高级、较复杂的劳动,是这样一种劳动力的表现,这种劳动比普通劳动力需要较高的教育费用。它的生产要花费较多的劳动时间,因此它具有较高的价值,……也就在同样长的时间内对象化为较多的价值。"[2]依据这一原则,可以确定各种不同形式的劳动简化比。主要

---

[1]　《马克思恩格斯选集》第 1 卷,人民出版社 2012 年版,第 325 页。

[2]　《马克思恩格斯文集》第 5 卷,人民出版社 2009 年版,第 230 页。

有这样几种:第一,把复杂劳动者简化为简单劳动者,或者把复杂劳动量简化为简单劳动量。如,以小学毕业程度的劳动力为"基准",求出它的教育经济价值数,而后再算出高于它的不同教育程度劳动者所创造的经济价值是"基准"值的倍数。第二,教育程度简化比,就是用不同教育程度的劳动者所创造的不同劳动生产率之间的比例关系为劳动简化比。这种方法需要进行大量的社会调查,找到教育程度与劳动生产率之间的数量关系,求出不同教育程度劳动者劳动生产率的数据,确定全体劳动者的劳动简化比。第三,劳动报酬简化比,即工资简化比。这种方法是以工资为劳动简化尺度。首先确定"基准"教育程度劳动者的工资标准,而后再采用复杂劳动等于多倍简单劳动的简化方法,换算成全部"基准"劳动者工资,求出平均教育经济效益,再分别求出不同工资水平劳动力不同的经济贡献。第四,教育经费简化比。就是用培养不同熟练程度的工人和不同教育程度的专门人才所花费的大小不同,来确定简化比,再用换算的方法,求出不同教育程度劳动者的教育经济效益,加总求出教育的经济价值。以上这几种具体方法,是几种劳动简化比计算方法。这些方法所以是可靠的,因为它依据了马克思的基本价值学说原理。

第六章 马克思关于自然科学与课程的论述

马克思恩格斯关于自然科学与学科课程，以及关于科学教育和科学认识过程的论述，是马克思教育思想研究中一个不可忽视的组成部分。有关这些方面的论述，较集中地反映在恩格斯的《自然辩证法》和马克思的一些著作中。

自然科学与学校各门学科课程有着历史性的关系和联系。自然科学的产生、形成和发展，推动着学校学科课程的不断完善和发展，而学校学科课程的发展和进步，也给予自然科学发展以巨大的影响；同时，自然观的发展与学科课程观，以及学科分类理论的发展，也有着十分密切的关系。科学课程观的确立和科学分类理论，受制于自然观发展的程度。也就是说，科学自然观是确立科学课程观和科学分类理论的世界观基础。因此，研究和探讨马克思恩格斯自然科学与学校学科课程，以及科学分类的关系，对于我们科学地制定各级各类学校教学内容，建立合理的学科体系结构，设置科学的课程体系，是有其理论意义和现实意义的。

一、自然科学发展的历史过程和课程体系的形成

恩格斯在《自然辩证法》中论述了近四百年来自然科学发展的历史过程，描述了自然界发展变化的图景。自然科学早在古代埃及和古代中国就有了萌芽，后来到古代希腊时代，得到了初步发展。古代自然科学有这样几个特征：其一，古代自然科学主要是建立在直观的基础上，凭借推测和想象手段，还没有较精密的科学实验；其二，古代自然科学还没有从哲学中分化出来，成为独立学科，仍处于自然哲学状态之下；其三，这时对自然界各种现象的研究，大多是孤立的、分散的，有的已经得到的成果后来也散失了，总之还没有达到系统和全面的发展；其四，这时对天文学、数学、力学开始了较多的研究，其中在数学、天文学、化学和医学方面有了一些研究成就。自文艺复兴以后，自然科学发展为现代自

然科学。现代自然科学是在古代自然科学基础上发展起来的,它继承了古代自然科学研究的思想资料和成果,具有许多新的特征。具体表现为以下几点:其一,现代自然科学是建立在较精密实验基础上的,采用了许多科学研究手段;其二,现代自然科学从自然哲学中分化了出来,形成了自己独立的科学体系;其三,现代自然科学的研究是系统的全面的;其四,初步确立了六大自然科学学科体系结构,即数学、物理学、化学、生物学、地理学和天文学,形成自然科学基础学科,后来又在每类中派生出许多不同的分支学科、边缘学科和交叉学科。

现代自然科学的发展经历了一个曲折复杂的历史过程。具体来讲可分为以下两个大的时期。

第一个时期,有300多年历史,从15世纪到18世纪前半期,也可以说是从哥白尼的《天体运行论》到牛顿的万有引力"第一次推动说"。这个时期自然科学有这样一些进展:首先,自然科学冲破了宗教神学的束缚,有了不同程度的发展。大家知道,这个历史时期正是封建主义到资本主义新旧交替的时期,社会各方面都在发生着急剧的变化,反映到自然科学领域,那就是自然科学要冲破教会的束缚而向前发展,而教会势力不会让自然科学自由发展的。教会势力对自然科学和自然科学学者,实行了残酷的迫害和镇压,教会私设裁判所,用监禁、拷问、火刑等手段迫害自然科学家和学者。在自然科学与教会势力的斗争中,哥白尼的"天体运行论"起着巨大的作用,它是近代自然科学的标志。因为在这以前"地心说"一直统治着人们的头脑,这一学说被教会利用并得到教会的支持。哥白尼经过长期的观测和研究,提出了宇宙太阳中心说,即"日心说"。这样就推翻了那种陈旧、神秘的"地心说",从而开辟了现代天文学迅速发展的道路。当然哥白尼的不朽著作,不仅在天文学方面有巨大意义,而且在整个自然科学领域中,开始从神学中解放出来,指出自然科学应当面向实际,不应该迷信权威和传统观念,更不应该为宗教势力效劳。

其次,自哥白尼的不朽著作宣布自然科学从宗教神学中解放出来以后,自然科学有了很大的发展。这时自然科学发展的状况,可以分为两个小的阶段:前一阶段主要是整理收集材料。这就是恩格斯所说的:"在自然科学的这一刚刚开始的最初时期,主要工作是掌握现有的材料。在大多数领域中必须完全从头做起。"①这就是说,由于自然科学遭受了中世纪宗教神学的摧残,科学水平很低下,研究成果也很少,古代留传下来的一些科学资料也残缺不全。面对这种情况,自然科学当时的首要任务,就是整理原有的科学资料,收集新的科研材料,为以后自然科学的发展做些准备工作。后一个阶段,有些自然科学在一定程度上开始形成,并且还有所发展。其具体发展情况如下:

力学:由于万有引力的确立,使得物体力学和天体力学有了较高的发展,占据首位。

数学:在某种程度上说基本完成,最重要的数学方法基本上确定了,突出的表现是 1637 年笛卡尔把代数和几何结合起来,开辟了解析几何新领域;1614 年耐普尔制定了对数;1665 年牛顿发明了微积分学等。

其他自然科学同力学和数学部门比较起来,发展都比较缓慢,都还没有完成。如物理学,除光学因天文学研究促使其发展外,对声、热、电、磁等物理现象,只处于初步研究阶段;化学,刚从炼金术中解放出来,只是建立了燃素学说,还没有出现元素学说;地质学,仍然处在矿物学中,还没有分化出来;生物学,仍然处于整理和收集材料阶段;等等。

总之,这一历史时期自然科学从宗教神学中解放了出来,并且有了很大的发展,基本的自然科学门类,如力学和数学基本完成,其他自然科学门类虽然也获得了发展,但都没有完成,仍处于整理收集材料阶段,水平还不高。

第二个时期,从 18 世纪后半期到 19 世纪,也可以说,从康德的《自然通史和天体理论》到达尔文的进化论《物种起源》。这一时期自然科学有长足发展。

18 世纪 60 年代以后,随着产业革命的不断发展,资本主义大工业生产的发展,促进了自然科学的飞速发展,而自然科学的发展又要求对已经获得的材料,进行综合整理,并给予理论上的说明。因此,这个时期各种自然科学都分门别类有了重大发展,出现了许多重大发现,形成了现代自然科学体系结构。其具体表现如下:

天文学:1755 年康德写了《自然通史和天体理论》一书,首次提出了太阳系是由星云物质斥力和引力的相互作用下,逐步形成和发展起来的。康德的"星云假说"否定了牛顿"第一次推动说",使天文学获得科学理论基础。

---

① 《马克思恩格斯选集》第 3 卷,人民出版社 2012 年版,第 848 页。

地质学：由于大工业生产的发展，采矿业也得到发展，从而也使地质学的发展有了新的材料，促使地质学逐步形成。

物理学：由于能量守恒和转化定律的发现，使物理学逐步形成。

化学：由于有机化学有了发展，也就消除了无机自然界和有机自然界之间的鸿沟。特别是燃烧理论的创立，推翻了燃素学说。到19世纪初道尔顿提出"原子论"，为化学的形成奠定了基础，到19世纪中叶，门捷列耶夫的"元素周期律"，更加使化学科学向前发展了。

生物学：达尔文的进化论和细胞学的发现，使生物学建立在了科学理论基础上，并且有了重大发展，也是生物科学上的重大科学成就。

总之，这一时期自然科学体系基本形成，各种自然运动形式的自然科学都有了较大的发展，并且出现了三大发现重大科学成果，即能量守恒和转化、细胞学说和进化论。

自然科学发展推动了学校自然科学学科和课程的发展；自然科学发展经历了一个历史过程，而学校自然科学各门学科和课程的形成也相应地经历了一个历史过程。学校自然科学学科和课程体系结构的形成，同自然科学发展历史是密切相关的。比如，在人类文明史上，最早兴办的大学是12世纪英国的牛津大学和13世纪英国的剑桥大学。那时自然科学还没有成为独立系统和完整的体系结构，而是包含在自然哲学里面，因此当时的大学也不分什么系科，更不会有各门自然科学学科和课程体系。随着时代发展和自然科学的发展。到15世纪以后，自然科学逐渐从哲学中分化出来，单一的科学向分门别类的专门科学发展，每门科学的研究对象，分别是自然界的某一方面。到19世纪上半叶自然科学分化到了相当的程度，先后出现了不同的研究门类和领域。从科学发展历史顺序来说是：先是天文学、数学，后是物理学、化学、地理学等无生命物质的科学。再就是有生命的生物科学、生物学、动物学，最后是研究人类自身的科学。具体顺序是：天文学、力学、数学、地质学、物理学、化学、生物学、人类学。概括地说自然科学与课程的关系，主要表现在这样三个方面：第一，自然科学的发展与课程既有同步性关系，又有矛盾性关系。同步性，即自然科学发展水平影响着课程设置的水平、性质和特点；自然科学发展水平影响着课程设计者的课程观。矛盾性即自然科学发展是无限性的，而课程则是有限性的，课程在时间上、数量上、内容上有很大的局限性，总是跟不上自然科学发展的进程；自然科学的变化性与课程的相对稳定性之间是矛盾的。第二,自然科学发展的这种历史顺序,与普通学校开设课程科目,与大学里系科学科门类,以及与各种专门学科学习,基本上是同步发展的。第三,新的自然科学不断发明和发现,对课程发展变化的方向、内容、结构和形式等,都有着强烈的影响。

二、自然观发展的历史过程和课程观的确立

恩格斯在《自然辩证法》导言中,通过历史的线索说明了自然科学对哲学的影响,对人们自然观的影响,以及自然观发展变化的历史过程。随着自然科学的发展,人们对自然界的认识和对自然科学的认识也在发展,并且总要影响到那个时代哲学的发展。也就是说,人们的自然观跟随着自然科学发展的历史,也经历了一个历史发展过程。用图式可以这样表示:直观(朴素)自然观——机械(形而上学)自然观——辩证(科学)自然观。恩格斯在《自然辩证法》中指出,古代对自然的认识,主要是自发的唯物主义和朴素的辩证法的认识;中世纪主要是唯心主义、宗教哲学对自然的认识;到资本主义初期,在18世纪末是形而上学的,机械唯物论对自然的认识;到19世纪是辩证唯物主义对自然的科学认识。当然,人类对自然的认识并没有到此完结,还将继续发展。下边根据恩格斯《自然辩证法》的论述,具体说明一下各种自然观的主要特征:

直观自然观。这种自然观认为世界是物质的,物质是在不断运动的,是在发展变化的,整个自然界也是如此。这是人类对自然界第一个认识阶段。当时由于社会生产力不发展的原因,人们还没有达到对自然界进行分析,解剖研究的程度,只是把整个大自然当作一个整体,从总的方面来进行观察。通过直观观察,人们认识到自然界中各种现象是总的联系在一起的,所有的一切都在变动之中,都在运动、变化、产生和消失。这种自然观是一种朴素的自然观,从实质上讲是正确的,但这是只见整体,不见局部的自然观。如果不顾及每一个自然现象具体细节局部的发展变化,整体自然观也是不清楚的,不彻底的。

机械自然观。15世纪后半叶开始,一直到18世纪前半叶,自然科学冲破了宗教神学的统治,自然科学有了很大发展,但是,在人们对自然界的认识上,即自然观上,一直停留在机械的、形而上学的自然观上面。这主要有这样几点原因:其一,由于自然科学在许多方面发展水平还不高,人们所获得的材料,还没有达到充分说明各种自然现象之间联系、变化和发展的程度,因此,人们观察各

种自然现象,只是静止地、孤立地进行,再加之当时主要的收集材料又是分别进行的;其二,由于当时力学和数学基本形成了科学体系,占据了首要地位,其他自然科学门类才刚刚开始,因此,人们往往用力学原理、机械运动规律去说明自然界;其三,从当时自然科学研究方法来说,也是机械的方法,把一种现象当作固定不变的去研究,对各部分进行分解研究,不管它们之间的联系和关系,分离和孤立地进行研究。这种方法在具体知识上对自然界的认识有进步意义,然而却给人们形成了一个不好的习惯,观察和研究自然界,撇开整体和过程,进行单个的、僵死的研究。这种自然观在关于自然界的具体细节、局部方面,高于直观自然观;而在关于自然界的整体、过程方面,却低于直观自然观。

科学自然观。18世纪后半叶到19世纪新的自然观,即辩证唯物主义自然观产生。随着社会生产的发展,自然科学的不断丰富,人们对自然界的认识,也必然要冲破机械自然观束缚,产生新的科学自然观。科学自然观是在自然科学打开五个缺口和出现三大发现基础上诞生的。恩格斯在《自然辩证法》中,按顺序论述了五门自然科学的形成和确立是如何打开了机械自然观缺口的;三大发现又是如何为科学自然观诞生奠定基础的。

天文学:康德提出的关于天体形成的星云假说,在陈腐的机械自然观上打开了第一个缺口。说明了地球围绕太阳运行是自然历史发展的结果,地球和太阳不是从来如此的,永久不变的,世间的一切都是在形成发展和运动变化着。

地质学:人们从发现不同地层各种生物化石的特征,进一步证明了地球表面的动物和植物都有自己形成发展和运动变化的历史,都有自己时间上的历史。

物理学:能量守恒和转化定律的发现,给了机械形而上学自然观以沉重打击。这一重大发现说明了自然界中的各种能量形式如机械能、热能、电能、化学能等,在一定条件下,是可以互相转化的。这种转化过程只是形式的变化,能量本身没有创造和消灭。这既证明了物质运动具有客观性,又证明了物质运动形式是多种多样的。这就为各种自然现象之间,各门自然科学之间的联系和关系,找到了理论根据,为科学自然观的确立奠定了基础。

化学:有机化学的出现和发展,消除了有机自然界与无机自然界之间的鸿沟,特别是分子结构理论的创立,揭示了分子内部原子之间的关系和相互作用,证明了有机界与无机界之间是有联系的。这样就打开了两者不可联系的缺口。

生物学:细胞学和进化论,给了机械的、形而上学的自然观以致命的打击。这两大理论表明了植物界与动物界的区别也不是绝对的,它们都是由细胞构成的,说明一切生命都由简单的细胞分裂、增殖和发展形成的,从而揭示出了生命成长的秘密,一切生物起源具有共同性,整个有机界具有内在的联系和不可分割的统一性。

另外,恩格斯在《劳动在从猿到人转变过程中的作用》中,又从动物讲到人类,说明人类与动物的联系和关系。这样就彻底地否定了机械的、形而上学的自然观,形成了马克思主义的科学的、完整的、辩证的自然观。

20世纪以来,随着自然科学的迅猛发展,马克思主义的科学自然观,得到了进一步的丰富和发展。特别是相对论;原子结构、基本粒子和量子力学;电子计算机的发明和控制论,信息论系统论;分子生物学的核酸分子和遗传密码,这四大新的科学发现,使得19世纪确立起来的马克思主义科学自然观,得到了全面的新的科学论证。辩证的自然观在物质观上、运动观上、时空观上和生命观上都有了巨大丰富和发展。人们在对自然界的认识的统一原则上、矛盾原则上、无限原则上、系统原则上都大大加深了,深化了,发展了。

总之,人类认识自然经历了一个历史过程,而且是逐步的,有阶段性的。概括起来说,人对自然界的认识,从对象的空间上来看,是由远到近;从对象的结构上来看,是由简单到复杂;从对象的性质上来看,是由无生命物质到有生命物质,由动物界到人类社会,由客观世界到主观世界。

人们的哲学思想和自然观,对于学校教育的课程设置指导思想和课程观具有支配作用。也就是说,自然观发展的水平直接影响着课程设置者的课程观。因为,一个历史时期总有一种自然观作为哲学的精神,影响和支配着一代人的智力。这正如恩格斯所说:"自然科学家尽管可以采取他们所愿意采取的态度,他们还得受哲学的支配。问题只在于:他们是愿意受某种蹩脚的时髦哲学的支配,还是愿意受某种建立在通晓思维历史及其成就的基础上的理论思维形式的支配。"[1]同样,可以说一个时代人们的课程观,是受着他的一定时代哲学观所支配的。而自然观又是哲学观的基础和重要组成部分。以直观的自然观和机械的自然观来指导设置课程,不可能有科学的课程观。这正如恩格斯所批评的那

---

① 《马克思恩格斯选集》第3卷,人民出版社2012年版,第899页。

样:"我们不要忘记:这种陈旧的自然观,虽然由于科学的进步而显得漏洞百出,但是它仍然统治了 19 世纪的整个上半叶,并且一直到现在,所有学校里主要还在讲授它。"[①]只有以马克思主义的科学自然观来指导,设置课程,讲授课程,才能使学校科学的课程观确立起来,发展下去。所谓科学的课程观我们理解主要有这样几点:第一,整个课程设置、课程体系和结构,要由马克思主义的哲学观为指导,使各门学科和课程都建立在辩证唯物主义哲学观和自然观的基础上;第二,整个课程体系结构,要依据自然科学发展的先后顺序来设置,要考虑学科与学科之间,课程与课程之间的纵向内在逻辑历史顺序;第三,整个课程体系结构,要依据各门自然科学之间相互联系和关系,要考虑学科与学科、课程与课程之间横向内在逻辑关系;第四,新的自然科学发明和发现,要注意及时充实学科和课程内容,特别要注意不断增设新兴的、边缘的和交叉的学科和课程;第五,学校讲授自然科学各门学科和课程,都要受马克思主义自然观所支配,要以科学自然观为指导。

三、学科和课程划分的理论依据

学科和课程的确立是有其科学依据的,它除了受社会历史发展和生产力、科学技术发展制约外,还必须依据几个方面的科学理论。

第一,学科和课程的划分要依据马克思主义世界观,包括马克思主义自然观和历史观。学校教育所开设的各类自然科学课程,是同自然科学和自然观分不开的;学校教育中所开设的各类社会科学课程,是同历史学、哲学和人们的历史观哲学观分不开的。学科和课程是人们认识自然和社会历史发展规律的结晶,一种反映形式。各门学科和课程的区分,要随着人们认识自然和社会历史发展的进程而发展变化。从整个认识过程来说,人们对自然界的认识产生了自然科学,反映到教育内容上,就是各门自然科学学科和课程;人们对社会历史各种现象的认识产生了社会科学,或称哲学社会科学,反映到教育内容上,就是各门社会科学学科和课程。所以可以说马克思主义的自然辩证法和马克思主义哲学,是学校划分各种学科和课程的理论基础和理论依据。

第二,批判地吸收历史上学科和课程分类的优秀思想成果。恩格斯曾经指

---

① 《马克思恩格斯选集》第 3 卷,人民出版社 2012 年版,第 851 页。

出:"科学则与前一代人遗留的知识量成比例地发展。"[1]还说:"我们只能在我们时代的条件下认识,而且这些条件达到什么程度,我们就认识到什么程度。"[2]这说明学科和课程门类的划分,还必须依据科学发展的历史和人们认识的历史,批判继承历史上关于学科和课程分类的思想资料和遗产。自 15~16 世纪自然科学建立起来了对自然界认识的一系列互相独立的知识部门和科学门类,于是就激起了人们从整体和各方面来探索和揭示科学结构和分类。第一个描述学科结构和分类的人是弗·培根。他主张把科学发展看作人类理性能力的表现。人类主要有三种理性能力,即记忆、想象和判断,相应科学就分为:记忆科学——历史,想象科学——诗歌、艺术,判断科学——哲学、自然科学。培根虽然认识到了科学活动中人们主观因素的作用,但在根本上是错误的,他片面夸大了人们主观因素的作用,因而导致把人们主观思维的特征当作科学分类的客观标准。到 18 世纪末叶,人们对学科结构和分类的认识前进了一大步。其中伟大空想社会主义者圣西门和唯心主义哲学家黑格尔,更为突出,为马克思恩格斯科学地确立学科和课程划分理论,提供了直接思想资料和理论观点。

圣西门认识到了科学是对客观对象的描述,是客观对象的规律性在人类头脑里的反映。他依据这样一个理论,提出了以研究对象作为科学分类,揭示和描述科学体系结构的原则。依据这一原则,他把所能见到的现象分成这样几类:天文现象、物理现象、化学现象、生理现象。相应地就可以分为天文学、物理学、化学和生理学各门学科,称作为客观性顺序排列分类法。圣西门坚持了科学分类的客观原则,在这一点上是有贡献的,也是可取的,但是他所理解的客观现象是孤立的表面的现象,他没有接触到现象的本质,更没有接触到各种本质之间的内在逻辑联系和关系,看不到学科之间的内在关系,因此他的分类还只是停留在外表上的顺序排列。这是一种形而上学的分类原则,是不科学的。圣西门没有解决科学分类的任务。

黑格尔比圣西门大大前进了一步,他把发展的哲学观点带进了科学分类领域。他认为各门学科,如数学、力学、物理学、化学、地质学、植物学、动物学等等,在他的整个哲学体系的发展中,是依次出现的。在学科分类上黑格尔的这

---

[1] 《马克思恩格斯选集》第 1 卷,人民出版社 2012 年版,第 44 页。
[2] 《马克思恩格斯选集》第 3 卷,人民出版社 2012 年版,第 933 页。

一理论观点是一大贡献。恩格斯对他的这一思想,给予了很高的评价,并且指出这一学科分类方法在当时达到了完备的程度,恩格斯说,他对自然科学的概括和合理的分类是比以前所有人的一切概括和分类合在一起还更有成就。但是,同时还必须看到,由于黑格尔是唯心主义哲学家,他用臆造的绝对精神来构造学科体系和学科分类,必然是把整个学科体系和分类看作是绝对精神自我发展的结果。这样他一方面从根本上否定了学科体系和分类的客观依据和客观内容,另一方面只能用唯心主义辩证法去猜测学科之间的某些关系和联系,不可能科学地客观地揭示学科体系和学科分类。

第三,恩格斯关于学科划分的基本原则。恩格斯在自然科学发展取得巨大进展的条件下,以辩证唯物主义观点,批判地继承了历史上一切合理的学科分类思想,特别是黑格尔的学科分类思想,提出了科学的学科分类的原则,即"解剖分类"原则。恩格斯说:"每一门科学都是分析某一个别的运动形式或一系列互相关联和互相转化的运动形式的,因此,科学分类就是这些运动形式本身依其内在序列所进行的分类、排序,科学分类的重要性也正在于此。"还说:"当现在自然界中的发展的普遍联系已经得到证明的时候,外表上的排序已经不够用了,正如黑格尔所巧妙论证的辩证转化也已经不够用了一样。转化必须自行完成,必须是自然而然的。正如一个运动形式是从另一个运动形式中发展出来一样,这些形式的反映,即各种不同的科学,也必然是一个从另一个中产生出来。"①恩格斯这一科学分类原则,是按照物质运动形式的区别及其固有次序来进行分类和排列的。他依据科学发展的程度和所能掌握的各种资料,按机械运动、物理运动、化学运动、生物运动以及人类社会五大形态发展的顺序,把各门学科排列起来,联系起来,构成一个既有纵向联系,又有横向联系学科体系结构。恩格斯把客观性原则和发展性原则有机地统一起来进行科学分类的方法,是我们考虑和设置各种学科和课程指导性的方法,也是我们设置各门学科和课程的主要理论根据。

自文艺复兴以来,各门学科和课程的形成和发展,是在科学不断分化中进行的(表6.1)。

---

① 《马克思恩格斯选集》第3卷,人民出版社2012年版,第943—944页。

表 6.1　文艺复兴前后和以后几个世纪课程变化情况

14 世纪以前	文艺复兴时代(14—16 世纪)	17—18 世纪
文法	文法 文学 历史	文法 文学 历史
修辞学	修辞学	修辞学
辩证法	辩证法	伦理学
算术	算术	算术代数学
几何学	几何学 地理学	三角学、几何学 地理学、植物学、动物学
天文学	天文学 力学	天文学、力学 物理学、化学

到了 19 世纪中期,科学体系在日益分化的同时,又出现了不断依次综合的趋势在后来的发展中,学科的综合化占据了主要地位。像对生命现象的研究,出现了一门新兴的生物学科,称分子生命科学。这门新的学科是多学科的综合,不仅需要生物学,而且还需要化学、物理学、系统学、控制论等。可见,科学的发展也使得科学的分化和综合这两种趋势都明显加快了,而且也趋向于两者辩证统一的发展。建立一门新的学科,设置一门新的课程,必须懂得与此相关的其他学科知识。同时要建立和设置较完备的、较科学的学科体系和课程门类结构,又必须把握和理解整个科学体系中,各个分支学科具体内容。以自然科学发展情况为例,目前科学门类结构的发展,主要由基础科学、技术科学和应用科学构成。如图 6.1 所示。

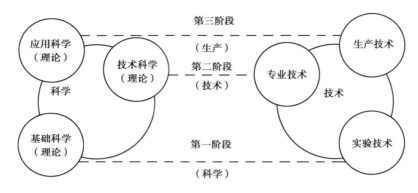

图 6.1　科学门类结构图

在科学门类结构的基础上,进而再加以对每一门类科学再分析,就会发现各门科学门类都是由相当复杂的学科和分支学科构成。如图 6.2 所示。

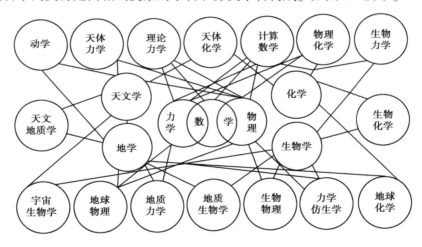

图 6.2　基础科学的学科结构

(图 6.1、图 6.2 引自田夫、王兴成主编:《科学学教程》,科学出版社 1983 年版,第 33、35 页。)

四、马克思对机会主义者的课程观批判

(一)对杜林课程论思想的批判

恩格斯在自己的主要著作《反杜林论》中,在第三编第五小节"国家、家庭、教育"中,批判了杜林对未来社会的教育、教学理论以及教学计划、课程等机会

主义教育思想。

1.杜林的机会主义教学计划和课程论主张

（1）数学：教授给学生"综合数学要素"，这种"要素"究竟是什么东西，杜林自己也说不清楚。因此，这是一种虚无主义的设想。这也说明杜林所设想的学校里的数学课程，并不是正常所讲授的科学数学课程，而是一种混合物。

（2）自然科学：力学、天文学、物理学、植物学和动物学等课程，杜林认为其中天文学、力学和物理学是"全部学校教育的核心"，而植物学和动物学只是一种记述性质的科目，最多不过是"一种轻松的谈话资料"。

（3）美学、文学、艺术等课程。杜林采取历史虚无主义观点，全部否定过去美学、文学和艺术方面的成就，一切从头做起。

（4）语文学、语言学等课程。杜林提出语文学，正在成长的未来公民不必为此伤脑筋。杜林否定古代语言和现代语言的作用。他认为"死的语言完全被摈弃……但是活的外国语……，仍然是次要的东西""真正有益的语言教育"，将从某种一般的语法中找到，特别是从"本国语言的材料和形式"中找到。

（5）哲学。杜林把自己"现实哲学"列为教学内容，列为大学课程。

2.杜林教学计划和课程主张的实质

杜林这套对未来学校"教育、教学计划和方案"是从陈旧的、肤浅的故纸堆中捡来的"卓越的现代教育因素"，他随心所欲、狂妄自大、自以为是地处理学科和课程。恩格斯指出了杜林的教学计划和教学内容是一种"空泛的无内容的清谈，同《资本论》第508-515页上所说的一比，真是可怜到了极点"①。从而揭露了杜林教学计划和内容的历史虚无主义、贫乏和落后性，以及他本人的狂妄无知，并指出了他为维护的普鲁士中等学校教学计划和内容的反动实质。因此可以说杜林的未来学校教学计划的实质，不过是反动普鲁士中等学校的变种，是一种历史虚无主义的课程观。

（二）对巴枯宁课程论思想的批判

无政府主义者巴枯宁在俄国鼓吹蒙昧主义，号召青年学生抛弃学校教育，抛弃学习科学知识和学习理论，让他们到民间去，推行一种蒙昧主义的课程观。他说"你们赶快抛弃这个注定灭亡的世界吧。抛弃这些大学、学院以及其他学

---

① 《马克思恩格斯选集》第3卷，人民出版社2012年版，第710页。

校吧……到民间去吧",去做"人民自我解放的产婆,去做把人民的力量和努力团结起来的人。在现在这个时刻,你们不要在科学上煞费苦心了,人们想以科学的名义把你们束缚起来,使你们失去力量……这就是西方优秀人物的信念……欧美的工人世界正召唤你们结成兄弟同盟"①。这说明无政府主义者巴枯宁之流,只懂得向青年宣扬愚昧无知的崇拜,迷信于破坏一切的行动,并以为这是革命的行动,企图以此来对抗现存社会制度。而不懂得掌握科学知识,学习科学理论,对革命运动的推动作用。由于他们出于这种思想,因此在具体学科和课程问题上,也是一种蒙昧主义的。正如巴枯宁在《革命者对自己的态度》中所说:"革命者鄙视任何学理主义,拒绝世俗科学,而让后辈去研究它。他只知道一门科学——破坏的科学。他研究机械学、物理学、化学,也许还有医学,都是为了这个目的,而且只是为了这个目的。他为了这个目的日日夜夜地研究一门活的科学——人,现在的社会制度在一切阶层中的性质、状况和全部条件。目的只有一个——最迅速、最可靠地破坏这个丑恶的制度。"②

(三)对奥古斯特·孔德课程论思想的批判

法国实证主义哲学家孔德提出"全科教育"主张。恩格斯称这种思想和主张是愚蠢的,是胡说八道。恩格斯说:"孔德不可能是他从圣西门那里抄袭来的关于自然科学的百科全书式的排序法的创造者,这从下列事实中就可以看出:这套方法对他来说只有安排教材和课程的意义,因而导致了荒诞的全科教育,在这种方式下,在一门科学完全教完之前,不会再开另一门课程,在这里,一个基本上正确的思想被以数学方式夸大成胡说八道。"③

五、科学教育和科学认识过程

马克思恩格斯关于科学教育和科学认识过程,有许多重要的思想,这里只作简要论述,期待以后进一步加以研究和探讨。

(一)科学教育

马克思和恩格斯在自己的著作中,多处使用过"教育""生产教育""技术教

① 《马克思恩格斯全集》第 18 卷,人民出版社 1964 年版,第 443 页。
② 《马克思恩格斯全集》第 18 卷,人民出版社 1964 年版,第 472-473 页。
③ 《马克思恩格斯选集》第 3 卷,人民出版社 2012 年版,第 944 页。

育""综合技术教育"等命题,都包含有科学教育的内容在内。马克思首次提出"科学教育"这个论题,是在他著的《1857—1858 年经济学手稿》中。恩格斯也曾说过,科学是研究未知的东西,科学的教育的任务是教学生去探新、创新。马克思和恩格斯提出的"科学教育"论题,我们理解包括有四层含义。

第一,"科学教育"命题,是相对一般文化教育而言的科学教育。也就是说科学教育是由一般文化教育发展而来的。所谓一般文化教育,是指社会教育只限于纯粹文化教育的范围。

第二,"科学教育"论题,是相对于古代教育而言的现代教育,即"科学教育"就是"现代教育"。马克思把全部人类史划分为三大社会形式,即资本主义以前的称"最初的社会形式",以资本主义为典型的商品经济形态称为"第二大形式",共产主义则属第三大形式。① 资本主义前形态属于古代社会,相应叫古代教育;资本主义形式和共产主义形式属于现代社会,相应叫现代教育,即科学教育。或者细分为,16 世纪以前为古代社会,相应叫古代教育;16 至 19 世纪为近代,叫近代社会,20 世纪以后为现代社会,近代社会和现代社会,也统称现代社会,所以近代教育和现代教育,也统称现代教育,即科学教育。总之,科学教育是现代社会大工业生产的产物,是与现代社会相对应的现代教育。

第三,"科学教育"论题,是相对宗教教育而言的。马克思说,"中世纪完全是从野蛮状态发展而来的。它把古代文明、古代哲学、政治和法学一扫而光,以便一切都从头做起。它从没落的古代世界接受的唯一事物就是基督教和一些残破不全而且丧失文明的城市。其结果正如一切原始发展阶段的情形一样,僧侣获得了知识教育的垄断地位,因而教育本身也渗透了神学的性质。"②说明中世纪黑暗时期,整个欧洲始终处于封建神权的统治之下,宗教笼罩着所有领域,神学占据了统治地位,教会严密地控制和禁锢了全部思想文化,各类学校被教会和修道院所把持,神学成为学校教育主要内容,教士为学校教师。整个教育是宗教教育,是非科学教育。从 14 世纪开始兴起的文艺复兴运动,首先向宗教教育挑战,为科学教育的产生铺平了道路。文艺复兴运动是教育进入科学化阶段、现代化阶段的标志。

第四,"科学教育"是相对于古代以文法修辞学、辩证法等人文社会学科教

---

① 《马克思恩格斯文集》第 8 卷,人民出版社 2009 年版,第 52 页。
② 《马克思恩格斯文集》第 2 卷,人民出版社 2009 年版,第 235 页。

育而言的自然科学教育。学校和社会教育所进行的自然科学各科的教育,称作科学教育。自文艺复兴以后,自然科学从神学中解放了出来,并得到普遍的革命的发展。随之,学校教育不断增加自然科学方面的课程,逐步形成了分门别类的自然科学课程体系,出现了为适应大工业生产需要和科技进步要求,以自然科学教学内容为主的科学教育。从学校教育具体安排上,可以说明这个问题。文艺复兴以前,即14世纪前学校教育主要课程有:文法、修辞学、辩证法、算术、几何学、天文学和音乐等;文艺复兴时期和以后,学校教育课程增加许多自然科学方面的内容和课程。除有文法、修辞学、辩证法、算术、几何学等以外,文艺复兴时期,增加了力学和地理学。到17—18世纪又新增加了数学、三角学、植物学、动物学、历史、地理、物理、力学等课程。以后随着时代发展和进步,逐步形成科学教育系统自然科学课程门类结构,即天文学、数学、物理学、化学、地理学、生物学等。这就是我们平时说的基础科学学科结构系统,后来其他各门学科或课程,大都是由这几门学科或课程派生出来的。

除此之外,还有同志认为,马克思说的"科学教育"的含义,不仅指教育内容和课程设置具有科学化,还包括教育职能培养目标和教育手段等,也都进入科学化阶段。即教育要适应现代生产和现代科学技术革命的要求,具有促进社会生产力发展和经济增长的职能;教育不但培养大批具有熟练技术的劳动者,而且还必须造就大批生产和经济科学管理人员,技术专家;教育手段必须充分利用现代生产技术手段和电化教育手段。只有这样科学教育才能在现代生产、现代经济、现代科技和现代社会发展中起着愈来愈大的作用,科学教育的特点也才能充分显示出来。

(二)科学认识过程

马克思恩格斯不仅论述了科学教育的含义,而且论述了人类科学的认识过程,即科学思维过程和科学教育方法。这主要涉及关于人类的智力活动科学思维过程,理论思维的作用,认识道路和认识方法等问题。这是科学教育认识论和方法论的根本问题。

1.人的智力活动

恩格斯曾经指出:"自然科学和哲学一样,直到今天还全然忽视人的活动对人的思维的影响;它们在一方面只知道自然界,在另一方面又只知道思想。但是,人的思维的最本质的和最切近的基础,正是人所引起的自然界的变化,而不仅仅是自然界本身;人在怎样的程度上学会改变自然界,人的智力就在怎样的程度上发展起来。"①马克思也认为,充分发挥人类支配自然的能力,就是无限地发掘人类创造的天才,发挥人类一切方面的能力,生产完整的人。② 马克思恩格斯在这里就人类的整个思维和智力活动,从广义上下了一个定义。这里讲的是人的智慧,包括人的知识、技能、技巧以及能力都在内,是指人如何使自然界反作用于自然界,自己从中达到某种目的。例如,人类把野兽的肉挂起来用木柴烤着吃,这时人既没有把自己的肉挂起来,也没有用自己的肉当燃料,但达到了食用的目的。这就是使自然界作用于自然界。这种作用发挥的越充分,人类的智力就越发展。因此,可以说人类利用自然界的能力是人的智力活动发展水平的重要标志。

人类这种智力活动的发展经历了一个历史发展过程。个体智力的成长发展过程与整个人类思想发展的历史之间具有历史的平行性。这是恩格斯的基本命题和思想。人类的智力发展史和文明发展史,经历了若干万年,才从蒙昧状态发展到文明时代,而个体从初生儿的蒙昧状态到获得现代科学知识的智力发展只有 20 余年的历史,这是个体智力发展的历史。为什么会出现这种历史的平行性,主要原因是科学教育的结果。具体讲有两个原因:其一科学教育可以做到在比较短的时间内,把人类全部历史中获得的知识和智力高度概括、提炼传授给下一代,使个体智力发展的步伐跟上人类整个智力发展的进程。从这种意义上讲,科学教育是个体智力发展与人类历史智力发展之间一个重要的联系环节,没有科学教育这一环节,无论人类智力发展,或是个体智力发展,将是十分缓慢的,也是不可想象的。其二,科学教育也是实现个体智力发展的最有效的形式。马克思在《资本论》中讲到,科学工作者最初发现某种科学原理,如发现代数中的二项式原理所花费的劳动,同学生在学校学习二项原理所必须花费的劳动是相当悬殊的,而且是多得多的。这一客观规律说明科学教育是加速和实现人的智力发展的最好形式。可以这样说,现代社会人的智力发展和智力活动主要是依靠科学教育去实现、去完成。

2.两条认识道路

科学教育,特别是教学必须以马克思主义的认识论为基础,要依据马克思主义的两条认识道路来进行。这正如恩格斯所说,要真正地切实地认识自然

---

① 《马克思恩格斯选集》第 3 卷,人民出版社 2012 年版,第 922 页。
② 参见《马克思政治经济学批判大纲》第 3 分册,人民出版社 1963 年版,第 105 页。

界,就要"沿着实证科学和利用辩证思维对这些科学成果进行概括的途径去追求可以达到的相对真理"①。就是说,认识客观世界既要重视经验的实证,又要重视辩证思维对实证科学成果的理论概括,使两者结合起来,使认识呈现一个辩证发展的过程。这是恩格斯对两条认识道路的概述。马克思认为,对一个具体客观事物和现象的认识过程,总是要经历由感性的具体到抽象的规定,又由抽象的规定上升为思维中的具体的过程。"在第一条道路上,完整的表象蒸发为抽象的规定;在第二条道路上,抽象的规定在思维行程中导致具体的再现。"②马克思还说:"黑格尔陷入幻觉,把实在理解为自我综合、自我深化和自我运动的思维的结果,其实,从抽象上升到具体的方法,只是思维用来掌握具体、把它当做一个精神上的具体再现出来的方式。但决不是具体本身的产生过程。"③马克思的巨著《资本论》是具体运用两条认识道路于经济领域的典型范例。总的来说马克思的《资本论》具有结构严密、逻辑顺序和历史顺序相一致,是一个十分完整的科学体系,把历史唯物主义和辩证唯物主义运用于经济领域。具体来说马克思在写《资本论》时,研究的方法是运用的第一条认识道路,即从具体到抽象,从现象到本质,从个别到一般,是从当时实际的典型英国资本主义情况开始研究的,用解剖麻雀的方法,找出事物和现象内部的发展规律;而马克思在写作《资本论》时,叙述的方法与研究的方法却不同,运用了第二条认识道路,即从抽象到具体,从本质到现象,从一般到个别,这样的方法。但同时马克思又把这两条认识道路结合起来,使叙述、写作的方法以研究方法为基础。也就是说,叙述方法是在研究的基础上进行的。"研究必须充分地占有材料,分析它的各种发展形式,探寻这些形式的内在联系。只有这项工作完成以后,现实的运动才能适当地叙述出来。这点一旦做到,材料的生命一旦在观念上反映出来,呈现在我们面前的就好像是一个先验的结构了。"④恩格斯在写《反杜林论》时也是采用的这种方法。马克思恩格斯这一科学的认识方法,为我们进行科学教育研究和理论表述,提供了成功的认识经验,同时也是我们科学教育所必须遵循和运用的认识方法和认识道路。

---

① 《马克思恩格斯选集》第 4 卷,人民出版社 2012 年版,第 226 页。
②③ 《马克思恩格斯选集》第 2 卷,人民出版社 2012 年版,第 701 页。
④ 《马克思恩格斯选集》第 2 卷,人民出版社 2012 年版,第 93 页。

3.理论思维的重要意义

在上述两条认识道路中,马克思和恩格斯还特别强调了理论思维的重大意义。科学教育理论研究也必须充分发挥理论思维的作用。所谓理论思维,是指它在经验理论基础上形成的,是思维高级阶段。经验理论是用观察、实验等经验认识方法来收集材料整理经验,在此基础上把材料和经验加以辩证综合、概括、系统化,就形成了理论思维,唯物辩证法。恩格斯把理论思维划分为三个阶段,即直观阶段、分析阶段、综合阶段。理论思维对科学教育的认识过程具有重要意义。恩格斯曾说:"一个民族要想站在科学的最高峰,就一刻也不能没有理论思维"。① 教育科学要有快的发展,也必须有理论思维。因为,第一,理论思维可以给教育科学研究指明方向。教育科学向何处去,向什么方向发展,从哪里突破,都需要理论思维,即唯物辩证法作指导、指方向。沿着科学理论思维道路前进,就能获得成功,揭示新的理论。第二,理论思维可以给教育科学提供科学的方法论。唯物辩证法是最一般的方法论,具有普遍意义,各门科学研究都必须运用这个普遍方法。只有把普遍方法与各种特殊方法结合起来,才能研究出新成果,特殊研究方法要以普遍研究方法为指导。这对我们学习和研究科学教育具有指导意义。第三,理论思维可以为教育科学理论建立提供一个准则。正如恩格斯所说:"认识人的思维的历史发展过程,认识不同时代所出现的关于外部世界的普遍联系的各种见解,对理论自然科学来说也是必要的,因为这种认识可以为理论自然科学本身所要提出的理论提供一种尺度。"②这就说明一般思维规律存在于特殊思维规律之中,而特殊思维规律又必须符合一般思维,即理论思维的原则。凡符合辩证法的理论,都是正确的,违背辩证法则是错误的。第四,理论思维可以帮助教育科学工作者缩短认识教育现象的过程,战胜理论上的各种困难,解决一些教育理论上争论的问题。同时还可以克服思想上、理论上的混乱,使理论争论有严密的逻辑性、辩证的观点、发展的观点、有科学的理论依据。

---

① 《马克思恩格斯选集》第 3 卷,人民出版社 2012 年版,第 875 页。
② 《马克思恩格斯选集》第 3 卷,人民出版社 2012 年版,第 874 页。

第七章　马克思的道德和道德教育思想

　　道德问题,是马克思主义整个科学体系的一个重要组成部分;提高工人阶级和劳动者的共产主义觉悟的道德教育问题,也是马克思主义教育思想中的一项重要内容。马克思和恩格斯在无产阶级第一个纲领性的文件《共产党宣言》中就明确地提出:"共产主义革命就是同传统的所有制关系实行最彻底的决裂;毫不奇怪,它在自己的发展进程中要同传统的观念实行最彻底的决裂。"①因而作为一代新人的教育就不能不把思想品德教育放在重要的地位上。所以系统地学习和研究马克思主义有关道德和道德教育的论述,不仅是研究马克思主义伦理学和教育思想的一个重要课题,而且对于建设社会主义精神文明,培养人们的共产主义道德品质,推进社会主义现代化建设,都有着极其重要的现实意义。

　　对这一课题,我们将从道德和道德教育两个方面分别加以论述。

一、关于道德问题的论述

　　道德问题,是一个最古老的问题,从人类社会产生的时候起,就有了道德的萌芽。作为道德思想,也是随着人类文化史的产生而产生、发展而发展。在人类文化的发展史中,道德思想(或称伦理学),是以各种不同的派别在发展着,又以不同的观点在争论着:在中国的古代,就有义与利之争,性善与性恶之争,"兼爱"与"为我"之争,以及天理与人欲之争等等;在西方,也有各种不同观点的争论,如知识说、禁欲说、快乐说、意志说、功利说等。伦理思想虽然有如此众多的不同主张,但是从伦理思想的发展史来看,概括起来大致经历了两个大的发展阶段:第一次大的变革,是从天命(或上帝)到人性,这是由资产阶级的先进思想

---

① 《马克思恩格斯选集》第 1 卷,人民出版社 2012 年版,第 421 页。

家来完成的,文艺复兴运动是这个变革的重要标志。这在伦理学发展史上,无疑的是一个历史的进步,但还没有达到真正科学的地步。第二次大的变革,是由人性到社会物质生活条件,这是一次伟大的革命变革,使伦理思想又从人性论转向了历史唯物主义伦理学,达到了真正的科学化。这一伟大的变革是由无产阶级的革命导师——马克思和恩格斯所完成的。

下面准备分为三个问题来进行论述,即对道德的历史性和阶级性,道德的继承性,对资产阶级和机会主义道德理论的批判几个问题作一些回答。

(一)道德的历史性和阶级性

对于道德的起源及其实质问题,在马克思主义产生以前,无论是中外,都有着各种不同的主张,不是出自天命,就是来自人性,或者来自先验的理性,或者来自主观的需求。马克思主义第一次从社会物质生活条件,主要是从经济关系中,科学地阐明了道德的起源和本质问题。马克思和恩格斯指出,在人们的社会生活中,存在着各种社会关系,其中最基本的是生产关系,即经济关系。在这种经济基础之上,形成了政治关系、法权关系、宗教关系、道德关系等等。

恩格斯在《反杜林论》中指出:"人们自觉地或不自觉地,归根到底总是从他们阶级地位所依据的实际关系中——从他们进行生产和交换的经济关系中,获得自己的伦理观念。"[①]又说:"我们断定,一切以往的道德论归根到底都是当时的社会经济状况的产物。而社会直到现在是在阶级对立中运动的,所以道德始终是阶级的道德;它或者为统治阶级的统治和利益辩护,或者当被压迫阶级变得足够强大时,代表被压迫者对这个统治的反抗和他们的未来利益。没有人怀疑,在这里,在道德方面也和人类认识的所有其他部门一样,总的说是有过进步的。但是我们还没有越出阶级的道德。只有在不仅消灭了阶级对立,而且在实际生活中也忘却了这种对立的社会发展阶段上,超越阶级对立和超越对这种对立的回忆的、真正人的道德才成为可能。"[②]恩格斯的这两段话,对道德的起源和本质作了最为概括的说明,据此可以把道德的历史性和阶级性概括为以下几点结论。

---

① 《马克思恩格斯选集》第 3 卷,人民出版社 2012 年版,第 470 页。
② 《马克思恩格斯选集》第 3 卷,人民出版社 2012 年版,第 471 页。

（1）道德这一社会意识形态，虽然同政治、哲学、宗教等有着复杂的联系，但是，归根结底它是一定社会物质生活条件的反映，一定社会经济状况的产物，它作为社会上层建筑之一，对它起决定作用的是一定社会的生产关系。因而不同的社会经济形态，就有不同的道德，历史上有五种基本社会经济形态，因而也就有五种不同的占有主导地位的道德。

（2）道德既是为一定社会的生产关系所决定，在阶级社会中，生产关系本身包含着压迫与被压迫、剥削与被剥削两个对立的阶级，因而就有反映不同阶级利益的道德观念和道德规范，道德具有着鲜明的阶级性。人的阶级地位决定着人们的道德意识，不同的阶级有不同的道德标准，这就是列宁所说的"每一种民族文化中，都有两种民族文化"①的思想。那种认为被压迫的阶级没有自己的道德标准，道德的阶级性只是指剥削统治阶级的道德而言的说法，是不符合历史事实的。

当然，在阶级社会中，两个对立阶级的道德，在社会中并不是占有同等的地位，统治阶级的道德作为统治力量影响着被统治阶级。也就是马克思和恩格斯在《德意志意识形态》中所指出的："一个阶级是社会上占统治地位的物质力量，同时也是社会上占统治地位的精神力量。支配着物质生产资料的阶级，同时也支配着精神生产的资料，因此，那些没有精神生产资料的人的思想，一般地是隶属于这个阶级的。"②统治阶级的道德在社会中占有着统治的地位，利用各种手段向被统治阶级进行灌输和渗透，在奴隶社会中的奴隶阶级、在封建社会中的农民阶级几乎是处在当时统治阶级道德的全部影响之下。如在中国封建社会道德中的"三纲五常"，几乎全部为农民所接受，君权、神权、族权、夫权四条绳索紧紧地锢蔽着广大农民，这是事实。但是，不能由此得出结论说，被统治阶级没有自己的道德观念和道德标准。被统治阶级由于它所处的受压迫、被剥削的地位，必然产生出它自己的道德观念和评价人们行为的某些道德标准（如劳动观点、阶级友爱、反抗精神等）。特别是当被统治阶级已发展到足够强大、起来进行革命斗争的时候，这时他们会打碎统治阶级套在他们身上的精神枷锁，提出反映本阶级利益和革命要求的道德规范，这在农民革命时期是常见的事。

---

① 《列宁全集》第24卷，人民出版社2017年版，第134页。
② 《马克思恩格斯选集》第1卷，人民出版社2012年版，第178页。

（3）从历史的观点来看,在道德和伦理思想的发展过程中,总的说来也是在不断发展和进步的过程中,但这种进步,又是在阶级对抗之中进行的,马克思曾经指出,文明和进步都是在阶级对抗中发展的。因而用马克思主义的观点来看,虽然从原始社会到奴隶社会,从无阶级社会到有阶级社会,道德也从无阶级的原始社会的纯朴的道德高峰跌落下来,成为维护少数剥削者利益的阶级道德。如恩格斯在《家庭、私有制和国家的起源》中所指出的:"最卑下的利益——无耻的贪欲、狂暴的享受、卑劣的名利欲、对公共财产的自私自利的掠夺——揭开了新的、文明的阶级社会;最卑鄙的手段——偷盗、强制、欺诈、背信——毁坏了古老的没有阶级的氏族社会,把它引向崩溃。"①原始社会那种纯朴的平等互助的全民的道德观念,为维护少数人的私利、剥削压迫广大劳动者的道德观念所代替,从这种意义上来说也可算是一种倒退。但从人类社会发展历史的必经过程来说,又是历史的进步。这种进步,不仅是因为没有奴隶社会、封建社会和资本主义社会,就不可能有社会主义社会的到来;在道德上也是这样,没有前几个社会的道德发展和资料积累,也就不可能有无产阶级道德的继承和发展。而且从具体的道德的内容来说,也是在随着社会的发展而不断地进步着,如人权问题,从奴隶社会到封建社会特别是到资本主义社会,还是在逐步扩大、不断提高的过程中。只有到了社会主义,才会有真正的人民主义。

马克思主义肯定道德在社会总的历史发展过程中有着进步,并不排斥在某个历史阶段内道德会出现某种倒退和反动。从历史上剥削统治阶级的发展来看,它本身也有一个从进步到反动的发展过程。在它作为进步阶级的时候,会提出某些符合社会发展要求和在一定程度上符合人民利益的道德规范和要求;但当它成为反动阶级的时候,为了维护它摇摇欲坠的反动统治,又常常是集历史上反动道德观念和道德规范的大成,在道德的发展过程中,也会出现进步与反动波浪式前进的复杂情况。

（4）无产阶级的道德,同样也是阶级的道德,因为无产阶级的历史任务,就是要进行社会主义革命,最终实现共产主义。无产阶级的道德教育的历史任务就是要提高人们的共产主义觉悟,使人类摆脱剥削制度及其思想束缚,克服资产阶级及其他一切剥削阶级的思想影响,为胜利完成无产阶级所担负的伟大历

---

① 《马克思恩格斯选集》第 4 卷,人民出版社 2012 年版,第 110–111 页。

史任务服务。所以无产阶级道德还担负着严重的阶级斗争的历史任务,它还不是、也不可能是全人类的道德。

但是,由于无产阶级是历史上最进步的阶级,它代表着先进的生产力和社会发展的趋势,代表着最广大人民的长远利益。它肩负的历史任务是消灭一切剥削阶级和剥削制度,以及与此相联系的一切剥削阶级的思想,最终实现共产主义。它不仅代表着现在,而且代表着未来,因而在无产阶级道德中具有最多的能够长久保存的因素。正如恩格斯指出的:"现在代表着现状的变革、代表着未来的那种道德,即无产阶级道德,肯定拥有最多的能够长久保持的因素。"①还由于它以辩证唯物主义和历史唯物主义的观点和方法来分析道德问题,因而在无产阶级道德中,可以做到阶级性与科学性的统一。

(5)只有在社会发展的更高阶段,即生产力极大提高、物质财富极大丰富的基础上,不仅阶级已经消灭,而且连阶级的回忆都已彻底消灭之后,那时全人类的道德才能出现。当然这已是人类社会发展的更高阶段,已是共产主义社会的事了。

在社会主义社会,这个转化的过程也在逐步地进行之中。由于无产阶级居于统治地位,无产阶级总是要利用占有统治地位的共产主义思想来影响无产者与非无产者;而且随着阶级关系的不断变化,剥削阶级作为一个阶级日趋削弱以至消灭。共产主义道德的社会基础日趋巩固和扩大,道德中的全民性因素也必然会日益增多。共产主义是一个运动,因而对于共产主义道德的形成和发展,也必须作动态的考察。

以上就是有关道德的历史性和阶级性以及有关共产主义道德问题的一些基本观点。下面再进一步讲讲有关道德的继承性问题。

(二)道德的继承性

道德的继承性问题,也是马克思主义伦理学中的一个重要问题,道德同其他意识形态一样,也具有复杂的继承关系。过去由于阶级斗争的激烈,特别是由于"左"的思想的影响,更多地注意到道德的阶级性,忽视甚至否认道德的继承性,如有人主张在道德问题上只能是剥削阶级继承剥削阶级的道德,被剥削阶级继承被剥削阶级的道德,无产阶级对于历史上剥削阶级的道德不能继承,即所谓"平行继

---

① 《马克思恩格斯选集》第 3 卷,人民出版社 2012 年版,第 470 页。

承法"。这种简单的继承关系,不可能全面地说明复杂的道德继承问题。相反,也有另一种简单化的倾向,即所谓"抽象继承法",认为历史上剥削阶级提出的一些道德规范和范畴,在具体的内容上不能继承,在抽象的意义上可以继承。这种观点割裂了抽象与具体的辩证关系,模糊了精华与糟粕的界限,会导致否定对道德遗产作历史的阶级的分析,当然是不正确的。因此,无论是"平行继承法"或"抽象继承法",都是从不同方面对道德继承问题作了简单的否定或肯定,把道德的继承性同道德的历史性和阶级性看作互不相关的两个问题。这些观点,既不能说明在道德发展过程中的复杂的继承关系,也不利于无产阶级道德的丰富和发展。恩格斯曾经指出:"因为问题决不是要简单地抛弃这两千多年的全部思想内容,而是要对它们进行批判,要把那些有错误的、但对于那个时代和发展过程本身来说是不可避免的唯心主义的形式内获得的成果,从这种暂时的形式中剥取出来。"①这里明确地告诉我们:第一,不能否认对历史上文化遗产的继承,道德的继承,当然首先是对劳动者的优秀品德的继承,如劳动群众在生产斗争和阶级斗争中形成的刻苦耐劳、朴实勇敢、酷爱自由和富于革命斗争等优秀品质,是我们必须继承的。另外,对于非劳动者的某些带有民主性和革命性的思想品德也应当继承。第二,对历史上的文化遗产又必须是批判的继承,不能无批判地兼容并蓄,这不仅对非劳动者的历史遗产要持这种态度,即使对历史上劳动者的品质也不能无分析地全部肯定,如对农民的道德就应是这样。

下面对道德中为什么有继承,有哪些东西可以继承,在道德继承中应当坚持什么原则,分别加以说明。

承认道德的继承性,必然涉及在道德发展过程中有无共同因素的问题,马克思主义从历史唯物主义的观点出发,既明确地指出了道德的历史性和阶级性,又具体地分析了在道德思想发展过程中的复杂情况,这些复杂情况就构成了道德继承性的客观依据。

1.共同的社会历史背景

恩格斯在《反杜林论》中指出:"现代社会的三个阶级即封建贵族、资产阶级和无产阶级都各有自己的特殊的道德"。"这三种道德代表同一历史发展的三个不同阶段,所以有共同的历史背景,正因为这样,就必然有许多共同之处。"并

---

① 《马克思恩格斯选集》第 3 卷,人民出版社 2012 年版,第 897 页。

指出"从动产的私有制发展起来的时候起,在一切存在着这种私有制的社会里,道德戒律一定是共同的:切勿偷盗"①。"勿偷盗"这一道德准则,就成为私有制社会中一条共同的道德规律,只要是在私有制以至个人私有财产还存在的社会中,它就成为大家共同的要求和必须遵守的准则。地主、资本家要求执行这个准则,工人、农民也要求执行某个准则,虽然它的含义和作用可以有所不同,却成为维系社会正常生活的共同生活规范。不仅如此,还有一些其他的社会生活准则,如维护公共秩序的规则、交通规则、人们交往中的一些文明礼貌的要求等等,也常常是作为社会生活的公用准则而存在。因为在阶级社会中各个不同的阶级和阶层,其中包括两个对立的阶级,他们既是对立、又是统一地处于一个社会之中,如果没有一些共同的生活准则为社会所有成员必须共同遵守,这个社会就很难维持下去(当然对这些共同的生活准则,不同的阶级可以有不同的利益考虑和对它采取不同的态度)。对这些生活准则中的合理性的东西,无产阶级道德也是可以批判继承的。

2.复杂的社会关系

在一个社会中,除了对立的阶级的关系外,还有一些非对立的、不属于阶级的或者离阶级关系较远的其他社会关系,如民族关系、师生关系、朋友关系、夫妇关系等。在各种不同的社会关系中,也有一些属于处理各种关系的道德准则,如在民族关系中,民族的道德传统;在师生关系中,尊师爱生的道德准则;在兄弟朋友的关系中,"长幼有序""朋友有信"等规定;在夫妻关系中,除了政治上、经济上的要求外,还有如恩格斯所说的诸如"形体的美丽、亲密的交往、融洽的性情等等"②,这就为处理夫妻关系形成了特殊的道德要求和生活准则。此外,还有反映各种不同关系的职业道德,如反映买卖关系的商业道德,反映医生和病人关系的医德,反映师生关系的师德等等。这些道德既要受当时的社会道德的限制,又反映出各种职业行为的具体要求。正如恩格斯所指出的:"每一个行业,都各有各的道德。"③复杂的社会关系,便历史地形成了处理各种社会关系的生活准则,这些生活准则具有一定的共同因素,其合理的内容可以为无产阶级道德所批判继承。

---

① 《马克思恩格斯选集》第3卷,人民出版社2012年版,第470、471页。
② 《马克思恩格斯选集》第4卷,人民出版社2012年版,第87页。
③ 《马克思恩格斯选集》第4卷,人民出版社2012年版,第247页。

3.阶级斗争的复杂性

在历史发展的进程中,作为新兴的剥削阶级,是革命的、先进的、朝气蓬勃的,是"真老虎"。它代表着一定阶段的历史发展进程,为了革命,它要联系广大的人民群众同它一起来进行斗争。在这种特定的历史条件下,剥削阶级与被剥削阶级可以有某种一定的共同利益和要求,因而在剥削阶级中,提出一些合乎历史潮流和在一定程度上反映人民利益的思想,如资产阶级启蒙思想家的人道主义思想和对人类幸福的追求等等,是可以为无产阶级道德批判继承的。马克思和恩格斯在《神圣家族》中指出:"笛卡儿的唯物主义汇入了真正的自然科学,而法国唯物主义的另一派则直接汇入社会主义和共产主义。"并说:"关于人性本善和人们天资平等,关于经验、习惯、教育的万能,关于外部环境对人的影响,关于工业的重大意义,关于享乐的合理性等等学说,同共产主义和社会主义有着必然的联系。"①因而在新兴的剥削阶级的伦理思想和道德规范中,具有革命性、民主性、科学性的因素,可供无产阶级道德批判继承。

当民族矛盾上升为主要矛盾的时候,民族的生死存亡成为主要问题。民族的利益已经压倒或者超出了阶级的利益,在这种情况下,反对外族侵略、维护民族独立和生存成为各个阶级的共同要求,这时剥削阶级与被剥削阶级之间,由于某些方面的利益一致,可能提出一些共同的道德规范和表现出同一的爱国主义行动;特别是一些民族英雄们,他们的言与行成为民族优秀道德传统的典范,无产阶级理应批判继承。这在中国历史上,特别是近百年反抗帝国主义的侵略史中,是屡见不鲜的。在中国民主革命的过程中,中国共产党人同资产阶级革命民主主义者是多次进行过合作和共同进行过斗争,当时中国资产阶级革命民主主义者的要求和中国无产阶级的要求有很多地方是一致的。正如恩格斯在《共产主义者和卡尔·海因岑》中所说的:"在民主主义还未实现以前,共产主义者和民主主义者就要并肩战斗,民主主义者的利益也就是共产主义者的利益。"②反过来说,当时中国共产党人提出的一些属于民主革命的战斗口号和道德原则,中国的革命民主主义者也是可以接受的。

由于阶级斗争的复杂性,作为剥削阶级中的某些人物,他们可能从剥削阶级中游离出来,而站在被剥削阶级的一方;或者超出剥削阶级的局限,从社会发

---

① 《马克思恩格斯文集》第 1 卷,人民出版社 2009 年版,第 334 页。
② 《马克思恩格斯选集》第 1 卷,人民出版社 2012 年版,第 285 页。

展的观点或从人类的共同利益出发,提出一些超时代、超阶级的道德准则,成为伦理思想史中的宝贵财富。另外,还有一些仁人志士,为了大众的利益,为了科学的真理,敢于向恶势力、向宗教迷信进行斗争,为我们树立了为人民、为真理而斗争、而献身的典范,也是我们应当树为榜样的。如南北朝时的范缜在梁武帝萧衍把佛教定为国教,大讲神不灭论的情况下,他大讲"神灭论",坚持与以梁武帝为首的朝野上下的权贵斗争,不怕围攻打击,不受利禄引诱,表示决不"卖论取官"。再如布鲁诺坚持日心说,最后被判处死刑,烧死在罗马。这种为"真理"而斗争的献身精神,为人民特别是为知识分子树立了光辉的榜样。

4.道德的相对独立性

道德这一社会意识形态,同其他的社会意识形态一样,具有相对的独立性。关于道德的相对独立性问题,包括了多方面的含义,如在道德与经济的关系上,道德的发展变化,归根到底要决定于经济的发展变化,但道德的发展变化与经济的发展变化,并不是完全同步的,作为先进阶级的道德思想,可能先于新的经济制度的建立,它对新的经济制度的建立起着促进作用;相反,作为反动阶级的道德观念,可能落后于经济的改革,它对于新的经济制度的建立和巩固起着延缓以至破坏的作用。另外,道德的产生和发展不仅受着经济的决定,而且也受着其他社会意识形态的影响,如此等等。

在这里还要着重讲讲作为新的道德的建立,如何继承已有的道德资料的问题。恩格斯在致康拉德·施米特的信中讲到:"经济发展对这些领域也具有最终的至上权力,这在我看来是确定无疑的,但是这种至上权力是发生在各个领域本身所规定的那些条件的范围内:例如在哲学中,它是发生在这样一种作用所规定的条件的范围内,这种作用就是各种经济影响(这些经济影响多半又只是在它的政治等等的外衣下起作用)对先驱所提供的现有哲学材料发生的作用。"①对哲学是如此,对道德也是如此,新的道德的建立,首先是反映了新的经济基础及新的阶级的要求,同时也离不开在人类长期的生活进程中所积累起来的道德范畴和道德规范方面的资料。也就是说任何一种道德的出现,都不是凭空产生的。在它形成和发展的过程中,除去赖以建立的经济基础及其社会意识的影响外,还必须依靠在道德领域内所已积累起来的思想资料,抛弃那些无用

---

① 《马克思恩格斯选集》第4卷,人民出版社2012年版,第612-613页。

的,利用那些有用的,并在此基础上加以发展。共产主义道德对于历史上道德遗产的继承,虽然同剥削阶级之间的继承关系有所不同,但是无产阶级的道德,同样是人类历史上一切优秀道德遗产的必然继续和合乎规律的发展。比如大家所熟知的"言必信,行必果""言忠信,行笃敬""择善而从""闻过则喜""己所不欲,勿施于人""先天下之忧而忧,后天下之乐而乐"等道德上的信条和格言,其中包括很多辩证的科学思想,为什么不可以纳入共产主义的道德体系之中,赋予新的内容,而成为今天人们所必须遵守的道德规范呢? 当然在继承上述这些历史资料的过程中,必须抱分析批判的态度,择其科学者而取之,其不科学者则去之。这正是列宁在《国家与革命》中所说的:"人们既然摆脱了资本主义奴隶制,摆脱了资本主义剥削制所造成的无数残暴、野蛮、荒谬和丑恶的现象,也就会逐渐习惯于遵守多少世纪以来人们就知道的、千百年来在一切行为守则上反复谈到的、起码的公共生活规则,而不需要暴力,不需要强制,不需要服从,不需要所谓国家这种实行强制的特殊机构。"①我们今天已经具备了这样的社会条件。

根据以上的分析,可见道德的继承性问题是很复杂的,那么在道德继承性问题上应当坚持哪些基本原则呢? 毛泽东同志在《新民主主义论》中指出:"清理古代文化的发展过程,剔除其封建性的糟粕,吸收其民主性的精华,是发展民族新文化提高民族自信心的必要条件;但是决不能无批判地兼收并蓄。必须将古代封建统治阶级的一切腐朽的东西和古代优秀的人民文化即多少带有民主性和革命性的东西区别开来。"②这些原则,对道德也是适用的,这是历史唯物主义观点在对文化遗产的继承问题上的具体体现。为此,在道德的继承问题上,应当坚持人民性、革命性和科学性几个基本原则,也就是说批判继承具有人民性和革命性的道德传统和具有科学性的伦理思想和道德规范。

下面再就道德的阶级性与继承性的关系讲几点意见:

(1)道德的阶级性和道德的继承性,是我们研究道德理论不可偏废的两个问题。马克思主义第一次向我们科学地指出了道德的阶级性和历史性,作为社会上层建筑的道德同社会经济基础的关系;同时马克思主义也向我们指出,一切社会意识形态在其发展过程中都有相对的独立性,都存在着一定的

---

① 《列宁全集》第 31 卷,人民出版社 2017 年版,第 85 页。
② 《毛泽东选集》第 2 卷,人民出版社 1991 年版,第 707—708 页。

继承关系,并且告诉我们对待历史遗产要采取审慎地批判吸收的态度。因此,我们如果不了解道德的历史性和阶级性,就不可能了解道德的本质及其作用,就不可能了解道德在其发展过程中不同历史阶段和不同阶级的道德的质的区别,同时也就不可能了解共产主义道德的科学本质以及它和过去一切剥削阶级道德的根本不同点。另外,我们如果忽视了道德的继承性,就不可能了解道德这一社会意识形态在其发展过程中的来龙去脉,也就不可能全面了解道德在其阶级性中所表现出的复杂情况,也就不可能理解每个不同的国家和民族道德上的具体特点,同时也就不可能了解共产主义道德同历史上一切优秀的道德遗产和道德传统之间的关系,进而影响到共产主义道德的丰富和发展,以及在共产主义道德中所应具有的民族特点。所以正确地处理道德阶级性和继承性的关系,就是在道德问题上坚持马克思主义历史唯物主义的观点和实事求是的科学态度。

(2)坚持道德的继承性。不仅不排斥而且要渗透着道德的阶级性和历史性,才能把历史主义观点和阶级分析方法有机地结合起来,给道德的继承性以科学的基础。所谓继承,根据马克思主义观点,既不能把旧的东西原封不动地搬过来,生吞活剥地吸收,也不能舍去其具体内容。只是在形式上、文字上作抽象的继承;而是一个批判、改造和吸收、消化的过程。在继承问题上,必须坚持革命性、人民性和科学性等基本原则,必须运用对具体问题作具体分析的科学方法,任何简单化都不可能达到批判继承的目的。只有在马克思主义思想指导下的无产阶级道德,才能真正做到对历史上一切优秀的道德遗产无保留地继承和发展,因为它本身没有剥削阶级道德那种阶级局限性。这种科学的实事求是的态度,是为无产阶级的辩证唯物主义世界观和大公无私的阶级本质所决定。无产阶级对于历史上一切优秀的道德遗产,即使带有点滴的科学性、革命性和人民性的东西,都要用认真的、缜密的、审慎的态度进行批判吸收,而不让它忽略过去。因此,无产阶级的道德不但反映了无产阶级的阶级利益、社会主义经济和政治的要求,同时又是集历史上一切优秀道德遗产的大成,是道德发展的高级阶段。所以在无产阶级道德中,就不能不拥有最多的长久保持的因素,为未来的全人类道德奠定基础。

(3)正确和全面地理解马克思主义关于道德的历史性、阶级性和继承性的关系,还必须进一步提到科学技术的发展对人的精神面貌所起的影响作用问题。对这个问题现代西方未来学者,从科学技术决定论的思想出发,对未来社会、未来的人所作的各种设计。比如他们在对"现代化的人"的设计和预测中,就认为一个现代化的人应具有思想倾向革新、愿意接受新事物、乐于发表独立见解、时间观念较强、计划性较强、办事灵活、行动敏捷等特点,这些意见,值得我们重视。但是他们也提出一些在资本主义社会中是不可能完全实现的问题,如公平待人、普遍信任和与周围的人协同一致等等。还有一些是在资本主义制度下出现的问题,如精神空虚、吸毒、酗酒、斗殴、凶杀等,他们也寄希望于通过技术革命去彻底消灭,这是根本不可能的。马克思主义对于科学技术革命的历史作用,一向给予极大的关注,并予以很高的评价。恩格斯也曾几次讲到,在马克思看来,科学是一种在历史上起推动作用的革命力量,马克思对科学中的每一新发现都感到衷心的喜悦,并密切注意着各种发现的发展情况,以及它对社会改革和人的思想面貌所起的影响作用。过去在"左"的思想影响下,对于科学技术革命的历史作用,对于科学技术革命对社会生活和人的思想面貌及行为习惯等所起的作用重视不够,甚至不予重视是不对的。另外,马克思主义又总是把科技革命的作用放在一定的历史条件下去考察,像西方未来学者只讲技术革命,不讲社会革命,不是马克思主义历史唯物主义的思想,对这种"技术决定论"的思想应当有所分析和批判。

(三)对资产阶级和机会主义道德理论的批判

马克思主义的道德观,也是在同资产阶级和机会主义的道德观的斗争中而形成起来的。

1.揭露资产阶级所谓的个性自由及人道主义的实质

马克思和恩格斯在《共产党宣言》和《英国工人阶级状况》等巨著中,对于资产阶级的伪善作了深刻的揭露和批判,对于工人阶级在资本主义统治下的状况作了全面的分析,指出"资产阶级撕下了罩在家庭关系上的温情脉脉的面纱,把这种关系变成了纯粹的金钱关系"①。在资本主义生产关系的统治下,资产阶级所谓的自由、个性发展和人道主义等,都表现出资产阶级的欺骗和伪善。马克思和恩格斯对于这些虚伪的、欺骗性的口号进行了无情的揭露,在《共产党宣言》中指出:"在现今的资产阶级生产关系的范围内,所谓自由就是自由贸易、自

---

① 《马克思恩格斯选集》第 1 卷,人民出版社 2012 年版,第 403 页。

由买卖。"①"在资产阶级社会里,资本具有独立性和个性,而活动着的个人却没有独立性和个性。"②《英国工人阶级状况》指出,资产阶级所吹嘘的人道主义,"只是使资产阶级的野蛮的利欲蒙上一种伪善的文明的形式"③,可以有更多的理由来进行欺骗而已。资产阶级伪善地指责工人阶级让儿童劳动是对亲权的滥用和共产党人是要消灭家庭等等,马克思和恩格斯对这些谎言作了响亮的回答,指出破坏工人阶级家庭、无产者被迫独居和公开卖淫、把工人的妻子和子女变为劳动工具的,正是资产阶级和资本主义制度。马克思和恩格斯一方面批判了在资本主义制度下劳动者的家庭的破坏,另一方面又指出由于大工业生产的发展,妇女可以从家庭事务中解放出来,参加到社会生产中去,获得一定的经济地位;对儿童实行教育与生产劳动的早期结合,也是一种进步的趋势;一旦废除了资本主义制度,这些又将为新的家庭的建立和未来教育的实施创造社会条件。

关于当时的工人阶级的表现,恩格斯在《英国工人阶级状况》中也是做了好的与不好的两个方面的全面分析。指出在资本主义的残酷压榨下,当时还处于自在状况的工人阶级,确实存在如酗酒、纵欲以及偷窃、犯罪等不良习气和严重问题,但是这些问题完全是由资本主义制度所造成的。同时指出即使在这种情况下,在资产阶级的眼中"不完全是人"的工人,也"比资产阶级仁慈得多",当时的乞丐"几乎只向工人求乞,工人在帮助穷人方面总是比资产阶级做得多"④"工人是比较和气比较可亲的";⑤工人阶级虽然"比有产者更迫切地需要钱,但他们并不那样贪财",完全没有"对金钱没有这种敬畏感的工人,不像资产者那样贪婪",那样"财迷",那样可以为了多赚钱而"不惜采取任何手段"⑥,"所以工人比资产者偏见少得多,对事实看得清楚得多",而"资产者局限于自己的阶级偏见,头脑中充斥着别人从他年轻时起就灌输给他的原则。这种人是无可救药的。"⑦为此,恩格斯认为"工人比起资产阶级来,说的是另一种方言,有不同的

① 《马克思恩格斯选集》第 1 卷,人民出版社 2012 年版,第 416 页。
② 《马克思恩格斯选集》第 1 卷,人民出版社 2012 年版,第 415 页。
③ 《马克思恩格斯全集》第 2 卷,人民出版社 1957 年版,第 459 页。
④⑤ 《马克思恩格斯文集》第 1 卷,人民出版社 2009 年版,第 438 页。
⑥ 《马克思恩格斯文集》第 1 卷,人民出版社 2009 年版,第 438-439 页。
⑦ 《马克思恩格斯文集》第 1 卷,人民出版社 2009 年版,第 439 页。

思想和观念,不同的习俗和道德原则,不同的宗教和政治。"①也就是说反映出两个不同阶级是两种不同的思想和行为准则。这些分析,不但是对资产阶级伪善的揭露,而且也是对工人阶级基本品质的赞扬,同时也是对道德阶级性的极为有力的说明。

2.批判机会主义者关于"平等"主张的虚伪性

"平等"这个概念,这个漂亮的术语,不但为资产阶级所提出,也为机会主义者所惯用。马克思在致恩格斯的信(1869 年 3 月 5 日)中对国际工人协会的纲领第 2 条所规定的"同盟首先力图使各个阶级达到政治上、经济上的社会上的平等"提出了批评,认为"各个阶级平等"这种认识,如果按字面解释,不过是资产阶级社会主义者所宣扬的"劳资之间的调和"思想的另一种说法而已。并指出"国际工人协会力求达到的最终目标,不是违背常理的'各阶级的平等',而是历史地必然出现的'消灭阶级'"②。恩格斯在致倍倍尔的信(1875 年 3 月 18—28 日)中,也表述了同一的观点,指出:"'消除一切社会的和政治的不平等'来代替'消灭一切阶级差别',这也很成问题。"③因为在马克思主义看来,平等首先是意味消灭阶级,如果阶级不能消灭,压迫者与被压迫者、剥削者与被剥削者这个根本差别存在,其他的差别是不可能根本消灭的,即使消灭一点也是无济于事的。

因此,恩格斯在《反杜林论》中,批判杜林的所谓"完全平等"的思想时指出,两个人完全的平等是没有的,甚至一男一女组成的家庭也不可能是完全平等的,只有"他们摆脱了一切现实,摆脱了地球上发生的一切民族的、经济的、政治的和宗教的关系,摆脱了一切性别的和个人的特性,以致留在这两个人身上的除了人这个光秃秃的概念以外,再也没有别的什么了,于是,他们当然是'完全平等'了"④。马克思主义讲的平等,不是要消灭上述的这些差别(这些差别有的是不可能完全消灭的),无产阶级对平等的要求是消灭阶级,"任何超出这个范围的平等要求,都必然要流于荒谬"⑤。这就是无产阶级所说的平等的实质。

---

① 《马克思恩格斯文集》第 1 卷,人民出版社 2009 年版,第 437-438 页。
② 《马克思恩格斯文集》第 10 卷,人民出版社 2009 年版,第 301 页。
③ 《马克思恩格斯选集》第 3 卷,人民出版社 2012 年版,第 349 页。
④ 《马克思恩格斯选集》第 3 卷,人民出版社 2012 年版,第 475 页。
⑤ 《马克思恩格斯选集》第 3 卷,人民出版社 2012 年版,第 484 页。

3.对资产阶级和机会主义者"博爱"观点的批判

自由、平等、博爱,是资产阶级惯用的口号,也为机会主义者所垂涎。以历史的观点来看,自由、平等、博爱这些口号,在资产阶级革命时期,在反封建的斗争中是起过进步作用的,但是它本身带有资产阶级思想的局限性,因而也不可能真正实现。等到无产阶级走上历史舞台,有了马克思主义这一科学的世界观之后,这时如果不加分析还来宣扬这些口号,就会对革命斗争起消极的作用。恩格斯在致倍倍尔的信(1875 年 3 月 18 日—28 日)中指出:"把社会主义社会看做平等的王国,这是以'自由、平等、博爱'这一旧口号为根据的片面的法国人的看法,这种看法作为当时当地一定的发展阶段的东西曾经是正确的,但是,像以前的各个社会主义学派的一切片面性一样,它现在也应当被克服,因为它只能引起思想混乱,而且因为这一问题已经有了更精确的叙述方法。"①

从马克思主义的观点来看,平等意味着消灭阶级,自由应是被认识的必然,至于博爱,正如毛泽东同志在批判所谓"人类之爱"时所指出的:"自从人类分化成为阶级以后,就没有过这种统一的爱。过去的一切统治阶级喜欢提倡这个东西,许多所谓圣人贤人也喜欢提倡这个东西,但是无论谁都没有真正实行过,因为它在阶级社会里是不可能实行的。"②资产阶级思想家和机会主义者也喜欢讲这个东西。马克思在《哲学的贫困》中批判博爱学派说:"博爱学派是完善的人道学派。他们否认对抗的必然性;他们愿意把一切人都变成资产者;他们愿意实现理论,只要这种理论与实践不同而且本身不包含对抗。毫无疑问,在理论上把现实中随时都要遇到的矛盾撇开不管并不困难。那样一来,这种理论就会变成理想化的现实。因此,博爱论者愿意保存那些表现资产阶级关系的范畴,而不要那种构成这些范畴并且同这些范畴分不开的对抗。博爱论者以为,他们是在严肃地反对资产者的实践,其实,他们自己比任何人都更像资产者。"③这段话,非常明确地指出,因为博爱论者否认阶级对抗,提倡爱无差等,不但是一种无法实现的幻想,而且连自己也滚到了资产阶级的泥坑中去,成为资产阶级的俘虏。

马克思和恩格斯在《反克利盖的通告》中指出,由克利盖主编在纽约出版的

---

① 《马克思恩格斯选集》第 3 卷,人民出版社 2012 年版,第 349 页。
② 《毛泽东选集》第 3 卷,人民出版社 1991 年版,第 871 页。
③ 《马克思恩格斯选集》第 1 卷,人民出版社 2012 年版,第 235 页。

德文《人民论坛报》上一口气讲了 35 种表现的爱,马克思和恩格斯指出克利盖打着共产主义的旗号宣扬"人道""人们和睦相处""永恒的和无处不存在"的"共性精神",这些关于"爱的宗教"的"爱"的废话,"把共产主义变成关于爱的呓语",这正显示了他的怯懦:"他向高利贷者谄媚"。并指出"这种爱的呓语将会如何使男女两性都变得神经衰弱,将会如何使大批'少女'变得歇斯底里和贫血""如果被工人接受,就会使他们的意志颓废。"①这些一针见血的揭露,也是对博爱论者的有力批判。

恩格斯在《路德维希·费尔巴哈和德国古典哲学的终结》一文中,嘲笑了费尔巴哈的爱的哲学,指出:"可是爱啊!——真的,在费尔巴哈那里,爱随时随地都是一个创造奇迹的神,可以帮助克服实际生活中的一切困难——而且这是在一个分裂为利益直接对立的阶级的社会里。这样一来,他的哲学中的最后一点革命性也消失了,留下的只是一个老调子:彼此相爱吧!不分性别、不分等级地互相拥抱吧!——大家都陶醉在和解中了!"②这种爱的哲学,是出于费尔巴哈对人的本质的抽象的理解,正如马克思、恩格斯在《德意志意识形态》中所指出的:"他从来没有看到现实存在着的、活动的人,而是停留于抽象的'人'上,并且仅仅限于在感情范围内承认'现实的、单个的、肉体的人',也就是说,除了爱与友情,而且是理想化了的爱与友情以外,他不知道'人与人之间'还有什么其他的'人的关系'。"③这样,费尔巴哈的道德哲学就适合于资本主义社会和资产阶级的需要,它和康德的"善良意志"和"绝对命令"一样,在现实的世界面前是软弱无力的。

4.批判无政府主义者否认权威和组织纪律的反动观点

无政府主义是属于小资产阶级和流氓无产阶级的思想体系,这种思想体系同科学共产主义理论是根本对立的。他们认为社会罪恶的根源不在于资本主义制度,而是由于存在着政权国家,因而要求消灭一切国家政权;宣扬"阶级平等"和"绝对自由",反对任何权威;反对提高无产阶级和劳动人民的文化科学知识水平,反对进行革命理论教育,和政治组织工作和开展群众性的阶级斗争,主张依靠农民和流氓无产阶级的暗杀等恐怖手段进行所谓"社会清算"。无政府

① 《马克思恩格斯选集》第 1 卷,人民出版社 1972 年版,第 86-91 页。
② 《马克思恩格斯选集》第 4 卷,人民出版社 2012 年版,第 246 页。
③ 《马克思恩格斯选集》第 1 卷,人民出版社 2012 年版,第 157 页。

主义者的这些主张和行动,对于涣散工人阶级的组织和斗争意志,特别是对于无产阶级专政理论的破坏,起着极其恶劣的作用。

其中影响较大的是巴枯宁。1868 年巴枯宁混入第一国际,从工人阶级的组织内部进行破坏,他组织了"社会主义民主同盟",企图阴谋分裂工人阶级的国际组织。马克思和恩格斯同巴枯宁的无政府主义进行了坚决的斗争,批判了他所宣扬的"阶级平等"之类的废话,揭露了他搞的分裂阴谋活动,并指出他反对青年们学习革命理论,把现代科学视为"官方科学",是"在向青年宣扬对愚昧无知的崇拜"①。这里还要求特别指出的是巴枯宁在他所写的《革命问答》小册子中规定了 26 条"道德规约",在第三条中是这样写的:"革命者鄙视任何学理主义。拒绝世俗科学,……他只知道一门科学——破坏的科学。"②这里不仅反映出他对科学的敌视,而且也反映出他所主张的"道德规约"不过是一些恐怖、暗杀等冒险的活动而已。

马克思和恩格斯反对无政府主义的斗争,还包括在 1872 年前后同无政府主义对意大利工人阶级的影响所进行的斗争。这时马克思写了《政治冷淡主义》和恩格斯写了《论权威》等文章,对无政府主义的所谓"永恒原则"和反对权威原则等进行了无情的揭露和批判。恩格斯在《论权威》一文中,具体地分析了反对权威是同大工业的发展、社会进步、无产阶级革命不相容的,指出:"把权威原则说成是绝对坏的东西,而把自治原则说成是绝对好的东西,这是荒谬的。"③并强调指出:"革命无疑是天下最权威的东西。"④并具体地分析了巴黎公社的历史经验教训,认为巴黎公社如果不依靠权威一天也不能支持,相反地,巴黎公社失败的原因之一是因为对权威还用得太少。恩格斯的这些论述,不但是对无政府主义否认任何权威的深刻批判,而且对于我们了解纪律的重要意义以及纪律与自由的关系,都有重大的指导意义。

5.批判杜林的关于永恒道德的谬论

杜林是 19 世纪 70 年代在德国社会民主党中影响较大的人物,他当时出版了《国民经济学和社会主义批判史》和《哲学教程》等书,对马克思主义进行了

① 《马克思恩格斯全集》第 18 卷,人民出版社 1964 年版,第 443 页。
② 《马克思恩格斯全集》第 18 卷,人民出版社 1964 年版,第 472 页。
③ 《马克思恩格斯文集》第 3 卷,人民出版社 2009 年版,第 337 页。
④ 《马克思恩格斯文集》第 3 卷,人民出版社 2009 年版,第 338 页。

猛烈的攻击,恩格斯为了端正党内的思想,中断了《自然辩证法》的写作,从哲学、政治经济学和科学社会主义三个方面,对杜林的错误理论进行了系统的批判。我们这里只就与道德有关的问题作些说明。

在《反杜林论》一书的第9、10、31章中,恩格斯对"道德和法"的问题作系统的阐明,批判了杜林的"永恒真理""平等"等错误观念。恩格斯以犀利的笔法嘲笑了杜林的狂妄无知和唱高调的行径,侈谈什么永恒的、最后的、终极的真理,批判了他关于认识和真理、道德、平等、自由等方面的唯心主义的和形而上学的观点,阐明了认识的有限性和无限性,绝对真理与相对真理的关系,嘲笑了杜林的所谓"永恒真理",只能说明"二乘二等于四,三角形三内角的和等于两个直角,巴黎在法国,人不吃饭就会饿死,等等"①,除此而外,又能说明些什么呢?

根据对杜林的"永恒真理"的批判,在道德问题上,恩格斯详尽地阐明了道德的历史性和阶级性,指出了无产阶级道德虽然代表着未来,拥有着最多的能够长久保持的因素,但就其绝对的终极性来说,也不是最终的真理。另外,在平等的问题上,嘲笑了杜林所设想的根本不存在的人为的平等,指出对无产阶级来说,平等意味着消灭阶级。在自由的问题上,明确地指出,自由是对必然的认识等等。这些问题,在上面都已涉及,这里不再重述了。

根据以上所引马克思和恩格斯对资产阶级和机会主义者有关道德问题的批判,可以清楚地看出,一个正确的理论,不仅有它对优秀的历史遗产的批判继承的一面,而且是在同一切错误的东西的斗争中形成和发展起来的,在道德问题上也不例外。

以上就是马克思主义有关道德问题的一些基本观点和它对于我们理解这些基本问题的指导意义,下面我们再进一步谈谈马克思主义道德教育的思想。

二、关于道德教育问题的论述

马克思和恩格斯在组织和领导工人阶级进行斗争时,对于提高工人阶级的觉悟是非常重视的。在《共产党宣言》中指出:"共产党一分钟也不忽略教育工人尽可能明确地意识到资产阶级和无产阶级的敌对的对立,以便德国工人能够立刻利用资产阶级统治所必然带来的社会的和政治的条件作为反对资产阶级

---

① 《马克思恩格斯选集》第3卷,人民出版社2012年版,第464页。

的武器,以便在推翻德国的反动阶级之后立即开始反对资产阶级本身的斗争。"①并且明确地提出共产主义革命就是要同传统的所有制关系和由此而产生的传统观念实行最彻底的决裂。为此,马克思和恩格斯关于工人阶级的道德教育问题,也是极为重视并做了多方面的论述,那种认为在马克思主义教育思想中没有涉及道德教育的看法是不符合实际的。关于这个问题,我们从以下两个方面作些说明。

(一)对资产阶级对工人阶级的欺骗和麻醉的揭露

马克思和恩格斯在《英国工人阶级状况》《不列颠工厂工业的状况》以及《工资、价格和利润》等著作中,通过许多事实材料揭露了资产阶级对工人阶级所实施的教育的状况和本质,明确地指出资产阶级"只允许工人接受符合资产阶级本身利益的那一点点教育"②。工人阶级及其子女,在资本主义的统治下,都变成了机器的附属品,孩子们从幼年时起即成为童工,在智力上和体力上以至品德上都受到了严重的摧残。工厂法虽然为工人争得一点点受教育的机会,但是那些白天做工晚上去上课的青少年工人,"多半在上课的时候就睡着了"。而且有的儿童还不能到这些学校去读书,恩格斯在《英国工人阶级状况》一文中引用报告材料说明:"陶业区里的学校比较多,孩子们按理是能够上学的,但是因为他们年纪这样小就到工厂去做工而且工作日又这样长(多半是十二小时,有时还要多),所以他们就不能上这些学校去念书了。在委员会的委员询问过的儿童中,有四分之三既不能读,也不能写。全区都处于极端愚昧的状况中。上过几年主日学的孩子连字母都分不清。全区中不仅知识教育的水平很低,而且道德和宗教的教育也都是一样。"③下面我们再着重讲讲资产阶级对工人阶级所进行的道德教育的问题:资产阶级在反封建的斗争中,曾经对宗教进行过批判,但是当资产阶级成为统治阶级之后,"不久他又发现可以用这同样的宗教来操纵他的天然下属的灵魂,使他们服从由上帝安置在他们头上的那些主人的命令"④。宗教又成了资产阶级对广大群众特别是工人阶级进行麻醉和统治的最重要的手段之一。恩格斯在《英国工人阶级状况》中指出:"在英国所有的学校

---

① 《马克思恩格斯选集》第 1 卷,人民出版社 2012 年版,第 434-435 页。
② 《马克思恩格斯文集》第 1 卷,人民出版社 2009 年版,第 423 页。
③ 《马克思恩格斯全集》第 2 卷,人民出版社 1957 年版,第 494 页。
④ 《马克思恩格斯选集》第 3 卷,人民出版社 2012 年版,第 764 页。

里,道德教育是和宗教教育结合在一起的,这种道德教育所产生的结果显然也不会比宗教教育好。"①因为专横而毫无理由的训令以宗教形式出现时,就不会使那些没有受教育的工人感到莫名其妙。因此,资本主义和宗教总是存在着千丝万缕的联系,宗教是资产阶级麻醉人民的鸦片烟。在当时资产阶级给工人及其子女所办的学校中,宗教"成了最主要的课程",通过它在"孩子们脑子里塞满了各种无法理解的教条和神学上的奥义,从很小的时候起就激起教派的仇恨和狂热的迷信,而一切理性的、精神的和道德的教育却被严重地忽视了"②。因为如果没有宗教这个"抗毒素"的话,"让工人受教育是危险的"。③ 除宗教而外的其他内容的道德教育,也不过是灌输资产阶级的原则而已,马克思明确指出:"……教育一般来说取决于生活条件,资产者认为道德教育就是灌输资产阶级的原则。"④因此,马克思和恩格斯在有关的著作中多次揭露了资产阶级所鼓吹的什么"个性""自由""平等""博爱""人道主义"等谎言,而且在《关于现代社会中的普及教育的发言记录》中强调:"无论是小学还是中学,都不应该开设那些容许进行政党的或阶级的解释的课目。"⑤主张"年轻人应当在日常生活斗争中从成年人那里获得这种教育"。⑥ 因此,认为马克思和恩格斯在论人的全面发展教育思想中没有论及德育,或者认为在指示信中(即《给临时中央委员会代表的关于若干问题的指示》)没有提到德育,便由此得出结论似乎在马克思主义教育思想中缺少有关德育的论述,这是一种脱离当时的历史实际的不正确的论点,也是不符合马克思主义的全面论述的。下面我们再从马克思和恩格斯有关如何对工人阶级进行道德教育的论述中,来进一步谈谈马克思主义中的道德教育思想。

(二)关于如何对工人阶级进行道德教育的论述

马克思主义者有关对工人阶级进行道德教育的论述,同上面所说的有关教育的指示一样,不能不受到当时时代的限制。那时工人阶级不但处于资本主义压迫之下,而且还处在从自在阶级向自为阶级的发展过程中,因此,当时马克思

① 《马克思恩格斯文集》第 1 卷,人民出版社 2009 年版,第 427 页。
② 《马克思恩格斯文集》第 1 卷,人民出版社 2009 年版,第 424-425 页。
③ 《马克思恩格斯文集》第 1 卷,人民出版社 2009 年版,第 425 页。
④ 《马克思恩格斯全集》第 6 卷,人民出版社 1961 年版,第 648 页。
⑤ 《马克思恩格斯全集》第 16 卷,人民出版社 1964 年版,第 656 页。
⑥ 《马克思恩格斯全集》第 16 卷,人民出版社 1964 年版,第 655 页。

和恩格斯有关如何向工人阶级进行道德教育的论述,大部分还偏重社会实践方面。但是,这些思想已包含了共产主义道德教育的重要思想以及实施的基本原则和方法在内。

(1)在资本主义社会中,在资产阶级的统治下,对工人阶级进行道德教育,较之智育的实施有更多的困难,受到许多客观条件的限制。当时最有力教育方式,是通过工人阶级自身的生活条件,特别是组织工人阶级参加反对资产阶级的斗争,这是使工人阶级接受马克思主义思想,提高工人阶级觉悟,向工人阶级进行无产阶级道德教育最有力的方式。马克思、恩格斯在《德意志意识形态》中指出:"无论为了使这种共产主义意识普遍地产生还是为了实现事业本身,使人们普遍地发生变化是必需的,这种变化只有在实际运动中,在革命中才有可能实现;因此革命之所以必需,不仅是因为没有任何其他的办法能推翻统治阶级,而且还因为推翻统治阶级的那个阶级,只有在革命中才能抛掉自己身上的一切陈旧的肮脏东西,才能胜任重建社会的工作。"①马克思主义创始人的关于人们只有通过自己的革命实践,才能从根本上改造现存的生产关系并改变着自身这些论述,虽然是在无产阶级取得政权之前讲的,当时要改变现存的生产关系、使人们普遍地发生变化,要清除在无产阶级身上所受到的旧社会的污染,提高无产阶级的阶级觉悟,没有革命的实践当然是不可能的。在今天,在无产阶级掌握政权的国家中,马克思主义已经成为指导思想,如何把理论与实践结合起来,在学习理论的同时,组织参加实践活动,仍然是进行共产主义道德教育的一条重要的原则和方法。因此,这些思想仍具有重要的现实意义。

除了革命斗争,工人阶级的生活实践同样也是对工人阶级进行道德教育的好学校。正如恩格斯所说的那样,"幸而这个阶级的生活状况给了他们一种实际的教育,这种教育不但代替了学校的那套东西,而且还清除了和那些东西乱七八糟搅在一起的宗教观念的毒素,甚至还把工人置于英国全民族运动的前列。"②工人阶级从实际生活中体会到压迫和剥削的实质,揭露资产阶级的一切谎言和欺骗,懂得阶级和全民族的真正利益和前途。正因为这样,马克思在第一国际总委员会的会议上,曾经针对米尔纳提出的关于在学校中讲授政治经济学,以便加强对工人子女的政治教育的建议时,曾作了如下的发言,指出:"公民

---

① 《马克思恩格斯文集》第 1 卷,人民出版社 2009 年版,第 543 页。
② 《马克思恩格斯文集》第 1 卷,人民出版社 2009 年版,第 427 页。

米尔纳的建议不值得同学校问题联系起来讨论；年轻人应当在日常生活斗争中从成年人那里获得这种教育。……学校不可能给予那种教育，这应当从成年人那里去学习。"①这些主张，都具体地说明了在资本主义社会中，工人阶级的政治思想和道德品质，不可能，也不应当通过资产阶级所办的学校去学习，相反，工人阶级应当抵制从资产阶级学校那里来的思想影响，而是通过工人阶级自身的生活实践和成人的榜样去提高政治觉悟和学习工人阶级的思想品质。

（2）恩格斯在《英国工人阶级状况》一书中，对于工人阶级自己办的学校和阅览室等，作了充分的肯定，指出在这些学校和活动中，工人阶级及其子女可以"受到纯粹无产阶级的教育"②。

资产阶级为了抵制这些学校和活动对工人阶级的教育和影响，他们也创办"技术学校"，在这里"传播对资产阶级有利的科学知识""使工人脱离反对资产阶级的斗争""去从事增加资产阶级收入的发明"；并进行"以自由竞争为偶像的政治经济学的说教"，使工人们从这门"科学"中只能得出一个唯一的结论，就是"对他们来说，最明智之举莫过于默默地驯服地饿死"③。对于这样的学校，正如恩格斯所指出的："这里的一切都是教人俯首帖耳地顺从占统治地位的政治和宗教，所以工人在这里听到的只是劝他们唯唯诺诺、任人摆布和听天由命地说教。工人群众自然不愿意和这些学校打交道，他们都到无产阶级的阅览室里去阅读，讨论直接和自己的切身利益相关的各种关系。"④

在工人阶级自办的学校或阅览室里，完全是另一个天地，"在所有无产阶级的，特别是社会主义者的教育机构里经常举行关于自然科学、美学和国民经济学问题的演讲，而且听众很多"。恩格斯谈到他"常常会听到一些穿着褴褛不堪的粗布夹克的工人谈论地质学、天文学及其他学科，他们在这方面的知识比一些有教养的德国资产者还多"⑤。恩格斯还指出："阅读最新的哲学、政治和诗歌方面划时代的著作的几乎完全是工人，这一事实特别表明了英国无产阶级在获得自主的教育方面已经取得多么大的成就。"⑥那些为资产阶级偏见所看不到的，甚至是千方百计地加以排斥的一切进步的东西，无产者正以雪亮的眼睛来正视这一切，并高高兴兴地而且卓有成效地在学习和研究着。工人阶级创办

① 《马克思恩格斯全集》第16卷，人民出版社1964年版，第655-656页。
②③④ 《马克思恩格斯选集》第1卷，人民出版社2012年版，第130页。
⑤⑥ 《马克思恩格斯选集》第1卷，人民出版社2012年版，第131页。

自己的学校和阅览室,进行着先进科学和先进思想的学习和研究,来提高本阶级的文化水平和政治觉悟,正如马克思在《给临时中央委员会代表的关于若干问题的指示》中所说的:"工人阶级中比较先进的那部分人则完全懂得,他们阶级的未来,因而也是人类的未来,完全取决于新一代工人的成长。"[1]

(3)上述可见工人阶级在未取得政权之前,已开始对教育(包括政治思想教育在内)给予了应有的重视。那么在取得政权以后又进行过哪些措施呢?马克思在《法兰西内战》一书中,对巴黎公社的经验作了科学的总结,其中有关道德教育的问题,有以下几点说明。

"公社在铲除了常备军和警察这两支旧政府手中的物质力量以后,便急切地着手摧毁作为压迫工具的精神力量,即'僧侣势力'"。所采取的方法就是"宣布教会与国家分离"。在教育上规定"一切教育机构对人民免费开放,完全不受教会和国家的干涉"[2]。这样就把长期锢蔽人民思想的紧箍咒,也是资产阶级借以统治人民的工具给摧毁了,为人民的思想解放奠定了基础。

公社在政教分离的法令下把教士逐出学校,如在《法兰西内战》中所指出的"用启发他们智慧的学校教师去代替麻痹他们头脑的教士"[3]。规定学校里禁止祈祷,拆除十字架和偶像,提高教师的薪金,男女教师同等待遇。公社还颁布义务教育法令,开办新学校,并制订成立托儿所和幼儿园的计划等。如果公社不是失败的话,一个新的教育制度将会出现,在新的教育制度下也将会有一代新人的成长。马克思曾经根据道德与社会形式的关系,在批判"孔德派的观点"中指出:"可怜的人们!他们甚至不知道,财产的任何一种社会形式都有各自的'道德'与之相适应,而那使财产成为劳动之属性的社会财产形式,绝不会制造个人的'道德限制',而会将个人的'道德'从阶级束缚下解放出来。"[4]马克思还具体地指出在巴黎公社统治下的巴黎,扫除了在反动统治下旧巴黎的一切污泥浊水,使巴黎成为"刚劲的、严肃的、战斗着、劳动着、思想着的巴黎!胸怀广阔的巴黎!"[5]看来,革命是最好的"洗礼"。

这里还需要特别提出的,是巴黎公社所表现出的首创精神和自我牺牲精

---

[1] 《马克思恩格斯全集》第 21 卷,人民出版社 2003 年版,第 270 页。
[2] 《马克思恩格斯选集》第 3 卷,人民出版社 2012 年版,第 99 页。
[3] 《马克思恩格斯选集》第 3 卷,人民出版社 2012 年版,第 105 页。
[4][5] 《马克思恩格斯选集》第 3 卷,人民出版社 2012 年版,第 160 页。

神,以及在反动派猖狂反扑时所表现出的那种英勇斗争和不怕流血牺牲的精神,为无产阶级革命和建设作出了很好的榜样。比如在最后一场激战中,200 名公社战士在拉雪兹公墓同 5000 个凡尔赛匪徒进行了英勇搏斗,直到弹尽援绝,他们在一堵墙边激昂地高呼"公社万岁!",全部壮烈牺牲。公社虽然是失败了,正如马克思所预见的那样:"即使公社被搞垮了,斗争也只是延期而已。公社的原则是永存的,是消灭不了的;在工人阶级得到解放以前,这些原则将一再表现出来。"①马克思的这些伟大的预言已经实现。公社的原则、公社人的首创精神和牺牲精神,永远指导着和鼓舞着我们前进,去做"最后的斗争",去争取共产主义的彻底实现。

以上就是马克思主义有关道德和道德教育的论述,从这些论述中,我们可以概括出以下几个结论。

(1)道德和道德教育问题,是一个很古老、也是一个与人类社会共始终的问题,但是对道德的起源和本质、道德的作用和社会职能、道德教育的原则和方法等的理解,又是长期以来争论不休的问题,仁者见仁,智者见智,众说纷纭,莫衷一是。马克思主义的产生,给解决这些问题提供了科学的方法论基础,使我们认清在这些问题上唯心主义和形而上学的缺点和错误,能够运用历史唯物主义的观点和方法来研究和处理道德和道德教育中的各种问题。一定社会的道德是一定社会物质生活条件的反映,为一定社会的经济关系所决定,道德是有历史性和阶级性的。但道德又同其他的社会意识形态一样,具有相对的独立性和继承性。如果说在道德中还存在一定共性的东西,在道德教育中共性的东西就相对更多一些了。在研究道德与道德教育的过程中,如何把个性与共性、特殊性与普遍性很好地结合起来,是克服在这个问题上的"左"的和"右"的片面性的重要环节。

(2)道德既是一定社会物质生活条件的反映。因而在不同的社会发展阶段中,必须要反映出不同的道德要求和道德标准。当前面临现代化的生产和新的科学技术革命的新时期,在道德标准和新人的素质上必然会提出许多新的要求,前面我们已经谈到,当代西方未来学者对社会生活面貌的变化和现代化新人素质的预测,其中有些意见是可取的。但道德又主要是受一定社会的经济关系所决定,看不到生产力和科学技术发展对道德所发生的影响作用是不对的,

① 《马克思恩格斯全集》第 17 卷,人民出版社 1963 年版,第 677 页。

如果只看这些,而不顾及生产关系对道德性质所起的决定作用,就会走到"技术决定论"的路上去,那将更是错误的。

共产主义道德是社会主义精神文明的重要组成部分,是社会主义社会经济关系的反映,它又反转来促进社会主义社会物质文明的发展,使人类社会向着更高的阶段——共产主义社会前进。马克思和恩格斯曾经设想了在未来的共产主义社会,产品会像泉水一般涌现,达到极大丰富的程度;一代共产主义的新人能够全面地、自由地发展他们的才能,实现德、智、体、美、劳诸方面高度的全面发展;人们将同传统的所有制关系和由此而产生的传统的观念实行最彻底的决裂,自觉地以科学的态度对待世界和对待人生,一代有理想、有道德、有文化、有纪律的新人必将出现。因此,学习和研究马克思主义有关道德和道德教育的论述,是建设社会主义精神文明的重要工作。

(3)从上述可见,马克思主义的伦理思想的建立,是在同一切形形色色的资产阶级和机会主义的错误思想斗争中发展起来的。这种斗争今天仍然在继续着,在这中间,不但有当代西方哲学流派对马克思主义的批判和歪曲,也包括西方未来学者对马克思主义的挑战和攻击。比如最近有的同志在文章中指出,美国奈斯比特的《大趋势》中就曾这样讲过:"我们必须创造一种知识价值论来代替马克思的陈腐过时的(Marx's obsolete)劳动价值论"(见 1982 年英文版第 17 页,在中国社会科学出版社的译本中被删去)。马克思主义面临着一个新的历史时期所提出的新任务和新课题,马克思主义也面临着新的攻击和曲解,马克思主义必须在斗争中求发展。

马克思主义的伦理思想同马克思主义的其他学说一样是要发展的,没有发展就不会有创造性地学习和运用,也就无法解答在新的历史条件下在道德和道德教育中提出的新问题。但是,在道德问题上的历史唯物主义基本观点又是不能违反的,违反了就要偏离马克思主义的轨迹,走向反科学的道路上去。因此,在面临新时代和新问题的形势下,我们必须在接受一切"新思想"的同时,保持清醒的头脑,采取科学的批判态度创造性地运用马克思主义有关道德和道德教育的基本原理,建立起具有时代特点和中国特色的社会主义道德教育体系。

第八章　马克思关于教师劳动属性的论述

　　关于教师劳动属性和教师阶级属性问题的研究,无论在理论上还是在实践上都是一个重要的问题。

　　从理论上看,有人引证马克思《剩余价值理论》中的论述①,证明在资本主义社会里,广大知识分子(包括教师)是生产剩余价值的工人。有人引证马克思在《资本论》第一卷中关于总体工人概念扩大了它的外延的论述,②证明教师是生产工人。② 并说这是马克思著作中的原意。

　　从实践上看,长期以来,如何看待知识分子的劳动属性,特别是它的阶级属性,是一个根本性政策的问题,在一个相当长时期内,把知识分子归属于资产阶级的范畴,执行了歧视知识分子的政策,打击了知识分子的积极性。然而,一时间,有人又说知识分子是工人阶级中最优秀的一部分。③

　　为了解决这个问题,研究马克思关于生产劳动理论的观点,关于知识分子的劳动属性的观点,就更为重要。

---

① 1979 年 11 月 28 日《光明日报》发表的署名文章:《关于知识分子问题的笔记》一文,就是一例,文章引用了马克思《资本论》第 4 卷《剩余价值理论》中两段文字。引文一:"在学校中,教师对于学校老板,可以是纯粹的雇佣劳动者。这种教育工厂在英国数量很多。这些教师对学生来说虽然不是生产工人,但是对雇佣他们的老板来说却是生产工人。老板用他的资本交换教师的劳动能力,通过这个过程使自己发财。戏院、娱乐场所等等的老板也是如此。在这里,演员对观众说来,是艺术家,但是对自己的企业主说来,是生产工人。"(《马克思恩格斯文集》第 8 卷,人民出版社 2009 年版,第 417 页)引文二:"弥尔顿生产《失乐园》,像蚕生产丝一样,是他天性的表现。后来,他把这个产品卖了五镑,就此而言他成了商品交易者。但是,在书商指示下生产书籍(例如政治经济学概论)的莱比锡的无产作家却近似于一位生产劳动者,因为他的生产从属于资本,而且只是为了使资本增殖价值而进行的。像鸟一样唱歌的歌女是非生产劳动者。如果她为了货币而出售自己的歌唱,她就因此而成为雇佣劳动者或商品交易者。但是,同一个歌女,被剧院老板雇用,老板为了赚钱而让她去唱歌,她就是生产劳动者,因为她直接生产资本。"(《马克思恩格斯文集》第 8 卷,人民出版社 2009 年版,第 526–527页)以此证明在资本主义社会里,广大教师是生产剩余价值的工人。

② 于光远:《关于教育是生产力的问题》,《教育研究》1980 年第 5 期。

③ 参见《关于知识分子问题的笔记》,《光明日报》1979 年 11 月 28 日。

那么，马克思在他的著作中，特别是在《剩余价值理论》中，是如何分析这一问题的呢？下面分为五个问题来谈。

一、马克思从资本主义生产的意义上对教师劳动属性的考察

为了弄清楚教师的阶级属性，就要弄清教师劳动的属性，而要弄清教师劳动的属性，就要弄清什么是"生产劳动"，什么是"非生产劳动"，什么是"生产工人"，什么是"非生产工人"。

马克思是严格地从"资本主义生产"的意义上使用这些概念的，即从资本主义生产关系的意义上来使用这些概念的。马克思一再说在资本主义制度下创造剩余价值的劳动就是生产劳动，否则就是非生产性的劳动。

什么是生产劳动呢？马克思说："从资本主义生产的意义上说，生产劳动是雇佣劳动，它同资本的可变部分（花在工资上的那部分资本）相交换，不仅把这部分资本（也就是自己劳动能力的价值）再生产出来，而且除此之外，还为资本家生产剩余价值。仅仅由于这一点，商品或货币才转化为资本，才作为资本生产出来。只有生产资本的雇佣劳动才是生产劳动。（这就是说，雇佣劳动把花在它身上的价值额以增大了的数额再生产出来，换句话说，它归还的劳动大于它以工资形式取得的劳动。因而，只有创造的价值大于本身价值的劳动能力才是生产的。）"①

什么是非生产劳动呢？马克思说："那就是不同资本交换，而直接同收入即工资或利润交换的劳动（当然也包括同参与分享资本家利润者的各个项目，如利息和地租相交换的劳动）……例如一个演员，哪怕是丑角，只要他被资本家（剧院老板）雇用，他偿还给资本家的劳动，多于他以工资形式从资本家那里取得的劳动，那么，他就是生产劳动者；而一个缝补工，他来到资本家家里，给资本家缝补裤子，只为资本家创造使用价值，他就是非生产劳动者。前者的劳动同资本交换，后者的劳动同收入交换。前一种劳动创造剩余价值；在后一种劳动中收入被消费了。"②

什么是生产劳动者呢？马克思在《直接生产过程的结果》中明确地说："只

---

① 《马克思恩格斯文集》第 8 卷，人民出版社 2009 年版，第 213 页。
② 《马克思恩格斯文集》第 8 卷，人民出版社 2009 年版，第 218—219 页。

有直接生产剩余价值的劳动是生产劳动,只有直接生产剩余价值的劳动能力的行使者是生产工人"①。还说:"进行生产劳动的工人,是生产工人;直接创造剩余价值的劳动,也就是使资本增殖价值的劳动,是生产劳动。"②

什么是非生产劳动者呢？马克思说:"生产劳动者为他的劳动能力的买者生产商品。而非生产劳动者为买者生产的只是使用价值,想象的或现实的使用价值,而决不是商品。非生产劳动者的特点是,他不为自己的买者生产商品,却从买者那里获得商品。"③

马克思不仅严格地从资本主义生产的意义上,区别了这些概念,而且以此特定的概念区别了下面几种情况。这几种情况的分析,对我们理解关于教师劳动属性的问题是有指导意义的。

哪几种情况呢？

第一,仅仅能补偿劳动力所消费的价值的劳动,绝对地说,这一劳动是生产的。但从资本主义意义上说,这种劳动就不是生产的。因为它不生产任何剩余价值。马克思说:"资本家阶级的存在,从而资本的存在本身,是以劳动生产率为基础的,但不是以绝对的劳动生产率为基础,而是以相对的劳动生产率为基础。如果一个工作日只够维持一个劳动者的生活,也就是说,只够把他的劳动能力再生产出来,那么,绝对地说,这一劳动是生产的,因为它能够再生产即不断补偿它所消费的价值(这个价值额等于它自己的劳动能力的价值)。但是,从资本主义意义上来说,这种劳动就不是生产的,因为它不生产任何剩余价值。"④资本的存在是以相对的生产率为基础的。只有工人在自己的产品中物化的劳动时间比维持他作为一个工人存在所需要的产品中物化的劳动时间要多,即工人不仅补偿原有价值,而且创造了新价值,这种劳动才是生产劳动。

第二,从资本主义生产的意义上说,只有直接同资本交换的劳动,才是生产劳动,而直接同收入即工资或利润交换的劳动,是非生产劳动。马克思举例说:"我是买一条现成的裤子呢,还是买布请一个裁缝到家里来做一条裤子,我对他的服务(即他的缝纫劳动)支付报酬,——这对我是完全没有差别的,因为对我来说重

① 《马克思恩格斯文集》第 8 卷,人民出版社 2009 年版,第 520 页。
② 《马克思恩格斯文集》第 8 卷,人民出版社 2009 年版,第 521 页。
③ 《马克思恩格斯文集》第 8 卷,人民出版社 2009 年版,第 221 页。
④ 《马克思恩格斯文集》第 8 卷,人民出版社 2009 年版,第 213-214 页。

要的是裤子本身。我不请裁缝到家里来,而是到成衣商那里去买裤子,是因为前一种方式花费大,而缝纫业资本家生产的裤子,比裁缝在我家做的裤子,花费的劳动少,也就便宜。但是在这两种情况下,我都不是把我买裤子的货币变成资本,而是变成裤子;在这两种情况下,对我来说,都是把货币单纯用做流通手段,即把货币转化为一定的使用价值。因此,虽然在一种情况下,货币同商品交换,在另一种情况下,货币购买作为商品的劳动本身,但是,货币在这里都不是执行资本的职能。它只是执行货币的职能,确切些说,执行流通手段的职能……相反,成衣商雇用的同一个裁缝向他这个资本家提供的服务,决不在于他把布做成裤子,而在于对象化在裤子中的必要劳动时间等于 12 小时,而裁缝所得的工资只等于 6 小时。因此,裁缝向资本家提供的服务,在于他无偿地劳动了 6 小时。这件事以缝制裤子的形式出现,只是掩盖了实际的关系。因此,成衣商一有可能就设法把裤子再转化为货币,就是说,转化为这样一种形式,在这种形式中,缝纫劳动的一定性质完全消失,而已经提供的服务就不是表现为由一定货币额代表的 6 小时劳动时间,而是表现为由加倍的货币额代表的 12 小时劳动时间"①。可见,到资本家家里给资本家缝补裤子的裁缝,只为资本家提供使用价值。在这里,劳动没有同资本交换,仅仅是和收入相交换;而缝纫业的资本家购买缝纫劳动,是把它当作使一个塔勒变成两个塔勒的手段,是把它当作提供的交换价值额大于花在它上面的费用。马克思又用一个例子,说明两种性质不同的劳动。他说,例如,"钢琴制造厂主的工人是生产劳动者。他的劳动不仅补偿他所消费的工资,而且在他的产品钢琴中,在厂主出售的商品中,除了工资的价值之外,还包含着剩余价值。相反,假定我买到制造钢琴所必需的全部材料(或者甚至假定工人自己就有这种材料),我不是到商店去买钢琴,而是请工人到我家里来制造钢琴。在这种情况下,钢琴匠就是非生产劳动者,因为他的劳动直接同我的收入相交换"②。这一例子说明,前者,劳动同资本交换,劳动转化为资本,并为资本家创造利润;后者,劳动同收入交换,它是一种支出,是花费掉收入的一个项目。

第三,从资本主义生产的意义上说,劳动作为生产劳动的特性,只表现一定的社会生产关系。劳动能力的使用价值,对资本家来说,不在于它的实际使用价值,而在于它的价值。不在于某种具体劳动的效用,不在于这是纺纱者的劳

---

① 《马克思恩格斯文集》第 8 卷,人民出版社 2009 年版,第 406-408 页。
② 《马克思恩格斯文集》第 8 卷,人民出版社 2009 年版,第 222 页。

动、织布者的劳动等等,不在于劳动的内容和劳动的结果,正如这种劳动产品的使用价值本身并不使资本家感兴趣一样,因为产品在他看来是商品,而不是消费品。所以,体现生产工人的劳动商品,其使用价值可能是微不足道的,只要赚钱,使用价值对资本来说是无所谓的。而使资本家感兴趣的仅仅是:商品具有交换价值。自然,所有以这种或那种方式参加商品生产的人,从工人到经理(有别于资本家的)、工程师,都属于生产劳动者的范畴。

第四,作家之所以是生产劳动者,并不是因为他生产出观念,而是因为他使出版他著作的书商发财,也就是说只有他作为某一资本家的雇佣劳动者的时候,他才是生产的。非物质生产的领域中,只要这种生产纯粹是为交换而进行的,不管生产的结果是商品(如书、画),还是产品同生产行为不能分离(如表演艺术家、演说家、演员、教员、医生等等),只要能让老板发财致富,那么,这些人就是生产工人。就是在物质生产领域中,那些凡是在劳动一部分是自己支付自己(例如农民的农业劳动),一部分直接同收入交换(如亚洲城中的制造业劳动)的地方,也不是从资本主义意义上说的生产劳动。

马克思同意亚当·斯密的话:一个人,要雇佣许多制造业工人,就会变富;要是维持许多家仆,就会变穷。家仆的生活费永远得不到偿还。

说明了马克思从资本主义生产的意义上,区别了什么是生产劳动,什么是非生产劳动,什么是生产劳动者,什么是非生产劳动者以后,我们就可以回到我们的问题上来了。在资本主义社会中,广大(或多数)教师(或其他类似教师的知识分子)是不是直接生产剩余价值的生产工人(或生产劳动者)呢?按照马克思的看法,教师(或类似教师的知识分子)的劳动不是生产劳动,教师也不是生产工人,即不是生产剩余价值的生产劳动者。理由如下:

第一,一般说来,教师的劳动(即传授、训练、教育活动),不直接创造用来支付他们报酬的基金。

生产工人生产商品,从而把他以工资形式消费的可变资本不断再生产出来,他把支付给他的使他能够就业和生存的基金不断再生产出来,并且这个工人消费的商品不多于他生产的东西,不多于他的劳动所值。也就是说,生产劳动者生产的商品。除了补偿以工资形式支付给他的基金,还直接生产剩余价值,而教师的劳动,马克思说:"很明显,医生和教师的劳动不直接创造用来支付他们报酬的基金,尽管他们的劳动加入创造一切价值的那个基金的生产费用,即加入劳动能力的生产费用。"①还说:"假定由于上一年加进的新劳动减少和追加的劳动的生产能力降低,产品中价值等于收入的那一部分减少了。这时,如果资本家和工人还想以物质产品的形式消费原先那样大的价值量,他们就要少购买医生、教师等等的服务。如果他们对医生和教师必须继续花费以前那样大的开支,他们就要减少对其他物品的消费。"②原因就是教师的劳动不直接创造用来支付他们报酬的基金,更不能创造剩余价值。

第二,一般说来,教师的劳动不是直接同资本相交换的劳动,而是直接同收入相交换的劳动。

资本家花在购买工人工资上的那部分支付,是可变资本,劳动力同资本的可变部分相交换,这不仅可以把这部分资本再生产出来,而且还可以为资本家生产剩余价值。也只有通过这种交换,劳动才转化科学意义上的雇佣劳动。教师的劳动,不是直接同资本交换的劳动,而是直接同收入相交换的劳动。马克思说:"如果我自己购买,或者别人为我购买一个教师的服务,其目的不是发展我的才智,而是让我学会赚钱的本领,而我又真的学到了一些东西(这件事就它本身来说,完全同对于教师的服务支付报酬无关),那么,这笔学费同我的生活费完全一样,应归入我的劳动能力的生产费用。……这不是我把货币转化为资本的关系,换句话说,这个提供服务的人即教师,并没有把我变成资本家,变成他的主人。因此,医生是否把我的病治好了,教师的教导是否有成效,律师是否使我打赢了官司,对于这种关系的经济规定性来说,也完全是无关紧要的。在这里,被支付报酬的是服务本身,而就服务的性质来说,其结果是不能由提供服务的人保证的。很大一部分服务,属于商品的消费费用,如女厨师、女佣人等等的服务。"③

当然,支配多少非生产劳动性的服务——像购买其他一切供消费的商品的情况一样——是同剥削多少生产工人成正比例的。因此,生产工人支配非生产劳动者的服务的可能性,比一切人都要少,虽然他们对强加于他们的服务性(国家、赋税)支付费用最多。所以,马克思说,教育费在工人群众的生产费用中是微不足道的。而资产阶级在教育上则享受着特权,而他们的特权,不过是强加

---

① 《马克思恩格斯文集》第 8 卷,人民出版社 2009 年版,第 229-230 页。
② 《马克思恩格斯文集》第 8 卷,人民出版社 2009 年版,第 229 页。
③ 《马克思恩格斯文集》第 8 卷,人民出版社 2009 年版,第 410-411 页。

在工人身上的沉重的负担。

第三，一般说来，用收入交换教师的劳动，完全是为了消费它的使用价值，而不是把它作为构成价值的要素。

马克思说，直接同资本交换的劳动，对资本家本身来说，"不在于它的实际使用价值，不在于这种特殊的具体劳动的效用，不在于它是纺纱劳动、织布劳动等等，正如这种劳动产品的使用价值本身并不使资本家感兴趣一样，因为产品在他看来是商品（并且是第一形态变化之前的商品），而不是消费品。"①而购买教师的劳动——购买教师的服务，不是把它作为构成价值的要素，而完全是为了它的使用价值。我花费收入的一部分是为了消费它的使用价值（劳动）。这个使用价值是随着劳动能力本身活动的停止消失，不管这个使用价值的目的是发展人的才智，还是让人学会赚钱的本领，这同教师劳动服务的性质无关紧要。这就好比我在饭店里吃的一顿午餐本身，不能使我再购买和吃一顿相同的午餐一样。而就其购买的是使用价值，从消费来说，是一样的。

综合上面的看法，我们是否可以说，教师的劳动，就总体来说，它不是生产劳动，购买花在教师服务上的费用不是生产费用，教师不是生产工人，不是生产劳动者。所以，马克思说："给别人上课的教师不是生产劳动者。"②

第四，当然，在资本主义社会里，也有另外一种情况，马克思说："一个教师同其他人一起作为雇佣劳动者被聘入一个学院，用自己的劳动来使贩卖知识的学院老板的货币增殖价值，他就是生产劳动者。"③还说："在学校中，教师对于学校老板，可以是纯粹的雇佣劳动者，这种教育工厂在英国数量很多。这些教师对学生来说虽然不是生产工人，但是对雇佣他们的老板来说却是生产工人。老板用他的资本交换教师的劳动能力，通过这个过程使自己发财。"④按照马克思的思想，这里需要有两点说明：①资本主义生产在这个领域中的这个表现，"同资本主义生产的大量存在相比是微乎其微的量。所以，可以把它们完全撇开不谈"⑤。②这种教育工厂在英国虽然较多，但并不等于说这种教育工厂在英国占学校的多数，或者说英国学校的多数是教育工厂。事实上英国教育多数还是国家（来自税收）花了钱，雇来了教师设立了许多免费的学校，马克思也是

---

①　《马克思恩格斯文集》第8卷，人民出版社2009年版，第217-218页。
②③⑤　《马克思恩格斯文集》第8卷，人民出版社2009年版，第527页。
④　《马克思恩格斯文集》第8卷，人民出版社2009年版，第417页。

主张教育可以是国家的,而不是政府的。国家应以立法的方式,拨经费予学校。马克思在《关于现代社会中的普及教育的发言记录》中说,代表大会应该通过决议,教育应当是义务教育,同时还主张在普通教育上应是免费的。

总之,从马克思对生产劳动者——生产工人的严格的含义来说,或者从资本主义生产的意义来说,教师中的多数是不能算作生产工人的,是不能算作生产劳动者的,或者说是不能算作是脑力劳动无产阶级的。这种区别始终是从货币所有者、资本家的角度来区分的。当然,就劳动者说,作为可变资本的工人劳动能力和作为收入消费的教师的劳动服务是一样的,但前者是直接受剥削的,后者却不能说是直接受剥削的,两者是有这个质的区别的。所以,我们说,教师的劳动(脑力劳动、服务劳动)属于劳务性质的,一般说它不创造价值和剩余价值,所以,大多数教师可以是劳动者,是劳动人民而不属于劳动无产者。

马克思认为,工厂的经理、工程师、监工……都以这种和那种方式参加商品的生产,这些人把自己的脑力劳动,固定或物化在可以出卖或交换的商品中,应该属于生产劳动者的范围。这是从他们的劳动可以使资本增值来说的,并不是给这些经理、工程师、监工定阶级属性。大家知道,因为经理、监工、工程师等的收入,一般说来,不仅远远高于那些普通工人,而且就他的收入额来说,不仅可以补偿他的消费,补偿他原有的价值,而且远远高于他所消费的价值,无疑是资本家从工人所创造的新价值的再分配中得到的。所以,从这种意义上说,这些人的阶级属性,不能只从使商品增值考察,还要从他收入量上来考察。笼统地,一般地说经理、工程师、监工是生产工人,是说不通的。所以,马克思在《资本论》中认为这些人是不属于工厂工人范围,而只是同工厂工人聚集在一起的人。恩格斯在《反杜林论》中,称这些为"有教养"的等级的成员。

二、马克思从简单劳动过程的角度对教师劳动的属性的考察

上面讲的是作为特定的生产关系的生产劳动,即是作为资本主义生产关系的生产劳动,而不是"撇开它的各种历史形式,作为人和自然之间的过程来考察的"①。

现在从简单劳动过程的角度来考察教师的劳动,也不属于生产劳动这个范

---

① 《马克思恩格斯选集》第 2 卷,人民出版社 2012 年版,第 235 页。

畴,教师也不是生产工人。什么是生产劳动呢？马克思在《资本论》第一卷第五章中认为,构成生产劳动(生产过程)必须具备三个基本要素:①人本身有目的的活动。马克思说:生产过程是"人和自然之间的物质变换的过程。人自身作为一种自然力与自然物质相对立。为了在对自身生活有用的形式上占有自然物质,人就使他身上的自然力——臂和腿、头和手运动起来",这就是生产劳动。①②劳动对象。劳动对象可以分为天然的劳动对象和滤过的劳动对象。③劳动手段或劳动资料。劳动资料是劳动者置于自己和劳动对象之间,用来把自己的活动传导到劳动对象上去的物和物的综合体。总之,马克思认为,生产劳动首先是人和自然之间的物质的变换过程。也就是说,"在劳动过程中,人的活动借助劳动资料使劳动对象发生预定的变化,过程消失在产品中。它的产品是使用价值,是经过形式变化而适合人的需要的自然物质。劳动与劳动对象结合在一起。劳动对象化了,而对象被加工了。在劳动者方面曾以动的形式表现出来的东西,现在在产品方面作为静的属性,以存在的形式表现出来。劳动者纺纱,产品就是纺成品。"②

从马克思的论述中可以看出,生产劳动一般是指直接用于创造物质财富的劳动,生产过程就是人和自然之间的物质变换过程。一方面,在作用于他身外的自然并改变自然时,也就同时改变了他自身的自然,使他自身的自然中沉睡着的潜力发挥出来。另一方面,劳动物化了,对象被加工了,产生适合于人的需要的自然物质。一般说来,劳动物化在物质产品中,创造了价值和使用价值,这就是生产劳动;不创造物质财富的劳动称非生产性的劳动。这里是把创造不创造物质财富当作生产劳动与非生产劳动的根本的标志。

那么,不是马克思说过:随着劳动过程本身协作性质的发展,生产劳动和它的承担者即生产工人的概念也就必然扩大吗？是的,马克思是说过。他在《资本论》第一卷第十四章说:"产品从个体生产者的直接产品转化为社会产品,转化为总体工人即结合劳动人员的共同产品。总体工人的各个成员较直接地或者较间接地作用于劳动对象。因此,随着劳动过程的协作性质本身的发展,生产劳动和它的承担者即生产工人的概念也就必然扩大。为了从事生产劳动,现在不一定要亲自动手;只要成为总体工人的一个器官,完成他所属的某一种职

---

① 《马克思恩格斯选集》第2卷,人民出版社2012年版,第169页。
② 《马克思恩格斯选集》第2卷,人民出版社2012年版,第172-173页。

能就够了。上面从物质生产性质本身中得出的关于生产劳动的最初的定义,对于作为整体来看的总体工人始终是正确的。但是,对于总体工人的每一单个成员来说,它就不再适用了。"①于是,有的同志根据马克思的这一论述,得出结论说:"纯粹个人的劳动过程,他要完成某项生产劳动,有需要学习研究提高自己的知识,作为直接处理劳动对象的准备,现在这种学习研究分离出来,成为教育的职能。这种教育职能就成为间接地作用劳动对象的劳动,作为总体工人一个器官的劳动。它应该肯定是生产劳动。"由此看来,教师就应该是生产劳动者,就应当是生产工人。②

对这个结论,我认为仍然是值得商榷的。

第一,将教师的劳动看作生产劳动,它混淆了物质生产和"精神生产"的界限。科学、文艺、教育等活动是精神活动,从事这种活动的工作人员是"精神生产"的劳动而不是物质生产劳动。"精神活动"不直接创造物质财富,而且还要消耗物质财富。一般讲生产,指的总是物质生产,"精神生产"的说法是借用经济学的名词。经济学中的生产,从来就是指的物质生产。因此,我们所说的生产劳动和非生产劳动,就是指的物质生产和非物质生产劳动。物质生产和"精神生产"是有明确的界线,是不能混淆的。

第二,将教师的劳动看作生产劳动,就混淆了分配和再分配的界线,从而混淆了生产和消费的界线。在资本主义社会里,普通学校的费用主要是从税收的财政拨款中取得的。税收的钱是从哪里来的呢? 它实际是资产阶级国家以税收的形式分割资本主义企业中被榨取的劳动者所创造的剩余价值的一部分,是物质生产部分职工为社会生产的产品。这是经济学上所说的初次分配。国家财政又把生产部门上缴的物质财富的一部分分给教育,同时,物质生产部门的职工又用自己的工资去换取教师的服务(交纳一定学费)这些都是再分配。花在教育上分配中的财富,一般应属于消费而不属于生产。所以,马克思认为教师、医生的劳动费用,都属于非生产费用。马克思在《哥达纲领批判》中,将用来满足共同需要的部分中的学校的费用看作消费资料。

第三,将教师的劳动看作生产劳动,就混淆了价值和使用价值、劳动力的价值和劳动所创造的价值的界线。马克思主义政治经济学指出,价值是凝结在商

① 《马克思恩格斯选集》第 2 卷,人民出版社 2012 年版,第 235-236 页。
② 于光远:《关于教育是生产力的问题》,《教育研究》1980 年第 5 期。

品中的一般的无差别的人类劳动,即抽象的人类劳动。商品的价值量是由生产该种商品所耗费的人类劳动量来决定的。一般说来,教师的劳动不直接创造用来支付他们报酬的基金,也就是说并不直接创造价值。他所提供的服务仅仅是他的使用价值,花在购买教师服务上的费用,是劳动力价值的一部分,而不是价值的要素。教师的收入属于劳动力价值的范畴,他的作用与贡献属于使用价值范畴。

三、教师不应归属于总体工人的概念之内

上面已经提到,是否由于"产品从个体生产者的直接产品转化为社会产品,转化为总体工人即结合劳动人员的共同产品",而随之"生产工人概念也就必然扩大",而就把"教师"也扩大为生产工人呢?是否因为教师劳动尽管远离劳动过程,但他的劳动实际是生产劳动能力,而劳动能力又是构成生产的基本要素,于是就可把较间接地作用于劳动对象的教师的劳动,也看作生产劳动呢?是否认为教师劳动改变了劳动力的形态,这和工程师、技术人员设计了新的设备一样,都是较间接地作用于劳动对象的劳动,而就成为生产工人了呢?是否以此理由就断定:教育是生产力,教育活动是生产活动,教师是生产工人呢?这一问题除了在第二节分别从物质生产和精神的界线,从生产和消费的界线,从价值和使用价值的界线进行分析,还应就总体工人的概念中到底应不应包括教师在内进行考察。

第一,马克思在谈到"生产劳动"和它的承担者即"生产工人"的概念扩大时,也是从两层意义上说的。

首先,他是在生产剩余价值的意义上谈的。马克思说:"随着劳动对资本的实际上的从属或特殊资本主义生产方式的发展,变成总劳动过程的实际执行者的并不是单个工人,而是日益社会地结合起来的劳动能力;互相竞争的和构成为总生产机器的各种劳动能力,以极其不同的方式参加商品形成的直接过程,或者在这里不如说参加产品形成的直接过程:有的人多用手工作,有的人多用脑工作,有的人当经理、工程师、工艺师等等,有的人当监工,有的人当直接的体力劳动者或者做简单的辅助工,于是劳动能力的越来越多的职能被列在生产劳动的直接概念下,这些劳动能力的承担者也被列在生产工人的概念下,即直接

被资本剥削的和从属于资本价值增殖过程与生产过程本身的工人的概念下。"①这就是马克思讲的"总体工人"的含义,扩大了的"生产工人"的含义。这当中包含了管理者、工程师、工艺师、监工等,因为他们参加了资本的增值过程。由此,能否这样说,那些参加资本增殖过程的劳动是生产劳动,那些生产劳动的承担者是生产工人,参加生产剩余价值的脑力劳动者,是属于"生产劳动者"的,并不是指那些与资本增值无关的脑力劳动者都是生产劳动者。

正是从生产剩余价值的意义上来看,马克思认为,在非物质生产的领域中,教师在特定的情况下,也可扩大为生产工人。他说:"如果可以在物质生产领域以外举一个例子,那么,一个教员只有当他不仅训练孩子的头脑,而且还为校董的发财致富劳碌时,他才是生产工人。校董不把他的资本投入香肠工厂,而投入教育工厂,这并不使事情有任何改变。因此,生产工人的概念决不只是包含活动和效果之间的关系,工人和劳动产品之间的关系,而且还包含一种特殊的社会的、历史地产生的生产关系。这种生产关系把工人变成资本增值的直接手段。所以,成为生产工人不是一种幸福,而是一种不幸。"②可见,从资本主义生产的意义上看,将生产工人扩大到物质生产领域以外扩展到精神生产领域,实际是扩大了剥削的范围,是教师的不幸。

其次,就从简单劳动过程来看,那些间接地作用于劳动对象的成员或者说那些多用脑的人也是指那些生产上的管理者、工程师、工艺师、监工等等。从一般的单纯的劳动过程来看,他们的劳动,虽然是间接的,而且不一定要亲自动手,他们的劳动职能距直接手工的劳动是较远的,但他们的劳动间接地物化在产品上。所以,马克思说:从一般劳动过程的单纯的观点出发,实现在产品中的劳动,更切近些说,实现在商品中的劳动,对我们就表现为生产劳动。教育活动与设计活动不同,教育活动与管理生产的活动不同,教育活动与生产工艺的改革不同,前者的活动是实现在人的智力与体力发展上,是智化在劳动者的头脑中;后者的活动是与产品直接有关的,是物化在产品上,是以产品和某种使用价值为结果的。正是从这点出发,马克思在谈到脑力劳动者时,往往是把经理、工程师、工艺师等当作一种类型脑力劳动来看,而把作家、艺术家、演说家、演员、教员、医生、教师等当作另一种类型的脑力劳动者来看。前者马克思从一般生

---

① 《马克思恩格斯文集》第 8 卷,人民出版社 2009 年版,第 521—522 页。
② 《马克思恩格斯选集》第 2 卷,人民出版社 2012 年版,第 236 页。

产意义上有时称他们是生产工人,因为他较直接或间接地参加了物质财富的创造;而后者一般说来与物质财富的生产较远,他们的劳动尽管影响了劳动者的状态,但不同于前者,他们不直接为创造物质财富而劳动。正因此,通常马克思把教师的劳动、医生的劳动看作一种服务。这些服务的费用,是劳动能力的生产费用或劳动能力的再生产费用。马克思把这种费用称为是劳动能力的训练费、保持费、修理费。所以,生产费用和生产劳动能力的费用、创造产品或创造使用价值的生产劳动和使劳动能力改变形态或使劳动能力具有专门性的教育活动、生产物质产品的生产工人和改变劳动力形态的教师、管理物质生产的生产部门和管理教育的教育部门,不是同一范畴的概念,不是一个含义的概念。马克思讲的"总体工人"概念扩大了,并不包括教师在内。

第二,从产品的价值形成要素考察,教师劳动所花费的价值不能转移到新产品中,或再现在产品的价值中,因而,它的劳动不应是生产劳动,教师不应是"总体工人"中的一部分。

价值的形成过程,是将劳动者的抽象劳动凝结于商品体的过程。商品是使用价值和价值的统一。与此相适应的,商品的生产过程也就是劳动过程和价值过程的统一。统一的生产过程,作为劳动过程,具体的劳动形成商品的使用价值;作为价值形成过程,抽象的人类劳动又形成商品的价值。

商品的价值,是由两部分构成的:一是它包括生产过程中消耗掉的生产资料转移过来的价值,一是在同一过程中由活劳动新创造的价值。在劳动过程中,同一商品生产者的劳动,作为具体劳动,则把消耗掉的生产资料的价值转移到新产品上去;作为抽象劳动,则创造新的价值。

生产资料的价值在新产品的价值中再现,它既包括了机器、设备、厂房等,这部分固定资本在生产过程中始终保持原有物质形态,其价值则按照在使用过程中磨损程度一部分一部分地转移到新产品中去。随着产品的出售,转移的那部分价值,又以货币形态回到资本家手中,除固定资本消耗的那部分外,还包括用于购买原料、燃料、辅助材料等那一部分流动资本。这部分资本的价值的转移方式与前者不同,它的物质形态在一次生产过程中全部消费掉,并转化为新的使用价值,其价值就全部转移到新的产品中去,并经过产品的出售而转化为货币形态,全部流回到资本家手中。两部分的价值转移方式不同,但在生产过程中都不会改变自己的价值量。

用来购买劳动力的资本,其价值并不能直接转移到新产品中去。在劳动过程中,工人不仅创造了相当于劳动力价值的那一部分新价值,还创造了剩余价值。资本家为使用劳动能力而支付给工人的货币,实际上只是工人必要生活资料的一般等价形式。就这一点说,可变资本在物质上是由生活资料构成的。然而,资本家购买的,不是工人的生活资料,而是工人的劳动力本身。形成他的资本可变部分的,不是工人的生活资料,而是工人的发挥作用的劳动力。资本家在劳动过程中生产地消费的是劳动力本身,而不是工人的生活资料。当劳动力进入生产过程之后,在把他自己的价值再生产出来并加进产品的同时,还不断地把剩余价值,即无酬劳动的化身,加到产品中去。相比,用在购买劳动力上的这部分资本的价值在生产过程中发生了价值量的变化,是一个可变的量,是一个增殖的量。所以,就价值形成来说,劳动力和生产资料就价值形成来说性质是不同的。①

从分析价值形成的要素来看,教师的劳动只不过是改变劳动力素质的活动,他的劳动费用即他的劳动价值,包括在生产劳动能力所耗费的价值的总和中。劳动力的价值可以归结为一定量的生活资料的价值,这部分价值是不能够转移到产品中去的。它是生活资料中消费的一部分。这就是说,在产品的价值中,没有将教师劳动的价值再现在产品中。没有构成价值的要素,因而,教师不是生产工人,"总体工人"中也不应包含教师。

第三,反而论之,如果把影响劳动能力的活动都看作生产活动。那么,医生给人(给劳动者、给工人)看病,也就是生产劳动了,因为疾病直接影响着劳动能力的发挥。以此类推,诸如作家、艺术家、影响着劳动力的意识,牧师影响着劳动力的灵魂,而一个人的意识,不能说对生产率没有作用。甚至,结婚生育子女也是生产劳动了,因为如果一律禁止结婚,那是连任何劳动力也不会有的。无怪乎新儿降生,也称"生产",这大概是有理论根据的吧。

所以,"总体工人"概念扩大了,总应有一个"度",不能将一切与生产有关的职业,都算是生产事业,不能将一切与生产有关的人员,都称生产工人,都是"总体工人"的一部分。那样,一切职业就都具有生产性了。马克思对此,是持否定态度的。他风趣地举例说,如果我们仔细考察一下罪犯同整个社会的联

---

① 《马克思恩格斯全集》第45卷,人民出版社 2003 年版,第 183-185 页。

系,那就可以摆脱许多偏见。他说,罪犯不仅生产罪行,而且还生产刑法,因而还生产讲授刑法的教授,除此,罪犯还生产全体警察和全部司法、侦探、法官、刽子手、陪审官等等,军事刑讯一项就推动了最巧妙的机械的发明,并保证大量从事刑具生产的可敬的手工业者有工可做。还说,罪犯对生产力发展的影响,可以研究得很细致。如果没有小偷,锁就不能达到今天的完善程度;如果没有伪造钞票的人,银行券的印刷也不能像现在这样完善。……犯罪使侵夺财产的手段不断翻新,从而也使保护财产的手段日益更新,这就像罢工推动机器的发明一样,促进了生产。又说:犯罪,一方面使劳动市场去掉了一部分过剩的人口,从而减少工人之间的竞争,在一定程度上阻止工资降到某种最低额以下;另一方面,反对犯罪的斗争又吸收另一部分过剩人口。这样,罪犯成了一种自然“平衡器”,它可以建立适当的水平并为一系列“有用”的职业开辟新的场所。① 那是否由此得出结论,认为犯罪是推动生产发展的动力,罪犯是生产工人呢? 马克思认为这是充满庸人精神的资产阶级社会的辩护人的见解。这种见解,理所当然地受到马克思的批判。

四、教师的劳动是提供服务性的劳动

马克思在《剩余价值理论》中,经常提到非生产劳动是提供服务的劳动。“服务”又称作劳务。服务主要是不以实物形式而以劳动形式为他人提供某种效用的活动。马克思说:“服务这个词,一般地说,不过是指这种劳动所提供的特殊使用价值,就像其他一切商品也提供自己的特殊使用价值一样;但是,这种劳动的特殊使用价值在这里取得了‘服务’这个特殊名称,是因为劳动不是作为物,而是作为活动提供服务的……在资本主义生产中,我给为了你做这个形式所表示的,是被付出的对象化价值同被占有的活的活动之间极为独特的关系。”②马克思断言“对服务的这种购买中完全不包含劳动和资本的独特关系——在这里,这个关系或者完全消失了,或者根本不存在”③。

马克思认为购买服务与支付服务报酬的关系,实际是货币和劳动之间的单纯的、直接的交换,这种交换的最大的特点:在这里货币仍是作为货币,而不是

---

① 《马克思恩格斯全集》第 26 卷第 1 分册,人民出版社 1972 年版,第 415-417 页。
②③ 《马克思恩格斯选集》第 2 卷,人民出版社 2012 年版,第 865 页。

资本,货币是作为交换价值的独立形式支出的,通过交换,使这个交换价值转化为某种使用价值,转换为某种生活资料,转换为个人的消费。而另一方面,在这里的劳动只是作为使用价值,作为依靠它的一定的有用性质给我提供服务,才使买者感兴趣。在购买服务中,货币没有变为资本,劳动没有变为生产劳动。

按马克思的观点:服务有两种基本形式。一种是通过自己的劳动,提供无形效用满足消费者的需要。一种是通过自己的劳动加工创造出或恢复某种使用价值满足消费者的需要。关于第一种形式,马克思说:"一些服务却不留下任何可以捉摸的、同提供这些服务的人分开存在的结果,或者说,这些服务的结果不是可以出卖的商品。例如,一个歌唱家为我提供的服务,满足了我的审美的需要;但是,我所享受的,只是同歌唱家本身分不开的活动,他的劳动即歌唱一停止,我的享受也就结束;我所享受的是活动本身,是它引起的我的听觉的反应。这些服务本身,同我买的商品一样,可以是确实必要的,或者仅仅看来是必要的,例如士兵、医生和律师的服务,——或者它们可以是给我提供享受的服务。但是,这丝毫不改变它们的经济规定性。如果我身体健康,用不着医生,或者我有幸不必去打官司,那我就会像避开瘟疫一样,避免把货币花在医生或律师的服务上。"①关于第二种形式,马克思说:"我叫到家里来的缝制衬衣的女裁缝,或修理家具的工人,或清扫、收拾房子等等的仆人,或烹调肉食等等的女厨师,他们也完全和在工厂做工的女裁缝、修理机器的机械师、洗刷机器的工人以及作为资本家的雇佣工人在饭店干活的女厨师一样,把自己的劳动固定在某种物上,并且确实使这些物的价值提高了。这些使用价值,从可能性来讲,也是商品:衬衣可能拿到当铺去当掉,房子可能卖掉,家具可能拍卖等等。因此,上述人员从可能性来讲,也生产了商品,把价值加到了自己的劳动对象上。但他们是非生产劳动者中极少的一部分人,他们的情况对广大家仆、牧师、政府官吏、士兵、音乐家等等则是不适用的。"②十分明确:若从资本主义生产的意义上来看,两种形式的服务,都不属于生产劳动,而属于非生产性的劳动;若从简单劳动过程的意义上来看,第一种服务是非生产性的劳动,第二种形式的服务属于生产性的劳动。而教师的服务,不论从哪一层意义上考察,它都不是生产性的劳动,它提供的仅仅是一种活动,这种活动的结果,固然是发展了受教育者的身

① 《马克思恩格斯选集》第2卷,人民出版社2012年版,第866页。
② 《马克思恩格斯文集》第8卷,人民出版社2009年版,第226页。

心,使受教育者社会化了,但教育活动一旦结束,服务就消失了,劳动就智化了,留下来的是精神,而不是"物",教育活动不但不创造物质财富而且还要消费物质财富。教师提供的仅仅是教育活动,活动结束,服务也就消失。

那么,有人说,购买教师的服务,恰恰是构成发财致富的手段;或者说,购买教师的服务,恰恰是构成物质生产的条件。因为没有这种购买,就没有赚钱的本领;没有这种购买,就不能从事一定的物质生产。因而它应归属于生产的范畴。马克思认为,那么,若根据上述的推论,是否可以认为我的血液循环、我的呼吸过程也是我发财致富的条件呢?他继续说,但是,无论我的血液循环还是我的呼吸过程,就其本身而论,都决不能使我发财致富,相反,两者是以代价昂贵的新陈代谢为前提的,如果完全不需要这种新陈代谢,世界上也就没有穷人了。[①] 可见,教师的服务与生产过程是两个有联系但又有区别的过程,前一过程并不等于后一过程,教师的服务,不应属于生产过程,也不应属于生产劳动。

还有,有人说,用货币购买服务,或者说以服务换取货币,这之间的交换是否可能有服务所提供的劳动量,大于他从被服务者那里得到的报酬中包括的劳动量呢?马克思认为"这甚至是完全可能的"[②],这是因为提供服务者的劳动价格,是由你为生产劳动者所取得的价格决定的。比如,女裁缝到家庭提供服务的价格,是由你为生产劳动者的裁缝的价格决定的。马克思认为这是无关要紧的,"价格一经确定之后,他劳动 8 小时还是劳动 10 小时,对我都一样。对我来说,有意义的只是使用价值——裤子,并且,不论我用前一种方式或后一种方式购买裤子,我所关心的当然是尽量少支付;但是,一种情况下比另一种情况下支付得应当不多也不少,换句话说,只应当支付它们的正常价格。这是用于我的消费的一笔支出,这不是我的货币的增加,倒是我的货币的减少。这决不是发财致富的手段,正如用于我个人消费的任何一笔货币支出,都不是发财致富的手段一样。"[③]所以,货币和服务的交换中劳动量的不同,并不改变服务性劳动的性质。

关于服务的价值如何确定呢?这与我们探讨的服务性劳动性质本质是无关的。服务的价值是由工资规律决定的。服务的价值是由维持他们生活或者说是由把他们生产出来所必需的生产费用决定的。生产劳动者的劳动能力和

---

① 《马克思恩格斯选集》第 2 卷,人民出版社 2012 年版,第 863-864 页。
②③ 《马克思恩格斯选集》第 2 卷,人民出版社 2012 年版,第 863 页。

非生产者的劳动能力,对他们本人来说都是商品。他们的价值,是由生产他们劳动能力所需要的费用决定的。但是,生产劳动者为他的劳动能力的买者生产商品,而非生产劳动者为买者生产的只是使用价值。非生产劳动者的特点:他不为自己的买者生产商品,却从买者那里获得商品。

支配多少非生产劳动是同剥削多少生产工人成正比的。因此,生产工人支配生产劳动者服务的可能性,比一切人都要少,虽然他们对增加于他们的服务(国家、赋税)支付报酬最多。相反,我使用生产工人的劳动的可能性,同我使用非生产劳动者的劳动决不能成比例地增长;相反,这里是成反比例的。由此可见:①工人花在购买教师的服务是微不足道的,因为他们没有可能去支付使用非生产劳动者的费用。②资产阶级使用生产工人的可能性越大,为他带来的增殖的可能性就越大,为此,他要压缩一切使用非生产者的开支,所以,缩减教育费用的支付,降低教育费用是资本运动的必然。正如恩格斯说的,资产阶级给工人以教育,仅仅局限于他的利益范围以内,工人及其后代的受教育权利被剥夺了。总之,生产工人支配教师的服务的范围是十分有限的。

综合上面的分析,教师的劳动不管是从资本主义生产的意义上考察,还是从简单劳动过程来考察,按照马克思的分析,都不应归属于生产劳动的范畴,教师的劳动不是生产劳动,应归属非生产劳动。教师是非生产劳动者,教师的劳动是提供服务性质的劳动。

五、教师劳动的意义和教师劳动的报酬

从马克思著作中看,教师的劳动是提供劳务性的劳动,不是商品价值的必要的构成要素,教师不是生产工人。但这并不是说教师的劳务性的劳动没有社会意义,也不能说因为是劳务性的劳动就较之物质生产劳动低下。马克思对教育的社会作用,给了很高的评价,对教育在社会生产中的作用给了很高的评价,从而对教师的作用、对教师劳动的意义也给了很高的评价。

马克思关于教育的社会作用的论述,概括说来有三个方面。首先,他从历史唯物主义出发,从资本主义经济运动的规律出发,认为社会主义代替资本主义是历史的必然,新的生产力的代表是工人阶级,它代表着人类的未来。马克思基于对工人阶级新一代的希望,看到了教育在成长的工人一代中的作用。他指出:"工人阶级中比较先进的那部分人则完全懂得,他们阶级的未来,因而也

是人类的未来,完全取决于新一代工人的成长。"①为此,他认为应该通过法律,为工人阶级争取教育权,把教育看作是工人阶级成长的条件。② 他在《临时中央委员会就若干问题给代表的指示》中指出:"把有报酬的生产劳动、智育、体育和综合技术培训结合起来,就会把工人阶级提高到比贵族和资产阶级高得多的水平③。其次,马克思认为教育是工人阶级夺取政权的手段之一。他在《国际工人协会成立宣言》中指出,夺取政权已是工人阶级的伟大使命,然而,从工人运动的经验教训来看,工人阶级还缺乏兄弟的团结,缺乏理论的指导。因此,他认为:"工人的一个成功因素就是他们的人数;但是只有当工人通过组织而联合起来并获得知识的指导时,人数才能起举足轻重的作用。"④这里说的知识的指导,就是马克思主义学说。马克思认为相应的教育是改变社会条件的重要手段。再次,马克思从社会再生产的角度,论述了教育对社会生产的积极作用,他认为,教育是劳动力再生产的重要内容,而劳动力再生产是社会再生产的条件。马克思有名的论断是:"教育会生产劳动能力。"⑤劳动能力是指人们在劳动中所运用的体力和脑力的总和。一个人的智力素质以及构成体力的体质和运用体力的技能,只有通过教育和训练才能形成和发展。而专门的劳动能力就更需要教育了。马克思说:"为改变一般人的本性,使它获得一定劳动部门的技能和技巧,成为发达的和专门的劳动力,就要有一定的教育和训练。"⑥马克思认为现代机器大生产的整个生产资料都物化着人们的智力,或者是智力的物化物。由此可见,掌握现代生产原理的劳动力,已构成现代生产发展生死攸关的问题了。这充分的说明了作为生产现代劳动力的教师劳动的意义。

　　后来,在马克思逝世之后,恩格斯着重说明了工人阶级在掌握政权以后教育的重要作用。他在《致国际社会主义者大学生代表大会》信中说:"过去的资产阶级革命向大学要求的仅仅是律师,作为培养政治家的最好的原料;而工人阶级的解放,除此之外还需要医生、工程师、化学家、农艺师及其他专门人才,因

① 《马克思恩格斯全集》第 21 卷,人民出版社 2003 年版,第 270 页。
② 《马克思恩格斯全集》第 21 卷,人民出版社 2003 年版,第 270 页。参见王焕勋:《如何理解马克思关于教育的论述》,《百科知识》1986 年第 6 期。
③ 《马克思恩格斯全集》第 21 卷,人民出版社 2003 年版,第 271 页。
④ 《马克思恩格斯选集》第 3 卷,人民出版社 2012 年版,第 10 页。
⑤ 《马克思恩格斯全集》第 33 卷,人民出版社 2004 年版,第 249 页。
⑥ 《马克思恩格斯选集》第 2 卷,人民出版社 2012 年版,第 166 页。

为问题在于不仅要掌管政治机器,而且要掌管全部社会生产,而在这里需要的决不是响亮的词句,而是扎实的知识。"①在对法国《费加罗报》记者谈话时说道:"如果明天我们必须掌握政权,我们就需要工程师、化学家、农艺师。"②在致奥·倍倍尔的信中又说:"为了占有和使用生产资料,我们需要有技术素养的人才,而且需要量很大。"③这就看出,工人阶级上升为统治阶级以后,教育在社会主义建设中的重要地位。教师是劳动力再生产的承担者、是各种专门人才的培养者,教师劳动的意义,是十分清楚的。

关于教师劳动的报酬,马克思虽然没有直接的论述,然而他关于劳动力价值的学说,为我们分析教师劳动的报酬提供了基本原则。在资本主义社会里,劳动力当作商品,也具有价值。它的价值,也和其他一切商品的价值一样,是由生产这种商品所必要的劳动时间决定的,也就是维持和再生产劳动力所必需的生活资料决定的。劳动力价值的大小取决于生产这些生活资料所必需的社会必要劳动时间。在劳动力价值要素中,包括一定的教育和训练的费用。培养一个熟练劳动者就需要较高的费用,因而,熟练的奴隶,卖得贵些,熟练的工人也应得到较高的工资。教师的职业,需要具有专门知识和技巧,需要进行专门学习和训练,因而它的花费就多,所以它的工资也应高,这完全符合价值规律原则。

马克思说:"就使用价值说,有意义的只是商品中包含的劳动的质,就价值量说,有意义的只是商品中包含的劳动的量,不过这种劳动已经化为没有进一步的质的人类劳动。"④价值量是由劳动量决定的,而劳动量则是劳动时间决定。所以,劳动时间具有重要的意义。它既是计量商品价值的尺度,同时也是计量生产者在再分配中所占份额的尺度。马克思在考察劳动量决定价值量时,区别了个别劳动时间和社会必要劳动时间,区别了简单劳动和复杂劳动,指出:价值量是由社会必要劳动决定的,复杂劳动可以折合为倍加的简单劳动。这个观点,为分析教师劳动报酬提供理论根据。

简单劳动是指在一定社会条件下,不需要经过专门训练的,一般劳动者都能胜任的劳动。复杂劳动是指具有一定技能和专长的劳动。两种劳动所创造

---

① 《马克思恩格斯选集》第 4 卷,人民出版社 2012 年版,第 301 页。
② 《马克思恩格斯选集》第 4 卷,人民出版社 2012 年版,第 563 页。
③ 《马克思恩格斯文集》第 10 卷,人民出版社 2009 年版,第 621 页。
④ 《马克思恩格斯选集》第 2 卷,人民出版社 2012 年版,第 105 页。

出来的价值是不同的。马克思说:"比较复杂的劳动只是自乘的或不如说多倍的简单劳动,因此,少量的复杂劳动等于多量的简单劳动。"①恩格斯也说过:"一小时复合劳动的产品同一小时简单劳动的产品相比,是一种价值高出一倍或两倍的商品。"②这讲的是物质生产过程的现象。而在精神产品的生产中,虽然不好以价值量进行计算。但科学家的发明创造,社会科学和文学艺术的精神成果,它的社会意义、它对物质生产的巨大推动作用,其价值是难以衡量的。从事这种劳动的各类脑力劳动者的劳动,当然是复杂劳动,其报酬应倍加于简单劳动。

教师的劳动是发展劳动者的智力与体力,提高劳动力素质的劳动,是一种复杂的精神劳动,它的劳动效益,虽然不能以价值进行计量,但它的社会作用是明显的。因而它的报酬不能以简单劳动的时间作为唯一尺度,而应以复杂劳动为主要尺度。

按劳分配是社会主义经济原则,每一个劳动者所创造的社会财富,除了各种必要的扣除之后,从社会方面正好领回他所给予社会的一切。他给予社会的,就是他个人的劳动量;他从社会方面领回也正是扣除各种社会基金之后他提供的劳动量那一份消费资料。他以一种形式给予社会的劳动量,又以另一种形式领回来。③ 教师的报酬,应按照按劳分配的原则,从社会领回他多倍于简单劳动的劳动量。这一原则在马克思著作里是十分明确的。

---

① 《马克思恩格斯选集》第 2 卷,人民出版社 2012 年版,第 104 页。
② 《马克思恩格斯选集》第 3 卷,人民出版社 2012 年版,第 578 页。
③ 《马克思恩格斯选集》第 3 卷,人民出版社 2012 年版,第 363 页。

第三编

第九章　马克思教育思想的实施和当前面临的新挑战

　　1848 年,马克思和恩格斯在科学共产主义的伟大的纲领性文献——《共产党宣言》的首页提到,在欧洲游荡着一个"共产主义的幽灵",这个"幽灵"虽然受到当时欧洲所有一切反动的和保守的势力的进攻,但是由于它代表了先进的无产阶级的利益,发出了时代的最强音,因而它很快传遍了欧洲。

　　1917 年,在列宁的领导下取得了十月社会主义革命的胜利,把马克思主义的普遍真理运用于俄国革命的实践,建立了世界上第一个无产阶级专政的国家,马克思主义的理论,包括教育理论在内,在苏联得到了实施。

　　第二次世界大战以后,在欧洲和亚洲又先后出现了一系列的社会主义国家,在中国,在马克思主义普遍真理与中国革命实际相结合的毛泽东思想的指引下,取得社会主义革命的胜利和社会主义建设的伟大成就,这一切更进一步证明了马克思主义是战无不胜的理论武器,是无产阶级和人民群众认识世界和改造世界、求得最后彻底解放的思想基础和理论武器。马克思的教育思想,也在社会主义革命和社会主义建设中发挥了伟大的影响和组织的作用。

　　一百多年来,共产主义运动在马克思主义理论的指导下,由一个胜利走向另一个胜利。科学的共产主义思想已经成为许多国家和亿万人民的生活现实,马克思主义的三个组成部分,是一切革命人民吸取智慧和力量的源泉,是照耀我们前进的灯塔。马克思主义的教育思想,是马克思主义全部思想中的一个重要组成部分,它在社会主义革命和社会主义建设过程中,起着组织群众、培育人才的伟大作用。下面我们仅就苏联十月社会主义革命后 70 年的教育经验和我国在中国共产党领导下 60 多年的革命教育经验①,对马克思主义教育思想的实

---

① 此处的"70 年""60 年"为作者写作时的时间背景,下同。

施和发展,作些历史经验的总结。最后,根据时代的要求,讲讲马克思主义教育思想当前面临的新任务和新课题。

一、马克思教育思想在苏联

在十月革命前,马克思主义在俄国已经有了广泛的传播,马克思主义的教育思想已经在工人阶级的教育中起着指导作用,如 1897 年列宁在对民粹派的批判中直接对马克思教育思想的引述,1903 年在社会民主工党纲领中的教育条款和 1914 年列宁在所写的《卡尔·马克思》中关于马克思教育思想的大量引述等。

十月革命的胜利,在苏联建立了世界上第一个无产阶级专政的国家。这个崭新的社会主义国家,对政治、经济、文化进行了根本的改革,其中也包括对教育的改革。社会主义教育面临的历史任务,正如列宁在《俄共(布)纲领草案》中所指出的:"在国民教育方面,俄共给自己提出的任务是:把 1917 年十月革命时开始的事业进行到底,把学校由资产阶级统治工具变为摧毁这种统治和完全消灭社会阶级划分的工具。学校应当成为无产阶级专政的工具,就是说,不仅应当成为一般共产主义原则的传播者,而且应当从思想上、组织上、教育上实现无产阶级对劳动群众中的半无产的和非无产的阶层的影响,以利于彻底镇压剥削者的反抗和实现共产主义制度。"并明确指出当时的迫切任务,其中包括了发挥工人和其他劳动群众参加国民教育事业的积极性和主动性,把全体教师争取过来为教育工作服务,对未满 16 岁的男女儿童实行免费的普遍义务综合技术教育,把教学工作和儿童的社会生产劳动紧密结合起来,国家供给全体学生膳食、服装、教材和文具等等。列宁的这些教育思想,在十月社会主义革命的初期,成为当时教育改革的指导思想。此后列宁对教育工作又进行了一系列的指示,如关于教育为恢复和发展生产、实现全俄电气化服务的问题,对扫除文盲、普及义务教育等文化革命任务的具体规定,关于教育与生产劳动相结合和实施综合技术教育问题的论述,以及加强党对教育事业的领导与监督等,都对教育改革起了重要的指导作用。特别是 1920 年列宁在俄国共产主义青年团第三次代表大会上的演说《青年团的任务》,更成为青年一代教育的纲领性文件。

但是,苏联 20 年代的教育,除了在教育改革上取得了根本性的转变,也出现过一些违反马克思列宁主义教育原则的失误。30 年代在斯大林的领导下,在纠正 20 年代的错误思想方面取得了很大的成绩,但在矫枉过正的情况下也出现了一些问题。斯大林逝世后苏联的教育又几经改革,直到 1984 年苏共中央和苏联最高苏维埃相继通过的《苏联普通学校和职业学校改革的基本方针》和与它相适应的六项专门决定,以及最近苏共中央提交全民讨论的《改革我国高等和中等专业教育基本方针》草案等,都反映出苏联在教育改革上最近的意见。苏联是第一个把马克思主义教育学说付诸社会主义教育实践的国家,70 年苏联教育发展的历史,是经过了复杂、曲折的道路,有成功的经验,也有挫折和失误,这些经验和教训,对于我们学习和研究马克思主义教育思想,对于我们的教育事业的建设和改革,都有极为重要的借鉴意义。下面我们分为三个主要阶段分别做些论述。

(一)十月革命后到 20 年代末

1919 年《俄共(布)纲领草案》中关于教育的规定(见上),为改革旧教育,建设社会主义新教育指明了方向,在俄共(布)中央和苏维埃政府的领导下,对教育工作进行了一系列的改革,取得了史无前例的伟大成绩。比如在革命胜利后的第三天,即由苏维埃政府中央——以列宁为首的中央委员会颁布了成立国家教育委员会的命令,领导着教育事业进行改革和建设。1917 年 11 月 11 日教育人民委员会发布了《告居民书》,提出了一系列的改革旧教育和建立人民新教育的基本原则。1918 年 1 月 21 日人民委员会公布了由列宁签署的《教会与国家分离、学校与教会分离》的命令,从政治及思想上清除宗教对学校教育的控制。在这些法令的指导下,对旧教育进行了本质的、全面性的改革,如实行免费的普及的义务教育,学校向工农开门;建立统一的劳动学校制度,实现各阶层人民都能入学的教育政策;实施教育与生产劳动相结合,大力开展综合技术教育;高等学校向工农开门,规定工农受教育的优先权,并普遍地发给他们助学金;广泛地开展社会教育,开展大规模的扫盲运动,大力提高工农文化水平;发展少数民族教育,规定各民族的学校用本族语言进行教学;以及进行了团结、改造旧教师、培养新教师等一系列的工作。总之,从十月革命开始到 20 年代末教育改革的成绩是巨大的,也是主要的,但在改革过程中也出现了一些问题和缺点。这些问题的产生,除了由于建立新的社会主义教育制度缺乏经验,其中更多的是由于资产阶级思想的干扰。

（1）十月社会主义革命的胜利，在世界上出现了第一个社会主义国家，它是在一个经济比较落后的带有极大的封建性的国家中获得革命成功，在战争中国民经济又遭受了严重的破坏，还面临国际资本主义的武装干涉，社会主义的建设，既无前人的经验可循，又是在战争的废墟上重建的，因而社会主义教育的建设也就不可避免地遇到许许多多的困难。比如如何理论结合实际地来实施教育与生产劳动相结合，就遇到了很多问题，在摸索中前进，就难免走弯路。

十月革命后，建设统一的劳动学校新的教育制度，这种改革把过去划分为阶级的旧的教育制度改造成为统一的为劳动人民服务的教育制度，把过去的只读书不劳动的学校改造成为实行普遍的义务综合技术教育的学校，毫无疑问这是一个巨大的历史进步。但是如何贯彻教育与生产劳动相结合，当时是没有经验的，对于如何实施统一劳动学校，当时就有莫斯科方案与彼得格勒方案之争，结果是莫斯科方案得胜，实行了学校应当成为"劳动公社"的原则，完全否定了传统教育中有用的东西。虽然对于"劳动公社"的思想，列宁并不赞成；对于完全否定传统教育中系统地传授知识和班级上课制等，当时的教育工作的主持人卢那察尔斯基等也有不同的看法。但是，这些意见在实际工作中都未得到贯彻，相反的宣称生产劳动应当成为学校生活的基础，把综合技术教育变成多种手工艺的教育的思想和主张却得以实行，结果是劳动过多、时间过长。与此相关的，就是对文化知识的教学重视不够，废除了分科教学，废除了班级上课制，没有稳定的教科书，没有固定的教育组织形式，其结果是学生的文化科学知识水平严重降低。随着经济的发展和对人才的需求，教育越来越不相适应，这就是 30 年代教育体制大改革的历史背景。

（2）在教育思想上，新与旧、马克思主义与反马克思主义的教育思想进行了尖锐的斗争，概括起来大致有三方面的问题，即自由教育论、学校消亡论和儿童学等资产阶级教育思想对马克思列宁主义教育思想的干扰和曲解，特别是实用主义教育思想同马克思主义教育思想的混淆。这种影响不只是来自外部（如杜威当时就曾到苏联传播过实用主义的教育思想），而且也反映在当时苏联的一些教育理论和实际工作者的身上。如在自由教育论的思想影响下，实用主义的设计教学法和道尔顿制等在当时的苏联也大为流行，系统的知识学习被取消了，教师的作用也降低了，造成了文化知识水平严重下降的问题。再如学校消亡论在批判旧学校的阶级性的前提下，否定旧时的学校，这无疑有它正确的一面;但由此出发,全盘否定学校的作用,把学校和阶级统治不加区别地联系在一起,并认为有了社会主义社会,社会影响加强了,一切问题就都解决了,学校也可以不要了,则是错误的。还把这种错误理论美化为向共产主义过渡的教育学。这种崇拜自发性的错误理论,在实践中必然会导致对社会主义学校的破坏,降低教育的作用,其危害是很大的。另外,还有儿童学的观点,用一些不科学的方法来对儿童进行测量和鉴定,把许多正常的儿童当作低能儿童,给以错误的对待。

由于当时苏联的某些教育事业的重要领导人(如布隆斯基)也在大力提倡,因而对教育工作带来了严重的危害。从上述可见,教育事业的改革同教育思想的改变是密切相关的,旧的教育思想可以用改变的形式向新的教育渗透,给教育工作造成这样或那样的损失。

总之,苏联 20 年代的教育改革是有成效的,其主要成绩是把为资产阶级服务的旧教育改造成了为无产阶级服务的新教育,为社会主义教育的建立提出了许多根本的原则和创造了一些有益的经验。苏联 20 年代教育工作中的主要教训是:由于忽视系统知识的学习,影响了人才的培养,等到国民经济的进一步发展之后,为了迅速实现社会主义工业化和农业集体化,开始执行社会主义建设的五年计划时,技术和干部的需要便日益迫切。沙赫特事件向苏联党和政府又敲起了警钟,这就是 30 年代教育工作大转变的历史背景。

（二）30 年代到 50 年代初

这一段时期是斯大林主持工作的时期,也是苏联社会主义建设的重要历史时期。苏联人民进行了史无前例的社会主义建设事业,创造了许多有益的经验,获得了巨大的成绩,其中也包括了教育建设的成绩在内。但由于对 20 年代教育中存在的问题,缺乏细致的分析,致使有些问题并没有完全解决,或者说没有解决得好,甚至从一种片面性导向另一种片面性。

30 年代初,联共(布)中央为了总结 20 年代教育工作中的经验和教训,使教育为社会主义建设服务,作出了一系列的改革的决定,其中有 1931 年 9 月 5 日《关于小学和中学的决定》,1932 年 8 月 25 日《关于中小学教学大纲和教学制度的决定》、1933 年 2 月《关于中小学教科书的决定》,1935 年 9 月《关于中小学结构的决定》,1935 年 9 月《关于小学、不完全中学和中学教学工作组织和校内规则的决定》,1936 年 7 月 4 日《关于教育人民委员部系统中的儿童学曲解的决定》等等。这些决定对于纠正 20 年代在普通教育中存在的"左"倾错误和资产阶级思想，克服当时学校工作中的根本缺点，使学校建立起正常秩序，使学生能够获得各门学科的系统知识，为提高教学和教育质量，使普通教育适应社会主义建设的需要，培养出合格的人才等方面，都起了积极的作用。

这里需要特别指出的是 1931 年 9 月 5 日联共(布)中央《关于小学和中学的决定》(简称《决定》)，这个《决定》充分地肯定了 20 年代教育改革的成就，并对其中存在的问题和缺点也作了分析和批判，苏联的教育建设在以后相当长的时期内，主要是在这些决定和决议的指导下进行的。在《决定》中，首先肯定了在 1919 年俄共(布)党纲所规定的原则下，在改革旧教育和建设新教育方面"获得了巨大成绩"："学校的一切工作内容已经发生了原则性的改变"，学校网有了很大的发展，各族劳动人民的子女都能受到教育；以培养全面发展的成员为任务的苏维埃学校，给儿童提供了广博的社会政治知识和一般发展；学校在教学跟生产劳动和社会工作结合方面向前迈进，因而在综合技术教育的基础上奠定了改造学校的基础，等等。

《决定》也指出当时学校的根本缺点是："中小学的教学没有给学生充分的普通教育知识，并对培养有足够读写能力的、能很好地掌握科学基本知识(物理、化学、数学、语文、地理等)的学生以升入中等技术学校和高等学校这个任务，执行得不能令人满意。学校的综合技术教育因此往往流于形式，并不能培养儿童成为理论与实践结合和掌握技术的全面发展的社会主义建设者。"[1]《决议》认为当时进行综合技术教育的主要问题，是脱离了系统的各种科学知识。这些都违背了列宁所指出的"只有了解人类创造的一切财富以丰富自己的头脑，才能成为共产主义者"[2]的思想。另外，对 20 年代曾经出现和实行过的"学校消亡论""设计教学法"等错误的教育思想和实践，也进行了批判。1936 年 7 月 4 日联共(布)中央又通过了《关于教育人民委员部系统中的儿童学曲解的决定》，"认为所谓儿童学的理论和实践都是以伪科学的、反马克思主义的原理为根据的。"并指出所谓儿童学的主张"是跟社会主义精神顺利地改造人以及在经济上和人们意识中肃清资本主义残余的一切实践相抵触的"[3]。

---

① 《苏联普通教育法令选译》，人民教育出版社 1955 年版，第 18—20 页。
② 《列宁全集》第 39 卷，人民出版社 2017 年版，第 334 页。
③ 《苏联普通教育法令选译》，人民教育出版社 1955 年版，第 65 页。

联共(布)中央的这些决定,正如上面所说的对于纠正 20 年代在普通教育中曾经出现的错误思想,提高普通教育的工作质量,起过积极的作用。但是,由于思想认识上存在着一定的片面性,如在强调学习系统的科学知识的同时,却忽视了坚持教育与生产劳动相结合的原则,对综合技术教育的实施又走向另一极端;在纠正过去劳动过多的问题时,对普通学校的教学计划和教学大纲,在 1934 年以后是几经修改,其发展趋势是劳动逐渐减少,以至于 1937 年 3 月 4 日教育人民委员部下令取消劳动课,关闭了学校工厂,这些做法是从一个极端走向另一个极端的又一种片面性。再如对儿童学的批判,也有过分的地方,这一批判的结果,对教育学和心理学的发展起到了一些消极的作用,造成在苏联教育科学中长期缺乏对教育对象作深入研究的不良后果,这个问题直到 50 年代才有所转变。

1939 年在联共(布)中央的十八次代表大会上,通过了第三个五年计划,在教育方面要求在城市实现普及中等教育,在农村和各民族共和国完成普及七年制教育。随着普及教育的发展,普通中学必须兼顾升学和就业两个任务的问题日益突出,大会提出了要给予中学生以准备参加实际工作的必要的知识和训练,根据党代表大会指示的精神,苏联教育界有关综合技术教育、劳动教育以及教育和生产劳动相结合问题的讨论和研究又活跃起来。在中学的各科教学,特别是数学、物理、化学和生物等科目的教学中,开始加强有关生产原理和实践技能的教育和训练。但不久第二次世界大战爆发,为了进行卫国战争,在教育上提出的上述要求未能全部付诸实施。

另外,在十八次党代表大会上,还提出了为准备向共产主义过渡而消灭资产阶级思想残余的任务,要求学校加强青少年的共产主义思想教育。为了加强这一教育,要注意加强学校与家庭的联系,使家庭影响与学校教育达到一致。过早地提出准备向共产主义过渡的任务,并不符合实际,但强调加强青少年的思想教育,要求家庭的影响与学校教育做到一致则是必要的。

1941 年 6 月 22 日由于德国法西斯向苏联发动了突然袭击,7 月 3 日斯大林发表广播讲话,号召全体人民动员起来进行伟大的卫国战争,要求各条战线立即按战时轨道改造全部工作。在 1941 年到 1945 年,苏联的教育工作,也根据战时的要求进行了改革,使教育紧密结合当时粉碎法西斯侵略者的战斗任务和生产劳动进行。与 30 年代相比,在学制方面,克服了过去统得过死、机械划一的问题,教育内容也更加生动活泼,教育形式也趋向灵活多样。但是,这些经验在战后并未得到很好地总结,相反地却认为是战争时期的暂时措施,未给予足够的重视。

苏联 30 年代以后的教育,虽然还存在着这样或那样的问题,但总的看来,无论是在教学改革方面,还是在思想教育方面,成绩还是主要的。它培养出了一大批专家(1954 年统计,苏联培养的高级科技人员、工程师、专家等已超过美国),也教育出了像卓赫、马特洛索夫这样的一代英豪,卫国战争的胜利和 1957年第一颗人造地球卫星上天,也以无可争辩的事实证明了苏联这一段的教育是成功的,是经得起考验的。1943 年 10 月 6 日还在卫国战争继续进行的年代里,苏联人民委员会决定成立俄罗斯联邦教育科学院,也说明了苏联党和政府对教育和教育科学研究的重视。

(三)50 年代末到现在

到了 50 年代,随着七年制教育的普及和十年制完全中学的发展,完全中学的毕业生大部分不能进入高等学校(当时十年制中学毕业生每年已达 160 万,而高校只能招收 40 万新生),他们必须走向生产,参加社会生产劳动。1958 年最高苏维埃发布《关于加强学校同生活的联系和进一步发展苏联国民教育制度的法律》,这个法律规定了教育的主要方向就是要求学校培养青年一代"走向生活""走向公益劳动",使他们"立志成为对社会有用的,并积极参加社会所需财富的生产"[①]。要求"必须从儿童入学的头几年起,就培养他们能在以后去参加公益劳动。所有青年从 15 至 16 岁起,必须参加力所能及的公益劳动,并且必须使他们以后所受的全部教育同国民经济中的生产劳动结合起来"[②],与此相适应地要求高等学校也朝着"接近生活、接近生产,并且真正联系生产"的方向进行改革,还规定了要逐步实现从具有二年以上工龄的青年中招收 80% 的大学生等。

这次改革的基本精神是解决中学毕业生的就业问题。这次改革从教育制度到各级各类学校的培养目标、教学内容以及教学方式等各方面都有较大的变动。如普通学校的学制由 10 年延长到 11 年,在普通学校中加强了职业教育和

①② 北京师范大学外国教育研究所:《苏联高等和中等专业教育法令汇编》,北京师范大学出版社 1984年版,第 6-8 页。

职业训练,大量增加劳动时间,有些学校普通教育的课时只占 50%~70%,而劳动课时则占 30%~50%。实行的结果,因为职业技术教育进行有困难,实行的情况并不理想;在普通中小学中盲目地增加劳动课时,造成文化知识课的时间没有充分保证,教育质量严重下降;由于相应地改革了高等学校的招生制度,也造成了大学生质量降低,淘汰率高,而且大批熟练工人由于被派去进行职业训练,流动频繁,不能坚守岗位,影响生产提高。因而 1958 年的教育改革,不仅没有解决就业问题,而且还降低了教育质量,最后宣告失败。

1964 年在教育上又进行了新的改革,这次改革的基本精神是提高普通教育的知识水平,批评了 1958 年教育改革中加强中学教育职业训练的问题。学制又从 11 年缩短为 10 年,削减了劳动课时,改变了高等学校的招生制度,强调"深刻的知识是进入高等学校的通行证",废除必须从具有二年以上工龄的青年中招生的规定。为了改革普通学校的教学内容,苏联教育科学院和俄罗斯联邦教育科学院在 1964 年成立了"中学教学范围和性质审定委员会",集中了大批教育学专家、教授、教学法学者和有经验的教师共 500 多人,对普通学校的课程进行改革,并编写新教材。重点改革了物理、生物、数学、化学和天文学等课程的教材,要求新教材能"符合现代科学技术水平",以实现"有助于智力发展的高效能"。一共编写了 103 种新教材,其中 87 种被批准为标准教科书。在高等教育中,强调进行广泛训练,改变过去知识面过窄的单一专业化问题,并注意加强独立工作能力的培养等。这次教育改革,对普教的知识水平有所提高,但学生就业的问题仍未得到解决。

1977 年又进行了一次教育改革,在这次改革中制订出劳动教育大纲,以此来解决就业问题,但也未能根本解决问题。可见在普通学校中,特别是在高中,解决升学与就业的两重任务,是一个非常棘手的问题。

在此期间,还增设了政治课和军训课。这不仅是为了培养全面发展的成员的需要,也是为了适应当时苏联对内和对外政策的需要。

(四)当前苏联教育改革的新趋势

从上述可以看到,苏联近 70 年的教育工作,在贯彻和发展马克思主义的教育学说方面是取得了很大成绩的,但其间也走过不少曲折的道路,在论述教育的性质和发挥教育的社会职能方面,在贯彻关于人的全面发展学说方面,特别是贯彻教育与生产劳动相结合,解决普通教育与职业教育的关系上,都有成功的经验,也有失败的教训。当前面临的主要矛盾,是在普教方面,如何使"学校既要保证授予高校深造所必备的高水平的知识,也要引导青年面向国民经济中的公益劳动,并为之作好准备。"①也就是说,作为普通中学的任务,既要为高等学校输送合格的新生,又要为各个劳动部门培养合格的劳动后备力量,解决好学生升学和就业的两种准备,以适应教育普及和生产发展的客观需要。

根据苏联《苏维埃俄罗斯报》1983 年 9 月 12 日刊登的鲁特克维奇的《劳动是成熟的鉴定书》的文章,所列举的从 1965 年到 1980 年八年制学校和十年制学校毕业生出路的分布情况来看,八年制毕业生在 70 年代升学的数目急增,如从 1965 年的 40% 的学生升入九年级,提高到 1975 年为 60% 和 1980 年为 60.2%。而十年制学校的毕业生升入高等学校的比例又相对地减少,如从 1965 年的 41.4% 降低到 1975 年为 15.8% 和 1980 年为 16.3%。这样就不能不考虑中等教育结构的改革,以适应普通中学升学与就业双重任务的需要。这就是当时苏联《普通学校和职业学校改革的基本方针》以及与此有关的几个文件产生的历史背景。

在苏共中央全会于 1984 年 4 月 10 日和苏联最高苏维埃于 4 月 12 日相继通过《普通学校和职业学校改革的基本方针》之后,在一个多月的时间里,苏联又陆续通过了六项专门决议,这六项专门决议是:①《关于进一步完善青年普通中等教育和改进普通学校工作条件的决议》;②《关于改进学生劳动教育、教学、职业定向和组织他们参加公益生产劳动的决议》;③《关于进一步发展职业技术教育并提高其在培养熟练工人中的作用的决议》;④《关于完善教育和职业技术教育系统师资的培训、进修并改善他们的劳动和生活条件的决议》;⑤《关于进一步改进学前社会教育和准备儿童入学的决议》;⑥《关于提高教师和国民教育其他工作人员的工资的决议》。② 这六项决议都涉及教育改革的具体问题,并提出了明确的要求和具体措施,苏联教育部为了贯彻教改方针和各项专门决议,还开展了广泛的讨论,并在《教师报》上发表了关于 1984 年 8 月召开国民教育工作人员会议的建议。上述可以充分说明,苏联党和国家对这次教育改革的重视。

---

① 北京师范大学外国教育研究所:《苏联普通教育和职业教育法令汇编》,北京师范大学出版社 1985 年版,第 434 页。

② 北京师范大学外国教育研究所:《苏联普通教育和职业教育法令汇编》,北京师范大学出版社 1985 年版,第 456-495 页。

这些决定反映了几个主要问题：

（1）在教育体制改革上，首先将学制从过去的 10 年延长为 11 年，但在入学年龄上由过去的 7 岁入学改为 6 岁入学，这样既有利于解决由于科技发展带来的新的知识不断增长、学生学业负担过重的矛盾，又可以防止由于延长学制进一步加剧苏联对劳动力需求的紧张问题。

（2）改革中等教育结构，加强普通中学的职业技术教育和职业定向工作，并改组现有的职业技术学校的类型和加强普通教育的内容，这不但为解决中等教育的双重任务打好基础，也使教育与生产劳动相结合得到有力地贯彻。

（3）提高教学和教育质量，保证每一门学科具有高的科学水平和现代化程度，并规定每门课和每个年级学生必须掌握的适量本领和技能。改进思想政治教育、道德教育和法律教育，使学生树立起马克思列宁主义世界观，培养牢固的共产主义信念，并强调在培养新人方面，道德教育和法律教育具有特别重要的意义。还要求大力改进对学生的艺术教育和美育，要防止无思想性、庸俗习气以及低劣的精神产品渗透到青年中去。

（4）加强儿童和少年的社会教育，改进学龄前儿童的教育组织工作。党和国家经常关心发展学龄前的教育机构，积极开展课外活动和校外教育机构和居住地的儿童和少年的社会教育，并在教育方面给予家庭以大力帮助。

（5）增强教育设备，加强教学和教育的物质基础，从扩大教学设备、直观教具和现代化教学技术设备，到校舍的修建、校办工厂以及教学联合工厂的建设，都做了具体的规定，而且为发挥社会力量办教育提出了明确的要求。

（6）对教师的提高和培训、教师的工资待遇、国民教育的管理以及加强教育科学研究工作等，都有明确的具体的规定。并宣布 9 月 1 日为知识节，作为一项全民的活动，使整个社会都要尊重知识和尊重教师。

总之，苏联当前有关教育工作的一系列决定，是苏联 60 多年来教育工作经验的总结和发展，是将马克思主义教育理论运用于苏联社会主义实际的反复尝试的结果，值得我们认真地研究和借鉴。

在苏联的社会主义革命和社会主义建设过程中，不仅出现了像加里宁、克鲁普斯卡娅等无产阶级政治家和教育家，也出现了马卡连柯、凯洛夫、赞可夫、苏霍姆林斯基等教育理论家和实践家，他们在贯彻和发展马克思列宁主义教育思想方面，无论是对社会主义教育本质和作用的论述，还是对人的全面发展和教育与生产劳动相结合的论述和实施,或是对道德教育、教学理论、教师集体、学生集体组织与教育以及幼儿教育和家庭教育等方面的论述和实施,都有重要的贡献。

(五)对苏联教育的评价

总的看来,苏联70年来的教育理论与实践是有很大成绩的,但也有挫折和失误,道路是曲折的。其最大的成绩是把马克思主义的教育学说付诸实施,在建立无产阶级的社会主义教育方面,起了开路的作用,但其中有很多问题并未解决或者未完全解决,教条主义和形式主义的东西还不少。下面就几个主要问题作些初步分析。

1.对社会主义教育的本质和任务的认识

苏联是世界上第一个社会主义国家,十月社会主义革命开辟了人类历史的新纪元,在这样一个崭新的国家中,社会主义教育的本质和作用应当是什么呢?1919年的《俄共(布)纲领草案》对此作了明确的规定,即把教育由资产阶级统治的工具,变为无产阶级专政的工具。它的基本任务就是要传播共产主义思想,教育广大劳动群众和非劳动群众,以利于彻底镇压剥削者的反抗和实现共产主义制度。在教育的实施过程中,也同"左"的和"右"的各种错误思想进行了尖锐的斗争,并对资产阶级所散布的教育"超政治"的思想进行了深刻的批判。上述的规定和工作,对于一个新兴的社会主义国家来说,是历史赋予的任务,对于一个在资本主义包围之下进行社会主义建设的国家来说,也是必须进行的。否则,社会主义的教育改革就会迷失方向和难以进行。

但是,从苏联30年代以后的某些教育改革的决定和一些教育理论专著的思想倾向来看,对教育作为无产阶级专政的工具、教育与政治的关系的理解是有一定片面性的,并未全面地理解马克思主义有关教育本质及其社会职能的论述。对于教育与生产力和生产关系的复杂情况的处理,也有不够妥当的地方,强调了生产关系对教育的决定作用,对生产力和科学技术对教育发展所起的作用则重视不够。可见在社会主义国家,特别是在生产发展比较落后的社会主义国家,如何全面地处理好生产关系与生产力同教育发展的关系,始终是一个非常重要的问题。今天又面临着新的技术革命的挑战,这个问题越来越显示出在理论上和实践上的重要性。

由于苏联片面强调了教育与政治的关系和生产关系对教育的决定作用,在理解社会主义教育与资本主义教育的关系上,只强调它们的区别性(从生产关系看),忽视了它们之间的某些共同性(反映生产力要求的方面),这种忽视生产力发展和科技发展对社会发展特别是对教育发展的巨大影响作用的思想,是同马克思主义的思想不相容的。马克思主义对生产力的科技发展的革命作用和它在人的全面发展中的作用,曾经给予很高的评价,它同技术决定论者的不同点,是把这种作用放在一定的历史范围之内和一定的生产关系之下去进行考察的。

2.关于人的全面发展的教育问题

人的全面发展的学说,是马克思主义教育思想中的一个重要问题,而且这个问题同科学共产主义的学说密切相关。

在十月社会主义革命之后,教育对象同马克思生活的时代已经有了新的变化。如果说马克思和恩格斯在提出这个问题时面临的教育对象是已经从事生产的工人的话,而十月革命后面临的教育对象更多的还是青少年一代。因此在解决全面发展教育的组成部分时,除了马克思当时提出的智育、体育和技术教育之外,德育以及美育等问题,也必须作为重要问题提到议程上来。苏联教育学关于社会主义教育的组成部分的规定一般提为智育、德育、综合技术教育、美育、体育五个组成部分,有的又增加劳动教育,成为六个组成部分。如果说马克思在为工人阶级争取教育权而斗争的过程中,还不可能提出德育的问题的话,到了十月社会主义革命之后,列宁在论述青年一代的教育纲领时——(参见《青年团的任务》),就把青年一代的共产主义道德教育问题提到了突出的地位,指出青年团要"使团员青年在学习、组织、团结和斗争的过程中把他们自己和那些以他们为带头人的人都培养成共产主义者"①。并强调指出:"应该使培养、教育和训练现代青年的全部事业,成为培养青年的共产主义道德的事业。"②这对于社会主义教育来说,是一个不可缺少的重要组成部分。在最近公布的《苏联普通学校和职业学校改革的基本方针》中,又指出"大大改进对学生的艺术教育和美育,是一项极其重要的任务"。为了加强这一工作,除了要很好地利用各科教学和请专家讲授美学课程;还要在学校、少年宫、俱乐部和文化宫中,组织课余文艺活动;并特别强调要"建立起可靠的防线,防止无思想性、庸俗习气以及低劣的精神产品渗透到青年中去",把美育也提到了一个重要的地位上。

苏联在进行全面发展教育的过程中,有正确的方面,也有片面的地方,其中

---

① 《列宁全集》第 39 卷,人民出版社 2017 年版,第 337—338 页。
② 《列宁全集》第 39 卷,人民出版社 2017 年版,第 338 页。

一个突出的问题,是全面发展与个性发展的关系问题,不能把全面发展理解为平均发展。如何正确地理解马克思主义关于人的全面发展的教育思想,根据时代的要求,理论结合实际地、创造性地运用,克服教条主义和形式主义的问题,还是教育理论中一个亟待解决的问题。

3.教育与生产劳动相结合的问题

这个问题,在苏联曾有过多次反复和走过一些弯路。在 20 年代曾出现过劳动过多和水平过低的问题,打乱了教学秩序,降低了教育质量。到 30 年代,联共(布)中央作出了一系列的决定,恢复了分科教学,改进了教材教法,提高了教育质量,但对生产劳动的要求有所削弱,以至最后取消了劳动课。随着教育事业的发展、普及教育的提高,学生就业的问题越来越突出,50 年代末苏联最高苏维埃又通过了加强教育同生活联系的法律,延长学制,加多劳动时间,规定在普通中学的高年级(9—11 年级)兼施生产教学,每周有三分之一的课时从事生产知识的教学和生产实习,并规定大学要招收具有二年以上工龄的工人入学等。这样实行的结果,不但没有解决就业的问题(相反,由于延长了学制,加重了对劳动力需求的紧张程度),反而降低了教育质量。于是在 70 年代又进行了改革,恢复了十年制,加强了教材改革和对知识学习的要求,并订出劳动大纲,以此来解决就业问题,也未能达到改革的目的。于是在 80 年代又有了改革普通学校与职业学校的方针及一系列的规定,在这次改革中,对于"劳动教育、教学、职业定向"作了比较具体的规定,把劳动教育和教学组成了一个比较完整的体系,从小学一至四年级的手工劳动和农作物的种植以及教具、玩具的修理和制作做起,五至七年级接受普通综合技术劳动训练,八年级开始进行某种职业训练,直到十至十一年级学生在生产劳动的基地上和校际教学生产联合工厂内,每周 4 小时的专业劳动,都有比较详细的、具体的安排。这是苏联在劳动教育、教育与生产劳动相结合的问题上发展的一个新阶段。

从苏联 70 年来的教育经验来看,教育与生产劳动相结合的原则是必需贯彻的。但是在一个生产比较落后的社会主义国家中,如何理论结合实际地来贯彻这一原则,还是一个需要不断总结经验、不断进行探索的复杂问题:既要坚持现代化的前进方向,又要从生产发展的实际出发,把方向性与现实性很好地结合起来;坚持综合技术教育的要求,把学习生产的基本原理和参加生产劳动实践、掌握生产技术密切结合起来;在进行生产劳动教育的过程中,既要注意同各科教学(特别是自然科学的教学)结合,又要注意加强思想教育,马卡连柯认为无教育的劳动和无劳动的教育,都不可能达成教育的目的和任务。生产劳动过程中做到教学与教育相结合,也是社会主义教育中教育与生产劳动相结合的特点之一。目前在教育与生产劳动相结合的问题上,还提出了一个如何处理好普通教育与职业教育的关系问题,苏联关于《普通学校与职业学校改革的基本方针》的决定,也是力图实现"普通教育职业化、职业教育普通化"的发展趋势。

4.对教师的社会地位和作用的重视

在苏联,对于教师作用和地位的认识,已经不是停留在对教师劳动特点的分析和教师作用的一般认识上,而是如何发挥教师的创造性劳动,全心全意地为社会主义教育服务的问题。苏联在革命初期,为了争取从旧社会来的大部分教师为社会主义教育建设服务,曾经进行过严肃的斗争。在列宁的正确方针政策的指导下,把大部分从旧社会来的教师争取过来了,而且培养了更多的新教师。

苏联根据列宁的指示,在提高教师的社会地位和生活待遇等方面做了大量的工作。列宁在革命初期就明确地指出:"应当把我国国民教师的地位提到在资产阶级社会里从来没有、也不可能有的高度。这是用不着证明的真理。为此,我们必须经常不断地坚持不懈地工作,既要振奋他们的精神,也要使他们具有真正符合他们的崇高称号的全面修养,而最最重要的是提高他们的物质生活水平。"[①]列宁的这些指示,在苏联是付诸实践了的。加里宁和斯大林都曾把教师称为"人类灵魂的工程师"。1948 年 2 月 12 日苏联最高苏维埃颁布命令《关于授予多年从事教育工作并一贯积极工作的教师以苏联勋章和奖章的决定》,工作 30 年卓有成效的教师可以获得最高的荣誉——列宁勋章。与此同时,苏联教师的工资也在不断的提高,苏联是世界上教师工资比较高的国家之一。在最近公布的苏联《普通学校和职业学校改革的基本方针》(简称《基本方针》)及《关于提高教师和国民教育其他工作人员的工资的决议》(简称《决议》)中,对教师的作用和社会地位、工资待遇、培养提高等,又作了具体的规定和说明。在《基本方针》中,对教师的作用作了很高的评价,强调指出"人民教师——是青年

---

① 《列宁全集》第 43 卷,人民出版社 2017 年版,第 362 页。

人精神世界的塑造者,……是党在青年教育中的可靠支柱"①建议把 9 月 1 日规定为全民节日——知识节,以表示对教师劳动的尊重。在《决议》中,首先规定了要提高教师和其他教育工作人员的工资和职务薪金,还规定发给教师各种补充工资的办法和奖励有关教育工作人员的办法。这个决定自 1984 年 9 月 1 日起实施,实施后教师和其他教育工作人员的工资平均增加 30%~50%,还对改善教师的劳动和生活条件做了具体规定。另外,《基本方针》对提高教师的素质和培养教师的办法也做了具体规定,特别是为了培养职业学校的教师,除了现有高等学校负责培养,还要发展工程师范教育,并提出要进一步发展教师进修学院,并成立相应的教研室,作为提高教育技能、总结和推广先进经验的科学教学法研究中心。在社会主义社会的教师和在资本主义社会的教师相比,无论从其劳动性质来说,还是从其服务对象来说,都有了新的变化,同马克思当时对在资本主义条件下教师劳动的分析,已经有了新的特点。恩格斯所希望的培养无产阶级的各类专门人才,正在由教师的辛勤劳动不断培养出来。

5. 发挥群众办教育的积极性

教育事业是全民的事业,必须有广大群众的支持和关怀才能办好。在马克思、恩格斯生活的时代,肯定工人阶级自己办的学校和阅览室等,是为了抵制资产阶级的影响,由工人阶级自己起来教育自己,但在当时还只能是在漫长的黑夜里的一点光明。十月社会主义革命以后,在 1919 年《俄共(布)纲领草案》中,列宁具体规定了"在苏维埃政权的全面帮助下,进一步发挥工人和劳动农民在教育方面的主动性""吸引劳动居民积极参加国民教育事业(发展国民教育委员会,动员识字的人等等)"②。这些原则,在苏联以后教育实施中并没有得到完全地贯彻或正确地实施,如在一定时期过分强调了"国家性"和"统一性"原则,束缚了群众办学的手脚,这些原则在 50 年代对我国教育的发展也曾产生过一些消极的影响。

最近,苏联在教育改革中,在《基本方针》和《决议》公布之前,曾发动全民进行讨论,最后才由苏共中央和苏联最高苏维埃作出决定和公布施行,这也就动员了全国的力量来关心教育改革。另外,在学校施行职业教育和大量创办中

---

① 北京师范大学外国教育研究所:《苏联普通教育和职业教育法令汇编》,北京师范大学出版社 1985 年版,第 449 页。

② 《列宁全集》第 36 卷,人民出版社 2017 年版,第 106-107 页。

等职业技术学校的工作中,无论是在师资问题的解决上,还是在校际生产教学联合工厂的创建上,如果没有地方和企业提供设备、选派教师,单靠教育部门是办不成的。为此,在决议中都做了明确具体的规定,这也是发动群众、动员社会力量办教育的具体实施。这些对于我们普及义务教育、开展职业教育、实行教育与生产劳动相结合等,都有借鉴意义。

二、马克思教育思想在中国

马克思主义教育思想在中国的传播,是马克思主义在中国传播的前提下进行的。也就是说,在中国的革命教育创建的过程中,与其说是马克思主义教育思想在中国的传播,毋宁说是马克思主义与中国革命实际相结合在教育上的运用。根据中国现代历史的发展,我们把马克思主义教育思想在中国的传播,概括地划分为三个大的阶段:第一阶段是"五四"以前到第一次国内革命战争时期,是马克思主义教育思想的最初传播(新民主主义教育思想的开端)阶段;第二阶段是从第二次国内革命战争开始到新中国成立前,是新民主主义教育体系的正式形成阶段;第三阶段是新中国成立后到现在,是社会主义教育的形成和发展阶段。现分别加以论述:

(一)第一阶段(1917—1927)马克思主义教育思想在中国的最初传播(新民主主义教育思想的开端)

在这一阶段中,又可以划分为苏联十月革命前和十月革命后两个不同的时期。毛泽东同志在《论人民民主专政》一文中指出:"十月革命一声炮响,给我们送来了马克思列宁主义。"也就是说中国真正有马克思主义的传播,是在十月革命之后。但是,这不等于说在十月革命之前,中国的知识分子特别是当时一些具有进步思想的知识分子,对于马克思和马克思主义是一无所知的。

1.十月革命前的情况

中国人民在自己的著作中最早提到马克思的名字的是改良派梁启超,他在流亡日本研究和介绍西学时,曾提到过马克思及其学说。如1902年9月他在《新民丛报》第18号上发表的《进化论革命者颉德之学说》一文中,曾介绍马克思说:"麦喀士,日耳曼人,社会主义之泰斗也",并说"麦喀士谓今日社会之弊在多数之弱者为少数之强者所压伏"。另外,在他所写的其他文章中也略有提及。

与此同时,在日本出版的另外一些中文刊物,如《浙江潮》中,也出现过马克思和恩格斯的名字及其学说的片言只语。

这里需要特别提出的是资产阶级民主主义者朱执信,1905 年 11 月在同盟会的机关报《民报》第 2 号中刊载了以笔名"蛰伸"所写的《德意志社会革命家小传》,其中《马尔克》(即马克思)一节,较详细地介绍了马克思和恩格斯的生平活动,并介绍了《共产党宣言》的十项纲领,还提到了《资本论》,这是中国学者第一次著文介绍《共产党宣言》,并译出它的部分内容。

辛亥革命以后,随着民主革命思想的传播和对西方社会主义思想介绍的增多,对马克思和恩格斯著作的评述和介绍也日益增多起来。在辛亥革命之前,介绍马克思主义的文章和译文,主要是在国外出版的一些刊物上;辛亥革命之后,在国内的出版物中也陆续开始评介马克思主义的学说。如 1911 年上海出刊的《东方杂志》第 6 期刊登了《社会主义与政策》一文,对马克思及其《资本论》作了评介,称楷尔·麦克(即卡尔·马克思)为"近世社会主义之开山",谓"其《资本论》所述,意在集中土地、资本于社会,以经营共和的生产事业。"再如 1912 年 5—7 月,在上海出版的中国社会党绍兴支部的刊物《新世界》第 1、3、5、6、8 期上,由施仁荣译出,以《理想社会主义和实行社会主义》为题,连载了恩格斯(当时译"弗勒特立克恩极尔斯")的《社会主义从空想到科学的发展》一书的第 1、2 节和第 3 节的一部分。同年 6 月《新世界》第 2 期还刊登了蛰伸译述、煮尘整理的《社会主义大家马儿克(即马克思)之学说》,文中简要地介绍了马克思的生平;并在介绍《共产党宣言》时,全译了《宣言》的十项纲领;还有一节专门介绍了"资本论之概略"。如此等等。[①]

总之,从上述可见,在当时虽然有一些学者片段地介绍了马克思和恩格斯的一些生平和著述,但其中有的人并不了解马克思主义;即使有的人虽有一些了解,也是很肤浅的,而且还有错误和曲解。当时也只是在少数知识分子中流传,中国的无产阶级还处于幼年阶段,还没有本阶级的思想代表,马克思主义在中国传播的条件还不成熟。

2.十月革命促进了马克思主义在中国的传播

在第一次世界大战期间,中国的民族工商业有了较大的发展,工人阶级也

---

① 以上所述,大部分转录自中共中央马克思恩格斯列宁斯大林著作编译局马恩室:《马克思恩格斯著作在中国的传播》,人民出版社 1983 年版,第 240-245 页。

随之成长壮大起来。正如毛泽东同志所说的："中国工人阶级，自第一次世界大战以来，就开始以自觉的姿态，为中国的独立、解放而斗争。"①中国工人阶级的成长和工人运动的发展，为马克思主义在中国的传播奠定了阶级基础。

"十月革命一声炮响，给我们送来了马克思列宁主义。十月革命帮助了全世界的也帮助了中国的先进分子，用无产阶级的宇宙观作为观察国家命运的工具，重新考虑自己的问题。"②这时，才是马克思主义在中国传播的真正开始。也正如毛泽东同志所指出的："这时，也只是在这时，中国人从思想到生活，才出现了一个崭新的时期。"③在十月社会主义革命的推动下，从十月革命到"五四"运动，仅仅两年的时间，介绍马克思主义的报刊数量激增，如《晨报》《每周评论》《新青年》等都成了宣传马克思主义的阵地。马克思主义译著越来越多，完整的译本也相继出现，如陈望道翻译的《共产党宣言》已正式出版，这些为党的建立做了理论上的准备。在马克思主义思想指导下的新民主主义教育也就从此开始了。

学习和研究马克思主义的社团，在各地也陆续出现，如李大钊领导的北京大学"马尔格士学说研究会"。陈独秀领导的"马克思主义研究会"，毛泽东领导的"文化书社"和"马克思研究会"，恽代英创办的"利群社"和周恩来创办的"觉悟社"等社团，都成了学习和宣传马克思主义的组织，为党的成立做了理论上的宣传和组织上的准备。这时全国出现了学习和宣传马克思主义思想的热潮，科学社会主义创始人的名字成为广大进步青年最爱戴的名字，仅"五四"运动后一年，全国新出版的刊物竟达400多种，这些出版物虽然思想倾向不完全相同，但都或多或少地介绍和宣传过某些马克思主义思想，马克思主义已开始从中国的知识界向群众传播了。

这里需要特别提出的是我们党的创始人之一的李大钊同志，是最早接受和宣传马克思主义的伟大的革命家和教育家。他在留学日本期间（1913—1916）就接受了马克思主义，注意研究马克思的经济学说，为他以后成为马克思主义者奠定了基础。李大钊同志从1918年起任北京大学经济学教授和北京女子高等师范学校教授，到1927年壮烈牺牲，在将近十年教学工作的同时，不仅为党的创建做了艰巨的组织工作，而且还在工农群众中特别是青年学生中进行了大

---

① 《毛泽东选集》第3卷，人民出版社1991年版，第1081页。
② 《毛泽东选集》第4卷，人民出版社1991年版，第1471页。
③ 《毛泽东选集》第4卷，人民出版社1991年版，第1470页。

量的革命宣传工作,如他亲自领导了"新潮社""国民月刊社"和"少年中国学会"等社团的活动,还组织了"马克思学说研究会"、北京共产主义小组等组织,并亲自领导学生进行了多次反帝、反军阀的斗争,他发表了一系列的革命论文,如《庶民的胜利》《布尔什维主义的胜利》《我的马克思主义观》等论文,介绍了马克思主义的基本观点和十月社会主义革命胜利的伟大意义,喊出了"试看将来的环球,必是赤旗的世界"的最强音。它像春雷一样,唤醒了尚在沉睡中的中国青年和群众;它像一道闪光,划破了黑暗的长空,使人们见到了光明。鲁迅把这些光辉的著述称为"先驱者的遗产,革命史上的丰碑"。李大钊同志的这些革命活动,对于中国共产党的创建和第一次国内革命战争的发动,都有着重大的开创性的历史意义。

3.中国共产党成立后和第一次国内革命战争时期的教育

1921 年 7 月,中国共产党正式成立,从此,中国无产阶级和广大劳动人民有了自己的革命政党,来领导中国人民的反帝反封建的民族解放斗争。中国共产党的成立,是中国现代史上最大的事件。

中国共产党成立之后,在领导中国无产阶级和广大人民进行斗争时,也充分地注意对马克思主义教育工作的开展。

党的第一次代表大会,虽然没有明确制定出党的完整的纲领,更不可能提出党的教育纲领。但在"一大"的《关于中国共产党任务的第一个决议》中即明确地指出:"党应向工会灌输阶级斗争精神。"要求各种工业单位成立劳工补习学校,作为组织产业工会的准备。并为了"训练从事我党实际工作的工人",要求各行业组织"劳工组织讲习所",以"训练从事我党实际工作的工人"。讲授劳工运动的历史、现状和马克思的经济理论,并强调在讨论这些问题时"要特别注意中国的实际情况"。

在党的第二次代表大会上(1922 年 7 月),明确地提出了党的最高纲领和最低纲领。在党的最低纲领、民主革命的基本任务的第七项中对教育提出的要求是:"改良教育制度,实行教育普及。""废除一切束缚女子的法律,女子在政治上、经济上、社会上、教育上一律享受平等权利。"①并揭露了帝国主义在中国出版报纸、设立学校是为了达到他们贪婪掠夺的目的,要求中国受压迫的劳苦群

---

① 《建党以来重要文献选编(一九二一——一九四九)》第 1 册,中央文献出版社 2011 年版,第 134 页。

众，要知道受痛苦的原因，明了现今的世界大势，才能从受压迫的痛苦中解救出来。这些规定，就把教育工作与要求民主自由、反对封建压迫（包括对妇女的压迫）和反对殖民统治紧密地联系起来。

在"二大"之前两个月，作为党的助手，中国社会主义青年团，在党的领导下召开了第一次全国代表大会，讨论通过了《关于教育运动的决议案》，提出了关于社会教育、政治教育、学校教育三个方面的具体要求。并围绕这三个方面开展了各种教育运动，如青年工人和农民的识字教育运动、普及义务教育运动、免除学费运动、男女教育平等运动，在教会学校内平等待遇运动等。这样就把争取教育权利的各种运动，同反对半殖民地半封建社会的反动统治的斗争密切结合起来，成为整个革命斗争的一个重要组成部分。

1923 年 6 月党的第三次全国代表大会的召开，为建立革命统一战线奠定了基础，帮助以孙中山为领导的国民党制定了"联俄、联共、扶助农工"的三大政策，根据三大政策制定了新三民主义的教育纲领，如厉行普及教育，实行男女教育平等，整理学制系统，提高教育经费，将庚子赔款完全划作教育经费等等。目的是要通过教育来推动"反对帝国主义和封建主义"的"民族解放之斗争"，最后实现组织自由统一的（各民族自由联合的）中华民国。这些规定成了第一次国内革命战争时期教育上的指导思想。[①]

在党的推动下，第一次国内革命战争时期，在马克思主义思想指导下，职工教育、农民教育、妇女教育、士兵教育，特别是干部教育，都有了很大的发展。在职工教育方面，在中国劳动组合书记部的领导下，于 1922 年 5 月召开全国第一次劳动大会，在所拟定的《劳动立法原则》的第四项中，提出了关于教育的最低限度的要求，要求"政府以法律保证男女劳动者有受补习教育之机会"[②]。在1925 年 5 月召开的第二次全国劳动大会上，通过了《工人教育的决议案》（简称《决议案》），在《决议案》中明确地提出了工人教育的两大任务是"促进阶级觉悟"和"训练斗争能力"，并对实施办法也作了具体的规定，《决议案》是中国现代教育史上一个具有历史意义的文件，它贯彻了党对职工运动和对职工教育的要求。在这些要求的指引下，职工教育有了大的发展，在党领导下的各种工会

---

① 以上大部分材料转录自华东师范大学教育系、教科所：《中国现代教育史》，华东师范大学出版社1983 年版，第 51 页。
② 中华全国总工会职工运动史研究室：《全国工会历史文献》第 1 卷，工人出版社 1958 年版，第 13 页。

和各个行业,都先后办起了工人学校、工人补习学校、工人子弟学校、工人俱乐部、阅读书报处及图书馆等,其中以在毛泽东、刘少奇等同志领导下创办的湖南的工人夜校和安源的工人补习学校及工人子弟学校等最有成绩。苏兆征、邓中夏同志在领导广东省港大罢工中,所办的宣传学校、劳动学院、妇女劳动学校、补习学校以及附设的俱乐部等,对于提高工人的阶级觉悟,培养干部,坚持斗争,取得省港大罢工的胜利,起了重要作用。总之,从当时的职工教育来看,一方面是通过革命斗争实践,教育广大工人群众,启发和提高他们的阶级觉悟,另一方面又通过为职工创办各种学校、俱乐部等,利用各种形式来提高工人阶级的文化、思想水平,培养干部,发展组织,这些做法同马克思、恩格斯当时对工人阶级教育的论述,是有很大的相似之处的。

对农民进行革命教育,也是党一贯重视的问题,早在 1921—1923 年就已经开始,如在彭湃同志领导下组织起来的海丰总农会,即设有教育部,办起"农民学校"十余所、夜校数间。在此期间,毛泽东同志也在湖南开展农民运动,提倡农民教育,创办农民学校,编印农民课本等。1922 年成立的长沙"农村补习教育社",在这方面也做了大量的工作。另外,在工人阶级召开劳动大会的同时,农民代表大会也在举行,在 1925—1926 年,以广东、湖南为先锋,掀起了全国性的农民运动,各省农代大会有关农村教育的决议案,对开展农民教育起了重要的指导作用。这里应当特别指出的是农民运动讲习所的创办,1924 年 7 月党在广州创建了农民运动讲习所,前后共办了六届。1927 年春又在武昌设立了农民运动讲习所。在毛泽东、彭湃、肖楚女等同志的主持和教育下,培养了大批的农运干部,推动了第一次国内革命战争期间农民运动的蓬勃发展,并为以后的革命准备了干部。这些事实,也进一步证明了马克思主义关于教育与政治和经济的关系的基本观点的正确性。

在士兵教育方面,由于当时党还没有掌握军事的领导权,因而还没有条件像以后各个革命战争时期那样有系统地进行,不过也在少数的部队中部分地进行着。这里要特别提到的是当时的黄埔军官学校的部分教育活动和政治工作,周恩来同志任该校的政治部主任,恽代英、肖楚女、叶剑英、熊雄等同志先后在该校担任教育工作,以革命精神培养了大批军事骨干,为北伐做了干部准备。周恩来同志在任政治部主任期间,还建立了"中共黄埔特别支部",在师生中组织了"青年军人联合会",团结教育了广大师生,宣传马列主义,争取不少师生加入共产党和共青团。他还亲自为军校讲课,讲授《军队中的政治工作》《武力与民众》等课程,对学员进行了革命的军事教育和政治教育,极受学生的欢迎,在军队中洒下了革命的种子。

最后还要着重讲一下在这一时期内党对广大青年学生的教育工作。这一工作主要是通过党、团的报刊和一些进步报纸杂志,如《新青年》《响导周报》《中国青年》《学生杂志》《民国日报》等,在青年中进行革命教育。另外,党在这一时期通过各种方式创办了一些革命学校,如湖南自修大学和上海大学等,毛泽东、邓中夏、瞿秋白等同志在创办这些学校、进行革命教育、传播马克思主义、培养革命干部等工作中起了重大的作用。这里需要特别指出的是恽代英同志在青年运动和青年教育工作中所起的重要作用。恽代英同志,是党的早期的活动家,是青年运动的先驱,他在学生时代就曾组织利群书社和共同社,在青年学生中和工人中宣传进步思想和进行马克思主义教育。参加革命后,从 1923 年起即担任团中央宣传部长,主编当时团中央的机关刊物《中国青年》杂志,向广大青年进行革命教育,号召青年觉醒起来,"打倒一切魔鬼,为中国前途开创一个新纪元"。并在上海大学任教授,黄埔军官学校任政治总教官,广州农民运动讲习所任教员。1927 年春又在武汉主持中央政治军事学校工作,参加南昌和广州起义,起义失败后被党派往香港进行地下革命工作,并主编《红旗》报,直至1931 年 4 月英勇就义。把自己的青春献给了无产阶级的革命事业,他写过许多宣传马克思主义的教育论文,为青年运动和革命教育工作作出了不朽的贡献。

综观这一时期的教育改革及其实施,大致有以下特点:

(1)用马克思主义观点来观察教育问题。把"五四"前后的反帝反封建的新文化运动推向新的阶段。从 1915 年 9 月《新青年》创刊之后,即以它作为主要阵地,向封建文化和教育开展了勇猛的进攻。在当时的激进民主主义者李大钊、陈独秀、鲁迅等的发动下,在资产阶级和小资产阶级知识分子的参加下,提出了"科学"与"民主"两大口号,即所谓拥护德先生与赛先生"以反对旧道德提倡新道德,反对旧文学提倡新文学,为文化革命的两大旗帜"①。在"五四"之前,还只是在知识分子,甚至是在上层知识分子中活动;"五四"之后,反帝反封建的斗争即成为一股洪流,通向广大人民群众。中国共产党人,不但用马克思

---

① 《毛泽东选集》第 2 卷,人民出版社 1991 年版,第 700 页。

主义的观点来看待教育问题,而且把教育工作当作宣传和组织群众的工具,使其紧紧地为革命斗争服务。李大钊、毛泽东等同志在其许多论著中,对教育的性质、目的任务等理论问题,以及工农劳动人民的教育实际问题,都有很精辟的论述。毛泽东同志提出的"民众的大联合"的口号,更起着团结群众、鼓励知识分子到工农中去、走与工农相结合的道路的动员作用。其中有关教育的本质作用和目的任务的论述,不但在当时是一种划时代的见解,即使在今天仍不失其对教育改革的指导意义。

(2)马克思主义教育理论的确立,是在同各种错误的以至反动的思想的斗争中发展起来的。在"五四"前后,在中国的教育界,不但有封建思想的统治,还有教会教育中帝国主义教育思想的传播,作为当时比较时髦的主观唯心主义的实用主义及其教育思想也渗透进来。因此,当时除了批判封建主义的教育思想,同各地军阀的反动教育设施进行斗争,在批判教会教育、实用主义教育思想、抵制帝国主义的文化侵略等方面,也做了大量的工作。李大钊同志与胡适的问题与主义之争,是大家所熟知的,不再赘述。在批判"教育救国论"和批判教会教育等方面,恽代英同志撰写了很多论文,一针见血地揭露了教会教育的实质,指出他们竭力在青年中宣传"宗教救国""人格救国""国际亲善"等思想,其目的就是要以此来麻痹青年,抵制革命思想在中国青年中传播,培植他们的在华势力。另外,还批判了以国家主义为代表的"教育救国论"的思想,明确地指出中国的根本问题在于经济上不独立、政治上没有走上轨道,要救中国首先要使中国在经济上独立。要在经济上独立,就必须经过一番政治革命,除此毫无他法。① 恽代英同志的这些批判文章,为当时在苦闷中徘徊的青年指出了解救中国的明确方向和根本道路。

(二)第二阶段(1917—1949)新民主主义教育体系的正式形成

作为新民主主义教育体系的正式建立,是在党领导下建立起革命根据地之后。在这一时期内,又可以划分为第二次国内革命战争时期、抗日战争时期和第三次国内革命战争时期三个时期。在这三个时期内其具体的革命任务是不同的,反映在教育上也有不同具体要求和政策(后面还要详细论述);但从其总体来看,都应属于新民主主义革命时期,在教育上也就是新民主主义教育体系

① 《读〈国家主义的教育〉》,《少年中国》第 3 卷第 9 期,1924 年 2 月。

的形成时期。

新民主主义革命,是无产阶级领导的人民大众的反对帝国主义、封建主义和官僚资本主义的革命。这就决定了新民主主义教育的方针必然是以马列主义思想为指导的、民族的、科学的、大众的。毛泽东同志在《论联合政府》中指出:"中国国民文化和国民教育的宗旨,应当是新民主主义的;就是说,中国应当建立自己的民族的、科学的、人民大众的新文化和新教育。"[1]所谓民族的,即"反对帝国主义压迫,主张中华民族的尊严与独立的",并带有民族的特点,以民族的形式反映新民主主义的内容,从其基本性质来说属于社会主义文化教育的范畴。所谓科学的,即"反对一切封建思想和迷信思想,主张实事求是,主张客观真理、主张理论和实践一致的"。它坚持以辩证唯物主义思想为指导,反对唯心主义和形而上学。所谓大众的,也就是"民主的,它应为全民族中百分之九十以上的工农劳苦民众服务,并逐渐成为他们的文化"[2]。这种教育是在马列主义与中国实际相结合的毛泽东思想指导下,建立起来的革命的新教育,它是社会主义文化教育的一个重要组成部分,但在具体的方针政策上又是新民主主义的。下面从几个方面来谈谈新民主主义教育的具体方针政策及其基本内容。

1. 使教育为革命战争和阶级斗争服务

新民主主义教育,是在革命斗争的过程中建立起来的,因而它为政治服务的倾向是极为鲜明的。早在 1934 年,毛泽东同志在《中华苏维埃共和国中央执行委员会与人民委员会对第二次全国苏维埃代表大会的报告》中明确指出:"苏维埃文化教育的总方针在什么地方呢? 在于以共产主义的精神来教育广大的劳苦民众,在于使文化教育为革命战争与阶级斗争服务,在于使教育与劳动联系起来,在于使广大中国民众都成为享受文明幸福的人。"并提出苏维埃文化建设的中心任务"是厉行全部的义务教育,是发展广泛的社会教育,是努力扫除文盲,是创造大批领导斗争的高级干部。"[3]这个教育总方针,是对当时苏区教育的全面总结,成为以后新民主主义教育的指导思想。在这个教育总方针和中心任务的指导下,苏区的文化教育事业,无论是干部教育、工农业余教育、儿童教育和社会文化工作都得到了广泛发展。在当时的土地革命斗争中,如打土豪、分

---

① 《毛泽东选集》第 3 卷,人民出版社 1991 年版,第 1083 页。
② 《毛泽东选集》第 2 卷,人民出版社 1991 年版,第 708 页。
③ 《老解放区教育资料》(一),教育科学出版社 1981 年版,第 20 页。

田地、建立革命武装、巩固红色政权、反对国民党反动派的军事围剿等方面,都发挥了重要的作用。总之,在进行武装斗争、土地革命和建立革命根据地三个方面,都起到动员、教育和组织群众的伟大作用。正由于有了这个基础,才在革命最为艰难的情况下,胜利地完成了二万五千里长征,打开革命的新局面。

在抗日战争时期,由于日本帝国主义发动了大规模的侵略战争,中华民族处于生死存亡的关头,中国共产党提出抗日民族统一战线的政策,为了进行长期抗战,争取最后胜利,毛泽东同志在《论新阶段》中指出:"实行抗战教育政策,使教育为长期抗战服务。"[①]为了使文化教育适应战争的需要,当时制定的文化教育政策是:"第一,改订学制,废除不急需与不必要的课程,改变管理制度,以教授战争所必需之课程及发扬学生的学习积极性为原则。第二,创设并扩大增强各种干部学校,培养大批的抗日干部。第三,广泛发展民众教育,组织各种补习学校、识字运动、戏剧运动、歌咏运动、体育运动,创办敌前敌后各种地方通俗报纸,提高人民的民族文化与民族觉悟。第四,办理义务的小学教育,以民族精神教育新后代。"[②]并对如何实施上述教育政策作了具体说明。在党的这些正确的政策指导下,抗日战争时期的教育较之土地革命时期的教育,有了更大的发展。它在动员和组织群众进行全面抗战,在巩固和扩大抗日根据地,在反对国民党消极抗战、积极反共,在反对敌占区的奴化教育等方面,都起了重要的作用。它不但为争取抗战胜利,起到了积极的推动作用;还为争取解放战争的胜利,为社会主义革命和建设培养了大批干部。

解放战争,也就是第三次国内革命战争时期,是中国民主革命的决战时期,也是中国革命从局部走向全面胜利的时期。抗日战争结束时,党领导的人民军队从敌伪的统治下解放了大片的国土和人民,国民党反动派妄想吞食胜利果实,消灭中国共产党,在美帝国主义的支持下,向解放区发动了全面的军事进攻。为了彻底粉碎国民党反动派的军事进攻,争取解放战争的全国胜利,中国共产党规定了解放区民主政权的总任务:深入发动群众,积极组织力量,巩固和扩大解放区,彻底粉碎国民党反动派对解放区的军事进攻,并准备支援全国解

---

① 《建党以来重要文献选编(一九二一——一九四九)》(第十五册),中央文献出版社 2011 年版,第618 页。
② 《建党以来重要文献选编(一九二一——一九四九)》(第十五册),中央文献出版社 2011 年版,第618–619 页。

放战争,夺取解放全中国的胜利。当时解放区教育工作的中心任务是:培养革命干部和提高人民群众的阶级觉悟和文化水平,为解放战争、土地改革和生产建设服务。为了实现上述任务,各解放区的教育仍贯彻执行党在抗日战争时期的规定:"干部教育重于群众教育,成人教育重于儿童教育"的政策。在"一切服从战争""一切为着胜利"的思想指导下,并根据老区与新区的不同情况,采用不同的政策,因地、因时、因人制宜地利用多种形式来办教育。并在国民党的统治区,大力开展学生运动,使其与解放战争密切配合,以推动全国解放运动迅速地向前发展。

从以上所述,我们可以清楚地看到,在中国革命的过程中,中国共产党始终把教育当作一个武器,使它反映革命斗争的要求,并反转来积极地为革命斗争服务。

2.坚持教育与生产劳动相结合

1934 年毛泽东同志在苏维埃文化教育的总方针中提出了"使教育与劳动联系起来",在老解放区的教育中,一直是在执行着的。

教育与生产劳动结合,不只是为了解决当时物质生活的困难,巩固革命根据地的需要;而且是为了培养人,使知识分子走与工农相结合的道路。毛泽东同志在《青年运动的方向》中指出,延安的青年运动为什么成为全国青年运动的模范,成为抗日救国的先锋,因为他们的政治方向是正确的,工作方法也是正确的。正确在什么地方呢? 就是"他们在学习革命的理论,研究抗日救国的道理和方法。他们在实行生产运动,开发了千亩万亩的荒地。"[1]我国多少革命青年,正是沿着这条道路走过来的,成为党的优秀儿女、人民的好干部。

早在 1933 年,在江西瑞金创办红军大学,第一课上的就是"土木工程"课,实行劳动建校。他们在瑞金东北 15 里的树林中,师生们在土木工师傅的指导下,用自己的双手就地取材盖起了许多课堂和宿舍,还盖起礼堂和修好了操场,这样,通过劳动建校,不但创造了自己的学习环境、节约了经费、减轻了人民的负担,而且还使学员学到了一定的生产知识,在思想上和体力上都得到了有益的锻炼。[2] 在干部教育中是如此,在群众、儿童的教育中也坚持了教育与生产劳动结合的方针,把学习组织与生产组织或生产活动有机地结合起来。

---

[1] 《毛泽东选集》第 2 卷,人民出版社 1991 年版,第 568 页。
[2] 王铁:《中国教育方针的研究》,教育科学出版社 1982 年版,第 169 页。

在抗日战争中,教育与生产劳动相结合的优良传统又有了进一步的发展。如在1943年左右,由于日寇的扫荡和国民党的封锁,抗日根据地处于极端困难的情况下,毛泽东同志指示一切部队、机关、学校,在战斗、训练、工作和学习的间隙里,都要参加生产劳动,进行开荒,创办农场、菜园、牧场、作坊、小工厂、运输队、合作社,或者和农民合伙种粮、菜等。由于大搞生产运动,不但解决了当时财政上和生活上的极端困难,还培养了干部,改变了工作作风和奠定了公营经济的基础。毛泽东同志在《论军队生产自给、兼论整风和生产两大运动的重要性》一文中,系统地总结了当时军队由于参加了生产,不但改善了生活、减轻了人民负担、扩大了军队,还改善了官兵关系、军民关系、军政关系,而且增强了劳动观念、增强了纪律性、促进了人民的大生产运动。这是对当时开展生产劳动的伟大意义的全面总结,也是对在我国革命教育中实行教育与生产劳动相结合的优良历史传统的发展。

那么,我国革命教育中所实施的这种教育与生产劳动结合,同马克思主义教育思想中所论述的教育与生产劳动相结合是否一致呢?在这个问题上,是存在着意见分歧的。马克思主义所主张的教育与生产劳动相结合,是根据大工业生产提出的要求;而且要达到体力劳动和脑力劳动差别的消灭,没有教育与现代化的大工业生产的劳动相结合,没有劳动性质上的变化,也是不能达到这一目的的。因而有的同志认为老解放区在革命过程中提出的教育与生产劳动相结合,并不具备大工业生产的基础,是从小生产的要求出发的;而且结合的目的不在于提高劳动者的科学技术水平,而是为了进行思想改造,从而便认为它同马克思主义的教育与生产劳动相结合的原则有着本质的不同。这种看法不无道理,但其中存在着的一个基本问题,是忽视从中国的实际出发、创造性地来实施这一原则。我们认为正确的做法应当是,既从实际出发,又不失前进的方向。在因时、因地、因人制宜,采取各种形式进行结合的过程中,努力增加它的科学性和知识性,并不断提高其科学水平,向着现代化的方向发展。并力争做到同教学和教育全面结合,以发展革命教育中教育与生产劳动相结合的优良传统。

3.坚持理论与实际相结合的原则

理论与实际相结合,是马克思主义学风的一条重要原则,因而也是革命教育中的一条重要原则。毛泽东同志在《改造我们的学习》中,批判了在中国革命过程中曾经出现过,并为中国革命造成极大危害的理论脱离实际、理论和实际分离的教条主义、主观主义的学风和方法,提出了理论结合实际、理论和实际统一的马列主义的原则。而且把这个问题提到方法论的高度、学风的高度、党性的高度来加强认识。

老解放区的教育工作,是在纠正土地革命时期一度出现的以共产主义为内容,排斥知识分子的"左"的教育政策;在纠正 1939—1942 年曾一度出现的旧型正规化的形式主义和教条主义的右倾思想的斗争中,才得到正确发展的。无论是"左"的错误,还是"右"的错误,就其思想方法来说,都是理论脱离实际的。当时的实际是什么呢? 是中国革命的实际,是生产比较落后的农村的实际,是面临着不同教育对象特别是干部教育的实际,因而革命根据地内的教育改革,从学制到课程、从教材到教法,都不能不考虑上述的客观情况。

干部教育重于群众教育、成人教育重于儿童教育,这就是从当时革命需要的实际提出来的重要原则。从建立苏区的革命根据地开始,党一直把干部教育放在一个重要地位上,因为一切工作都要由干部去做,干部的政治、文化水平和工作能力,直接影响着战争的胜负和革命根据地工作的成败。苏区的干部教育是从士兵教育发展起来的,在当时物质条件极端困难、还处于战争的环境中,党创办了红军大学、苏维埃大学、马克思主义大学,以及各种短期训练班等。以培训党、政、军各类干部。到抗日战争时期,大批知识分子奔向革命圣地延安,干部教育又有了新的发展,如抗日军政大学、陕北公学、鲁迅艺术学院、延安自然科学院以及中国女子大学等,相继成立,为抗日培训了各类干部。此外,在职干部学习也形成了制度,如 1942 年中共中央政治局通过的《中共中央关于在职干部教育的决定》,贯彻整风精神改革干部教育,对于干部教育的发展和提高起了重大作用。

对于群众教育、青少年儿童的普通教育,党也非常重视,在苏区就有列宁小学等普通教育学校,普及教育工作获得了很大的成就,在抗日战争期间,中、小学教育又有了新的发展,1944 年《解放日报》相继发表了《根据地普通教育的改革问题》和《论普通教育中的学制与课程》两个社论,批判了脱离实际的旧型正规化办学思想,从革命的需要和农村的实际出发,改革了学制和课程、教材和教法,达到学以致用,实行启发教学。当然这些改革,不能不带有当时历史条件的局限,但无论如何,在理论结合实际方面是向前跨出了一大步。

我们应当肯定,在贯彻理论结合实际的原则,进行革命根据地的教育改革方面,是有很大成绩的。适应了新民主主义革命政治和经济的需要,并适合农村革命根据地的实际情况,因而大大地推动了教育事业的迅速发展,有力地支援了当时的革命战争和阶级斗争。

4.贯彻群众路线,采取多种形式办学

群众路线是中国革命获得胜利的一件法宝,革命战争和根据地建设需要走群众路线,文化教育的建设同样也必须走群众路线,依靠群众办学。

从苏区开始,在革命根据地内,面临着敌人残酷"围剿",战争频繁,物质条件极端困难,工作紧张,干部不足,人力物力都非常有限,在这种情况下,党确定了根据地的教育应该是群众化、实际化,采取群众所了解、所需要和所能够做到的办法来发展教育事业。毛泽东同志在《兴国调查》《长冈乡调查》和《才溪乡调查》中所写的列宁小学、夜学、识字班和俱乐部等文化教育事业的蓬勃发展情况,就是苏区人民从群众需要出发、自己创办文化教育事业的典范。

在抗日战争期间,文教工作中的群众路线经验又有了进一步的发展,1944年毛泽东同志在陕甘宁边区文教工作者会议上所作的报告中指出:"我们的文化是人民的文化,文化工作者必须有为人民服务的高度的热忱,必须联系群众,而不要脱离群众。要联系群众,就要按照群众的需要和自愿"[①]去办文化教育事业。什么是群众的需要和自愿呢? 就是说兴办文化教育事业,必须坚持"两条原则:一条是群众的实际上的需要,而不是我们脑子里头幻想出来的需要;一条是群众的自愿,由群众自己下决心,而不是由我们代替群众下决心"[②]。否则,"如果没有群众的自觉和自愿,就会流于徒有形式而失败。'欲速则不达'。"[③]正由于我们坚持了文化教育工作中的群众路线,让群众自己起来同自己的文盲、迷信和不卫生的习惯作斗争,因而文化教育得到了广泛的发展。仅就教育方面来说,不但有集中的正规的小学、中学,而且还有分散的、不正规的村学、读报组和识字组。不但有新式学校,而且有的是利用旧的村塾加以改造而成的。由于采取了多种形式办学,教育事业得到了长足的进展,为提高群众觉悟、培养干部打下了基础。

在群众办学上,还实行"民办公助"的政策和"以民教民"的办法。所谓"民

①③ 《毛泽东选集》第3卷,人民出版社1991年版,第1012页。
② 《毛泽东选集》第3卷,人民出版社1991年版,第1013页。

办公助"，就是发动群众自己办学，政府在方针上加以指导，在物质上给予一定的帮助。"民办公助"，是提倡群众办学，发挥领导和群众两个积极性的好办法，因而推动了根据地教育事业的迅速发展，是文教工作中群众路线的新发展。

5.建立广泛的文化统一战线，大量吸收知识分子

知识分子问题，是关系到革命和建设事业成败和兴衰的大问题，如何对待生长在中国半殖民地、半封建社会的知识分子问题，又是党同"左"倾路线斗争的一个重要问题。在第二次国内革命战争期间，以王明为代表的"左"倾路线就曾出现过排挤和打击知识分子的问题，这种错误倾向被毛泽东同志及时纠正。但是这种"左"的思想影响，在党内并没有完全根除，在抗日战争时期和在解放战争时期，党和毛泽东同志一再申述知识分子在革命和建设中的重要作用，以及对知识分子的团结和教育的问题，如在 1939 年毛泽东同志为党中央写的《大量吸收知识分子》的决定中，一开头就强调指出："在长期的和残酷的民族解放战争中，在建立新中国的伟大斗争中，共产党必须善于吸收知识分子，才能组织伟大的抗战力量，组织千百万农民群众，发展革命的文化运动和发展革命的统一战线。没有知识分子的参加，革命的胜利是不可能的。"[1]并批评了我们许多军队中的干部还没有注意到知识分子的重要性，还存在着恐惧知识分子甚至排斥知识分子的心理。要求一切战区的党和一切党的军队，应该大量吸收知识分子加入我们的军队，加入我们的学校，加入政府工作。并且要吸收具备了入党条件的知识分子入党，要分配给他们适当的工作，在工作中注意帮助他们、教育他们，在长期斗争中逐渐克服他们的弱点，使他们革命化和群众化。还指出"党在土地革命时期，许多地方许多军队对于知识分子的不正确态度，今后决不应重复"。最后强调说明："全党同志必须认识，对于知识分子的正确的政策，是革命胜利的重要条件之一。"[2]党和毛泽东同志的这些思想是同对知识分子特别是中国的知识分子的科学分析分不开的。党对知识分子的重视，不仅是从一般的认识出发，还包含了中国革命的实际需要在内，毛泽东同志在党的"七大"《论联合政府》的报告中指出："中国是一个被民族压迫和封建压迫所造成的文化落后的国家，中国的人民解放斗争迫切地需要知识分子，因而知识分子问题就特别显得重要。而在过去半世纪的人民解放斗争，特别是五四运动以来的斗争中，

---

① 《毛泽东选集》第 2 卷，人民出版社 1991 年版，第 618 页。
② 《毛泽东选集》第 2 卷，人民出版社 1991 年版，第 620 页。

在抗日战争中,广大革命知识分子对于中国人民解放事业所起的作用,是很大的。在今后的斗争中,他们将起更大的作用。""为着扫除民族压迫和封建压迫,为着建立新民主主义的国家,需要大批的人民的教育家和教师、人民的科学家、工程师、技师、医生、新闻工作者、著作家、文学家、艺术家和普通文化工作者。""一切知识分子,只要是在为人民服务的工作中著有成绩的,应当受到尊重,把他们看作国家和社会的宝贵的财富。"①这就是党对知识分子的政策,也是在中国革命过程形成的对待知识分子的好传统。

　　下面还需要讲到的,是在中国革命过程中出现的老一辈的无产阶级革命家兼教育家,如徐特立、吴玉章、范文澜、成仿吾等,以及当时在白区同敌人进行针锋相对斗争的党内外的革命的思想家和教育理论家,如鲁迅、杨贤江等,他们对马克思主义教育理论和革命教育实践,都作出了重要的贡献。下面我们仅以杨贤江同志的《教育史 ABC》和《新教育大纲》在教育理论方面的贡献,做些简要的说明。

　　《教育史 ABC》是我国第一本用历史唯物主义观点进行教育史研究的专著,他以科学的观点论述了教育的产生、发展、变迁的历史过程,对教育的本质、制度等作出了历史的阶级的分析。《新教育大纲》更是我国第一部用马克思主义观点系统论述教育基本原理的著作,书中论述了教育的本质和作用,指明了教育是上层建筑之一,教育如何从营谋社会生活的手段变成阶级斗争的武器的过程,批判了资产阶级教育及各种错误的教育思想,介绍了苏联的社会主义教育情况,等等。在当时白色恐怖极端严重的国民党统治区,有这样的马克思主义的教育专著问世,犹如一声春雷,起到了振聋发聩的启蒙作用,是极其难能可贵的。这本书成为当时苏区和以后抗日根据地及解放区师范学校和教育工作者的重要读物。杨贤江同志在马克思主义教育理论的系统传播上,起到了先导的作用。

　　以上就是新民主主义革命时期,革命的教育理论和实践的简要说明,在新民主主义教育体系建立的过程中,同整个的新民主主义革命事业一样,它是在同党内外的各种错误思想极为复杂的斗争中形成和发展起来的,是马克思主义教育思想与中国革命实际相结合的产物。

---

① 《毛泽东选集》第 3 卷,人民出版社 1991 年版,第 1082 页。

（三）第三阶段（1949—现在）社会主义教育体制的建立和发展

1949 年中华人民共和国成立,标志着社会主义革命和建设的开始,中国人民在全世界站立起来了,有了自己的国家。

新中国成立后的 40 多年,中华人民共和国走了一条极不平常的道路,大体可以分为三个阶段:前 17 年算是第一段,是大变化的阶段;"文化大革命"十年是第二段,是大"动乱"的阶段;党的十一届三中全会以后又是一段,是大发展的阶段。教育工作和其他工作一样,也经历了大变化、大"动乱"和大发展三个阶段。在这三个大的阶段中,又可以根据具体问题和情况,划分为一些小的阶段。下面我们仅就与马克思主义教育思想在中国的传播有关的问题,分别讲不同历史阶段的具体情况和问题。

1.五十年代初的全面学习苏联

新中国成立初期,经过抗日战争和解放战争,国民经济遭到严重破坏,面临着国民经济的恢复任务;在国外,还在进行抗美援朝的战争,面临帝国主义的侵略和封锁。当时唯一可以依靠的只有苏联,于是从经济建设到教育建设,全面地学习苏联。

我们可以这样认为:第一次比较系统地学习马克思主义有关教育的论述,是从苏维埃教育学学习开始的。解放初期,全面地学习苏联的教育理论和教育经验,是必要的和应当肯定的,因为当时在世界上只有苏联这第一个社会主义国家的经验可学。学习苏联的教育学,不但在教育理论方面学到了有关马克思主义教育思想的一些基本知识,为日后继续学习和研究马克思主义教育理论打下了基础;同时也给了我们批判旧的教育思想,特别是实用主义教育思想以理论武器,苏联的教育学代替了在旧中国有长远影响的实用主义教育思想,这在当时来说是一大进步。总之,当时学习苏联学教育学,对改革旧教育和建设新教育,对批判旧的教育思想和系统地学习马克思主义教育思想,都起了积极的作用。

但是,当时在学苏方面,也存在着机械搬运、脱离我国教育实际的教条主义缺点,因而苏联教育理论中的某些缺点,也对我们产生着消极的影响。

2.五十年代末和六十年代初的"教育革命"和教育"调整"

如上所述,由于教条地学习苏联,对苏联教育理论中的优点和缺点不加分析地一概照搬,因而有成功,也有失误。从 1956 年起,在我国教育工作中面临中小学毕业生不愿参加农业生产的问题,并在匈牙利事件的影响下,我国也出

现了少数学生闹事、罢课、游行的问题;1957 年在国内进行的"反右"斗争,又犯
了扩大化的错误。在这种形势下,毛泽东同志在《关于正确处理人民内部矛盾
的问题》中,为了解决知识分子和青年学生中的问题,提出了"我们的教育方针,
应该使受教育者在德育、智育、体育几方面都得到发展,成为有社会主义觉悟的
有文化的劳动者。"[①]并在对于这个教育方针的全段论述中,批评了忽视政治和
轻视劳动的问题。正是基于对教育战线的形势的这种估计,所以在 1958 年又
着重提出了"教育必须为无产阶级政治服务,必须同生产劳动相结合"的教育方
针,这"两个必须"的教育方针,就成了以后指导我们教育工作的主要指针。

50 年代后期,提出了教育方针,想摆脱教条主义学习苏联的问题,走自己的
路,这无疑是正确的。但是在"左"的思想影响下,对教育方针的理解和贯彻,都
存在着问题,如对教育为无产阶级政治服务的贯彻,采取着一套"左"的措施;对
教育与生产劳动相结合,也有某些小生产思想的影响;在群众办学的问题上,也
存在着盲目发展、只求数量、不求质量的缺点,致使教育工作出现了许多偏差和
失误,对于这些历史的经验教训,应当认真地进行总结。

上述的问题,在 60 年代初,随着"调整、巩固、充实、提高"八字方针的贯彻,
有了一定的克服。在总结 1958 年的经验教训的基础上,制定了大、中、小学三
个条例,教育工作又走上了正常发展的轨道。但是,1962 年党的八届十中全会
以后,"左"的思想又有了新的发展,在"四清"运动中,更进一步提出要上好阶
级斗争的"主课",以至要解决资产阶级知识分子对学校的统治等等,轻视知识
和轻视知识分子的思想越来越严重。这些片面的和错误的思想,在"文化大革
命"中都为林彪、"四人帮"所利用,以实现其反党反社会主义(包括社会主义教
育事业在内)的阴谋。

3."文化大革命"中的十年大动乱

"'文化大革命'是一场由领导者错误发动,被反革命集团利用,给党、国家
和各族人民带来严重灾难的内乱。"[②]"文化大革命"是以反修、防修为号召,首
先在文化教育战线上开刀的。林彪、"四人帮"反革命集团利用了毛泽东同志从
1958 年以后在对文化教育工作指示中的一些片面的以至错误的言论,在文化教
育战线上发动了猖狂的进攻。教育战线和其他战线一样,甚至比其他战线更

---

① 《毛泽东文集》(第 7 卷),人民出版社 1999 年版,第 226 页。
② 《中国共产党中央委员会关于建国以来党的若干历史问题的决议》,人民出版社 1981 年版,第 25 页。

糟,遭到了毁灭性的破坏。在"文化大革命"中,他们是一批凯(指以凯洛夫为代表的苏联教育理论),二批刘(刘少奇同志),把17年的教育说得一团漆黑,是一条仅革命修正主义路线在统治着。

林彪、"四人帮"一伙,在教育战线上,制造了无数"莫须有"的罪状,散布了许许多多的奇谈怪论,他们把知识分子叫作"臭老九"。说知识分子是实行资产阶级专政的社会基础,是挖社会主义墙脚的,对知识分子进行残酷斗争、无情打击,有不少学有专长的专家,戴着"资产阶级反动权威"的帽子含冤死去。要学校停课闹革命,让青年学生走出去搞"大串连",进行"大批判",搞"打砸抢"等反革命活动,这样搞的结果,贻误了甚至毁灭了一代人的成长。到后来,"两个估计"的出笼,是"四人帮"反革命集团破坏教育工作的集中体现,是他们在教育上的反革命谬论的系统化和合法化。他们在教育工作"纪要"中大批"智育第一""业务挂帅";大搞什么上好阶级斗争"主课",实行所谓"开门办学";大批"师道尊严"和所谓"资产阶级知识分子统治学校";大讲学生要参加"上、管、改";大讲什么"知识越多越反动",鼓吹白卷英雄,提倡什么"宁要没有文化的劳动者";大力鼓吹"大学就是大家都来学",要大学生和工农划等号;大讲什么大学要办成政治大学,大学只办一个"斗走资派的专业";如此等等。教育体制被破坏了,教育思想被搞乱了,教育理论和实践遭到一场严重的浩劫。把在"左"倾思想影响下,长期以来形成的轻视知识和知识分子的错误思想,推向了极端,成了毁灭知识和毁灭知识分子的反动活动,成了名副其实的革文化的命。

他们打着马列主义的旗号,干着反对马列主义的勾当,利用这场"文化大革命"所带来的严重恶果,是罄竹难书的,是无法弥补的。

4.党的十一届三中全会以来的大转变和大发展

1976年10月粉碎了江青反革命集团,"从危难中挽救了党,挽救了革命,使我们的国家进入了新的历史发展时期"①。特别是"1978年12月召开的十一届三中全会,是建国以来我党历史上具有深远意义的伟大转折,"②"作出了把工作重点转移到社会主义现代化建设上来的战略决策"③。这是从党的八大以来想转而一直没有转成的新的历史时期的开始,也是标志着党中央重新确立了马

---

① 《中国共产党中央委员会关于建国以来党的若干历史问题的决议》,人民出版社1981年版,第33页。
②③ 《中国共产党中央委员会关于建国以来党的若干历史问题的决议》,人民出版社1981年版,第35页。

克思主义的思想路线、政治路线和组织路线的新阶段。教育战线同其他战线一样,出现了一个前所未有的新局面。

(1)通过真理标准的讨论,破除了迷信,解放了思想,批判了"两个凡是"的错误方针,解决了在教育思想和理论中长期存在的"唯上""唯书"的问题。对教育理论上长期悬而未决的问题,一一展开讨论:如对教育本质的讨论,解决了在教育工作中长期存在的只强调教育为阶级斗争服务,不讲教育为发展生产服务的"左"的思想,使教育在新的历史时期能为社会主义的"四化"建设更好地服务。再如对孔子的评价,克服了在这个问题上长期存在的对待历史人物和历史遗产的民族虚无主义态度,坚持了在评价历史人物和历史遗产中的历史唯物主义的观点和方法,分清精华与糟粕,贯彻了马克思主义的批判继承思想,如此等等。

(2)全面贯彻党的教育方针,恢复了学校的正常秩序。坚持德、智、体全面发展,对文化学习、政治、劳动等作了全面的安排;对"文化大革命"中林彪、"四人帮"散布的各种谬论进行了批判,在教育理论和实际中进行了大量的拨乱反正的工作;克服了长期存在的轻视知识、忽视文化学习的"左"的思想,使红与专、教育与生产劳动相结合,开始走上正常的轨道,教育质量空前提高,教育正在发挥着为社会主义建设服务的重要作用。

(3)开展了一些教育实验。在这一时期内,不仅把过去(指"文化大革命"前)曾经进行过的教育实验,重新恢复、继续进行;并根据教育事业的发展、拨乱反正的要求,进行了一些新的实验,如学制改革、课程和教材改革、教学方法改革、学校管理和教育领导体制的改革等,都在有计划地进行实验。例如小学品德教育、农村教育、少数民族地区的教育实验等,也在进行。有单项实验,也有综合实验,这对于使马克思主义教育原理与中国教育实际相结合,是非常必要的。

(4)实行开放政策,加强国际文化交流,学习其他国家特别是工业发展比较发达的国家在文化教育上对我们有用的先进科学技术和管理方法,这对于迎接新的科技革命的挑战,进行教育改革,也是一项必要的措施。

(5)还应特别强调指出的是,在1979年3月召开了全国第一次教育科学规划会议,这次会议提出的教育科学研究的主要任务,第一项就是:"系统地研究马克思列宁主义、毛泽东思想的教育理论,结合各革命阶段的教育实践,完整地准确地阐述马克思列宁主义、毛泽东思想的教育理论,以指导为四个现代化建设服务的教育实践;并继续从理论上批判林彪、'四人帮'对马克思、列宁、毛泽东教育著作的篡改和歪曲,澄清是非,肃清流毒,扫清前进道路上的障碍。"①并在会后成立了"马克思主义教育思想研究会"和相继在师范院校中建立起马克思主义教育理论研究室等组织,对于马克思主义教育思想,进行有计划、有组织的系统研究,这在我国还是一个新的开始,目前已经形成了一支科研队伍,编辑出版了马克思恩格斯、列宁论教育论文集,发表的有关论文和专著也日益增多起来。在马克思逝世 100 周年的纪念活动中,各地都出版了有关马克思主义教育思想研究的论文集。马克思主义教育思想系统研究的高潮正在兴起。

从以上有关马克思主义特别是马克思主义教育思想在中国传播的简略叙述中,我们可以看到马克思主义教育思想在我国的传播具有以下一些特点,我们可以把这些特点概括为三句话:是从苏联学习来的,是在斗争中成长的,是在曲折的道路上前进的。

第一,是从苏联学习来的。

毛泽东同志在《论人民民主专政》中指出:"中国人找到马克思主义,是经过俄国人介绍的。在十月革命以前,中国人不但不知道列宁、斯大林,也不知道马克思、恩格斯。十月革命一声炮响,给我们送来了马克思列宁主义。十月革命帮助了全世界的也帮助了中国的先进分子,用无产阶级的宇宙观作为观察国家命运的工具,重新考虑自己的问题。走俄国人的路——这就是结论。"②毛泽东同志的这段话,总结了马克思主义在中国传播的重要特点。十月社会主义革命的胜利,把马克思主义的科学社会主义学说,付诸社会主义革命的实践,社会主义和共产主义不再只是一个科学的理想,而且是一个革命的现实。在教育上也是如此,把马克思主义当时对资产阶级教育的批判、对社会主义教育的设想,变成了社会主义教育改革的现实。如前所述,在 1919 年的《俄共(布)纲领草案》中即明确规定:"在国民教育方面,俄共给自己提出的任务是:把 1917 年十月革命时开始的事业进行到底,即把学校由资产阶级的阶级统治工具变为摧毁这种统治和完全消灭社会阶级划分的工具。学校应当成为无产阶级专政的工具。"③

---

① 《中国教育年鉴》编辑部:《中国教育年鉴(1949~1981)》,中国大百科全书出版社 1984 年版,第 656 页。
② 《毛泽东选集》第 4 卷,人民出版社 1991 年版,第 1470-1471 页。
③ 《列宁全集》第 36 卷,人民出版社 2017 年版,第 106 页。

十月社会主义革命后的一切教育措施,都是在这样一个指导思想之下进行的。这就使教育上的革命性显得很突出,对实际的考虑多于理论上的考虑。当然,对于马克思主义来说,革命性和科学性并不是矛盾的,而是统一的,马克思主义之所以战无不胜,就在于它是正确的。但在一定的情况下,革命的要求与科学的理论也可能出现一定的差距。这种教育革命的思想,教育为无产阶级专政服务的思想,对我们无论在当时还是在后来都有着较为深刻的影响。

另外,由于"以俄为师"和后来的教条主义地照搬苏联的经验,苏联教育中成功的经验和失败的经验,对我们有着积极的和消极的不同影响。在积极方面,教育的革命性和政治性比较鲜明,教育为革命战争和阶级斗争服务的作用发挥得比较充分;在消极方面,如在第二次国内革命战争时期照搬苏联正规化的一套教育制度和方法,在全国解放初期,全国学苏的做法,都在当时或后来起过一些消极的作用。上面我们所谈到的苏联的传统教育思想,某些形式主义和形而上学的思想方法等,对我们都有不同程度的影响。

第二,是在斗争中成长的。

中国的革命是在同国内外的形形色色的各种错误的以至反动的思想斗争中发展的,在教育上也不例外。在"五四"前后,李大钊同志就同胡适展开了"问题与主义"之争,这是马克思主义与资产阶级改良主义最早的一次论战。李大钊同志在《再论问题与主义》一文中,对胡适的进攻进行了有力的反击,并明确指出:"主义"是事物的规律,马克思主义是解决中国根本问题和指导中国革命的唯一正确的主义。通过这场论战,打退了资产阶级右派的进攻,进一步扩大了马克思主义的影响,端正了新文化运动的方向,争取了更多的先进青年站到革命的方面来。

嗣后,又在平民教育上进行了两种不同的教育思想的斗争,批判了资产阶级的平民教育思想,宣传了无产阶级的平民教育思想,认为只有通过阶级斗争,把政治上、经济上、社会上一切特权阶级完全打破,才能有"纯正的平民主义",也才谈得上平民主义教育。[①] 与此同时,以恽代英为代表的青年运动的先驱,对教会学校、"教育救国论"和"国家主义的教育"等进行了无情的批判,指出帝国主义以传教和办教育为幌子,通过教会学校对中国进行文化侵略和奴化教育,

---

① 《李大钊全集》第 4 卷,人民出版社 2013 年版,第 160 页。

揭露出教会学校的实质。并对当时的各种"教育救国论"思想,特别是对曾琦、李璜等为代表的"国家主义"派以"教育救国"为幌子,散布反对共产主义的反动思想,麻痹和毒害青年的行径,进行了彻底的揭露和批判。号召青年起来革命,使青年懂得除了革命的办法,都不能使中国取得独立。

另外,在第一次国内革命战争期间,反对军阀复古思想的斗争;在第二次和第三次国内革命战争期间,反对国民党的反动教育的斗争;在抗日战争期间,反对日伪奴化教育的斗争等,都是当时教育战线上的主要斗争。这些斗争,在当时来说都是必要的。没有这些斗争,就不能打退反动派在教育上的进攻,就不能揭露出反动教育的实质,争取更多青年和民众的觉醒。

当然,正如毛泽东同志所说的:"革命不是请客吃饭,不是做文章,不是绘画绣花,不能那样雅致,那样从容不迫,文质彬彬,那样温良恭俭让。革命是暴动,是一个阶级推翻一个阶级的暴烈的行动。"①因而在革命斗争中所提出的斗争口号和所采取的批判方法,就难免有过当的地方。比如在第一次国内革命战争时期对教会学校和"教育救国论"的批判,特别是对蔡元培的"教育救国论"思想的批判,今天看起来,在批判分寸上还有某些欠当之处。对不同人的不同"教育救国论"的思想,还缺乏作出实事求是的区分和分析。

第三,是在曲折的道路上前进的。

就革命教育而言,也并不是一往直前、通行无阻的,在党内曾出现过"右"的特别是"左"的思想的干扰,并在一定时期内出现过反革命的破坏。

比如在新民主主义革命时期,在第二次国内革命战争时期,王明的"左"倾机会主义路线在党内一度占有统治地位,在这种"左"倾路线的支配下,在苏区的教育工作中,曾在短时期内出现过强调以共产主义为内容的国民教育政策和对知识分子的过"左"的政策。这种错误的思想和政策,在以毛泽东同志为代表的正确路线下很快得到纠正。在抗日战争期间,抗日根据地的文化教育工作,在正确的方针、政策的指导下,出现了生动活泼的大发展的局面,培养了大批的抗日干部,提高了群众觉悟,推动了抗日工作的进展。但在 1939 年以后,有的地区也曾出现过旧型正规化的问题,在办学形式上忽视农村的经济特点,在教育内容上出现与生产和群众的需要脱节等教条主义和形式主义的右倾偏向。

----

① 《毛泽东选集》第 1 卷,人民出版社 1991 年版,第 17 页。

这些缺点,在 1942 年的整风运动中也得到纠正,使抗日根据地的教育走上正确的道路,为争取抗日战争的胜利和解放战争的胜利准备了干部和群众。

全国解放后,全面学习苏联,成绩是主要的,但也出现过不顾中国实际的教条地搬运苏联的某些形式主义的东西,如"国家性""统一性"等也曾对我们起过消极的作用。从 1957 年和 1958 年开始,提出了我们的教育方针,想走自己的路,但是在"左"的思想影响下,不适当地搞阶级斗争,过多地参加生产劳动,对知识的轻视和对知识分子的过火的批判斗争,不但使教育工作遭到不应有的损失,而且给"文化大革命"中林彪、"四人帮"对教育工作进行破坏以可乘之机。直到党的十一届三中全会以后,才在正确的路线下,对"文化大革命"中,也包括全国解放以后的"左"的错误,进行了拨乱反正,才使教育理论和实践出现了健康发展的大好形势。

从以上简单的回顾中,我们可以看到在革命的教育建设的过程中,也走着一条极不平坦的曲折道路,有"左"的也有"右"的干扰,但主要是"左"的干扰。像中国这样一个在过去小生产方式占统治地位的国家中,"左"的思想,保守的思想,常常是各种改革中的主要障碍,对此不能不认真地加以注意。

概括以上三个特点,集中为一个问题,就是在中国的革命过程中,在革命理论的准备上是很不足的。对于这个缺点,刘少奇同志在 1948 年 12 月 14 日《对马列学院第一班学员的讲话》中就曾指出:在我们革命的过程中,曾经有过教条主义和经验主义的错误,但主要的危险是经验主义。因而,"革命胜利了,更要多读理论书籍"。[①] 并强调指出:"我们既要有实际经验,更要有理论知识,二者缺一不可。既要有中国经验,又要有外国经验,二者缺一不可。否则,就是一个跛足的马克思主义者。"[②]还用历史的教训提醒大家,指出为什么过去有时在错误的路线下,中央写错了,大家也看不出来,照着错的去做呢? 问题就在于理论水平低。这种错误,不但过去有过,全国解放后也有过,在"文化大革命"中的表现就更为突出。在我们的实际工作中,经常出现反复,忽左忽右,其根本原因也在于马克思主义的理论水平低。整个的革命工作是如此,在教育工作中更是如此。认真分析马克思主义在我国传播的特点,系统地学习马克思主义的基本理论,提高广大干部和群众的马克思主义理论水平,这是使革命和建设事业胜利

---

① 《刘少奇选集》上册,人民出版社 1981 年版,第 413 页。
② 《刘少奇选集》上册,人民出版社 1981 年版,第 416 页。

发展的必不可少的条件和理论基础。对于教育理论工作者和实际工作者来说更为重要,因为提高马克思主义的教育理论水平,是我们端正教育思想,提高教育质量,避免走一些弯路的当务之急,也是根本大计。

三、当前面临的新的挑战——结束语

前面我们对马克思主义的教育思想,从其产生和发展以及其所论述的主要问题,作了比较全面的、系统的阐明。事实证明,马克思主义在革命的实践中是有无限的生命力的,而其生命力的基础就在于发展。毛泽东同志曾经说过:"马克思主义一定要向前发展,要随着实践的发展而发展,不能停滞不前。停止了,老是那么一套,它就没有生命了。但是,马克思主义的基本原则又是不能违背的,违背了就要犯错误。"①这些话,应当成为我们对待马克思主义的态度的基本原则。我们的态度是:既要坚持,又要发展,在坚持的前提下发展,在发展的基础上坚持。不坚持,发展就会失去方向;不发展,也就不可能做到真正地坚持。对待马克思主义的教育思想,也应持这种态度。

今天,我们又面临着一个新的形势,在这种新的形势下,又向马克思主义,包括马克思主义教育思想在内,提出了新的挑战。下面仅就新的技术革命向教育的挑战,西方马克思主义在教育问题上的论战,以及我国当前改革与开放的新形势在教育上提出的新课题等几个方面,来讲讲马克思主义教育思想研究面临的新任务和新课题。

(一)新的技术革命向教育的挑战

东西方一些资产阶级的社会学家和未来学学者,他们从生产发展和技术革命出发,对未来的教育和现代化的人都作了一些设计和预测,比如:

日本的松田米津在《信息社会》一书中,对于未来社会教育系统的特点作了以下五点估计:①教育将不受学校制度的限制;②个人制的教育将取代传统的集体教育制度;③自学系统将扮演主要角色,老师退居咨询地位;④未来教育将强调创造知识,填鸭式教学和学徒式的技术训练将成为历史;⑤教育将成为终身教育。②

---

① 《毛泽东文集》第 7 卷,人民出版社 1999 年版,第 281 页。
② 《河南经济》1984 年 1 月号。

《第三次浪潮》的作者托夫勒对"新型工人"作了以下的描述："第三次浪潮雇主越来越需要的是那些敢于负责,懂得自己的工作怎样同别人配合,能承担更大任务,能迅速适应已变化的情况,以及能敏感地与其周围的人协调一致的男女。""第三次浪潮需要那种办事灵活,行动敏捷的人。"等等。①

美国哈佛大学国际事务研究中心的调查研究材料,对"现代化的人"的"分析模型"和"行为模型"作了如下的说明:在"分析模型"中提出了愿意接受新事物,思想上倾向于革新和变化,乐于发表见解,时间观念较强,对人本身的能力较有信心,计划性较强,普遍的信任感,信奉并且愿意遵循"公平待人"的原则,对新教育感兴趣,比较尊重他人等特点。在"行为模型"中,提出了在对妇女地位的态度、对节制生育的态度、对宗教的态度、对老年人的态度、对政治的态度、对大众媒介的要求、消费行为,以及对社会分层的新观念等方面"现代化的人"与"传统人"具有不同的特点。②

从上面的介绍中,我们可以看到,东西方的一些未来学者和社会学者,对于现代教育和现代化的人,确实提出了一些有益的见解,如由于教育社会化的加强所带来的学校教育的变化,由于现代化教育手段的应用所产生的学生自学能力的加强,和作为"现代化的人"所应具备的一些特点;如思想倾向革新、愿意接受新事物、时间观念和计划性较强、办事灵活敏捷等等,这些对马克思主义有关教育本质和人的全面发展等问题将有所补充。但是,他们的根本问题是从"技术决定论"的思想出发,提出了一些在资本主义社会不可能完全实现的问题,如什么公平待人,普遍信任感,能同周围的人合作、协同一致等等,以此来美化资本主义社会制度。更有甚者,是妄图把在资本主义社会制度下产生的一些问题,如精神空虚、道德堕落、吸毒、酗酒、卖淫、凶杀等等,也寄希望于通过新的技术革命而彻底消灭,这是根本不可能的。

马克思主义对于科学技术的伟大作用,是给予了充分的估价的,把科学技术的进步视为促进生产发展和推动社会前进的重要力量。马克思在《资本论》中曾指出:"蒸汽、电力和自动走锭纺纱机甚至是比巴尔贝斯、拉斯拜尔和布朗

---

① 阿尔温·托夫勒:《第三次浪潮》,朱志焱、潘琪、张焱译.生活·读书·新知三联书店 1983 年版,第449 页。

② 杨弃之:《什么是"现代化的人"?——介绍哈佛大学国际事务研究中心的调查研究》,《国外社会科学》1981 年第 10 期。

基诸位公民更危险万分的革命家。"①恩格斯也说过:"在马克思看来,科学是一种在历史上起推动作用的、革命的力量""是最高意义上的革命力量"②。并讲到马克思对科学中的每一个新发现,都感到衷心的喜悦,并密切注意着各种发现的发展情况。恩格斯对科学技术的作用,也曾作过这样的说明:"社会一旦有技术上的需要,这种需要就会比十所大学更能把科学推向前进。"③但是马克思在评价科学技术的历史作用时,又总是把它放在一定的历史范围之内,作出科学的历史评价。马克思在批判俄国经济学家昂列·施拉尔希在物质生产和精神生产的关系上的反历史主义的态度时指出:"要研究精神生产和物质生产之间的联系,首先必须把这种物质生产本身不是当作一般范畴来考察,而是从一定的历史的形式来考察。例如,与资本主义生产方式相适应的精神生产,就和与中世纪生产方式相适应的精神生产不同。如果物质生产本身不从它的特殊的历史的形式来看,那就不可能理解与它相适应的精神生产的特征以及这两种生产的相互作用,这样就不能超出庸俗的见解。"④因此,脱离资本主义的生产方式来谈科学技术的社会作用,甚至企图用科学技术的发展来根本改变由于资本主义社会制度所带来的一切不合理的现象,不是马克思主义的历史唯物主义观点。

(二)西方马克思主义在教育理论上的论战

西方马克思主义作为一种思潮,如果以卢卡奇的《历史和阶级意识》一书的发表算起,至今已有 60 多年的历史。它在发展过程中几经挫折,自 1968 年"五月风暴"以后,又东山再起,居然成了一些发达国家中马克思主义的代表了。

西方马克思主义有着各种流派,如萨特和梅洛·庞蒂的"存在主义马克思主义",赖希的"弗洛伊德马克思主义",德拉·沃尔佩和科莱蒂的"新实证主义马克思主义",阿尔都塞的"结构主义马克思主义"等。但就其主要倾向来分,大致可以归为两大类,即人本主义的马克思主义和科学主义的马克思主义。

人本主义的马克思主义,以萨特作为代表,他强调他的哲学就是"人学",以马克思早期的著作为依据,特别是对有关人的"本质"及其"异化"和"复归"等

---

① 《马克思恩格斯选集》第 1 卷,人民出版社 2012 年版,第 775 页。
② 《马克思恩格斯选集》第 3 卷,人民出版社,2012 年,第 1003 页。
③ 《马克思恩格斯选集》第 4 卷,人民出版社,2012 年,第 648 页。
④ 《马克思恩格斯全集》第 33 卷,人民出版社 2004 年版,第 346 页。

理论非常感兴趣。他打出人道主义的旗帜,揭露资本主义社会的种种黑暗面;他从"人的存在先于本质"的命题出发,强调从每个人的"存在"出发,进行"自由选择",以发挥人的主动性和加强人们的责任感,这些都有一定的积极作用和可取之处。但是,他根本不同意马克思关于人的本质是一切社会关系的总和的命题,不承认社会对人的决定作用,否认一切道德标准,他主张一切从自我出发,最后不能不走上极端个人主义和虚无的道路,这些思想对青年的成长,又起着极大的消极以至腐蚀作用。

科学主义的马克思主义者,同人文主义的马克思主义者相反,他们打着马克思《资本论》的旗帜,以马克思主义再生产的理论为依据,来分析学校教育的社会职能。如美国的鲍尔斯和金蒂斯在《资本主义的美国学校教育》一书中,阐明了资本主义的学校结构,反映着资本主义制度下的劳动分工制度,因而也就反映出社会阶级结构和教育的不同层次同职业分工的关系,揭露了现有的资本主义学校教育结构对巩固现存的资本主义社会结构所起的作用,指出资本主义的不合理化问题。但是,他们并没有根据马克思主义的观点阐明社会劳动分工产生的原因及其解决的方法,也就是他们并没有找出解决这种不合理的社会制度的根本方法,而是寄希望于所谓的"革命的教育家们"来使学生、教师、家长和其他社会成员结成联盟,以建立起"一个统一的社会意识",把"长远观点"与"即时目标"(如课堂自由、入学无限制和资助贫困学生等)结合起来,以求得问题的解决①。他们的这些主张不仅对解决资本主义社会的根本方面不会有任何裨益,相反地还会把劳动者争取解放的斗争引向脱离马克思主义的轨道。

还有些资产阶级学者热衷于马克思关于以科学技术为基础的现代大工业生产特点的分析,关于教育与生产劳动相结合对提高生产力的重要性的论述,以及关于向工人授予综合技术教育可以极大地提高工人的水平等主张。但是他们对于马克思和恩格斯在论述实现这个问题的条件时,所强调的不但需要不断提高生产力,而且需要改变生产关系等重要论点,却不置一词。甚至有的人还认为通过日益社会化的教育和学习,就能够实现真正的"民主化"和"平等化"的社会理想,进而否定马克思主义的阶级斗争和暴力革命的思想,在他们看来这些理论已被当代的科技革命所抛弃了②。如此等等。

---

① 陈列:《"西方马克思主义教育理论"述评》,《教育研究》1985 年第 5 期。
② 厉以贤、李明德等:《马克思恩格斯教育学说探讨》,教育科学出版社 1986 年版,第 225-230 页。

至于那些打着研究马克思主义的旗号,实际上是企图寻找空隙、恶毒攻击马克思主义的人,即不在此列。

西方马克思主义者,从人道主义出发,特别是根据当代科学的发展,提出了一些新的问题,这些问题虽然从其基本观点来看,并不是马克思主义的,但其中对某些具体问题的提出及其实施的办法,对我们还有一定的参考价值,特别是在引起我们对某些问题的重视,克服曾经存在过的把马克思主义简单化的缺点方面会起一定的作用,因而值得我们注意。

(三)我国当前在教育上面临的新课题

新的技术革命在世界范围内向教育提出了新的挑战,在我国也面临着改革与开放的新形势和新任务,在教育改革和教育科研方面提出了许多新的课题:

(1)恩格斯曾经指出社会生活存在生活资料的生产和人类自身的生产这样两个再生产,教育在这两个再生产中的作用如何?教育在社会物质文明和精神文明两个文明的发展中作用如何?在当代的不同社会制度下,教育价值观是什么?

(2)根据《中共中央关于教育体制改革的决定》(简称《决定》)提出的"教育必须为社会主义建设服务"的要求,教育事业的发展、教育的结构和布局应当如何安排?教育为生产服务和为社会生活服务的两个社会职能在今天有什么新的特点及其关系如何?

(3)在新的科技革命的形势下,在人才观方面提出了哪些新的要求?作为社会主义社会新的一代应当具备哪些素质?它同发达的资本主义国家相比,有哪些是共同的?有哪些是社会主义国家所特有的?对于《决定》中所提出的人才的要求应当怎样理解和具体贯彻?

(4)在物质文明日益发达的情况下,精神文明如何做到同物质文明平衡发展?在西方发展国家中已经出现了精神空虚的"发达病",我们面临的思想教育的任务是什么?80年代的青少年有哪些时代特点?改革与开放为我们的思想教育工作提出了哪些新的问题?

(5)在科学技术飞速发展的形势下,知识的价值观有了哪些新的变化?课程教材应当如何改革?基础知识和现代科技应当如何安排?教学内容和教学手段如何做到现代化?对于传统教育的思想、内容和方法应当如何改革?课内和课外应当如何结合?

（6）在社会信息日益广泛、传播的手段日益现代化的情况下，教育社会化的倾向日益加强，学校教育的作用如何？应是"学校加强论"者还是"学校消亡论"者？学校与家庭、社会的关系如何？对青年一代的问题如何加强综合治理？

（7）在生物科学和心理科学日益发展的情况下，对人的研究也日益加强，脑科学、思维科学等的研究越来越被人们所重视，早期教育应从什么时候开始？儿童学习的敏感期表现在哪些方面和哪个年龄阶段？大脑两半球在人的思维发展中的不同作用是什么？

（8）在教育科学研究中，马列主义的指导与其他方法论（如系统论、控制论、信息论以及所谓的"新三论"等）的关系如何处理；自然科学日益向社会科学渗透，社会科学的研究将会出现一种什么新的情况；在教育科学研究中，如何改变过去的某些静态的调查研究为动态的系统分析；如何把定性分析和定量分析结合起来；以及在教育科学研究中如何应用现代化的科技手段等等，都是当前要解决的重要问题。

总之，所有这些问题都需要创造性地运用马克思主义的教育思想和方法来给予解答。

在马克思主义的教育思想中，我们前面已经讲到了马克思和恩格斯如何运用辩证唯物主义和历史唯物主义的观点和方法来观察和分析教育的问题，对教育的本质、人的本质和人的全面发展、教育与生产劳动相结合等等问题，都作出了精辟的原则论述。这些思想在今天仍未过时，它仍然是我们解决当前面临的挑战的基本原理，对此必须坚持。但是马克思和恩格斯并不是专门的教育理论家，而且在他们生活的时代，有许多我们今天面临的教育问题还未提到日程上来，这就需要我们运用马克思主义的观点和方法，对当前在世界范围内新的技术革命向教育的挑战，对于我国社会主义建设向教育提出的诸多新课题，作出科学的回答，把坚持和发展很好地结合起来。没有坚持就不可能有正确的发展，没有发展也就无法达到真正的坚持。我们是坚持与发展的统一论者。

毛泽东同志在《实践论》中曾经讲过："马克思列宁主义并没有结束真理，而是在实践中不断地开辟认识真理的道路。"[①]我们要在马克思主义教育思想和方法论的指引下，去探索建设具有中国特色的现代化的社会主义教育体系。邓小

———————————

① 《毛泽东选集》第 1 卷，人民出版社 1991 年，第 296 页。

平同志在 1985 年 5 月 19 日全国教育工作会议上的讲话指出：中央相继作出了三项改革（经济体制改革、科技体制改革、教育体制改革）的决定，"表明我们党已经能够创造性地运用马克思主义的基本原理，来解决当代中国社会主义建设中的许多新问题"。让我们在中央的正确的路线和方针、政策的指导下，坚持"教育要面向现代化，面向世界，面向未来"的方向，把马克思主义的普遍原理与时代要求和中国实际密切结合起来，面对现实，放眼于世界和未来，创造性地加以运用，胜利地完成教育改革的任务，把我国的社会主义教育事业和教育科学研究推向更高的阶段。